暨南大学铸牢中华民族共同体意识研究系列丛书

丛书主编　夏　泉

文化教育
与澳门华人论稿

夏　泉　编著

暨南大学出版社
JINAN UNIVERSITY PRESS

中国·广州

图书在版编目（CIP）数据

文化教育与澳门华人论稿 / 夏泉编著. -- 广州 ：
暨南大学出版社，2024. 12. --（暨南大学铸牢中华民族
共同体意识研究系列丛书 / 夏泉主编）.
ISBN 978-7-5668-4067-7

Ⅰ．G527.659-53
中国国家版本馆 CIP 数据核字第 2024DT1370 号

文化教育与澳门华人论稿
WENHUA JIAOYU YU AOMEN HUAREN LUNGAO
编著者：夏　泉

出 版 人：阳　翼
统　　筹：张晋升
责任编辑：冯　琳
责任校对：刘舜怡　　王燕丽　　林玉翠　　黄晓佳
责任印制：周一丹　　郑玉婷

出版发行：暨南大学出版社（511434）
电　　话：总编室（8620）31105261
　　　　　营销部（8620）37331682　37331689
传　　真：（8620）31105289（办公室）　　37331684（营销部）
网　　址：http://www.jnupress.com
排　　版：广州市新晨文化发展有限公司
印　　刷：广州市友盛彩印有限公司
开　　本：787mm×1092mm　1/16
印　　张：17.5
字　　数：343 千
版　　次：2024 年 12 月第 1 版
印　　次：2024 年 12 月第 1 次
定　　价：78.00 元

总　序

中华民族共同体意识，是国家统一之基，是民族团结之本，是精神力量之魂。

党的十八大以来，以习近平同志为核心的党中央高度重视民族工作，创造性地提出铸牢中华民族共同体意识这一重大原创性论断。2014年5月，习近平总书记首次提出牢固树立"中华民族共同体意识"。2014年9月，习近平总书记在中央民族工作会议上指出："加强中华民族大团结，长远和根本的是增强文化认同，建设各民族共有精神家园，积极培养中华民族共同体意识。"2017年10月18日，习近平总书记在党的十九大报告中指出，要"铸牢中华民族共同体意识，加强各民族交往交流交融，促进各民族像石榴籽一样紧紧抱在一起，共同团结奋斗、共同繁荣发展"，并将铸牢中华民族共同体意识写入党章和新修订的宪法，成为全党和全国各族人民的共同意志和根本遵循。2019年9月，在全国民族团结进步表彰大会上，习近平总书记进一步强调要以铸牢中华民族共同体意识为主线做好各项工作。2021年8月，在中央民族工作会议上，习近平总书记明确表示，要以铸牢中华民族共同体意识为新时代党的民族工作的"纲"，坚定不移走中国特色解决民族问题的正确道路。习近平总书记关于铸牢中华民族共同体意识的系列重要论述为新时代党的民族工作指明了前进方向，提供了根本遵循。

为进一步贯彻落实习近平总书记关于铸牢中华民族共同体意识的重要论述，以铸牢中华民族共同体意识为主线做好各项工作，服务党和国家民族工作需要，推动构建具有中国特色、中国风格、中国气派的民族研究学科体系、学术体系、话语体系，为实现中华民族伟大复兴的中国梦提供重要智力支撑，2019年10月，中央统战部、中央宣传部、教育部、国家民委正式启动了建设首批铸牢中华民族共同体意识研究基地的工作，暨南大学以其鲜明的办学特色和学科优势成功入选。

　　"中华民族"的提法是近代以后的产物，目前已写入《中华人民共和国宪法》，具有最高的宪制地位。它包括 56 个民族在内的中华人民共和国公民、港澳台同胞和海外侨胞。广义上而言，它甚至包括所有对中华民族有文化认同、民族认同的海内外全体中华儿女。历史和现实充分证明中华民族是一个血脉相连的命运共同体，港澳台同胞和海外侨胞是中华民族的组成部分，总数已达 9 000 余万，分布于世界各地及我国港澳台地区，与中华民族伟大复兴战略全局和人类命运共同体建设的愿景紧密相关。港澳台同胞和海外侨胞是中华民族命运共同体不可或缺的重要组成部分，铸牢他们的中华民族共同体意识攸关中华民族共同体建设的完整性，且因为他们的特定状况，铸牢他们的中华民族共同体意识攸关"一国两制"行稳致远、祖国和平统一进程，以及凝聚海内外中华儿女的力量同心共圆中国梦的战略全局，必须尽一切努力抓紧抓好。

　　暨南大学港澳台侨学生众多，目前有来自 95 个国家和地区的 14 621 名港澳台侨和外国留学生在校学习，是海外华裔及港澳台地区学生报考深造首选的热门高校，也是国内规模最大的港澳台侨高素质人才培养基地，是铸牢港澳台同胞和海外侨胞中华民族共同体意识，打造知华、友华、爱华"同心圆"的重要试验场域。自建校以来，暨南大学秉持"宏教泽而系侨情"的办学宗旨，坚持"面向海外，面向港澳台"的办学方针，为世界 170 多个国家和我国港澳台地区培养各类人才 40 余万人，有"华侨最高学府"的美誉。2018 年 10 月 24 日，习近平总书记莅临暨南大学视察并发表重要讲话，希望暨南大学坚持办学特色，把学校办得更好，为海外侨胞回祖（籍）国学习、传承中华文化创造更好的条件。这是暨南大学办学特色与办学使命的突出体现，也是面向未来的神圣责任。

　　在长期的办学实践中，暨南大学形成了自己的学科传统与特色优势，在华侨华人研究、港澳历史与文化、港澳特区经济、海外华文文学、华文教育、中华文化港澳台及海外传承传播等研究领域处于国内领先地位，具有广泛的学术影响力，涌现出一批在港澳台侨领域深有造诣的资深学者和中坚力量。暨南大学的铸牢中华民族共同体意识研究基地建设便充分依托其学科传统和特色优势，整合校内外各方面的资源，凝聚马克思主义理论、民族学、政治学、历史学、新闻传播学、文学、经济学、法学等多学科的力量，在港澳台与国家认同、海外侨胞与民族认同、海外传播与实践路径三个主攻方向上集中发力，形成自己的基地建设特色，打造铸牢中华民族共同体意识的特色品牌，以实际行动践行国家赋予暨南大学的办学任务与办学使命。

自基地立项建设以来，暨南大学高度重视，成立了以校党委书记林如鹏、副书记夏泉为正、副理事长的理事会，整合校内外各方力量共建基地，港澳研究专家夏泉研究员任基地主任，华侨华人研究专家陈奕平教授任基地首席专家，依托中华民族凝聚力研究院为实体研究机构进行建设，马克思主义学院、中华民族凝聚力研究院院长程京武教授任基地常务副主任。为更好地建设基地，基地聘请著名民族史专家、云南大学刘正寅教授任学术委员会主任，厦门大学公共事务学院教授李明欢、中国社会科学院民族与人类学研究所研究员曾少聪、澳门科技大学社会和文化研究所教授汤开建、国务院港澳办港澳研究所副所长谢兵、华中师范大学政治学研究院教授徐勇、暨南大学新闻与传播学院院长支庭荣、中山大学马克思主义学院教授詹小美、基地主任夏泉、基地常务副主任程京武为学术委员会成员，从马克思主义理论、民族学、历史学、政治学、新闻传播学等学科领域指导基地科学研究的远景规划。目前，基地已按照主攻方向设置三个研究所，即港澳台与国家认同研究所、海外侨胞与民族认同研究所、海外传播与实践路径研究所，组建专业团队，引进优秀的科研师资，共同开展基地建设。基地自运行以来，开局良好。

为进一步打造富有港澳台侨特色的学科体系、学术体系、话语体系，暨南大学铸牢中华民族共同体意识研究基地与暨南大学出版社合作，启动了暨南大学铸牢中华民族共同体意识系列丛书出版计划。该丛书面向海内外学者，组织出版与基地主攻方向有关的系列专著、编著、译著、论文集、资料集等，从基地的角度出发，为铸牢中华民族共同体意识提供重要学术支撑。

面向未来，基地将围绕国家重大战略需要，开展科学研究、决策咨询和社会服务，为铸牢港澳台同胞和海外侨胞的中华民族共同体意识，加强海内外中华儿女大团结，为形成海内外全体中华儿女心往一处想、劲往一处使的生动局面，汇聚起实现民族复兴的磅礴力量贡献暨南智慧。

编　者

2023 年 3 月

目　录

第三编　宗教文化在澳门的传播与融入

附　编

第一编

粤港澳教育研究与实践

19 世纪粤港澳教育的演变与交流

广东、香港与澳门位居岭南。在行政建制与管辖权上，至少自两千多年前的秦朝起，港澳就同属于广东。1553—1557 年，葡萄牙进入并租居澳门；1842 年，英国凭借《南京条约》强占香港；广东亦从晚明开始成为中国与西方列强直接交锋的最前沿。粤港澳三地在西学东渐与近代中西文化全面碰撞、交融的时代背景下，逐渐走上了独自不同的发展道路。这种特殊的文化教育关系，主要出现在由广州—香港—澳门三点构成的珠江口三角地带。三地毗邻，语言相同，由于地缘、人缘优势，在政治、经济、文化教育诸领域保持着紧密的联系，各方面的交流与合作十分频繁。大致处于晚清时期的 19 世纪，在粤港澳三地的历史发展进程中，是一个极为关键的转折时期。而作为这一时期重要文化形态的教育，在历史变迁的进程中，呈现出一个由传统教育向近代新式教育转化演变的强劲发展态势。笔者拟着重围绕广州、香港和澳门三地这一独特的文化教育关系，从三方面探讨 19 世纪粤港澳教育的发展与交流情况。

一、19 世纪粤港澳的传统教育

传统教育是中国封建社会的产物。有清一代在教育领域崇尚儒家经术，提倡程朱理学，同时又广兴学校，严订学规，通过"文字狱"、考据学与科举制等途径，以加强对知识分子思想的控制，巩固清王朝的统治。粤港澳作为中华文化血脉滋润下的中国领土，有着相同的源远流长的中国古代教育传统。在 19 世纪，以私塾、官学与书院为主体，科举制为主导的传统教育，仍顽强地与新式教育进行着正面交锋与碰撞，其所积淀的精华和糟粕，在教育近代化进程中无时无刻不显现其历史的惯性。现将 19 世纪三地传统教育的发展、衰落情况分述于次。

（一）19 世纪广东的传统教育

地处岭南的广东一直承袭着以儒家思想为主要内容的封建文化教育，官办学校、书院与私塾是 19 世纪广东传统教育的主要形式。我国古代书院制度的产生，

始于唐代，而盛于北宋。明清以降，广东文化教育逐渐兴盛。广东在 19 世纪兴办了很多书院。据杨荣春先生《中国封建社会教育史》记载，清朝广东约有书院 109 所；另据刘伯骥先生《广东书院制度沿革》统计，清朝广东共有书院 411 所。① 在地域分布上，书院主要集中于广州及附近地区，少量散布于粤北、粤东北、粤西南、海南等地。19 世纪上半叶，广东最有名的官办书院系 1824 年两广总督阮元在广州倡办的学海堂，它也是当时广东的最高学府，采用学长制，立教以经史为主，提倡实学，这种求真求实的学风令人耳目一新。在 19 世纪下半叶，最有名的官办书院则系广雅书院。热心文化教育事业的洋务派人士张之洞，于 1884 年任两广总督，为了"以硕士品，而储人才"，任内于 1888 年在广州创办了广雅书院，梁鼎芬任首任院长。书院的经费主要由官僚、富商捐献，并由政府酌拨部分。书院的课程分经、史、理、文四科，学生可自由选择，兼可习词章之学。另制定了共计 27 条的《广雅书院学规》。除此，比较知名的书院还有广州的越华书院、羊城书院、应元书院、粤秀书院、禺山书院、西湖书院、文澜书院，南海的三湖书院等，均采取名儒私人讲学的方式，招收成年人入学。广东各地还兴办了大量的各种类型的私塾，这类学校遍布广东城乡各地，成为最普遍的学校的类型和封建社会最重要的启蒙教育形式。

由于各类传统学校的开办和教育的发展，不少学者、名流、宿儒投身于培育人才的教育工作，为广东社会培育了大批人才。当时著名的教育家有朱次琦（1807—1882）、简朝亮（1851—1933）、谭莹（1800—1871）、桂文灿（1822—1884）和曾钊等人。其中影响最大者系出生于广东南海九江的朱次琦，他是道光进士，曾任知县与学海堂山长，著述甚丰。朱次琦在教学上能摄取孔孟有益的学说，对学生要求严格，力主培育人才要品学兼优，研究学问不能苟且从事。他培养的学生最有名的三位为洪秀全、简朝亮和康有为，均对中国近代社会的发展起到了积极的推动作用。

19 世纪是一个大变革的时代，广东传统教育遭遇到了前所未有的内外压力。一方面，伴随着国门洞开后开眼看世界思潮的勃兴，以及不平等条约缔结后基督教传教士在内地传教的合法化与洋务运动的兴起，一些新式学校次第兴办，对传统教育构成了猛烈的冲击；另一方面，传统教育内部也在酝酿着变革力量，并最终导致书院、旧学堂的变革与科举制度在 20 世纪初叶被根本废除。

（二）19 世纪香港的传统教育

有论者在《香港旧事闻见杂录》中谈及香港 19 世纪中叶前的教育时，曾指

---

① 张耀荣主编：《广东高等教育发展史》，广东高等教育出版社，2002 年，第 8 页。

出："香港在未开埠前，各间村落，只有蒙馆私塾，由老师一人单独授课，教三、数十村童识字、珠算、写信，并未闻有应科举试考取秀才者。"① 这段话基本反映了当时的客观情况，也比较符合开埠前香港偏处南隅、人烟稀少的实际。但论者忽略了两点：一是香港地区除了私塾外，早年还曾设有几所书院，如位于香港新界、建于北宋的力瀛书院，即是香港最早创立的书院，而建于清康熙年间（1684）的周王二公书院，则是 19 世纪中叶前香港又一间有名的书院；二是香港地区在早年也有个别获登甲科、乡试中举的士人，如 1685 年香港锦田的邓文蔚曾获第三甲进士。进入 19 世纪中叶，伴随着香港开埠后人口的激增，教育的需求日增，大量以私塾为主的中国传统学校相继开办。据粗略统计，这一时期有名的学校有：道光年间创办的二帝书院、应龙廖公家塾、应凤廖公家塾、观廷书室、五桂书室、善述书室、龙津义学；咸丰年间创办的允升家塾；同治年间创办的镜蓉书屋、述卿书屋、圣轩公家塾；光绪年间创办的敬罗家塾、正伦书室、图南书室、萃英堂、孔圣会义学、静观家塾、觐庭书室，等等。除了书院、书塾、书室一类的学舍，香港各村各族所兴建的祠堂，也大都作为兴学育才的地方。② 在上述学校里，学生直接向塾师缴交学费。一般一所学校只有一名塾师，学生 25～30 人，无班级划分，讲授的主要内容是孔子及古代贤哲为人处世的道理，背诵传统经典，教学用书主要是《三字经》、"四书"、"五经"之类。

可以说，香港传统教育渊源于内地，一直承受着中国传统文化和传统教育的滋润。在香港开埠前，它纯属中华传统的本土教育；开埠后，出现了传统教育与以教会学校、官办学校为主的新式教育共同发展的局面。需要指出的是，港英政府尽管对传统的中文教育表面上尊重，但并不真正热心其发展，中文教育只能主要依赖民间力量和少数热心社会人士去推动。加之传统教育的教学内容与现实日益脱节，无法满足人们择业的需求，而新式教育的勃兴适应了香港工商业社会发展的要求，因之，香港的传统教育愈到后来愈加式微就成了不争的事实。

（三）19 世纪澳门的传统教育

澳门原属广东香山县，广东乃澳门教育的主要源流。因为华人占大多数，澳门文化教育的主体，是与中国传统文化一脉相承的。开埠前后，澳门教育不甚发达，民间社团与私人一直是兴办教育的主要力量。澳门开埠前的教育，主要是中国传统的乡塾与社学，相传当时已设有更馆社学等早期学校，旨在应科举、教识

---

① 陈谦：《香港旧事闻见杂录（二）》，《广东文史资料》（第四十四辑），广东人民出版社，1985年，第4页。

② 详见王齐乐：《香港中文教育发展史》第三章"香港的前代教育"，三联书店（香港）有限公司，1996年。

字以应日常所需。开埠后,澳门教育有了一定程度的发展。到 1778 年和 1801 年,香山县志与望厦赵氏族谱记载了赵元骆、赵允菁父子先后中举之事。据考证,望厦村迄今仍保留有"黄东书屋"遗址,邻近前山一带有凤山、凤池书院,而且在雍陌、小榄、古镇历年也曾出现一些秀才、举人。"那些宗祠、庙宇,延聘塾师坐馆,课以三字经、千字文、四书、五经,均属中式的传统的封建教育。"①但大多数渔民、农家子弟,或是接受家庭教育、生产技术教育,或是在庙宇、公祠接受社学、学塾教育。进入 19 世纪后,澳门教育逐步向近代演进。除了继续兴办学塾、私塾外,其中最重要的标志是 19 世纪末平民教育的初步发展。

1891 年,镜湖医院值理会率先开办义学,成立"惜字善社",次年又在连胜街、卖草地、新跛头、水坑屋、新桥开办了五所蒙学书塾,统称为"镜湖义塾"。何廷光于 1898 年倡办澳门大同女学堂,他认识到:"强国之道,首在育才;育才之道,首在幼学……今倡此堂,力挽斯弊,上以体国家育才之深心,下以收相夫教子之实益。"陈子褒(1862—1922)也于 1899 年在澳门荷兰园设立子褒学塾,其胞弟则设立子韶学塾。陈子褒自编通俗且适合儿童、妇女心理的白话文教材 50 余种,希望借助塾馆这一传统的办学形式,大力推行普及教育与妇孺教育。总的来说,由于澳葡政府对教育不甚重视,加之香港开埠后澳门地位的相对衰落,澳门的传统教育发展速度较为缓慢,多数学校办学经费拮据,不得不靠沿门劝捐勉以为继。这在一定程度上制约了澳门社会经济的发展。

二、19 世纪粤港澳的新式教育

1807 年,英国伦敦会的新教传教士马礼逊经由美国、澳门抵达广州,被视为新教进入中国内地之肇始;1842 年《南京条约》签署,英国占据香港,同时带来澳门地位的逐渐衰落,广州也正式被开辟为通商口岸。这两件大事对 19 世纪粤港澳教育的发展产生的影响极其深远。在师夷长技与欧风美雨浸润这一时代背景下,粤港澳教育纷纷走上了由传统向新式转化的变迁历程。

(一)19 世纪广东的新式教育

广东最早的新式教育是教会学校。19 世纪初叶至鸦片战争前后,新教传教士相继来到广东。而开办学校、将西方教育制度和教学方法引入中国,是这一时期新教传教士尤为重视的传教工作。但由于鸦片战争前清政府仍禁止外国人在广

---

① 刘羡冰:《双语精英与文化交流》,澳门基金会,1994 年,第 5-6 页。

州从事商务以外的其他活动，所以传教士根本不可能开办学堂。尽管如此，1818年，马礼逊还是在马六甲开办了英华书院。1836年新教传教士在广州成立马礼逊教育协会，以纪念马礼逊在华传教方面的贡献，该会以开办和资助学校为目的。另外，美国新教传教士裨治文抵广州后招收了3名孩子为学生，其中包括梁发的独生子梁进德。鸦片战争后，中国成为世界上最大的传教场所。由于在广东传教与办学的合法化，教会学校逐渐发展起来。1866年，美国教会在广州创办南华医学校，由嘉约翰和黄宽负责教学，这是我国第一所西医专科学校；1872年，美国长老会传教士那夏理女士创办真光书院，这是外国人在广东开办的第一所女子教会学校；1888年，美国教会又在广州创办格致书院，1900年在澳门改名为岭南学堂，这是后来著名的教会大学岭南大学的前身。戊戌变法前后，教会学校数量日趋增多，创办了广州培英书院、培正书院、培道书院、广州淑正女学校、广州华英学校等。不过，由于清政府对教会学校仍采取排斥态度，不承认其毕业生的资历，在科举制度废除前，教会学校对大量童生的吸引力依旧有限。不容否认的是，兴办教会学校的首要目的虽是传教，但在客观上为广东社会培养了一批通晓西学的人才，同时引进了西方的教育制度和教育理念。

在教会学校相继兴办之际，在洋务运动与戊戌变法的推动下，广东还兴办了一批新式学校。如1863年6月创办的广州同文馆，即是洋务运动的产物，它是在广州最早出现的带有西学背景的外语学校，在培养外语人才、翻译外国史籍、传播西学方面起到了积极作用。此类洋务学校还有1880年创立的广东实学馆，1884年建立的广东黄埔鱼雷学堂，1887年建立的广东水师陆师学堂，1891年建立的广州商务学堂，1895年建立的广州铁路学堂，1896年建立的广州蚕桑学堂，均为广东培养了早期工程技术与军事技术人才。[1]尤为值得一提的是，维新思想家康有为于1888年创办的万木草堂，在广东乃至中国近代教育史上，产生的影响极为深远。该校一反旧式书院的传统，从教学内容到教学方法都进行了重大改革，学生既要学习中国传统的儒学、理学与史学，又要研习西方社会政治学说和自然科学书籍，同时在教学方法上培养学生质疑、深思的习惯。学校培养了梁启超、徐勤、麦孟华等著名人士。作为中西交往的前沿阵地，19世纪晚期的维新思潮的勃兴推动了广东知识界西学的骤然兴盛，从而在广东近代教育史上出现了郑观应、康有为等著名的维新派教育家。在19世纪与20世纪之交，传统私塾的衰落，旧书院的改革与新学堂的出现，对广东传统教育产生了剧烈的冲击，这些新变化为科举制的正式废除、新式学校的大量涌现打下了坚实基础，并进而促进了广东社会经济的发展进程。

---

① 张耀荣主编：《广东高等教育发展史》，广东高等教育出版社，2002年，第17页。

（二）19 世纪香港的新式教育

香港的新式教育是 19 世纪中叶开埠以后引进、发展起来的。正如有论者所指出的："英国占领香港岛初期，香港政府关心的只是设置统治机构、修筑办公房舍、建立殖民统治秩序，对兴办学校并不热心。香港较早的西式学校主要是由教会人士开办的。"①

先看教会学校。从时间顺序上来看，最早出现在香港岛的新式学校是马礼逊教育协会开办的马礼逊学校，该校于 1842 年从澳门迁至香港。次年，伦敦会传教士理雅各也将英华书院从马六甲迁至香港。1851 年，史丹顿创办了圣保罗书院。此后还相继创办了圣保禄学校、圣约瑟书院、嘉诺撒圣方济各书院、嘉诺撒圣心书院、天主教救主书院、拔萃男书院、拔萃女书院、救主书院、培德女校等教会学校。据统计，1900 年前，香港基督教新教会共创办了 23 所教会学校，天主教会则创办了 13 所教会学校。如果撇开其宗教性与办学的初衷主要是传教不谈，这类学校客观上对香港 19 世纪教育与社会经济的发展还是产生了积极的促进作用。

再看官立学校（Government School，当时译称"皇家书馆"）。占领香港初期，港英政府用少量经费补贴部分华人学校，如在维多利亚城、赤柱、香港仔各选择一所私塾，每月补助 10 元。1848 年，设有 3 所官立学校。1854—1859 年，官立学校从 5 所增至 19 所，学生从 100 多人增至 900 多人，教育经费亦从每年 125 镑增至 1 200 镑。1860 年，成立了教育咨询委员会，理雅各是委员会成员之一，他提出其教育计划，并倡议设立中央书院（Central School）。1862 年中央书院创办，1894 年更名为皇仁书院，孙中山、何启、胡礼垣等曾在此学习。1887 年，香港创办了第一所大学专科学校——香港西医书院（The Hong Kong College of Medicine for Chinese）。从 19 世纪中叶至 1900 年，香港官立学校发展速度较快。统计表明，1873 年有官立学校 30 所，接受政府资助的学校 6 所；1900 年有官立学校 13 所，接受政府资助的学校 97 所。这类新式学校既开设中国私塾的传统课程，又介绍世界地理、历史和自然科学知识，办学目的主要是培养港英当局统治所需要的各类人才，然而其培养的一些学生，如孙中山、何启等人，后来却成长为对中国近代社会的变革作出重要贡献的人士。

（三）19 世纪澳门的新式教育

19 世纪的澳门教育，一方面受到澳门独特的政治体制的制约，1849 年葡萄

---

① 余绳武、刘存宽主编：《十九世纪的香港》，中华书局，1994 年，第 301 页。

牙占据澳门后奉行独尊葡文葡校的教育政策；另一方面也在逐步向近代演进，其重要的标志是平民教育的发展，科技教育进入一般学校的课程，神学教育逐渐退出主导地位。先看葡人官立学校的创办。随着澳门经济的发展与外来常住人口的递增，为了发展航海贸易事业，对教育的要求越来越高，澳葡政府为此设立了澳门市皇家领航员学校，后又成立澳门海事技术专门学校。1894年，澳门官立中学正式成立。从而逐步打破了教会对教育的长期垄断权。其次是私立学校大量发展，相继创办了一些世俗性的学校。汉语的学习也从教会学校扩展至葡文学校，成为世俗学校重要的讲授内容。至于教会教育，一个突出的现象是教会学校纷纷改制转轨，开办面向平民的世俗教育。1890年出版的《澳门手册》曾明确指出：当时设有"若瑟堂书院、义学、罗沙喇女书院、初学义塾、通商义学、澳门通商义学以及华童学习西洋义学等"，上述学校均系天主教会开设。① 除此，由天主教人士于1727年开办的圣若瑟修院一直办学到1862年，在当时影响较大。1895年，天主教会还在澳门开设了第一所华文学校——氹仔圣善学校。另外，新教传教士也比较重视教育工作。1834年，传教士郭士立的夫人温施黛（Wanstill）在澳门开设书塾教授女生，这是新教在澳办学之始；1839年开设了著名的马礼逊学校，由美国人布朗（Rev. Brown）主持校务，容闳等人成为首批学生；1836年，浸信会来华传教的第一位传教士叔未士（Rev. J. Lewis Shuck）夫妇也曾在澳门从事教育工作；1885年，基督教牧师黄煜初在澳举办盲女教育；1900年7月，广州格致书院迁至澳门，改名为岭南学堂，系澳门当时唯一的高等学府。上述表明，澳门教育走上了多元化与重视世俗教育的发展新路，并开始走出单一的宗教教育体制。

"学僮禁读经，中土新建议。此邦老塾师，犹不旧学弃。弹丸一海区，黉校已鳞次。雅颂声琅琅，到耳良快意。礼失求诸野，宗风傥未坠。"② 这是民初汪兆镛游历澳门后，在《学塾》一诗中所描述的澳门开埠300多年来，尤其是经过19世纪以来的持续发展，澳门教育在20世纪初叶所呈现的一派新气象。这也是当时澳门教育的真实写照。

三、19世纪粤港澳教育的交流

伴随着中国经济重心的南移与岭南的开发，当港澳仍是滨海渔村时，以广州

---

① 冯增俊主编：《澳门教育概论》，广东教育出版社，1999年，第64–68、316页。
② 中国第一历史档案馆、澳门基金会、暨南大学古籍研究所合编：《明清时期澳门问题档案文献汇编（六）》，人民出版社，1999年，第857页。

为中心的粤文化已逐渐勃兴。及至 19 世纪中叶，香港、澳门和广东分别由英、葡、中三个文化背景不同的国家管理。由于西力冲击，粤港澳教育具有了岭南"咸淡水交汇"的味道。从近代中西文化交流的视角看，粤港澳凭借得风气之先的有利地理位置，在 19 世纪扮演了中西文化交流窗口及文化大熔炉的角色。就教育的交流而言，可以说，一部 19 世纪的粤港澳中西教育交流史，既是一部中西教育在沿海地区全面接触、冲突、吸收、融合的交流史，又是一段交织着被迫接受与主动求索的矛盾和痛苦嬗变史，表现出中国教育在欧风美雨浸润下走向世界的趋向。粤港澳教育的近代化进程，是一个由传统教育向近代新式教育转化演变的曲折发展历程。

传统教育是中国传统社会的产物，它与几千年来自给自足的封建农业经济基础和封建专制政体相适应，为封建社会培育了大批人才。在鸦片战争前，在建制上同属广东的港澳地区，与广东存在着史前文化的同一系统、行政上的隶属与居民的同源关系。在西方人东来之前，粤港澳地区只有传统的中国本土教育，而且港澳两地因人口稀少，这类教育（主要是私塾）也显得相当薄弱。进入 19 世纪特别是鸦片战争以降，传统教育曾一度有所发展，但终因中国传统的农业宗法社会受到外国资本主义的侵入而加速瓦解，其无法适应国门洞开后社会经济急剧发展的需要，加之在社会内部要求变革教育的呼声十分强烈，终于衰落，并向近代新式教育转型。

早期的新式教育大体上遵循着由澳门至香港再至广东的发展路径（亦有彼此间的良性互动）。澳门开埠后，即自 16 世纪末始开设了最初的几所从欧洲移植而来的教会学校，如圣保禄学院、圣若瑟修院等。鸦片战争前后，粤港两地也兴办了少量教会学校。19 世纪中叶以后，港澳两地还兴办了一批以西学为主要内容的早期官立学校，广东也在洋务运动和维新思潮的推动下，创办了一些洋务学校和新式学堂。在这同时，教会学校在三地都得到发展。三地的教育合作与交流，其密切程度可从下述两则事例中得到佐证。其一，马礼逊学校即是为了纪念最早到中国内地（广州）传教的新教传教士马礼逊而设，马礼逊于 1834 年病逝，次年，一批英美旅华人士即在广州成立了马礼逊教育协会，并于 1839 年在澳门成立了马礼逊学校，1842 年该校迁至香港，来自广东香山的黄宽、容闳等先后于 1840—1847 年就读于分别设在澳、港的马礼逊学校。其二，平民教育家陈子褒于 1893 年中举，曾入广州万木草堂学习两年。1899 年他在澳门倡设蒙学会，介绍西方先进教育和教学方法，并设立蒙学书塾。1918 年，又迁校至香港，设子褒学塾、女校与联爱会工读义学，为港澳社会培养大量人才，对当时的粤港澳社会产生了广泛的影响。由上可见，三地的教育资源存在着互通性与流动性，是一个开放的良性互动的、互相促进与发展的循环系统。

概言之，东方的传统教育和西方的新式教育两大世界教育源流在粤港澳的融合交流，使之呈现出多元性、适应性与融合性的特色。传播到广东的西学（包括教育），大都以港澳为基地，经广东传至内地；中国的传统文化教育也从广东传播到港澳乃至世界。这种交流不仅体现在教学内容、教育制度、教学方法等物化层面，而且反映在教育观念、社会心理、价值取向等精神、思想和心理层面。三地的教育交流，促进了彼此的相互联系、沟通与办学质量的共同提升。尤为重要的是，在港澳兴办的新式教育事业，具有优于封建文化教育的一面，为中国知识分子提供了学习西方先进思想和自然科学知识的机会和场所，资本主义经营管理在港澳的成功实践，又引发了知识分子对晚清时局的思索，不少先进的知识分子都曾在三地学习或从事文化教育工作。在近代广东之所以能涌现出一批著名的思想家、革命家，如孙中山、康有为、梁启超等人，这是与三地教育的发展、交流并向前推进密不可分的。无疑，19 世纪粤港澳三地教育的发展与交流，既传播了西学，开阔了国人的视野，培养了一批改良主义思想家和资产阶级革命家以及其他西学人才，使之成为改造晚清社会的一支重要推动力，同时又极大地促进了粤港澳三地社会经济的发展与教育近代化进程。

（刊《暨南学报》2002 年第 6 期）

陈子褒与清末民初澳门华人教育

自 16 世纪中叶以降，澳门虽一直处于中西文化的要冲，但澳门文化教育上的"双轨单行"，造成近代澳门华人教育总体上仍很落后。① 在近代澳门教育史上，称得上教育家的屈指可数，在为数不多的教育名家中，陈子褒可谓是承前启后的一位。陈子褒既是近代澳门著名的有重要贡献的改良教育家，也是澳门教育近代化的先驱，但学术界对陈子褒与澳门华人教育的研究与其在澳门教育史上的地位仍不相称。已有的研究成果大多为介绍性的。② 正如美国史学家欧文·V. 约翰宁迈耶所说："历史所关心的事应大大超越行为和事实。"③ 因此，本文关注的重点在于陈子褒在澳门的教育活动及其对清末民初澳门华人教育的影响。

在展开论述之前，仍须对陈子褒的生平有一个简要的介绍。陈子褒（1862—1922），名荣衮，号耐庵，别号妇孺之仆，广东江门新会外海人。陈子褒早年就"奕奕有文名"，1893 年与康有为同应乡试，名列康有为之前，对康氏经国救民思想大为叹服，于是入万木草堂，成为康有为入室弟子。受康有为影响，陈子褒参与维新变法运动，及至戊戌政变，遂东渡日本考察教育。陈子褒得日本教育家桥本海关的引导，仔细考察了日本神户的小学教育和平民教育状况。④ 1899 年，他回到澳门决心以改革小学教育为救国、立国之本。自此，陈子褒在澳门从事华人教育活动长达 19 年，为澳门华人教育的改良、普及与发展作出了杰出贡献。

---

① 这一观点参照吴志良先生《东西交汇看澳门》一书，他认为，澳门历史存在明显的双轨：华人社会一条线，葡人社会一条线。笔者认为，这一双轨反映在教育上，表现为华葡教育各自为政，互不干涉，极少沟通，导致近代澳门教育总体上的落后。另据王文达《澳门典故》（澳门教育出版社，1999 年，第315 页）称：（澳门）"全无文化可言者。……居留是间之子弟教育，更无论矣。"

② 就笔者所知，《中国教育通史》、《中国大百科全书·教育》或《中国教育家评传》大都未涉陈子褒其人其事。而研究陈子褒的文章多以介绍性的文字为主，如梁如松的《陈子褒和卢湘父的几种启蒙课本》、赵立人的《陈子褒、卢湘父在港澳的教育活动》、陈立的《陈子褒毕生致力蒙学》、陈察吾的《陈子褒先生事略》和龙半士的《广东蒙学教育家陈子褒传略》等。当然也有比较深入研究陈子褒的成果出现，如胡培周的《陈子褒和粤方言教学》、颜志远的《陈子褒的教育思想和实践——近代"教育救国"论的一个个案研究》等。但相对于陈子褒在澳门教育史上的地位和贡献而言，上述研究仍显不够。

③ ［俄］卡特林娅·萨里莫娃、［美］欧文·V. 约翰宁迈耶主编，方晓东等译：《当代教育史研究与教学的主要趋势》，教育科学出版社，2001 年，第43 页。

④ 陈子褒：《小学琐言》，冼玉清等编：《陈子褒先生教育遗议》，文海出版有限公司，1952 年，第34 页。

一、子褒学塾与澳门教育

（一）子褒学塾的创办

1899 年，经过对日本数月的考察，陈子褒得出一个重要结论："一国之强弱，系乎人才；人才之盛衰，系乎教育。中国教育古法，唐宋以后，日即泯没。有明以来，以八股取士，于是垂髫之子，入学就传，即讽读深奥文字……褒心焉非之久矣。去岁漫游日本，获彼都之人士，求所谓师范校长、小学教员者，叩以教育宗旨，与夫一切条理，愈恍然于中国教育既失其本，复遗其末，非全行改革，无以激发国民之志气，濬沦国民之智慧。"① 由此可以看出，陈子褒在澳门创办学堂的初衷在于改革明清以来的八股积弊，发展教育，培养人才，以改革教育为强国之本。1899—1900 年，陈子褒并没有急于创办学塾，而是"就开平邓氏专聘于澳门荷兰园第三号"。在这两年时间里，陈子褒一方面深入了解澳门社会和澳门教育，另一方面为创办子褒学塾作充分的前期准备。1901 年，陈子褒与其弟陈子韶自立门户，在澳门荷兰园 83 号创办子褒学塾，设帐招徒授课。② 这是澳门最早的具有改良性质的学塾。

可以说，子褒学塾的创办是各种主客观因素综合作用的结果。客观上，1898年维新变法运动失败，清政府大肆搜捕维新派人士，维新派家属亦受牵累，澳门因其特殊的地位而成为暂避政治风险的港湾。随着居澳华人的增多，进一步发展澳门华人教育，设立更多的学校，成为澳门社会的迫切的需要。而当时澳门官立教育以葡人葡文为主，华文教育不受重视，华人入读官立学校的机会极少，直到1911 年才注重华文教育；基督教（含天主教、新教）在澳门的教会教育事业亦发展缓慢，因此创办新的教育设施的任务就落到了寓居澳门的维新知识分子的肩上。主观上，陈子褒具有办教育的条件和强烈愿望。早在 1890 年，陈子褒就曾于广州六榕塔后的友石斋及芥隐堂设馆授徒。1893 年到 1895 年在万木草堂期间，陈子褒经常在双门底（今广州北京路）圣教书楼阅读西方书籍，并开始学习英语。他在学习英语的过程中发现，英语启蒙课本从鸡、犬、猫等通俗易懂的日常

---

① 陈子褒：《教育学会缘起》，冼玉清等编：《陈子褒先生教育遗议》，文海出版有限公司，1952 年，第 2 页。
② 刘羡冰认为子褒学塾创办于 1899 年（见刘羡冰著《澳门教育四百年》第 13 页），而据陈子褒自己在《子褒学塾同窗会年报·本塾叙述》中所述："戊戌岁仆东渡数月，调查蒙小学归，明年就开平邓氏专聘于澳门荷兰园第三号。明年仍旧，又明年自开门户。"由此可见，子褒学塾创办的时间当为 1901 年。

用语学起，遂"恍然于大学中庸穷理尽性诸奥义之未适宜童蒙时期"①，于是决定从改革教材入手，改良教育。1895 年，陈子褒编写发行了具有启蒙教科书性质的《妇孺须知》。维新运动期间，陈子褒感于维新人士"皆惟朝廷是赖"，"目光向上"而不知"国本在下之理"，决定从改革基础教育做起，编写《妇孺浅解》《妇孺八劝》《妇孺入门书》《幼稚》等启蒙读本。维新变法失败后，大多数逃亡海外的维新人士奔走于政治舞台，而他在日本从小处着手，潜心考察小学教育。从以上可以看出，陈子褒具备了较丰富的办学和教学经验，同时又具有强烈的改良教育的愿望。这样子褒学塾的创办就被提上了议事日程。

（二）子褒学塾对澳门教育的影响

首先，子褒学塾创办之初，规模虽小，发展却比较快，成为澳门华人教育发展的榜样。表 1 基本反映了子褒学塾创办十年来的学校发展情况：

表 1　1901—1910 年子褒学塾的学生人数

单位：人

年份	1901	1902	1904	1905	1907	1908	1909	1910
学生人数	14	28	40 余	40 余	60 余	60 余	80 余	80 余

注：此统计表参见《子褒学塾同窗会年报》，其中 1903 年、1906 年的人数不详，且除最初两年外，其他均不是精确数。

随着学校的发展，原有校舍不敷使用，陈子褒筹措经费，迁建新校于龙嵩街。新校的建设激发了学生的热情，他们都为学校的日益发展壮大感到自豪。学生周文刚在他的《新校记》中说道："懿彼一校，实具四美，其视旧校之湫隘嚣尘，冲梁暑汗，侵栋鱼鼠，危楼严墙，为何如乎。此一迁也，校地日以广，衿（？）日以盛，聱聤日以振发，教思日以磅礴，实为本校扩充基中。"另外一个学生钟荣真则对新校舍大发感慨："及登其楼也，规模龙象，课堂宽广，西南之风，徐徐而来，且宿舍井然，大有可观……南湾在目，凭栏远眺，日则襟山带水，帆樯云集，夕则天风海涛，数星渔火，流览所及，感慨系之，余意天下之所谓乐事者，此亦其一也。"② 子褒学塾校舍的规模以及优良的学风吸引着澳门莘莘学子。正如陈察吾先生所言："（子褒门下）一时学风之美，人才之多，誉满南国。欧

① 冼玉清：《陈子褒先生》，《广东文征续编》（第三册），广东文征编印委员会，1986 年，第 407 页。
② 周文刚：《新校记》，《子褒学塾同窗会年报》，第 29 页；钟荣真：《新校记》，《子褒学塾同窗会年报》，第 30 页。引文中括号内的"？"，因该字模糊不清，故以此代。

美澳非各注洲华侨遗子弟来学颇多。"①

其次，子褒学塾开办之初兼招女生，首开华人办学男女同校之先河。清末发展女子教育都实行男女分校的方式，直到辛亥革命以后，男女同校的限制才有所松动。澳门华人向来比较保守，大多让子弟接受传统的中文教育。受"男女有别"的传统观念的影响，澳门华人办学多承袭内地传统，多数实行男女分校。子褒学塾实行男女同校无疑开风气之先，打破了澳门华人男女同校的禁区，以实际行动冲击了中国封建传统的教育观念，推动了澳门华人教育的发展。

再次，子褒学塾在教学和管理方面对澳门华人教育起着示范性作用。澳门华人所办学校一向不为澳葡当局所承认，既得不到政府补助，又得不到政府管理上的指导，处于分散杂乱、管理无序、各自为政的状态，从而直接影响澳门教育的发展。在这种情况下，子褒学塾的学生自治管理、教材的编写与推广、教育内容的变革，对其他学塾起着示范性作用。崔师贯在《陈子褒先生行略》中提及："（子褒学塾）教科采圆周法，不为强灌，以养成学徒自动为主，教化大行，信徒日众，每有母子同堂受业者，时省学务处犹未设立，内地兴学者，皆来取法，澳门一隅，教育遂为全粤冠。"② 陈子褒所编教材在澳门广为流传，众多学塾甚至广州的岭南学堂亦派人与子褒学塾进行交流。

最后，子褒学塾为澳门乃至内地和海外培养和输送了大批人才。如为澳门和内地培养了大批适合社会需要的师资和工商人才，为澳门地方教育、文化和经济的发展提供生力军，岭南第一才女冼玉清，岭南大学华人校长李应林，著名教育家廖奉基及岭南大学教授陈辑五、陈仲伟，同盟会女会员许剑魂、梁国体、陈秉卿、尹淑姬均毕业于子褒学塾。

二、陈子褒与澳门平民教育、妇孺教育

（一）陈子褒与澳门平民教育

20世纪初，澳门社会华洋杂处，贫富差距甚大。平民阶层在当时被称作草根阶层，他们终年为生计奔波，清贫的坊众子弟苦于无就学机会。在官学不兴的澳门，平民义学对于教育普及的意义显得尤为重要。陈子褒十分同情澳门清苦子

---

① 陈察吾：《陈子褒先生事略》，《广东文史资料》（第12辑），文史资料研究委员会，1964年，第124页。

② 崔师贯：《陈子褒先生行略》，《广东文征续编》（第一册），广东文征编印委员会，1986年，第493页。

弟，他在《半夜义学缘起》中说："黮黮黭黭，蒙蒙懵懵，惟天穹穹，吁而不应，惟地搏搏，可觅以求生，其今日之社会哉，之无仅识，遽役役而谋食，署名未谙，惟劬劬而服勤，牛宫马磨，蓬首垢身，加以鹿豕之种，家教靡闻，豚鱼之具，险途轻蹈，其忍袖手哉。"① 因此，陈子褒非常重视平民义学。他对当时内地基督教会垄断义学深感不满："仆曩者漫游佗城，调查女义学若干所，皆教会创办，外人主持，无一是我国人所立者，恶然久之矣。"② 于是，他决心与学生一起创办平民义学。

陈子褒最早创办的义学为佩根义塾。1907 年，陈子褒与学生潘良弼、梁伯扬、陈德兰五人捐凑一百元储于银号作为基金。次年，聘师招生，因基本金太薄而暂收脩金。1909 年，陈子褒的女学生彭佩弦家庭条件较好，毕业后自愿就教于此塾。此后，学生一律免费就学。为了维持义学经费，陈子褒与学生利用各种卖物会，捐物标价，卖物助兴女义学。③ 除了佩根义塾外，陈子褒还于澳门高尾街创办半夜义学，以满足白天为生计所迫而无暇就学的贫民子弟学习的愿望。

受陈子褒的感染，陈子褒的弟子也热衷于义学。如上文提及的彭佩弦就教于义学。陈子褒的女弟子曹美琼独立支持陈子褒创办的"赞化平民义学"最后两年，在赞化平民义学停办后，仍不忍贫童失学，再办"维义义学"附设于她自己创办的"维德女学校内"。曹美琼还在学生毕业典礼上号召毕业生参加义教。④

陈子褒兴办的义学学风优良，成绩卓著。在他的半夜义学里，"学子就塾，寸阴等之尺璧，求学有如追亡，肃静整齐，成绩颇著，教授诸子，其诸亦有乐于是与"⑤。不但学生努力，老师也乐意施教，这在当时的澳门是颇为难得的。

陈子褒长期以来一直重视平民义学的发展。据陈子褒的弟子冼玉清回忆，早在 1896 年，陈子褒就著有《义学训蒙条例》一书，对义学的办学宗旨、目的、教学方法、设学规划以及择教延师等都作了详细的说明。⑥ 1919 年，迁校香港的陈子褒更把兴办义学上升到救国救民的高度。他说："义学者，救中国之命脉也。"⑦ 陈子褒一贯重视义塾，打破了少数人对文化教育的垄断，在澳门创办的平民义学，如佩根义塾、半夜义学、赞化平民义学及灌根劳工夜学等对澳门教育

---

① 陈子褒：《半夜义学缘起》，《子褒学塾同窗会年报》，第 45 页。
② 陈子褒：《佩根女塾叙述》，《子褒学塾同窗会年报》，第 62 - 63 页。
③ 陈子褒：《佩根女塾叙述》，《子褒学塾同窗会年报》，第 62 - 63 页。
④ "Directorio de Macau—1932"，转引自刘羡冰：《澳门教育史》，人民教育出版社，1999 年，第83 - 84 页。
⑤ 陈子褒：《半夜义学缘起》，《子褒学塾同窗会年报》，第 45 页。
⑥ 冼玉清：《圣士提反义学劝捐启·编后按》，冼玉清等编：《陈子褒先生教育遗议》，文海出版有限公司，1952 年，第 71 页。
⑦ 陈子褒：《圣士提反义学劝捐启》，冼玉清等编：《陈子褒先生教育遗议》，文海出版有限公司，1952 年，第 70 页。

的普及作出了重大贡献，他是中国教育史上第一个倡行平民教育的教育家。

（二）陈子褒与澳门女子教育

妇女的解放是衡量社会进步的标志，女子受教育的开放度又是衡量妇女解放的基本尺度。处于东西文化碰撞、交流、融合交汇点的澳门得风气之先，成为全国最早进行女子教育的地方。1792 年，天主教教区主教施利华（Silva）创办圣罗撒葡女童私塾。这是澳门女子教育之始。1834 年基督教新教传教士郭士立（Charles Gutzlatt）的夫人温施黛（Wanstall）于澳门设女塾。该校后兼招男生，是澳门男女同校之始，亦是中国男女同校之始。[①] 然而，如前所述，近代澳门社会华人居多且多保守，教会所办女学规模有限、普及不广，所以澳门女子受教育的开放度总体而言不高。20 世纪初，澳门迎来第一次兴办女学的高潮。这是与陈子褒倡兴女学分不开的。陈子褒是中国历史上第一个系统研究和推行妇孺教育的教育家，他在《妇孺须知》中称："女子者，国民之母也；女学者，幼学之母也。"陈子褒对澳门妇孺教育的贡献主要表现在以下两个方面：

第一，揭露女学不兴的弊病，大力提倡妇女教育。早在 1901 年，陈子褒作《女儿三字书》，呼吁男女平等，反对女子缠足，劝诫女子读书明理关心国家大事。他说："尔女子，宜读书。不读书，怎识字。不识字，怎明理。不读书，怎教子。书不读，是蠢才。蠢才多，国就衰。尔女子，亦国民，中国事，也须知。欲知事，看新闻。国衰旺，尔有份。国势弱，实可耻，教子孙，莫忘记，尔女子，宜勉之。"[②] 他痛陈中国女子不读书的弊病，他说女子不读书就如"具花果之胚，而不浇以水，不能发荣而滋长也；含鸾凤之姿，而困于籢，不能翱翔而轩举也"[③]，"中国有一大害，如女子不读书是也……我中国四万万人，而有二万万不读书之女子，是一半无用之人矣。有一半无用之人，中国所以日弱也。孟子曰，逸居而无教，则近于禽兽，诚哉斯言乎！……然信如孟子之言，则二万万无教之女子，岂不与禽兽相近耶！乃国民不以为耻，反以为固，当如此如此也。呜呼，岂不痛哉！岂不痛哉！"[④] 由此可见，陈子褒不仅重视女子教育，而且把女子教育看作是关系国运兴衰的重要因素。在实践上，陈子褒首开华人办学男女同校的先河，创办佩根女子义塾，支持澳门其他女子教育的发展，鼓励学生毕业后从事师范教育的创办女子学校。

---

① 刘羡冰：《澳门教育史》，人民教育出版社，1999 年，第 223 – 224 页。
② 陈子褒：《改良妇孺三字书》上卷，聚文书塾编辑，光绪二十九年（1903）再版。
③ 陈子褒：《教育女子论》，《广东文征续编》（第一册），广东文征编印委员会，1986 年，第 250 页。
④ 陈子褒：《女学不兴之弊》，转引自陈汉才：《康门弟子述略》，广东高等教育出版社，1991 年，第 78 页。

第二，研究和改良女子教育。陈子褒在澳门设教实行男女同学，他发现女生成绩经常超过男生。后来，经过悉心观察研究，他认为女生有四个特性是男生所不及的。一是勤。在未上课之前，男生大多在堂外游戏聚谈，女生则在室内琅琅诵读以期在课堂中十问十答，这是女生较男生成绩优良的主要原因。二是俭。陈子褒调查半年内学生的取物簿，女生大都在十元以内，男生一般为数十元。而且女生用于购买学习用品，男生滥购物品，毫无选择。三是法。女生课桌、宿舍等井井有条，男生则杂乱无章、狼藉不堪。四是信。女生大多言而有信，每年的学费、年报费，如期交纳；而男生以各种借口，迟迟不交。至于给佩根义塾捐款，女生多七日之内陆续交讫，男生拖拖拉拉，甚至到期末也不缴交。[①] 在陈子褒看来，女生的良好习惯应该引起主持教育者的重视。陈子褒对女子教育内容重刺绣、女红表示反对。清末民初，女学逐渐开放，然而教育内容仍不过井臼缝纫刺绣之类女红，教育的目的不过是培养贤妻良母。他坚决反对办学者这种舍本逐末、粉饰太平的做法，他说："还观我国，办女学者以刺绣为必需科，而学子到门亦问有刺绣一科否。夫我国女学，今乃萌芽，于中西文科学，略突窥涯，已耗时日不少，而尚斤斤于此粉饰太平无足轻重之刺绣，学子不足怪，怪在办学者耳。"[②] 另外，陈子褒还编辑发行大量适合妇女儿童阅读的改良读本，如《妇孺须知》《妇孺释词》《妇孺浅解》《妇孺八劝》等。

（三）陈子褒与澳门小学基础教育

杨寿昌在《陈子褒先生遗集序》中表彰陈子褒"以博学高才，独约旨卑思，不骛高远，从下层筑起，拳拳研究于举世所不经意之小学教育各问题，孜孜矻矻，垂三十年"[③]。陈子褒把主要精力和大部分时间倾注于澳门的基础教育，视小学教育为"国本"，认为救国的首要工作就在于发展小学教育。他对当时初学儿童即须读四书五经十分不满，认为这样的教育只会"泯没性灵，虚度日暑"，不但不能"解其蒙"，反而"复加之以蒙"，儿童就学，不以为乐，反以为苦。他对西方的趣味教育非常感兴趣，认为"凡教幼学，图学最重"，儿童读本应配以图画，以引起儿童的学习兴趣。他主张小学教育应以儿童为中心，无论是教材还是教法都应该适合儿童的心理，如他说："作八股者曰为古人立言，教小孩之

---

① 陈子褒：《论女生四特性》，冼玉清等编：《陈子褒先生教育遗议》，文海出版有限公司，1952年，第47－48页。
② 陈子褒：《刺绣》，冼玉清等编：《陈子褒先生教育遗议》，文海出版有限公司，1952年，第96页。
③ 杨寿昌：《陈子褒先生遗集序》，《广东文征续编》（第一册），广东文征编印委员会，1986年，第370页。

读本应代不孩立言。"① "初等小学教授法，千头万绪，其为本原之本原，则浅、少、缓三字诀矣。"② "学童者教师之师，如法者学童首肯之，不如法，则学童唤醒之。"③ 他的这些教育思想迄今仍富有重要的借鉴意义，因此，时人把他称作"东方的斐斯泰洛齐"。在教育儿童方面，陈子褒还认为家庭在教育中起着非常重要的作用，家庭教育应和学校教育相互配合才能收到较好的效果。他说，澳门家长多不注意家庭教育，对子女"惟有择某校学科完备者，某校教员认真者，某校管理著名者遣之入此，以为万事皆休而父母之责任尽矣"。澳门社会嗜赌成风，许多家长在家中聚赌，"而其子女攒聚其侧，恬不以为怪，且或导之"。他认为这种现象严重阻碍了女子的成长，因此他说："改良学校，犹言易也，改良家庭，不易言也……有良家庭而学校事半功倍矣。"④

三、陈子褒所编教科书的特点及其影响

陈子褒一生所编蒙学教科书，据冼玉清统计共计 46 种。可以说，陈子褒留给后人最有影响的教育遗产，是他对蒙学教科书的改良。每个时代的教科书，不论是传统的还是改良的，都带有鲜明的时代特色，都有一定的适用范围，特别是中小学教科书，它不可能如学术著作那样可以传之久远，但每个时代的改良教科书所承载的时代特点和改革精神是值得关注的。从这个意义上说，讨论陈子褒所编教科书的特点及其影响仍具有非常重要的现实意义。

陈子褒所编教科书，概括起来有以下三个主要特点：

首先，图文并茂，朗朗上口，通俗易懂。早在 1895 年，陈子褒在所编第一本蒙学教科书里，就定下了"通俗是贵，利用斯在"的宗旨，并自始至终贯彻"以征实本体，以便俗为用"的思想。如他的《改良妇孺三字书》《趣味三字书》《名物三字书》等都配以图画，生动形象，足以引起初学儿童的阅读兴趣。陈子褒编蒙学教科书尽量用韵文，以方便儿童阅读和记忆。如《名物三字书·序》："各物件，在眼前。火水灯，火轮船。鸡毛扫，鹅毛扇。宫座椅，贵妃床。千里

---

① 陈子褒：《三字书序》，冼玉清等编：《陈子褒先生教育遗议》，文海出版有限公司，1952 年，第 3 页。

② 陈子褒：《初等小学教员须知》，冼玉清等编：《陈子褒先生教育遗议》，文海出版有限公司，1952 年，第 38 页。

③ 陈子褒：《论学童为师之师》，冼玉清等编：《陈子褒先生教育遗议》，文海出版有限公司，1952 年，第 21 页。

④ 陈子褒：《家庭与学校之关系》，冼玉清等编：《陈子褒先生教育遗议》，文海出版有限公司，1952 年，第 42－43 页。

镜，百叶窗。山水画，茄楠香。"他说："以眼前之物触童子耳管，而达于胸中，声入心自通矣。"① 这样的理论是符合儿童的心理的，也是符合教育规律的。正是因为这一特点，陈子褒所编的蒙学教科书受到了广大妇女儿童的喜爱，也得到广大教员的认可。

其次，内容广博，由浅入深，循序渐进。陈子褒所编蒙学教科书内容十分广泛，深浅适当。为了说明这一特点，下面以《七级字课》为例加以说明。顾名思义，此书分为七级，每级分二十四类。（从第五级起不分类）内容非常丰富，包括天文、时令、地理、建造、人类、身体、服物、食物、矿产、用物、文事、武备、音乐、植物、动物、颜色、方位、数目、动字、静字、情状、语助字和人事。前四级中每一级的字词个数分别为 478、1704、731、1286。第二级之所以比第三、四级多，主要是第二级动词占 464 个，因动词于平时较为常见而在第二级有所增加。正如作者在《论训蒙宜先解字》中所说："以第一级所晓之字解第二级所认之字，则第一级字即可温故，而第二级之字即是新知。一起两得，未有妙于此者也……故第一级为第二级之地步，第二级又为第一级之替身，教以第二级字，虽童子未曾认识，而所解则童子烂熟者，童子有不怡然顺受乎?"② 另外，我们还可以从广州蒙学书局为此书所做的广告看出此书的特点："是书搜辑，字字精要，解释明确，由浅入深，循序以进。"③ 这一特点在其他书中也得到很好的体现。

最后，与时俱进，不断更新，精益求精。清末民初的二十年间，社会发生天翻地覆的变化，只有适应这种变化的教科书才有生命力，才能为社会所接受。陈子褒为适应社会变化而不断对所编蒙学教科书进行改良。如《改良妇孺须知》《增改良妇孺须知》《改良妇孺三字书》《三次改良妇孺论说》《改良绘图新读本》《改良妇孺浅解》等。由于教科书的不断改良，教科书的版本不断更新，最多的有五种不同的改良版本，如上述的《七级字课》等。陈子褒对蒙学教科书的编写绝不马虎，力求精益求精。如他曾说："仆自戊戌东渡，恍然于小学读本之格式。归国后即编小学读本，用胶印本以授蒙童，是时固谓此乃合式之读本也。阅一年而知为不合式者十之九，再阅一年而知为不合式者十之七八，再阅一年而知为不合式者十之五六。是时有怂恿以出版者，而仆徘徊有待也。"④ 从中

① 陈子褒：《名物三字书·序》，蒙学书塾编辑：《改良妇孺三字书》上卷，光绪二十七年（1901）三版。
② 陈子褒：《论训蒙宜先解字》，冼玉清等编：《陈子褒先生教育遗议》，文海出版有限公司，1952年，第4页。
③ 陈子褒：《七级字课》，蒙学书局，民国八年（1919）第五版。
④ 陈子褒：《论初等小学读本》，冼玉清等编：《陈子褒先生教育遗议》，文海出版有限公司，1952年，第26页。

我们可以看出陈子褒编教科书时严谨求实的态度和与时俱进、不断创新的精神。

陈子褒所编蒙学教科书因其具有上述特点而影响广泛。首先，它推动了澳门及华南地区新式教育的发展。"任何新型的教育模式，如果没有与之相应的教科书配合，都绝不可能真正立稳根基，取得预期的效果。"[①] 从这个意义上说，陈子褒所编蒙学教科书对华南地区小学教育的近代化的意义是不可低估的。其次，它推动了澳门及华南地区社会风貌和风俗习惯的改良。陈子褒的教科书内容丰富，其中有许多是劝人戒赌、劝人向善、劝人读书、劝人爱国、劝人励志的内容，这些内容为广大妇女儿童所接受，产生广泛的社会影响。赵立人先生曾说他在 20 世纪 50 年代还经常听到一些年纪较大的长辈用陈子褒教科书里的语句训诫小孩要懂规矩，可见其影响之深远。王文达认为，陈子褒为"维新之塾师"，"其当年在澳教学，成绩斐然，学生日增……作育英才，不少时贤硕彦出于子褒学塾之门"[②]。这是公允之论。陈子褒所倡导的平民教育、妇孺教育、改良教育思想对当今的教育改革仍具有借鉴作用，他在清末民初澳门华人教育领域打下了深深烙印。

（刊《澳门研究》总第 22 期，2004 年 6 月，与徐天舒合作）

---

①　王建军：《中国近代教科书发展研究》，广东教育出版社，1996 年，第 138 页。

②　王文达：《澳门掌故》，澳门教育出版社，1999 年，第 317 页。

广州格致书院（岭南学堂）
澳门办学研究（1900—1904）[*]

本文对广州格致书院（Christian College in China，后更名为"岭南学堂"）迁校澳门的原因以及在澳门办学情况进行了初步探讨，并运用《岭南学生界》等珍贵史料，大致勾勒出岭南大学早期历史上这段鲜为人知的办学情况。

广州格致书院是岭南学堂与岭南大学的前身，由美国长老会传教士哈巴安德于 1888 年创校于广州。该校致力于以"最新之学校、最正之道德，以栽培吾华之青年，使出可为国家社会健全之人民，入可谓家庭善良之子弟"①。孙中山先生的忠实助手陈少白即为格致书院的首届学生。书院创办后，由于经费以及哈巴安德个人原因，曾与培英学校合办。尹士嘉博士被任命为监督后，学校于 1899 年重新设校于广州四牌楼福音堂内，但此时校舍简陋，条件艰苦。该年底，钟荣光先生应尹士嘉博士之邀约担任学校汉文总教习，也感到此地不利于学校的长久发展，遂将书院迁至广州花地萃香园。翌年，书院迁往澳门，于该地办学长达四年，直至 1904 年方以"岭南学堂"之名复迁广州，于河南（广州市海珠区）康乐村（今中山大学南校区）购得永久校址，学校得以安定下来，并开始了近半个世纪的办学历程。关于格致书院在澳门办学这段历史，由于时局动荡、数据匮乏，且事属草创，名声不著，故以往的研究者并未对其进行深入系统研究，凡涉及这段历史的著述也大多一笔带过。通过爬搜史料，笔者搜集到《岭南学生界》等珍贵资料，即在此基础上拟就格致书院迁校澳门的原因、时间以及办学情况进行初步探讨。

一、格致书院迁校澳门原因

关于格致书院迁校澳门的原因，主要有以下两种观点：

一种观点认为，格致书院学生史坚如谋刺清两广总督德寿失败，格致书院引

　＊ 本文得以成文，承蒙澳门大学历史系汤开建教授、暨南大学国际关系学院/华侨华人研究院硕士研究生刘宝真提供珍贵史料，特此致谢。

　① 大观，岭南学校布告第十四号，民国六年（1917）十一月刊，第 1 页。

起了清政府的注意。为避免卷入政治旋涡，格致书院迁往澳门暂避。香港岭南大学官方网站在介绍校史时就采用了这种说法。① 另外，刘羡冰编著的《世纪留痕——二十世纪澳门教育大事志》也认为此事是迁校的主要原因。②

另一种观点则认为，义和团运动爆发后影响波及广东，广东发生了排外事件，为避免与排外的民众发生冲突，学校迁往澳门躲避。持这一观点的有陈国钦、袁征所著《瞬逝的辉煌》③ 和李瑞明所著《岭南大学》④ 以及吴志良、汤开建、金国平主编的《澳门编年史》⑤。

实际上，在对这一事件进行深入分析就可发现，第一种说法其实纯属臆断。史坚如谋刺德寿事件可以算作是革命党人策划的惠州起义的一部分。惠州起义旋起旋败，并未对时局造成很大影响，而史坚如被捕后宁死不屈，未向清政府透露半点革命党的信息，就算他所在的格致书院成为清政府怀疑的对象，也未必因此而引来重大的麻烦，因此事而迁往澳门反而会加重清政府的猜疑，日后回内地复办恐怕更会困难重重，这对致力于培养未来中国领袖的学校创办者们来说，并不是明智的选择。那么真实情况到底是怎样呢？

19 世纪末，义和团开始兴起，由于清政府的默许，义和团力量得以迅速扩大，但盲目排外的做法也波及中国的各个角落。1900 年 6 月 20 日，义和团包围北京东交民巷使馆区，并炮轰各国公使馆，虽然一直未能攻占，但这种包围持续了近两个月。在此期间，南方也发生了严重的排外活动。在一些狂热的老百姓眼里，外国传教士和外国侵略者没有什么区别，他们的到来都改变了中国的传统，破坏了天朝的威仪。因此，盲目的民众破坏了近十五所长老会的教堂，驱逐了约一百个基督教家庭。传教士所办的学校也遭殃及，如上海的圣约翰大学就是因为一张要烧掉学校的布告而一度关闭，传教士们都跑到了安全的地方躲避。⑥ 到 7 月初，形势非常严峻，在广州已经无法继续开展各项办学活动，师生们只好匆匆迁往澳门。

而史坚如谋刺德寿事件却发生在 10 月。是时，孙中山策划的惠州起义爆发，被兴中会派往广州策应的史坚如为了牵制清军力量，决定爆炸广东督抚衙门，但由于炸药分量不够而未能将德寿炸死，史坚如因其叔父告密，在前往香港途中被捕，

---

①　岭南大学：《历史和发展》，http：//www.ln.edu.hk/chs/info - about/history，2009 年 6 月 9 日。

②　刘羡冰编著：《世纪留痕——二十世纪澳门教育大事志》，鸿兴柯氏印刷有限公司，2002 年，第 61 页。

③　陈国钦、袁征：《瞬逝的辉煌——岭南大学六十四年》，广东人民出版社，2008 年，第 8 页。

④　李瑞明：《岭南大学》，岭南（大学）筹募发展委员会，1997 年，第 25 页。

⑤　吴志良、汤开建、金国平主编：《澳门编年史》，广东人民出版社，2009 年，第 2088 页。

⑥　陈国钦、袁征：《瞬逝的辉煌——岭南大学六十四年》，广东人民出版社，2008 年，第 8 页。

在狱中宁死不屈，不久遇害。① 可见，此时的史坚如已经离开了岭南学堂，他不可能以岭南学堂作为谋刺德寿的基地，清政府也不会将这次谋杀事件与远在澳门的岭南学堂联系起来，至于说格致书院因此事而迁往澳门暂避更是无从谈起。

二、澳门办学情况

（一）学制

书院的创办者们最初的办学愿望是建立一所完备的基督教大学，但来到澳门后，限于招生及师资情况，最初定学制为"广学班"，四年毕业，实际上就是四年制中学，很快又改称"大学预科"。书院采用当时的旧学制，每年阴历正月为一学年的开始，分两学期，暑假放假两个月，至 12 月结束。当时书院经费紧张，不得不向学生收取学杂费（迁回广州改大学后才设置各项奖学金）。学杂费每学期缴纳一次，须于开学前缴清，缴清后方得入学。所缴各类费用均以港币为本位，学生须直接缴纳给学校在外国银行的账户，这样就成为后来岭南大学的成例。②

（二）师资情况

格致书院迁往澳门前，在广州复办仅一年有余，师资力量比较薄弱。迁校前的师资情况见表 1：

表 1　格致书院迁校前师资情况

姓名	国籍	来校时间	教授科目	来校前职业	所任职务
尹士嘉（Oscar F. Wisner）	美国	1899 年 3 月	英语及西学	牧师	监督
摩利斯·亚历山大（Morris. R. Alexander）	美国	1899 年 3 月	物理	电气工程师	
崔通约	中国	1899 年 3 月	中国古文	办报人	
钟荣光	中国	1899 年底	汉文	撰稿人	汉文总教习

---

① 梁寿华：《革命先驱——基督徒与晚清中国革命的起源》，（香港）宣道出版社，2007 年，第 235 页。

② 简又文：《岭南我岭南》，《岭南通讯》1955 年第 6 期，转引自朱有瓛、高时良主编：《中国近代学制史料》（第四辑），华东师范大学出版社，1983 年，第 527 页。

（续上表）

姓名	国籍	来校时间	教授科目	来校前职业	所任职务
刘惠士（Clancey M. Lewis）	美国	1900年3月	历史、地理及体育	矿业工程师	
林安德（Andrew H. Wood）	美国	1900年3月	数学、物理、化学，兼校医	内科医生	

资料来源：简又文：《岭南我岭南》，《岭南通讯》1955年第6期，转引自朱有瓛、高时良主编：《中国近代学制史料》（第四辑），华东师范大学出版社，1983年，第526页。

迁往澳门后，学校暂时获得了一个相对安定的办学环境，各项规章制度、办学传统逐渐形成，师资力量也有所扩充。在此四年间，陆续来校任教或帮办校务的人士见表2：

表2　迁校后任教及帮办校务人士

姓名	国籍	来校时间	教授科目	备注
黄念美（Olin D. Wanna-maker）	美国	1902年7月	高级英文、诗词	
麦基（R. P. Mackay）	加拿大	1903年3月		加拿大布道团传教士
葛理佩（Henry B. Graybill）	美国	1903年9月	文学	后曾担任代理监督
彭美赉（Pomeroy. Owen. E）	美国	1903年3月	英文、科学	
晏文士（Dr. Charles K. Edmunds）	美国	1903年12月	物理学	1908—1915年、1916—1924年任监督
戴仁（Dayan. Sylvan）	法国	1903—1904年（任教时间）	数学	
佐芝（George. Ruth）	美国	1902—1903年（任教时间）	英文、书法、图画	
许仲庸	中国		国文	清末进士
廖德山	中国		帮教汉文	博济医学院嘉约翰医生医学班毕业生，1889年创办培正书院

（续上表）

姓名	国籍	来校时间	教授科目	备注
徐甘棠	中国			仅见岭南大学历史档案资料第 31 页教职员合影
陈荣衮	中国	仅假期应钟荣光之邀讲习国文	国文	字子褒，灌根草堂创办者，著名教育家

资料来源：李瑞明编：《岭南大学历史档案资料》，岭南大学文学与翻译研究中心，2000 年，第 57－64、152－155 页。

由上表可知，来到澳门后，学校的师资力量有了一定的扩充。不过，也有一些教师在澳门期间就离开了学校，如摩利斯·亚历山大由于只与尹士嘉签订了三年应聘合同，合同到期的 1902 年 8 月，他便离校返美。[①]

（三）在澳门的教学活动

格致书院创办伊始，即以为中国培育健全人格之人民为目的，所以历届负责人都奉行重科学教育而轻宗教教育的办学宗旨。1893 年到 1894 年任监督的香便文牧师就说："（我们建立的学校，）不应当是一所神学校，不应当是一所过分注重宗教教育的学校，而应该是一所国内式的学校，首先学习英文，然后全面学习人文学科。"[②] 尹士嘉任监督后也致力于推行此办学宗旨——迁往澳门后的岭南学堂教学中的宗教内容所占比重远远低于中国其他教会学校，他因此而备受保守派传教士的非议。书院每周课程，有圣经、英文、地理、历史、算术、数学（代数、几何、三角）、物理、化学、动物、植物、生理学及图画、体操等。[③] 这些课程都直接用英文教授，只有汉语用粤语教授。

澳门地窄人稠，喧闹的中心市区不适合学校教学活动的开展，学校于是在大炮台附近的士多纽拜斯大马路与雅廉访大马路交界处的张家花园租了一排宽敞而舒适的房子作为教室和宿舍。[④] 这一地段濒临大海，环境十分优越。监督尹士嘉

---

① 李瑞明编：《岭南大学历史档案资料》，岭南大学文学与翻译研究中心，2000 年，第 61 页。
② 香便文：《我们将帮助中国人学好英语》，《教务杂志》1881 年第 12 卷，第 235－236 页；香便文：《十字架与龙》，第 427－450 页，转引自［美］杰西·格·卢茨著，曾钜生译：《中国教会大学史（1850—1950 年）》，浙江教育出版社，1988 年，第 29 页。
③ 简又文：《岭南我岭南》，《岭南通讯》1955 年第 6 期，转引自朱有瓛、高时良主编：《中国近代学制史料》（第四辑），华东师范大学出版社，1983 年，第 526 页。
④ 吴志良、汤开建、金国平主编：《澳门编年史》，广东人民出版社，2009 年，第 2089 页。

就曾说："我们有广阔的田野、小山和海滩，可供我们休憩和研究大自然，也为教师们打网球、学生们搞康乐活动提供了合适的场所。"①

在中国近现代的教会学校里，英语是必不可少的教学语言。格致书院创办伊始，就使用英语进行教学，学生尽管都是中国人，但英语是他们的必修课之一。迁往澳门前，格致书院存在着其他教会学校学生们英语学习的通病，即用汉语语法套用英语词汇，汉式英语十分流行，尹士嘉将其称为"中西混合式的英语"②。为纠正这一现象，经过学生们的投票表决，学校制定了一项规则：从早上九点一刻到下午两点半只能讲英语。为了贯彻这项规则，学校采用"号牌法"来促使师生们互相监督。所谓"号牌法"，即在这段时间里，任何学生或教师被发现讲汉语，都必须给听见他说汉语的人一个号牌，收到两个号牌可以抵消给出的一个号牌，对每人手上的号牌进行记录。另外在体育比赛中，如果一方队员讲了汉语，就给另一方加一分。③ 如此下来，师生们的英语水平都得到了很大的提升，"中西混合式的英语"开始逐步消失了。

格致书院学生的作息时间表，不同于其他中国自办学校，也大异于其他的教会学校：每天早上起床后，先做柔软体操，全体学生必须参加。早饭后为礼拜时间，上午和下午为上课时间，晚上为自习时间，十点一律就寝。星期日上午为主日学课及全体师生员工共同礼拜听道时间，下午则分为若干组，由教师带领前往各公园、海滨或风景区游览，教师随时指物讲解，提高学生们的自然知识水平。④ 晚上则聚集，由尹士嘉监督主持，依次点名，请每位学生登台自由做英文演说，内容随机发挥，这样就大大提高了学生们的英语水平和口才。⑤

格致书院的教师绝大多数为基督教徒，十分重视人格教育。他们的教学风格，十分注重与学生的交流，除了在课堂上循循善诱之外，平时对待学生，也如自家兄弟一般。教师与学生一起生活、学习，以自己的行为作表率，用崇高的品德熏陶学生。教师们还经常对学生进行单独训导，以求全体学生的共同发展。⑥

除了正常的教学活动，学校十分重视开展体育活动。完成功课后，学生们在教师的带领下，前往操场做军事体操和各种体育运动。澳门加思栏马路的陆军操场，经过教师们的努力，借给学校作为学生体育及操练活动的场所。⑦ 刘惠士教

---

① 李瑞明：《岭南大学》，岭南（大学）筹募发展委员会，1997 年，第 25、27、28 页。
② 李瑞明：《岭南大学》，岭南（大学）筹募发展委员会，1997 年，第 25、27、28 页。
③ 李瑞明：《岭南大学》，岭南（大学）筹募发展委员会，1997 年，第 25、27、28 页。
④ 陈子褒：《记岭南学堂迁居》，《岭南学生界》1904 年第 6 期，第 26 页。
⑤ 简又文：《岭南我岭南》，《岭南通讯》1955 年第 6 期，转引自朱有瓛、高时良主编：《中国近代学制史料》（第四辑），华东师范大学出版社，1983 年，第 528 页。
⑥ 简又文：《岭南我岭南》，《岭南通讯》1955 年第 6 期，转引自朱有瓛、高时良主编：《中国近代学制史料》（第四辑），华东师范大学出版社，1983 年，第 528 页。
⑦ 李瑞明编：《岭南大学历史档案资料》，岭南大学文学与翻译研究中心，2000 年，第 33 页。

授曾在美国西北军事学院进修，他负责训练学生们哑铃、棒操运动和行军。学校后来还组织了学生军团，成员们都配备有正规的卡其布制服。另外一些西方学校里很常见的竞技性体育如足球、棒球、篮球等也被引入，一些爱好体育活动的教师负责这些活动的训练。这些传统后来都得到了很好的继承和发扬，岭南大学的学生在体育方面历来都是广东乃至全国高校的佼佼者。

（四）校名变更

迁校澳门后，学校的中文名称即由"格致书院"改成了"岭南学堂"，而英文名称则一直为"中国基督教大学"（Christian College in China）。为了与岭南学堂的校名配套，学校董事会于1903年3月31日向在其立案的纽约州立大学提出申请，将学校英文名改为"广州基督教大学"（Canton Christian College）。5月21日，这项请求得到了批准。①

（五）宗教及社团活动

尽管格致书院的创办者们极力想淡化学校的宗教色彩，但作为基督教传教士创办的教会学校，各种宗教活动的举行还是不可避免的。在当时的社会背景和办学条件下，所能聘任到的教师也都是基督教徒。② 所以，各种类型的基督教活动便成了岭南学堂日常活动的重要组成部分，基督教团体也是岭南学堂各种社团中最重要的团体。从现存史料中能发现其活动者主要是谈道会和自治会：

（1）谈道会。

即后来大名鼎鼎的岭南大学青年会，由钟荣光先生创办于1902年9月③，1905年为了预备联合万国青年会，经钟荣光提议，改名为"青年会"④，以为世界基督教青年会之分支。根据各国青年会共同遵守的"巴黎本旨"⑤，青年会应为在青年中传播基督教的组织，所以谈道会的机构设置和活动也就是为了在岭南大学学生中传播基督教。

谈道会设会正（会长）一名、书记一名，钟荣光、廖德山曾先后担任会正。每周三下午设有汉文课时，即聚集祈祷半个小时，并请会友轮流演说，以达相互

---

① 李瑞明：《岭南大学》，岭南（大学）筹募发展委员会，1997年，第28页。
② 岭南学堂的外籍教师基本都是美北长老会成员，中国籍教师除陈荣衮外，也都是受洗过的基督教徒。
③ 《本学堂谈道会述》，《岭南学生界》1904年第4期，第44页。
④ 《本学堂青年会记》，《岭南学生界》1905年第2期，第76页。
⑤ 1855年8月22日，世界基督教青年会开第一次大会于巴黎，决定各国青年会宜有一共同宗旨方针，订立"巴黎本旨"，共同恪守。巴黎本旨是：基督教青年会之旨趣，在联合同道青年，即凡愿按照圣经，奉耶稣基督为救世主，心信躬行为其门徒，更愿协力推广天国于青年之间者。

交流及宣传布道之效。①

谈道会初创时，即有二三十人入会，每每聚集时，亦常有数名未入会者前来旁听。迁回广州改称青年会后，聚集时人数也常有数十。1905 年 3 月又创办一阅报所，购入各类报刊十余种，无论会员与否，只要捐银一元即可入会所阅报。②

（2）自治会。

由校医兼教习林安德倡办。其创办缘由是："世人动谓有财产、有学问即可出其权而统治世界。吾等窃以为不然。如彼用其财不由正路，或恃所学而逆良心，其结果何如乎，是可决其终不能成伟人也。学生欲为世界公正人，必先依良心而行事，则可抗拒诱惑，亦可互相规谏，是非有自治之权不可也。故本会定名曰'自治会'。"③ 可见，"自治"实为"自制"，目的是让学生养成良好的自制力，成为"世界公正人"。

自治会权力颇大，按会章规定，岭南学堂学生无论是否自治会成员，都受自治会规则限制。自治会设总理和副理各一名、书记和副书记各一名、司库一名，由学生出任；值理若干名，由教员充任；并在每个班各设有判断员和司库一名，以监督全体同学的行为举止。

林安德注重培养学生的自制意识，并为自治会制定了两条最简便的规则：一，当学生在本班内自修时，不准别人骚扰，违者例罚一仙；二，本学堂之内不准吐口水于地，及投杂物于不当投之处，是皆足害卫生，至于学堂四周，亦不可不洁，违者例罚二仙。④

随着时间的推移和实际操作的需要，自治会的会规也逐步完善。1905 年第 2 期《岭南学生界》公布的新会规就增添了学习期间不准嬉笑打闹、教师未按时到达教室学生也不得喧哗、自治会职员犯规免职、不得报复指证者、罚款交先生购买图书等条款。⑤ 从这些条款的内容可以看出，自治会实际上充当了岭南学堂的学生纪律管理者的角色。

除了以上两个组织外，岭南学堂还积极参与基督教新教于 1877 年在上海设立的支那教育会的活动，该会的主要活动是编译教会学堂所用的一切教科书，并研究讨论中国的教会教育。尹士嘉就是该会的副总理，黄念美因对教习英文颇有研究，而时时参与该会，并多次在会上发表对英文教学的见解和心得。⑥

---

① 《本学堂谈道会述》，《岭南学生界》1904 年第 4 期，第 44 页。
② 《本学堂青年会记》，《岭南学生界》1905 年第 2 期，第 76 页。
③ 《本学堂自治会略》，《岭南学生界》1904 年第 1 - 2 期，第 38 - 39 页。
④ 《本学堂自治会略》，《岭南学生界》1904 年第 1 - 2 期，第 38 - 39 页。
⑤ 《本学堂自治会重订规则》，《岭南学生界》1905 年第 2 期，第 76 - 77 页。
⑥ 《支那教育会》，《岭南学生界》1905 年第 2 期，第 59 - 63 页。

（六）知名学生

在澳门的这段时期，岭南学堂每届招收的学生虽然都有几十人，但最终完成学业的学生却很少。随学校从广州迁至澳门的学生只有即将毕业的三人，1901年他们完成了学业，其名字分别是钱树芬、陈廷甲、丁远显。他们当中，又以钱树芬和陈廷甲的名声最大。

钱树芬，广东东莞人。他从岭南学堂毕业后，又在天津的一所教会学校里就读，后随伍廷芳前往美国芝加哥大学留学并获得法律博士学位，民国时期长期以律师身份参政：辛亥革命时是南京临时参议院的广东省代表，又当选正式国会首届议员，在袁世凯下台后出任广东民政司司长，后又担任过广州沙面外籍人产业清理委员会委员、广州市政府顾问、广东省政府县长任用审核委员等职务。钱树芬心系母校，担任岭南大学的董事多年，为岭大的发展作出了重要贡献。[①]

陈廷甲，广东番禺人，1910年被清廷选赴美国西点军校学习，为第一批留美军校的两名中国人之一。1914年回国，任北京政府陆军部科员、陆军部军学司第二课长。后赴东北，任中东铁路警务总处少将顾问。1929年后任国民政府财政部高级顾问。[②]

由于只有三名即将毕业的学生随校迁澳，故1902年至1904年都没有学生毕业。按照四年制学制，1901年入学的三十三名学生本应于1905年毕业，但这一年仅有三名学生完成了学业，其中之一是钟荣光。钟荣光中过举人，但他不满于晚清黑暗的社会现实，毅然剪辫易服，皈依基督教，并于1896年加入了孙中山先生领导的兴中会。[③] 在澳门期间，他除了担任学校的汉文总教习外，还兼修了英语和自然科学，他后来成了岭南大学接回国人自办之后的首任华人校长。

这届学生中，还有位成为政界要人的杨愿公，他是广西六王乡人，曾任孙中山秘书，后又在黄埔军校学习，历任广西民政厅厅长、财政厅厅长、省长、主席等职。

1906年有五名学生毕业，其中一名学生关恩佐获得了到美国哈维福德学院深造的机会，岭大董事会还为他提供了奖学金，但条件是他毕业后必须回校任教。关恩佐后来成了培英男校的校长，兼任真光女校的校长。这一年的毕业生当中还有一名学生叫伍希侣，他曾在自治会任司库一职，获得了往伊利诺伊大学进修工程学的机会，后来成了广州工务局的工程师，在孙科任广州市市长时，参与

---

① 简又文：《岭南我岭南》，《岭南通讯》1955年第6期，转引自朱有瓛、高时良主编：《中国近代学制史料》（第四辑），华东师范大学出版社，1983年，第526页。

② 陈予欢编著：《民国广东将领志》，广州出版社，1994年，第152页。

③ 余齐昭、李坚：《钟荣光传略》，《中山大学学报》（社会科学版）1984年第4期，第56页。

制订了重修毁于 1912 年大火的部分广州城的计划，并参与了广州大多数道路的规划。①

在未完成学业的学生当中，也有人取得了令人瞩目的成就。如高剑父 1903 年入校，师从法国传教士麦拉学习素描，翌年离开学校到日本求学，在日期间积极参加革命运动，回国后成为同盟会广东分会会长。中华民国成立后，他弃政从艺，历任中山大学国画教授、南京中央大学艺术系教授、广州市立艺术专科学校校长，创立了岭南画派。②

（七）关于永久校址的波折

迁校澳门本是不得已而为之的权宜之计，学校的创办者们从来没有想过要在澳门长久待下去，之所以在澳门办学时间达四年之久，是因为迟迟未能选定永久校址，并且在选择创办地点上，岭南学堂教师内部、岭南学堂与纽约董事会之间也发生了争论。

早在学校还没有迁往澳门时，教师们就已经开始寻找合适的地方作为永久校址，学校董事会秘书兼司库格兰（William Henry Grant）就曾召开董事会议商讨购地问题，并多次与在广州的教师们通信商量此事。③

1900 年 6 月，形势已经十分严峻，在纽约的董事会拍电报给尹士嘉，请他根据形势寻找永久校址。尹士嘉因此两次前往香港，在英国不久前从清政府手里强租过来的九龙和新界选择了两三个很不错的地方，并且得到英国官员的保证，可以优先考虑他的购地申请。在与学校全体教师达成共识，并得到格兰的同意后，9 月，尹士嘉向董事会提交了全体教师赞成在九龙设校的报告。④ 此后的几个月里，尹士嘉以及学校的其他教师们在与格兰的通信中仍然坚持设校九龙的意见。⑤ 但到了 1901 年 2 月，形势突然急转直下，在这个月举行的校董会开会时，尹士嘉、林安德、刘惠士这些校董们都改变了主意，决定在广州设校。导致决定改变的原因有二：一是所有被征求意见的中国人都赞成去广州；二是如果去九龙，则不能接管与博济医院在广州合办的医学班。而更深层次的原因则在于，创办此校的目的之一是影响中国的高等教育，因此必须植根于中国的社会环境当中，若寻址九龙，则等于"把发酵粉放到了面包的外面"⑥。

校址一经确定，一切就好办多了，学校开始在广州寻觅合适的土地。但当年

① 李瑞明：《岭南大学》，岭南（大学）筹募发展委员会，1997 年，第 34 页。
② 冯伯衡：《高剑父和岭南画派》，《美术研究》1979 年第 4 期，第 73 - 74 页。
③ 李瑞明编：《岭南大学历史档案资料》，岭南大学文学与翻译研究中心，2000 年，第 59 - 60 页。
④ 李瑞明编：《岭南大学历史档案资料》，岭南大学文学与翻译研究中心，2000 年，第 59 - 60 页。
⑤ 李瑞明编：《岭南大学历史档案资料》，岭南大学文学与翻译研究中心，2000 年，第 59 - 60 页。
⑥ 董黎：《岭南大学的创建过程及建筑形态之评析》，《南方建筑》2008 年第 3 期，第 35 页。

并没有购进任何合适的地皮，因为学校遇到了一个任何西方事物进入中国都会碰上的问题——风水，购地事宜因此暂时搁浅。到 1902 年 10 月，学校终于在珠江南侧岛上觅得了一块 20 亩大小的地皮，但由于这块地分属于不同的所有者，又拖延了一年半才买到手。1904 年 4 月，新校区的建设工作终于着手，晏文士对学校进行了勘察，并绘制了地图，美国青年建筑师司徒敦（Charles A. Stonghton）负责了校园的设计。[①] 暑假期间，教师们纷纷回到广州，帮助建设新校园。到 10月，各项工程终于完工，学校正式搬回广州，翻开了岭南大学历史上崭新而辉煌的一页。

结　语

格致书院迁往澳门这四年，对于日后岭南大学的发展有着非同寻常的意义。书院经尹士嘉博士在广州复办之后，规模十分有限，各种规章制度也没有形成，且处在对中国人排外情绪的恐惧当中，仅一年时间就迁到了澳门。虽然学校的决策者们并没有打算在澳门长久办学，但正是在这四年里，学校的校规得以逐步完善，校风开始形成，各项优良传统开始树立，师资力量也得到进一步加强，如担任过监督（校长）的晏文士、葛理佩、钟荣光，以及在岭南发展过程中起到重要作用的刘惠士、林安德、黄念美，都是这段时间里岭南学堂的骨干力量。在澳门的四年办学岁月，为岭南大学日后的起飞打下了坚实的基础，成为学校发展史上非常重要的一页。

（刊澳门《文化杂志》2011 年春卷，与刘晗合作）

---

① 李瑞明编：《岭南大学历史档案资料》，岭南大学文学与翻译研究中心，2000 年，第 63 页。

1952 年港澳学生回内地升学始末及其影响

近年来，学术界关于考试制度史的研究硕果累累。如刘海峰等著的《中国考试发展史》，全面展现了中国考试制度的起源、发展、繁荣和衰亡的历程。[①] 杨学为著的《中国高考史述论（1949—1999）》，将新中国成立五十年来中国高考发生的重大历史事件进行了全面系统的回顾和探究，通过对 14 个问题的讨论，全面呈现了新中国高考发展的轨迹。[②] 高军峰、姚润田编著的《新中国高考史》立足于宏观把握，力求依据原始资料说话，对新中国成立以来高考制度的发展历程进行了系统深入的研究，在一定程度上触及了高考制度变革的社会背景，但对各地在高考过程中存在的具体问题及对策则涉及较少，更缺乏政策指导与具体实施方面的对比研究。[③]

1952 年是中国经济恢复时期的最后一年，政府提前完成了恢复国民经济的任务，实现了财政状况的根本好转，为转入有计划的经济建设作好了多方面的准备。1952 年实施"一五"计划不但需要资金、技术和原料，更重要的是需要各行各业的建设人才。[④] 这为在全国范围内正式确立和统一高考制度，以及在广州实施港澳学生回内地升学制度提供了历史舞台。

早在民国时期，时任国立暨南大学校长何炳松提出《奖励华侨优秀子弟回国升学方案》《补助清寒华侨学生的方案》《为补救回国投考侨生程度之不齐应由教育部特设侨生补习案》和《培养华侨教育师资案》共四个方案，以吸引东南亚侨民子弟回国升学，此可一举三得：一则弘扬中华文化；二则可以资助贫困侨民子弟回国接受高等教育；三则可以笼络海外侨心。[⑤] 何炳松校长提出的具有笼络侨生且具有可操作性的方案，得到了时任民国政府侨务委员会委员长陈树人和教育部部长朱家骅的认可。民国时期，由于地理位置的优势和伟人政治的影响，国立中山大学在海外华侨回国升学方面备受民国政府青睐。其中民国政府侨务委

---

① 刘海峰等：《中国考试发展史》，华中师范大学出版社，2002 年。
② 杨学为：《中国高考史述论（1949—1999）》，湖北人民出版社，2007 年，第 19 页。
③ 高军峰、姚润田编著：《新中国高考史》，福建人民出版社，2009 年，第 2 页。
④ 中共中央文献研究室编：《建国以来毛泽东文稿》（第三册），中央文献出版社，1989 年，第 683 页。
⑤ 《培养华侨教育师资案》，广东省档案馆，案卷号：020 - 001 - 30 - 096，第 31 页。

员会致函国立中山大学，要求填缴《一九四一年上半年清贫华侨学生回国升学公费及生活补助费等》（收文字第 437 号）表。[1] 民国政府教育部也对侨务委员会的相关举措给予支持，致函国立中山大学关于处理准侨务委员会检送回国升学侨生复员处理原则三项等情的训令（收文字第 1840 号；渝侨第 01637 号），并附发《回国升学华侨学生奖金暂行办法》。[2] 国立中山大学对教育部和侨务委员会《关于华侨回国升学的奖学金实施办法》予以积极贯彻执行，并在《国立中山大学关于送回国升学华侨奖学金暂行办法一事的函》中指出，侨务委员会于 1943 年 11 月 28 日（侨引教字第 5944 号函）颁发《回国升学华侨学生奖学金暂行办法暨名籍表式样》，已经请该校侨生代为公布，学校积极办理此项事宜。[3]

一、香港爆发“抗考”运动

1952 年 3 月初，就在全国实施统一高考制度的第一年，广东省人民委员会接获香港的消息：港英政府决定推行英国在新加坡、马来西亚的殖民地化教育，其第一个步骤便是强迫所有中国人所办中学的高中应届毕业生一律要报名参加 1952 年暑期的毕业会考，会考内容不清，但若不参加统一会考，就不予毕业，不发毕业证。此条例一出，立刻引起香港有关学校师生的强烈反对，并逐渐酝酿成声势浩大的“抗考”运动。广东省文教厅接获该消息后，立即电告中央，建议支持这一“抗考”运动。广东省人民政府申明四个原则：港澳高中应届毕业生只要持有可靠的证明，不需要毕业证书，便可以回广州报考高等学校；港澳学生优先录取，特别照顾程度较差学生；家境贫困者优先申请人民助学金；由专门机构代办入境证。[4] 3 月 25 日广东省人民政府根据中央指示精神颁布了《港澳高中毕业生回广州升学办法》。此举在香港教育界引起了强烈的反响。他们说：“政府这种措施是非常英明的，是非常合时宜的，同时给港澳高中应届毕业生以无限的鼓励，极大鼓舞了他们对奴化教育政策抗争的勇气，并坚定了他们回广州升学的信念。”实施这一办法的结果是，当年参加港英政府“会考”者不及 1 200 名应届毕

---

① 《侨务委员会关于要求学生填缴一九四一年上半年清贫华侨学生回国升学公费及生活补助费等情的函》，1941 年 6 月 17 日，广东省档案馆，案卷号：020 - 004 - 444 - 003 - 005，第 3 页。

② 《教育部关于准侨务委员会检送回国升学侨生复员处理原则三项等情的训令》，1944 年 1 月，广东省档案馆，案卷号：020 - 004 - 444 - 003 - 005，第 3 页。

③ 《国立中山大学关于送回国升学华侨奖学金暂行办法一事的函》，1943 年 12 月 21 日，广东省档案馆，案卷号：020 - 005 - 76 - 026，第 26 页。

④ 《关于处理港澳回国学生问题的函》，1952 年 11 月 26 日，广东省档案馆，案卷号：314 - 1 - 50 - 124 - 125，第 124 页。

业生的半数，而回广州升学者多达半数以上。①

二、各相关部门启动紧急协商联动机制

（一）中南军管会要求再举行一次招考

1952 年 8 月 22 日，中南军管会委员会、教育部在致广东省高校招生委员会的《今后港澳学生回广州升学学生可在广州再举行一次考试的代电》（〔52〕高教字第 2245 号）中指出，经中南军管会委员会呈报全国高等学校招生委员会批准，高等学校统一考试后，同意在广州再次举行港澳学生回广州升学的招生考试，但时间不宜迟于 9 月中旬。②

当时广东省高校招生委员会面临的最大的现实问题是，港澳学生回广州升学住宿和港澳生补习班校舍数量不足、条件较差。为此，中央华南分局宣传部采取一些办法调配解决这个问题。1952 年 6 月 20 日，中央华南分局要求办公室切实解决港澳学生回广州升学住宿和港澳生补习班校舍问题（〔52〕184 宣字第 147 号）。诚如中央华南分局在指示中所说："关于港澳学生回广州升学住宿和港澳生补习班校舍问题，我们认为这是十分紧急需要解决的。请即速转省人民委员会责成省粮食厅速将西村原工农速成中学初等学校校舍全部腾出给省教育厅。"③

（二）中侨委主持召开座谈会

1952 年 10 月 17 日，中央人民政府华侨事务委员会（以下简称"中侨委"）召开了关于处理香港澳门回内地学生问题的座谈会。中侨委及全国学生联合会（以下简称"全国学联"）认真研讨了港澳回国学生入学问题，决定由广东省文教部门统一办理这项工作。11 月 26 日，中侨委致函广东省文教厅，要求广东省文教厅负责统一办理此事保证港澳学生在广州入学，如有个别有来北京升学者，由广东省文教厅查明并负责介绍。④ 座谈会形成具体如下意见：

---

① 《关于处理港澳回国学生问题的函》，1952 年 11 月 26 日，广东省档案馆，案卷号：314 - 1 - 50 - 124 - 125，第 124 页。

② 《今后港澳学生回广州升学学生可在广州再举行一次考试的代电》，1952 年 8 月 22 日，广东省档案馆，案卷号：341 - 50 - 126 - 126，第 126 页。

③ 《关于港澳学生回广州升学住宿和港澳生补习班校舍问题》，1952 年 6 月 20 日，广东省档案馆，案卷号：204 - 3 - 169 - 028 - 029，第 28 页。

④ 《关于处理港澳回国学生问题的函》，1952 年 11 月 26 日，广东省档案馆，案卷号：314 - 1 - 50 - 124 - 125，第 124 页。

一是中侨委的意见。处理原则是在政治上明确港澳学生不属于华侨范围，作为国内学生处理。但由于港澳地区学校受英国和葡萄牙统治，与国外华侨情况相似，因此在他们回内地升学问题上，予以适当照顾和优待。① 中央认为，在北京吸收大批港澳学生是有困难的，因港澳学生的语言、生活习惯与广东相近，交通亦便，因此应集中在广州处理。后来，广东省文教厅在广州设立港澳生招生接待委员会，统一负责接待处理。计划到北京的港澳学生必须经过广东省文教厅的介绍，但如既已到京，尽可能安插入学，如无法安插时，一般均应尽量说服他们送回广东入学。广东省文教厅于 1952 年 11 月公布《港澳学生回广州升学优待办法》，收到了很好的效果。经广东省文教厅介绍来北京或自行来京的港澳学生，由全国学联书面处理为宜。②

二是全国学联的意见。关于港澳学生来京升学问题，在国内各学校招生期间，教育部已有优待办法；关于港澳学生政治、历史情况的了解问题，在北京不如在广东进行方便，全国学联条件不足，要作比较切实的审查，也有困难；关于港澳学生的生活接待问题，虽在新中国成立初期全国学联做过接待华侨学生、港澳学生、留学生的工作，但此项业务早已结束，全国学联没有必要也没有可能单纯建立招待所。③

三是会议最终形成的意见。会议决定港澳学生回广州升学原则上由广东省文教厅负责统一处理，在广州解决入学问题；有来京必要的港澳学生，需由广东省文教厅介绍来京，并由教育部责成北京市文教局处理；个别自行来京的，由全国学联商请教育部尽量安插入学，无法安插者，由全国学联动员说服其返回广东，请广东省文教厅负责处理；由教育部尽快制定《关于处理港澳学生回广州升学问题的原则及办法》，并通知广东省文教厅酌办。④

三、港澳学生报读广州高校的五个阶段

1952 年广东省文教厅接待港澳报到学生 739 人，其中香港 631 人、澳门 108

---

① 《关于处理港澳回国学生问题的函》，1952 年 11 月 26 日，广东省档案馆，案卷号：314 - 1 - 50 - 124 - 125，第 124 页。

② 《关于处理港澳回国学生问题的函》，1952 年 11 月 26 日，广东省档案馆，案卷号：314 - 1 - 50 - 124 - 125，第 125 页。

③ 《关于处理港澳回国学生问题的函》，1952 年 11 月 26 日，广东省档案馆，案卷号：314 - 1 - 50 - 124 - 125，第 125 页。

④ 《关于处理港澳回国学生问题的函》，1952 年 11 月 26 日，广东省档案馆，案卷号：314 - 1 - 50 - 124 - 125，第 125 页。

人，涉及学校共 74 所，包括培侨、汉华、中正、英皇、圣保罗等。新中国经济的迅速恢复和发展，对港澳学生的影响很大。绝大部分港澳高中毕业学生响应号召，回广州升学。广州市有关机关组成港澳学生回广州升学指导委员会，指导委员会下并设办公室，下设学习生活、服务、总务三组。学习生活组负责补课及辅导员工作，将学生按政治情况及校别，分十人为一组，五小组为一班，每班配一个辅导员。因各校学生代表初期准备未果，未成立学生会组织。①

办公室人员组织情况包括：各有关机关抽调参加办公室工作干部 5 人，其中党员 2 人，其余为群众；公安厅前后抽调 6 人成立独立工作组做审查工作，其中党员 1 人、团员 1 人、群众 4 人；先后由各中等学校抽调 51 人担任辅导员。各大学抽调出来帮助港澳同学补课的学生前后为 30 ~ 40 人。由各处抽调出来的团员一般热情积极。有部分机关抽的干部，由于缺乏思想准备或领导重视不够，不愿意做此项工作。②

为尽量满足广大港澳青年毕业生回广州升学的需求，广东省政府责成广东省文教厅与各有关教育组织成立港澳高中毕业生回广州升学指导委员会。广东省文教厅、广州市文教局、华南分局统战部、广东省公安厅、华南团工委、广州市团工委、省市学联等单位组于 7 月 1 日起开始工作，借用广州市知用中学校舍为接待所（后期迁往石牌），动员了广雅中学、中山大学附属中学、执信中学、知用中学的 86 名高中学生作为志愿者。招考工作从 7 月开始，至 8 月底基本结束。按照工作内容的不同，大致可以分为以下几个阶段：

第一阶段（7 月中旬以前准备工作阶段），这一阶段主要的工作是成立领导机构（指导委员会），制订计划，配备干部，解决房子、经费问题。指导委员会徒具形式，配备干部无组织纪律，思想准备不够，住宿问题解决得不好（惠福西前国民大学附中），宿位不够，住宿条件差，学生意见很多，临时漆、修厕所浴室（接着搬至培正小学），8 月底结束时又搬回来，浪费 4 000 余万元，困难甚多，教训很大。③

第二阶段（7 月中旬至 7 月底），这一阶段的工作重心是建立办公室，接待和安定好学生们的生活。为此进行了入校具体工作：办公室初步具体分工建立若干制度进行办理报到、解决膳宿等生活问题，初步建立学习组织。但办公室初期只有干部 3 人，人少事多；由中等学校抽调出来的 23 个辅导员，一天到晚忙于

① 《港澳高中毕业生回广州升学指导委员会办公室工作初步总结》，1953 年 9 月 3 日，广东省档案馆，案卷号：204 - 3 - 169 - 020 - 023，第 20 页。
② 《港澳高中毕业生回广州升学指导委员会办公室工作初步总结》，1953 年 9 月 3 日，广东省档案馆，案卷号：204 - 3 - 169 - 020 - 023，第 21 页。
③ 《港澳高中毕业生回广州升学指导委员会办公室工作初步总结》，1953 年 9 月 3 日，广东省档案馆，案卷号：204 - 3 - 169 - 020 - 023，第 21 页。

事务工作。制度虽草草建立一些，由于事前无专人负责，形成若干混乱状态。总务工作只由教育厅一人负责数百人的膳宿生活问题，事务极其繁多，而客观条件又困难，实际管不了，也管不好。港澳学生的政治审查工作未开展，情况完全不掌握，只得边学边做。① 由于这两阶段工作做得不够好，混乱情况较严重，政治上受到了一些影响，也影响了以后工作的开展。②

第三阶段（8月1—22日），这个阶段的工作重心是大力开展补习功课工作。为考试工作作好准备。补课依靠的力量是少数教授、中学教师、34名大学生及港澳学生功课较好者。③ 这个时期，围绕补课工作进行了如下工作：一是审查工作。方针是普遍摸底、重点审查、全面照顾、慎重处理；依靠公安厅局干部的力量，协同辅导员和港澳的积极学生进行。审查工作如何与补课工作相结合是此时期的一大问题。二是报名工作——报名工作很复杂。事前作了比较充分的宣传和准备工作，一天内完成了700人的报名工作；完善制度，明确分工，清理积压的群众来信；适应审查工作，调整学习组织，整理基本材料。三是建立制度，如外宿登记制度、行李放行制度、单车通行制度、会客制度、收发制度、学生出入制度等。另外处理了如下具体问题：一是帮助迟到学生报到；二是处理伪证件；三是帮助证件不足学生报名。④

第四阶段（8月23—28日），8月22日考试完毕后，大部分学生要求回港澳。在他们回港澳之前，办公室抓紧六天时间，组织一些文娱、体育、参观活动。这一阶段要求通过既有思想教育内容又生动活泼的文体方式，使他们感到祖国的温暖和亲切。六天中组织的活动有联欢晚会、小型座谈会、游览、参观、电影招待会、球赛、游泳等，都组织得相当好。⑤ 存在尚未解决的问题有：代办回港澳通行证；不回港澳继续留下来的学生是否招待？暂回港澳的学生是否还能再回来？考不上怎么办？是否还代办通行证？⑥

第五阶段（9月1日以后），8月29日招考工作基本结束，8月底有500多学生回港澳，留下140多人于9月1日搬回惠福西。9月1日，主要干部和辅导

① 《港澳高中毕业生回广州升学指导委员会办公室工作初步总结》，1953年9月3日，广东省档案馆，案卷号：204-3-169-020-023，第22页。

② 《港澳高中毕业生回广州升学指导委员会办公室工作初步总结》，1953年9月3日，广东省档案馆，案卷号：204-3-169-020-023，第22页。

③ 《港澳高中毕业生回广州升学指导委员会办公室工作初步总结》，1953年9月3日，广东省档案馆，责任单位：广东省教育厅，案卷号：204-3-169-020-023，第23页。

④ 《港澳高中毕业生回广州升学指导委员会办公室工作初步总结》，1953年9月3日，广东省档案馆，案卷号：204-3-169-020-023，第23页。

⑤ 《港澳高中毕业生回广州升学指导委员会办公室工作初步总结》，1953年9月3日，广东省档案馆，案卷号：204-3-169-020-023，第23页。

⑥ 《港澳高中毕业生回广州升学指导委员会办公室工作初步总结》，1953年9月3日，广东省档案馆，案卷号：204-3-169-020-023，第23页。

员全部撤退，教育厅的 2~3 位干部留守，继续管理他们的膳食生活问题。①

四、港澳学生回广州升学的安排与不足

教育部为满足港澳学生的迫切要求，在第一次参加全国统考之后，委托广东省文教厅举行第二次考试。经过广东省代为办理入境手续的，第一次人数为 470 人，第二次人数为 126 人，合计 596 人，其中有一部分办好手续后放弃来广州，一部分到广州后，不到招待所报到，自行报考。从他们抵穗的第一天起直至考取后入学为止，都由广东省有关部门统一安排。②

被录取的回广州升学港澳学生，被分配在广州各高等学校的有 54%，被分配在东北的有 15%，其余的被分配在华北、华东、中南各省市。在录取时，有关部门特别照顾了他们的志愿（多数为工农医），所以在发榜后，他们的思想极少波动，近 99% 的录取生遵照所分配的科系学校欣然入学。对于落榜生，广东省安顿他们在中学补习。指导委员会全体工作人员热情负责，针对港澳学生的特点，给予招待和照顾。③

新中国成立初期，内地录取了 400 多名港澳高中毕业生（表1）。总体而言，一方面，缺乏经验，指导力量不集中，准备工作不充分，对回来升学人数没有准确估计，住宿地点过于狭窄简陋，以致在初期显得有些混乱。另一方面，指导委员会还未能做到主动地、有组织地直接深入港澳，动员争取更多的学生来升学，指导委员会和当地学校的联系也很不够，对回来学生的思想情况了解不足，几乎完全陷于放任自流的状态，一味地强调客观的困难，从而忽视了主观的努力。④由于时间紧迫、人手紧张、情况繁杂，工作中存在着若干问题和缺点，主要是各有关方面领导重视不够，办公室力量薄弱，领导三、四次易人；学生发动组织得不够，过于强调外部力量。初期住宿间不足，生活上遇到很多困难和问题，学生们意见很多；办公室机构不健全，分工不明确，配合不好，人事变动多，工作没有建立健全制度。上级主管部门对政策交代得不明确，形成若干混乱状态。问题

---

① 《港澳高中毕业生回广州升学指导委员会办公室工作初步总结》，1953 年 9 月 3 日，广东省档案馆，案卷号：204-3-169-020-023，第 23 页。
② 《1952 年暑期招待港澳高中毕业生回广州升学工作总结》，1953 年 4 月 1 日，广东省档案馆，案卷号：0314-1-50-127-131，第 127 页。
③ 《1952 年暑期招待港澳高中毕业生回广州升学工作总结》，1953 年 4 月 1 日，广东省档案馆，案卷号：0314-1-50-127-131，第 127 页。
④ 《1952 年暑期招待港澳高中毕业生回广州升学工作总结》，1953 年 4 月 1 日，广东省档案馆，案卷号：0314-1-50-127-131，第 130 页。

产生的一个主要原因就是筹备工作做得不够充分，导致工作一开始便呈现出混乱的状态。①

表1 1952年港澳学生回广州升学录取分配统计表

符合条件考生总数	报名参加考试人数		实际参加考试人数	
443	第一次	第二次	第一次	第二次
	362	81	362	79

资料来源：《1952年暑期招待港澳高中毕业生回广州升学工作总结》，1953年4月1日，广东省档案馆，案卷号：0314 - 1 - 50 - 127 - 131，第129页。

广东省文教厅建议加强组织领导。由于有关方面对这工作的认识不足，指导委员会等办公机构不健全，领导三次易人，干部少而弱，由此产生的问题很多，所以必须进一步完善指导委员会的组织功能，办公室多抽干部，教育部门派主要干部做领导。② 关键在于将表现优秀的学生组织发动起来，单纯强调外部辅导员的力量是不能解决问题的。如果将学生发动并组织好，再配以若干能力素质较强的辅导员即可。筹备工作必须做得早，做得好，因为时间短，任务急而重。必须找到一个适当的场地，这是一个重要的教训。政治审查工作、文化课辅导工作、团组织工作，必须加强领导，明确分工，紧密结合。③

接待港澳学生回广州升学工作存在如下问题：一是关于1951年以前毕业的社会青年是否招待的问题。对这个问题处理，各方意见不一。广东省意见是积极的，虽然这些社会青年一般情况较复杂，但如不招待，则港澳学生流散到广州各处，无从审查。招待港澳学生能便于管理和审查。招待这些社会青年虽然是一个额外的任务，但只要担起这个责任，就可以减少不必要的麻烦。二是关于考不上的学生怎么处理的问题。大致有几种情况：对因病不合报名资格者，耐心说服其回港澳休养；对因考试成绩太差不被录取，但其政治条件基本纯洁者，（因他们已跟家庭闹翻了，不可能返港澳的）考虑分配工作，或到公、私学校旁听，或帮助到私立中学补习；因政治问题不被录取的，坚决动员和说服其回港澳。④

---

① 《港澳高中毕业生回广州升学指导委员会办公室工作初步总结》，1953年9月3日，广东省档案馆，案卷号：204 - 3 - 169 - 020 - 023，第20页。

② 《港澳高中毕业生回广州升学指导委员会办公室工作初步总结》，1953年9月3日，广东省档案馆，案卷号：204 - 3 - 169 - 020 - 023，第20页。

③ 《港澳高中毕业生回广州升学指导委员会办公室工作初步总结》，1953年9月3日，广东省档案馆，案卷号：204 - 3 - 169 - 020 - 023，第21页。

④ 《港澳高中毕业生回广州升学指导委员会办公室工作初步总结》，1953年9月3日，广东省档案馆，案卷号：204 - 3 - 169 - 020 - 023，第23页。

结　语

　　1952 年是全国实施统一高考制度的第一年。广东省人民委员会接获香港爆发针对港英政府的"抗考"运动消息后，立即电告中央，建议支持这一"抗考"运动。中侨委、全国学联、中南军管会积极应对，多次磋商协调，委托教育部尽快制定《关于处理港澳学生回广州升学问题的原则及办法》，要求广东省文教厅负责港澳学生回内地升学。广东省高校招生委员会克服时间紧迫、校舍不足、条件艰苦、师资匮乏、人手紧张、经验不足等问题，先后在广州成功举办两次港澳学生回内地升学考试。通过实施港澳学生回内地升学，给予港澳学生在学习和生活上的关怀与帮助。

　　实行港澳学生回内地升学，这不仅是中国特色的高校招生制度的有益尝试，更是新中国推行文化中国认同的智慧创举。实践证明，这一举措凝聚了港澳同胞的民心，加强了包括港澳同胞在内的最广大人民群众对文化中国的认同。

（刊《澳门研究》2018 年第 3 期，与童锋合作）

文化自觉理念下港澳台侨生文化素质教育的实践与探索：以暨南大学为个案[*]

在全球化趋势日益加强的今天，教育的一项重要任务就是提升人们的文化自觉。暨南大学作为一所以文化立校、向海外传播中华文化为办学初衷的侨校，如何在国际化、全球化背景下对 13 000 名来自 84 个国家和港澳台地区的学生进行文化素质教育，使之认同中华文化，是一个崭新的课题。暨南大学在十多年的实践探索中，运用文化自觉的理念指导文化素质教育，总结出了富有侨校特色、适合港澳台侨生实际的文化素质教育模式。

一、以文化自觉理念指导港澳台侨生文化素质教育

当今世界多元文化并存，随着各国间的交往，国与国之间的文化相遇、摩擦以及不同的文明模式、文化传统、民族信仰、生活方式和价值观念的碰撞和冲突日渐显现。如何使不同的文明既存在差异，又相互吸收、相互促进，文化自觉是解决这一命题的良方。费孝通先生最早提出这一理念并作了精辟的诠释：文化自觉是生活在一定文化中的人对其文化有"自知之明"，明白它的来历，它的形成过程，所具的特色和发展趋向，以加强对文化转型的自主能力，取得决定适应新环境、新时代的文化选择的自主地位。更重要的是，在多元文化并存的背景下，文化自觉还包括在对自己文化有"自知之明"的基础上了解多种多样的文化，吸收和借鉴其他文化的优势和长处，增强在多元文化的世界里确立自己位置的能力，并与其他文化一起，共同建立一个共同认可的基本秩序和一套与各种文化能和平共处、各展所长、联手发展的共处原则。

中华民族文化自觉包含以下层次：一是对中华文化有深刻的了解，熟知中华文化的精要，以增强民族自信心和自豪感；二是了解其他文化，主动赞赏和接纳其他文化的优秀成果，积极对中华文化进行现代诠释，使之为他人所理解；三是

* 本文系暨南大学蒋述卓教授主持的教育部、财政部"2007 年度人才培养模式创新实验区"建设项目"港澳台侨生文化素质教育与人才培养模式创新实验区"研究成果之一。

积极与其他文化交流和沟通，让具有悠久传统的中华文化积极参与世界多元文化的构建，真正做到在互相理解的氛围里"差别共存、相互尊重"。这里的文化不仅包括文、史、哲、艺等人文经典，还包括民族的价值观、信仰、态度及行为方式。文化能力的形成需要完整的知识结构，不仅需具备文学、艺术、历史、哲学、政治、社会乃至自然科学等领域的知识，还需在文化实践中把相关知识内化为文化自觉意识。

暨南大学以"面向海外、面向港澳台"为办学方针，学生来源广泛，文化背景迥异。文化自觉理念对学校港澳台侨生的文化素质教育具有很强的指导与借鉴意义。港澳台侨生作为中华民族的一员，应了解和熟知中华文化，增强身份认同，形成民族的共同印记。让港澳台侨生学习中华文化也是学校"声教讫于四海"的办学使命和"宏教泽而系侨情"的办学宗旨的具体体现。同时港澳台侨生居住地是中西文化交汇之地，各种文化相遇与会通，纷繁复杂。学生需要了解其他文化，理性对待其他文化，避免盲目崇拜或排斥。港澳台侨生只有具备宽广的视野、丰厚的知识、创新的思维、终身学习的能力以及对国家、民族乃至全世界的责任感，才能在全球竞争中占一席之地，为推动全人类的和谐共处贡献一分力量。

暨南大学结合港澳台侨生的实际，探索出了"以中华优秀传统文化为基点，以培养具有爱国主义精神和多元文化底蕴的高素质人才为目标，以课堂教学、校园文化和社会实践为途径"的港澳台侨生文化素质教育模式，被教育部、财政部批准为国家级人才培养模式创新实验区。

二、 精心打造文化素质教育课程，充分发挥课堂教学主渠道作用

课堂教学是文化素质教育的主阵地，是文化素质教育深入发展的实质体现，是学生获得知识的主渠道。暨南大学高度重视课堂教学在文化素质教育中的作用，充分利用港澳台侨生无须修读思想政治理论课和军事课程而腾出来的学分空间，积极构建港澳台侨生文化素质教育课程体系。该课程体系涵盖三大领域——现代基本技能课程、共同必修课程、限定选修课程。为培养港澳台侨生具备这些基本技能，学校开设了大学英语、计算机基础、大学语文、大学写作、体育等公共必修课。

中华传统文化是中华民族智慧的结晶，代表着中华民族的精神特质，蕴含着为人处世、经世治学等丰富的内容。把中华传统文化作为港澳台侨生的公共必修

课，基于以下考量：一是中华传统文化能培养港澳台侨生的道德修养、意志品质及思维方式；二是加强中华传统文化的学习，有利于提高港澳台侨生的文化自觉意识，理性面对其他文化；三是加强中华传统文化的学习，符合通识教育的理念。通识课程主要探讨人类永恒的问题和永恒的内容，即"共同人性"及"本族群的属性"。学校开设了"大学汉语""中国传统文化""近代中国""当代中国概论""人生修养与法律基础"等公共必修课程，蒋述卓教授主持的"中国传统文化"获批为国家精品课程（文化素质教育类）。

学校按四个模块开设了大量限定选修课程，如多元文化模块包括"中国文化专题""中国宗教与文化""基督教与中西文化""三大宗教概说""伊斯兰教与中国文化""中国历史文化名城""中国珍贵文物借鉴""世界遗产""香港历史与文化""台湾研究""旅游、地理与文化""民俗与中国文化""美国语言与文化""美国政治与文化专题""西方文化史"等；文学艺术模块包括"艺术概论""中外艺术概论""音乐欣赏""网络音乐欣赏""书法篆刻""书法鉴赏""影视文学创作""古典诗词鉴赏""东方朔·周易·山海经""中西著名戏剧赏析"等；历史哲学模块包括"中国哲学史""中国哲学思想史概论""明清社会生活史""世界文化史"等；科技与社会、政治模块包括"科学素质概论""中西科技比较""生命科学史""生命科学导论""走进美国中情局""社会学概论""世界旅游地理"等。这些课程旨在使港澳台侨生具备深厚的中华文化底蕴、广博圆融的世界视野、高尚的审美情趣、批判性的思维方式以及现代人应具备的各种技能。

三、营造多元交融的校园文化，培养港澳台侨生的文化素养

校园文化对大学生文化素养的提升起着潜移默化的浸润作用。"对大学生真正有价值的东西，是他周围的环境。"暨南大学积极营造一个多元、高雅、具有浓郁学术氛围的校园环境，让港澳台侨生在多元文化的碰撞、交融和熏陶中既弘扬中华文化和传统美德，又主动吸纳世界各民族的文化精髓；既有精深的专业发展，又有深厚的人文底蕴和科学精神，在文化实践活动中达成文化自觉。

克拉克·科尔认为，现代大学是多元大学，由诸多相互矛盾的亚共同体组成。暨南大学除有现代大学的各种共同体外，还有来自不同国家和地区学生的共同体。这些共同体间的文化差异很大，有时会造成冲突。加拿大管理学家南希·爱德勒认为解决多元文化冲突有三种方案：一是凌驾；二是折中；三是融合。融合是指不同文化在承认、重视彼此差异的基础上相互尊重、补充、协调，从而形

成一种你我合一、全新的组织文化。学校采用融合方略处理共同体之间文化的差异，让不同国家和地区的文化在校园内都得到展现。学校开展各种"融汇中外、多元多彩"的校园文化活动，逐渐形成一系列校园文化品牌，如中华文化节、"国际文化聚暨南"、国际土风舞大赛、"青春之歌"舞蹈暨司仪大赛、澳门文化节、香港文化节、"形象之星"设计大赛等，来自各个国家和地区的学生都可以登台亮相，展示独特的文化魅力。国际土风舞是学校多元多彩校园文化的品牌，其代表作《渔歌》是由我国以及朝鲜、印度尼西亚、菲律宾、马来西亚、越南、俄罗斯等十二国的学生共同参与的，从编排、化妆、服装设计到演出，都体现了不同文化的交融，夺得2004年全国第一届大学生艺术展演一等奖，并在人民大会堂汇报演出。

多元多彩的校园文化活动以一种浅显、通俗易懂的方式展示了异域的风情，是学生了解其他文化最直接的方法。但要真正理解其他文化的特质、精髓、价值观、信仰、行为模式等深层次的东西，必须从认知层面加以提升。学校有不同层次、不同领域的讲座，譬如"百年暨南文化素质教育讲堂"、"百年暨南讲堂"、天下论坛、史学沙龙、院士论坛、名师讲坛等，校园内几乎每天都有讲座。国务院前副总理李岚清，著名作家、文化部原部长王蒙，管理学大师彼得·圣吉、尼克·赞纽克，著名华裔学者杜维明和一批两院院士、学部委员都来校开讲。这些讲座开阔了学生的视野，启迪了学生的智慧。学校学术科技文化活动也异彩纷呈，不仅有学校层面的学术科技节、本科生创新工程、"挑战杯"大学生课外学术科技作品竞赛，还有学院层面的各种有专业特点与背景的学术科技活动，如"电脑设计大赛"、"缤纷网络"、模拟股市、模拟法庭、化学周、电子周等。这些活动提升了校园文化的层次——从娱乐型到学术科技型，体现了"学术为魂"的文化理念。

四、加强社会实践，提升学生爱国情感、健全学生人格

社会实践是达到文化自觉的重要环节。港澳台侨生通过社会实践一方面可以进一步深化对中华文化的了解，另一方面可以把对中华文化知识性的了解内化为一种自觉意识。

首先，结合公共必修课程的教学如"当代中国概论""近代中国""中华传统文化"，组织港澳台侨生到广东珠三角地区考察，了解当地改革开放经济发展的成绩、社会结构、生活水平以及教育卫生状况等，真切感受国家的方方面面。同时组织他们游历名山大川，领略神州大地的壮丽山河，激发对中华民族的热爱

之情，感受中华文化的博大精深。通过教学和社会实践相结合的方式，使港澳台侨生不仅深刻了解书本知识，还对中华文化产生由衷的热爱，实现其文化自觉。

志愿者精神是国际普遍认可的精神，其内容是"奉献、友爱、互助、进步"。其内涵虽然因人、因地、因时而异，不同国家的人对志愿活动的含义存在不同的理解，但所有志愿者都是在不计报酬、不求名利的情况下参与推动人类发展、促进社会进步的。志愿者可以不分国别、职业和贫富差距平等工作，通过帮助他人、服务社会，加强人与人之间的交流，消除彼此的隔膜与疏离感。学校积极引导学生开展志愿者服务，通过组织学生深入基层、服务社会、奉献爱心，培养学生乐于助人、平等共处的精神。1994 年学校建立了青年志愿者协会，至2009 年已发展为 24 支由相关专业技能学生组成的服务队，分别负责不同范畴、不同对象的公益服务，使志愿服务趋于专业化、多元化。其中具有十多年历史的Warm Touch 青年志愿者服务队成员来自世界各地，因而被誉为"国际青年志愿者服务队"。该服务队先后在广州孤儿院、广州福利院等地建立了助残基地，十年如一日为失去亲情的老人、儿童送去温暖和爱心，多次获得团中央、教育部授予的"全国百个优秀青年志愿者服务队"称号。2006 年起，学校各支服务队按照国际义工惯例建立起认证服务时钟的服务认证体系，使服务队更加专业化。

学校青年志愿者协会积极号召学生投身西部，服务西部。港澳台侨生也踊跃加入西部志愿者服务计划。缅甸籍华侨学生高天龙到广西田阳县五村小学支教，成为我国西部志愿者服务计划实施以来的第一个外籍志愿者。支教期间，他为解决学校的喝水问题，自发返回缅甸募集 85 万元缅币建了一口水井。2006 年香港籍学生黄干宇放弃优越的工作到广西壮族自治区省级贫困县——田阳县进行志愿者服务，服务期间表现突出，被共青团中央授予"第六届中国百名优秀青年志愿者"称号，获第八届广东青年五四奖章提名。

学校对港澳台侨生的文化素质教育收到了显著成效。继"港澳台侨生文化素质教育与人才培养模式创新实验区"2007 年获批为国家级人才培养模式创新实验区之后，校园文化建设成果连续两次在教育部开展的高校校园文化优秀成果评选活动中获奖。港澳台侨生耳濡目染，身体力行，逐渐认同中华文化，对中华文化有了比较深刻的了解，具有了强烈的民族认同感和爱国主义情怀；能理性对待其他文化，能够与不同文化的族群和谐共处；具有相对广阔的知识面，对社会和百姓有悲悯之情。暨南大学将进一步探索、丰富港澳台侨生文化素质教育新模式、新方法。在把中华传统文化作为公共必修课的基础上改革课程内容，把课程学习重点放在研读中华典籍上，采用"教授主讲、助教导学"的教学方式，提高学习效率；不断拓展校园文化活动的文化内涵，使之真正成为多元文化交融的舞台。

参考文献

［1］费孝通：《费孝通文集　第 14 卷》，群言出版社，1999 年。

［2］乐黛云：《文化自觉与文明共存》，《社会科学》2003 年第 7 期。

［3］甘阳、陈来、苏力主编：《中国大学的人文教育》，生活·读书·新知三联书店，2006 年。

［4］周立公：《国际化经营的跨文化管理》，《上海商业》2000 年第 3 期。

（刊《高等教育研究》2009 年第 2 期，与张桂国、罗发龙合作）

关于设立"横琴高教特区"的若干思考

澳门回归 10 周年日益临近,粤澳合作的步伐进一步加快,中央在政策上相继作出了对澳门发展的有力支持。2003 年,内地与澳门特区政府就签署了《内地与澳门关于建立更紧密经贸关系的安排》,2008 年 7 月又签署《补充协议五》,使得内地与澳门的合作领域大为扩展,粤澳合作也在此基础上更加深入。[①] 2009 年 6 月 24 日,国务院常务会议讨论并原则通过《横琴总体发展规划》,决定将横琴纳入珠海经济特区范围。6 月 27 日,全国人大常委会授权澳门特别行政区对设在珠海市横琴岛的澳门大学新校区实施管辖,横琴岛澳门大学新校区与横琴岛的其他区域实行隔开管理。此举被认为是粤澳合作开发横琴的标志性事件,也是"一国两制"的创新。为顺利推进澳门大学新校区建设,平衡澳门、珠海双方权益,笔者建议借鉴改革开放初期设立经济特区的做法,在"一国两制"框架下设立"横琴高教特区",制订颁发"横琴高教特区法",以为粤港澳高等教育的合作发展和中国高等教育体制改革提供参考依据。

一、缘起:澳门大学迁址横琴

笔者建议设立"横琴高教特区"的起因是中央于 2009 年 6 月授权澳门大学迁址横琴。众所周知,横琴岛是珠海经济特区 146 个海岛中最大的岛屿,面积达 67 平方公里,约占澳门现有面积的 3 倍。该岛位居珠海市南部,珠江口西侧,毗邻澳门,处于"一国两制"的交汇点和"内外辐射"的接合部。[②] 这样一个传统概念上的边陲海岛,由于其地理位置的特殊性,博弈了多年的横琴开发使其再度成为粤澳合作的最前沿和社会各界广泛关注的焦点。

国家发改委 2008 年底颁发的《珠江三角洲地区改革发展规划纲要(2008—2020 年)》(以下简称"《珠三角发展纲要》")将与港澳紧密合作的相关内容纳

---

① 李红:《跨境教育产业园的共管:以澳门大学横琴校区为例》,http://www.umac.mo/fsh/src/confre - gional/papers/lihong.pdf.

② 《横琴岛纳入珠海经济特区》,《南方都市报》,2009 年 6 月 25 日。

入其中，其范围涉猎社会各个方面，教育合作被列为优先发展对象。① 这与2004年国家主席胡锦涛在庆祝澳门回归祖国五周年大会暨澳门特区第二届政府就职典礼上的讲话精神一脉相承。胡锦涛曾语重心长地指出："要着眼长远，加紧培养澳门发展所需的各类人才。当今世界的竞争，说到底是人才的竞争。要加大对教育的投入，全面提高澳门的教育水平。要加强政策引导，发展各类在职教育和培训，以适应澳门经济社会发展的现实需要。要重视和加强参政议政人才的培养，确保爱国爱澳力量后继有人，始终保持朝气和活力。"② 澳门大学是澳门最高学府，但长期有校无园，严重制约了该校的发展与澳门高素质人才的培养。

　　中央与澳门特区政府对澳门大学校区拓展问题极为关注。在此背景下，中央对澳门教育事业的关心支持及粤澳合作在教育方面创新的可能性与迫切性日益进入决策层与公众视野。2009年1月，时任国家副主席习近平赴澳门考察访问期间指示，要由粤澳两地政府共同研究开发横琴岛，以配合澳门经济的适度多元化发展。③ 不久，中央同意在横琴发展规划中预留土地给澳门大学。一时间，各界热议此事，广东、澳门及珠海各方与中央高度关注，如时任全国人大常委会副秘书长乔晓阳6月初曾率调研组专题调研横琴校区的法律管辖等问题。澳门各界对于澳门大学迁址横琴也心存疑虑，担心在获得办学空间的同时丧失办学自主性和学术自由。在4月的澳门立法会会议上，澳门大学重申，坚持办"澳门人的大学"。澳门特区行政长官何厚铧也明确表示，新校区必定保持澳门大学本身的特点，中央会推出很特殊的方式和措施，保证澳门大学完全维持现有的特点。④

　　开发横琴，澳门大学走在最前面，可谓"先行先试"，在中央给予支持的同时，广东省及珠海市政府也希望通过深化合作与交流来共同开发横琴岛。在澳门特区政府提交澳门大学迁址横琴申请后，全国人大常委会6月底审议通过，决定授权澳门依照澳门特别行政区法律对澳门大学横琴校区实施管辖，横琴校区与横琴岛其他区域实行隔开管理。至此，澳门大学迁址横琴的各种猜测暂时有了定论。这同时也意味着，澳门大学横琴校区将完全遵循澳门的制度进行管理，成为实施"一国两制"的新区域。在新校区实行什么样的法律和管理制度是澳门社会认同新澳门大学的关键因素之一，因此包括澳门大学在内的澳门各界均赞成在横琴校区采用澳门法律管辖和治理，并指出这将有助于澳门建设理想的综合性大学。⑤ 而珠海方面则对此次会议通过的关于努力把横琴建成"一国两制"框架下

①《珠江三角洲地区改革发展规划纲要（2008—2020年）》，第9部分、第7部分。
② 永逸：《澳大横琴校区模式可为厦金特区作示范》，《新华澳报》，2009年6月29日。
③ 潘晓凌、蒋乐进、尧舒：《珠澳横琴岛：一国两制"新边界"》，《南方周末》，2009年7月1日。
④《何厚铧表示：澳门大学横琴校区将维持现有特色》，《澳门日报》，2009年4月17日。
⑤《关于澳门大学设立新校区的看法》，《澳门日报》，2009年4月1日。

和《内地与香港关于建立更紧密经贸关系的安排》（CEPA）基础上的粤港澳合作新平台的具体措施更为关心。横琴可以成为探索粤港澳合作新模式的示范区和深化改革开放的先行区，但关键还在于如何通过制度创新等形式加强粤澳双方的合作与互动，实现共赢，而不仅仅是采用土地"租赁"的形式，划拨一块地给澳门进行隔开管理，拓展"一国两制"的新边界。

二、设立"横琴高教特区"的理由与措施

设立"横琴高教特区"是推动横琴开发的重要一环。对于如何开发横琴岛的问题，争议由来已久，开发工作也出于种种原因一直未真正启动。从1992年被确定为经济开发区以来，横琴就长期处于开而未发的状态，岛上有所发展的仅仅是生蚝产业。[①] 直至2009年《横琴总体发展规划》的通过以及澳门大学迁址横琴的确定，才终于为横琴开发的启动带来了曙光。横琴开发的"澳大模式"是仅此一例，还是将来会出现众多效仿者，抑或只是目前处理"一国两制"下特殊问题而不得不采用的一种手段，之后有没有可能在双方更为深入融合的情况下推出进一步措施突破制度与法律的藩篱？这些都值得研究和探讨。围绕澳门大学新校区建设问题，学者们建言献策，主张在横琴积极发展教育产业，建立高教特区以推动横琴开发。如学者余以为提出应在横琴设立"泛亚教育特区"，面向全亚洲招揽高校入驻。[②] 北京师范大学珠海分校中国经济特区立法研究所"珠海高等教育改革特别试验区"课题组的《关于设立珠海教育特区的研究报告》指出，应利用澳门大学迁址横琴的机会，推动珠三角地区的改革与创新，并建议设立"珠海高等教育特区"。[③]

7月16日，澳门大学澳门研究中心在珠海举办"横琴澳门大学新校区与澳珠共同合作发展"研讨会，与会学者就澳门大学横琴校区对横琴发展、对中国高等教育、对澳门人才优化的作用及珠澳合作的前景进行了深入探讨。学者们希望借此机会推动澳珠融合与区域经济的可持续发展。[④] 笔者在会上首次提出设立

---

① 潘晓凌、蒋乐进、尧舒：《珠澳横琴岛：一国两制"新边界"》，《南方周末》，2009年7月1日。

② 余以为：《横琴岛或可设立泛亚教育特区》，《南方周末》，2009年7月2日。

③ 于风政：《关于设立珠海教育特区的研究报告》，http：//www.tianya.cn/publicforum/con－tent/no01/1/402845.shtml。

④ 《学者谈澳门大学迁址横琴：可借机在横琴建大学城》，《澳门日报》，2009年7月13日；《横琴宜打造高教特区》，《南方都市报》，2009年7月17日。

"横琴高教特区"。①

　　开发横琴是落实《珠三角发展纲要》的重大战略举措。在珠三角城市群定位中，珠海市主打软件与教育。② 20 世纪 90 年代以来，珠海市已建起珠海大学城。以新近中央授权澳门大学横琴校区建设为契机，正式拉开了横琴开发的帷幕，这是粤澳合作的成功尝试。为顺利推进澳门大学横琴校区建设，笔者主张在珠海经济特区设立"横琴高教特区"，专门制订颁布相关法规。主要理由有四：

　　一是澳门大学横琴校区是"一国两制"的实践与拓展，是在一国背景下澳门资本主义的一制向珠海社会主义的一制的拓展，是"一国两制"第一次在港澳以外地区实现。最近中央政府将横琴岛开发规划纳入珠海特区管理。横琴岛开发通过租赁方式解决澳门大学用地问题，无疑是思想的解放与制度的创新，也是粤澳合作在中央支持下取得的重大突破。广东省以及珠海政府均在其后表示将全力支持澳门大学横琴校区的规划建设。③ 可以预见，"一国两制"无疑会在澳门大学横琴校区的建设中得以深化，同时为在粤港澳合作平台上粤澳、粤港乃至粤港澳三方的进一步合作拓展思路，对未来横琴整体开发以及珠三角区域一体化都将提供良好的借鉴模式。当然，横琴校区的设立对珠、澳来说，面临着一些新的问题与挑战，尤其是新校的法律适用与管治问题，尽管中央已授权澳门管理，但对此珠、澳双方仍有争议。诚如许嘉璐所言："横琴兴建澳门大学新校区在制度管理方面，会出现法律管治的问题，澳门'一国两制'的法律体制会与内地的法律存在一定矛盾，这需要澳门特区政府与内地政府商讨一套特殊的、可行的政策。"④ 澳门大学希望进行隔开管理，这样澳大新校区的建设将形同于澳门边界的扩展；而掌握有横琴岛规划与开发主导权的珠海则希望加强横琴规划与横琴岛澳大新校区规划的衔接，使两者的功能和景观相互呼应，完善相关交通网络连接。⑤ 如有可能，横琴岛应成为双方合作、交流与融合的试验田，探索粤港澳合作新模式的特别区，而不是一直隔离下去。珠海学者在 2009 年 4 月召开的"珠海横琴开发中的法律适用问题"研讨会上建议，横琴校区理应适用内地法律、属地管理。⑥

　　二是澳门大学"租赁"横琴，是中央、全国人大授权。要平衡珠、澳的权

　　① 《学者谈澳门大学迁址横琴：可借机在横琴建大学城》，《澳门日报》，2009 年 7 月 13 日；《横琴宜打造高教特区》，《南方都市报》，2009 年 7 月 17 日。
　　② 余以为：《珠海嫁横琴如何索回礼》，《南方都市报》，2009 年 7 月 1 日。
　　③ 《黄华华会晤何厚铧》，《南方日报》，2009 年 7 月 9 日。
　　④ 《许嘉璐澳门出席论坛，赞成澳大在横琴建新校区》，http://www.chinanews.com/ga/fzsj/news/2009/04-28/1667403.shtml，2009 年 4 月 28 日。
　　⑤ 《粤澳定六合作重点》，《南方日报》，2009 年 7 月 10 日。
　　⑥ 潘晓凌、蒋乐进、尧舒：《珠澳横琴岛：一国两制"新边界"》，《南方周末》，2009 年 7 月 1 日。

益，双方应以平等、互利、双赢与沟通为基础，加强双方的良性互动与产业衔接，减少摩擦，形成合力。澳门大学横琴校区作为横琴岛开发的启动项目，在为澳门培养人才、解决澳门大学自身发展的需要之外，其比较重要的意义是带动澳门经济适度多元发展，从而促进整个珠江西岸产业升级。珠海的发展离不开澳门，澳门的发展也离不开珠海。要把珠海打造成珠江西岸的核心城市，提升核心竞争力，就离不开澳、珠双方在粤澳合作框架下进一步深入合作。而澳门大学横琴校区就是一个很好的契机，从相对比较容易突破制度与法律障碍的教育入手，强化澳、珠合作意识，降低合作门槛，继而加大合作力度，创新合作机制，在此基础上拓宽合作领域，最终打破跨境产业一直难以发展的现状，带动珠三角区域经济一体化。① 因此，设立新校区意义重大，举世关注，澳门要协调、理顺好与粤、珠的利益关系，同时珠海也要立足长远，从长计议。只有互惠互利基础上的合作，才会拥有持久的生命力。

三是澳门大学实行的不是"一校两制"，而是"一校两区"，如澳门大学赵伟校长所言，澳门大学是"'一国两制'高校"。新校区将继续保留其办学特色与办学自主权，保证营造学术自主、学术自由的氛围，确保"澳门大学是澳门人的大学""澳门大学是澳门的大学"。② 中央创造性地提出澳门大学横琴校区受澳门特别行政区法律制度管辖，确保了澳门大学治校的充分自由。澳门大学的自治与自主办学是确保其办学特色的前提。设立"横琴高教特区"，专门制订颁布横琴高教特区法，以法律的形式保障大学自治和学术自由，有利于将澳门大学建设成为亚洲一流的大学，在横琴形成一个世界性的大学园区。《珠三角发展规划纲要》明确提到，要"重点引进3～5所国外知名大学到广州、深圳、珠海等城市合作举办高等教育机构"，横琴岛恰恰具备了各种条件。成为高教特区的横琴岛，既可以避免澳门大学对于自主办学的担心，还能发挥珠海乃至广东方面的积极性，多方联动，进一步打造区域性的高等教育品牌。

四是可充分发挥澳门大学的桥梁、借鉴与示范辐射作用。澳门大学可以成为联系海峡两岸暨香港、澳门高校、内地高校与国外高校尤其是葡语国家高校沟通的桥梁；其先进的办学理念、办学特色与大学自治传统、自主办学模式及其实践，对内地高校有借鉴与示范作用，可促进内地高校与国际先进教育的接轨，为内地高校提供国际教育范本。③ 设立"横琴高教特区"，吸引海内外一些高校来横琴办学，可以从这些大学的办学模式中吸取一定的经验，为今后内地高校建立现代大学制度、转变教学风格提供模板。同时也可在横琴集中最优质的教育资

---

① 《珠江三角洲地区改革发展规划纲要（2008—2020年)》，第9部分、第7部分。
② 《澳大校长解读"一国两制"新举措》，《广州日报》，2009年7月16日。
③ 《澳大横琴新校区拟建河底隧道》，《南方日报》，2009年7月9日。

源，打造区域国际高等教育品牌。①

设立"横琴高教特区"的措施主要有：一是引进海内外知名高校办学，珠海在土地、政策诸方面提供优惠，逐渐形成一个高教特区，优化高等教育资源配置，打造国际高等教育品牌，以此带动横琴与珠海开发。教育是公益事业，我们并不主张把"横琴高教特区"当作产业来办，但这些学校的兴办可以带动产业发展，也可以带动澳门、珠海乃至整个珠三角区域的产业多元化，从而解决目前经济发展中产业结构不合理、科技水平低下、高素质人才不足等难题。二是在"一国两制"框架下，由全国人大常委会专门制订"横琴高教特区法"，或由澳门、珠海拟订草案后，由全国人大常委会审批颁发。"横琴高教特区"依法实施管治，既保持澳门高度自治，澳人治澳门大学，以及其他新引进高校的办学自主权，又充分尊重珠海权益，解决了新校区设立遇到的诸多难题。同时，也为启动珠三角高等教育制度改革提供新的动力与契机，使珠海和广东高等教育改革获得广阔前景。② 若能成功，"横琴高教特区法"还将成为全国高等教育改革的法律范本。

由于地缘、人缘关系以及澳门产业过于单一，在横琴岛率先合作发展教育无疑是粤澳合作的必然与理性选择。如何进一步加强粤澳双方沟通交流，避免"一岛两制"的片面发展，是急需各方协商解决的难题。设立"横琴高教特区"或是当下化解争议、促进珠三角区域深度合作发展的一剂良方。当然，还需要中央政策大力支持、观念与体制的创新和全国人大常委会立法，授权在横琴岛对我国现行教育法规及行政规章进行全面变通，用法律保证珠海利用其自身优势在管理体制方面先行先试。"横琴高教特区"若能实施，或许能为深入推进粤港澳在高等教育领域的合作与交流，为我国高等教育的改革与发展探索出一条新的发展路径。

（刊《高等教育研究》2009 年第 9 期，与熊杰合作）

---

① 《澳大校长解读"一国两制"新举措》，《广州日报》，2009 年 7 月 16 日。
② 于风政：《关于设立珠海教育特区的研究报告》，http://www.tianya.cn/publicforum/con-tent/no01/1/402845.shtml。

"一带一路"背景下"文化澳门"建设的三个维度

澳门与内地同文同种，血脉相连。自 1999 年回归祖国以来，澳门与内地联系更加频密，特别是"一带一路"倡议的提出为澳门带来新的发展契机。在"一带一路"背景下，澳门文化建设如何借助国家倡议扬帆起航？如何在"文化澳门"建设中兼顾好本土、中华文化与外来文化的关系？笔者以为推进"文化澳门"建设，应把握好三个维度：一是要立足、弘扬博大精深、源远流长的中华优秀文化，抱持文化自信的态度，以文化认同促进国家认同；二是要植根澳门本土，发挥区域优势，以自身特色鲜明及人无我有、人有我优的文化姿态凸显澳门风貌；三是要秉持兼容并包、开放多元的文化态度，努力使澳门成为连接葡语世界和华语世界的经济文化纽带。总之，"文化澳门"建设既要传承中华优秀文化、立足本土，又要放眼世界、兼容并包，从而使其更加根深叶茂。

一、中国的澳门：背靠祖国，坚持以中华文化为主导

2013 年 9 月 8 日，习近平访问哈萨克斯坦，为使"各国经济联系更加紧密、相互合作更加深入、发展空间更加广阔"，首提"丝绸之路经济带"概念；① 同年 10 月 3 日，习近平出访印度尼西亚时表示："东南亚地区自古以来就是'海上丝绸之路'的重要枢纽，中国愿同东盟国家加强海上合作"，共建 21 世纪的"海上丝绸之路"。② "一带一路"宏伟蓝图逐渐清晰地展现在世人眼前。放眼今日，"'一带一路'已经成为最具时代共鸣的中国方案、最为光彩夺目的中国华章"③。2015 年 3 月，"为推进实施'一带一路'重大倡议，让古丝绸之路焕发新的生机活力，以新的形式使亚欧非各国联系更加紧密，互利合作迈向新的历史

---

① 习近平：《弘扬人民友谊 共创美好未来——在纳扎尔巴耶夫大学的演讲》，《人民日报》，2013 年 9 月 8 日。
② 习近平：《携手建设中国—东盟命运共同体——在印度尼西亚国会的演讲》，《人民日报》，2013 年 10 月 4 日。
③ 龙国贻：《一带一路助推文明融通（新论）》，《人民日报》，2018 年 4 月 25 日。

高度"，中国政府发布《推动共建丝绸之路经济带和21世纪海上丝绸之路的愿景与行动》（以下简称"《愿景与行动》"）。

《愿景与行动》明确提出，要深化与澳门的合作，打造粤港澳大湾区，发挥澳门独特优势，积极参与"一带一路"建设。① 中央政府发布《愿景与行动》后，澳门特区行政长官崔世安旋即表示："澳门居民对此深受鼓舞，并将以积极的态度，参与'一带一路'建设，为国家发展作出最大努力，并借此推动特区新一轮的发展。"其实，澳门特区政府早在2014年即已向中央表示积极参与"一带一路"建设的愿望。② 澳门特区政府以极大热情，将表态化为实际行动：一是将"一带一路"建设囊括于特区五年发展规划中，确定为"发展战略"；二是于2016年11月发布的澳门2017年度施政报告中载明"政府已设立由行政长官办公室牵头的专门工作委员会，统筹本澳参加'一带一路'工作"，"一带一路"建设工作委员会最终于2017年3月初获批；③ 三是选址澳门城市大学的澳门"一带一路"研究中心于2016年成立；等等。④

"一带一路"是一条联通世界、有利于彼此文化交流的坦途大道。"文化澳门"的含义宏富，既包括深浸民族基因当中的中华优秀文化，又包括植根澳门的本土文化和随西学东渐而来的西洋文化，三者交融共生，从而构成了"文化澳门"的主要基干。历史上，澳门的文化大致经历了三个发展阶段：第一阶段是16世纪50年代至19世纪30年代，葡萄牙文化、天主教文化居主导，是由繁至衰时期；第二阶段是19世纪40年代至20世纪40年代，葡萄牙文化、天主教文化再次复兴与中华文化迎头赶上，"双轨并流"时期；第三阶段是20世纪50年代至90年代，这一时期中华文化超越其他文化，成为澳门的主体文化，葡萄牙文化、天主教文化成为澳门文化的特色。而就在第三阶段，澳门与内地因社会制度等造成人为阻隔加剧，两地交流减少，客观上使澳门"本土性"显现。⑤ 由此可见，中华文化构成"文化澳门"的根，本土文化是粗壮的枝干，外来文化是不可或缺的重要补充，三者时有竞争，构成"文化澳门"兼具中西元素的特色。

当前，中国正"日益走近世界舞台中央"，"今天，我们比历史上任何时期都更接近、更有信心和能力实现中华民族伟大复兴的目标"。而"文化是一个国家、一个民族的灵魂。文化兴国运兴，文化强民族强。没有高度的文化自信，没

---

① 《推动共建丝绸之路经济带和21世纪海上丝绸之路的愿景与行动》，《人民日报》，2015年3月29日。

② 政府发言人办公室：《澳门特区将全力参与"一带一路"建设》，http://www.gcs.gov.mo/showC-NNews.php?DataUcn=87433&PageLang=C，2015年3月28日。

③ 《特首领头五司参与助力国家发展》，《澳门日报》，2017年3月7日。

④ 江迅、骆丹：《澳门政经突破亮点 凝聚葡语八国二亿人》，《亚洲周刊》2017年第22期。

⑤ 齐鹏飞：《"文化澳门"刍议》，《中国人民大学学报》2002年第1期，第54页。

有文化的繁荣兴盛，就没有中华民族伟大复兴"①。澳门与内地同属中华文化圈，在"文化澳门"建设中，澳门特区应以中华文化为帜，弘扬中华优秀文化，对自己固有的文化秉持文化自信的态度。有论者指出，所谓文化自信，含义有三：一是不妄自菲薄、不崇洋媚外；二是不妄自尊大、不盲目排外；三是积极倡导参与，展现人类文化的多样性。② 但文化自信的有力支撑应是政治稳定、经济繁荣。自澳门开埠四百余年来，澳门发展的历史经验昭示后人，澳门文化发展与其政治发展，尤其是经济发展"息息相关、密不可分"，澳门经济兴衰决定其文化兴衰。澳门政治稳定、经济繁荣时期，往往是澳门文化发展的黄金时期，反之亦然。③ 因之，澳门的长期繁荣稳定，是"文化澳门"建设的前提。澳门回归祖国以来，在"一国两制"的框架下，迎来了政治稳定、经济快速发展的新时期。据统计，1998 年，澳门本地生产总值为 594 亿澳门元，人均约 1.8 万美元；④ 至 2013 年，澳门生产总值达 4 134.7 亿澳门元，人均生产总值 8.7 万美元。⑤ 内地与澳门的经济往来亦日益密切。海关统计数据显示，1999—2013 年，"内地对澳门地区累计进出口 302.9 亿美元，年均增长 11.9%。其中，对澳门地区出口 271.3 亿美元，年均增长 12.1%；自澳门地区累计进口 31.6 亿美元，年均增长 10.2%。2010—2012 年，内地对澳门地区贸易增速分别为 8%、11.2%、18.7%，增速逐年加快；2013 年进出口值突破 30 亿美元，达 35.7 亿美元，增长 19.4%，增速明显高于同期全国 7.6% 的外贸整体增速"⑥。实践证明，"一国两制"背景下的澳门取得令人瞩目的成就。诚如时任澳门特区行政长官崔世安所言："澳门是祖国大家庭的一员。澳门特区成立以来，我们依托祖国，立足本地，实现了澳门经济实力增强的历史性跨越，居民生活水平明显提高，和谐稳定成为社会的主旋律。'一国两制'的巨大优越性和强大生命力在这里展现。祖国好，澳门更好已被实践所验证。"⑦ 澳门所取得的成就，归根结底是"一国两制"的制度安排使澳门的繁荣稳定有了制度保障。一如国家主席习近平所指出的："'一国'是根，根深才能叶茂；'一国'是本，本固才能枝荣。"⑧

---

① 习近平：《决胜全面建成小康社会　夺取新时代中国特色社会主义伟大胜利——在中国共产党第十九次全国代表大会上的报告（2017 年 10 月 18 日）》，《人民日报》，2017 年 10 月 28 日。

② 李志勇：《全国政协委员于殿利：文化的生命力在于开放和交流》，《中国纪检监察报》，2018 年 3 月 19 日。

③ 齐鹏飞：《"文化澳门"刍议》，《中国人民大学学报》2002 年第 1 期，第 53 页。

④ 《澳门的历史与现状》，《人民日报》，1999 年 4 月 15 日。

⑤ 苏宁、彭波、江琳：《同心致远　共创繁荣（澳门回归 15 周年系列访谈）——澳门特区行政长官崔世安答本报记者问》，《人民日报》，2014 年 12 月 8 日。

⑥ 杜海涛：《澳门回归 15 年与内地贸易年均增长 11.9%》，《人民日报》，2014 年 12 月 15 日。

⑦ 王苏宁、杜尚泽：《崔世安宣誓就任澳门特区第四任行政长官》，《人民日报》，2014 年 12 月 21 日。

⑧ 习近平：《在庆祝香港回归祖国二十周年大会暨香港特别行政区第五届政府就职典礼上的讲话》，《人民日报》，2017 年 7 月 2 日。

1999 年统计数据显示，澳门人口约 45 万，其中 97% 为华人；① 2011 年澳门官方人口普查数据显示，华人在澳门人口中的比例尽管有所下降，但仍占总人口的 92.4%。由此可见，"澳门是华人社会"②。前已述及，在四百余年澳门历史上，其文化经历三个时期，自 20 世纪 50 年代以来，中华文化逐渐成为澳门多元文化的主导力量。华人社会的现状，更促使在"文化澳门"建设中应注重中华元素。文化的繁荣离不开政治稳定、经济可持续发展。时任澳门特区行政长官崔世安意识到："必须要坚定对'一国两制'的信心，不断凝聚共识和力量，坚守'一国'之本，善用'两制'之利，融入国家发展大局，确保澳门长治久安。"③只有澳门的长治久安与繁荣稳定，才能保证"文化澳门"持续前行。从某种意义上说，坚持以中华传统文化为根本，汲取其中的有益养分，以文化认同促进国家认同，并以国家认同推动文化认同，如此，"文化澳门"才会更好。

二、澳门的澳门：植根澳门，培育澳门特色文化

澳门文化除具有中华优秀文化基因外，澳门本土的博彩文化举世瞩目。博彩文化扎根澳门已有百余年的历史。1847 年澳葡政府颁布法令将博彩业合法化，但终究游走于法律边缘。及至 1961 年，博彩业完全合法化。④ 澳葡当局的举措，无疑使博彩文化渐趋繁荣，但博彩业一支独大，给澳门经济的可持续发展带来一定风险。澳门回归祖国后，中央政府敏锐意识到这一问题。中央政府在有关"十一五"规划的建议中就指出："支持澳门发展旅游等服务业，促进澳门经济适度多元发展。"⑤ 无疑，中央政府认为"旅游"可成为澳门经济"适度多元"的助推器。中央政府在"十二五"规划纲要中更加具体提出两个支持理念："支持澳门建设世界旅游休闲中心"，"支持澳门推动经济适度多元化"，加快旅游、中医药等产业发展。⑥ 上述规划纲要为澳门社会经济文化发展指明了前进方向，"这

---

① 《澳门的历史与现状》，《人民日报》，1999 年 4 月 15 日。

② 《（澳门）2011 人口普查详细结果》，http://www.dsec.gov.mo/getAttachment/564633 df–27ea–4680–826c–37d1ef120017/C_ CEN_ PUB_ 2011_ Y. aspx。

③ 苏宁：《澳门庆祝回归祖国十八周年》，《人民日报》，2017 年 12 月 21 日。

④ 吴敏仪主编：《澳门：迈向世界的国际娱乐之都》，外文出版社，2006 年，第 3 页。

⑤ 《中共中央关于制定国民经济和社会发展第十一个五年规划的建议》，《人民日报》，2005 年 10 月 19 日。

⑥ 《中华人民共和国国民经济和社会发展第十二个五年规划纲要》，中国投资年鉴编辑委员会编：《中国投资年鉴 2012》，中国计划出版社，2013 年，第 35 页。

也为澳门的发展提供了新的定位、新的机遇"①。时任澳门特区行政长官崔世安对此回应称:"经济适度多元是澳门经济发展的必然选择和长远战略",澳门政府"重视建设世界旅游休闲中心的顶层设计",有意"调控博彩业规模",以促进包括旅游等新兴行业增长,并将重点支持中医药等产业的成长。② 随着近年来国家"一带一路"倡议的提出,澳门因应时代潮流进一步提出要加快世界旅游中心等建设,促进中医药产业等的发展,以此推动"一带一路"建设。③

经济适度多元必然引起与之相关的文化产业的勃兴。笔者认为"文化澳门"建设可搭乘"一带一路""顺风车",着重从以下两方面展开:

首先是重视旅游、饮食文化建设。澳门昔日华洋杂处的历史境况为今日澳门的多样文化奠定坚实基础,保留至今的历史文化遗迹甚多。时任澳门特区政府文化局局长吴卫鸣指出:"澳门不光有刺激的赌场,还有珍贵的历史文化遗产和独具特色的人文风情。"④ 对这些历史文化资源,澳门特区政府应加以整合。如此可提高澳门在世界的知名度,澳门本土文化方能得到进一步弘扬。"民以食为天",旅游业的兴盛必然带动餐饮业发展。澳门独特的历史条件造就了其饮食文化的中西多元。澳门作为多元文化交融的理想之地,既彰显本地文化特色,同时又可吸纳新的文化因子,海纳百川,为"文化澳门"建设添砖加瓦。

早在 2005 年联合国教科文组织第 29 届世界遗产委员会会议上,"澳门历史城区"就被成功列入《世界遗产名录》,成为中国第 31 处世界遗产。澳门历史城区"是一片以澳门旧城区为核心的历史街区,包括 20 多座历史建筑,并由相邻的广场和街道连接而成……保留至今,见证了 400 多年来东西文化在澳门融合,和谐期存"。⑤ 继历史城区成功申遗后,2017 年 10 月 30 日,联合国教科文组织宣布汉文文书"清代澳门地方衙门档案(1693—1886 年)"被成功列入《世界记忆名录》。⑥ 这也是澳门历史文化底蕴深厚的重要体现。

澳门的历史建筑可以说是一部中西交流交融史,其兼具中西合璧的特点,有着丰厚的历史文化底蕴,是中西文化交流的时代见证者与主要信息载体,也是构成"文化澳门"建设的重要组成部分。"文化澳门"建设如缺少古典文化元素的加入,无疑将黯然失色。对此,澳门特区政府深有同感,在 2016 年发布的《澳

① 苏宁、彭波:《交汇东西文化 吸引世界目光(特稿)——澳门回归十五周年述评之三》,《人民日报》,2014 年 12 月 17 日。

② 《崔世安宣誓就任澳门特区第四任行政长官》,《人民日报》,2014 年 12 月 21 日。

③ 《崔世安:更好融入国家发展》,《澳门日报》,2017 年 2 月 23 日。

④ 苏宁、彭波:《交汇东西文化 吸引世界目光(特稿)——澳门回归十五周年述评之三》,《人民日报》,2014 年 12 月 17 日。

⑤ 有关澳门历史城区各个组成部分的介绍,可参阅澳门特别行政区政府旅游局网站,http://zh. macaotourism. gov. mo/sightseeing/sightseeing. php? c = 10。

⑥ 《"汉文文书"成功入选〈世界记忆名录〉》,《澳门日报》,2017 年 11 月 1 日。

门特别行政区五年发展规划（2016—2020年）》中，就将澳门未来的发展定位为"建设世界旅游休闲中心"。① 世界旅游休闲中心的创建既要有旅游资源，又要有本土文化元素的掺入支撑，历史城区的建筑群兼具这样的特质。发展旅游业是提升澳门文化质量、"文化澳门"建设的必然选择。据统计，2017年入境澳门的旅客为3 260余万人次，比2016年增长5.4%。② 澳门特区政府显然意识到了发展旅游业的好处。2018年澳门旅游局着力推动旅游业发展："积极参与国家'一带一路'的旅游建设，发挥澳门的独特优势，加强区域联动，共建粤港澳大湾区旅游目的地。"③ "文化澳门"建设离不开具体的物质载体。借助"一带一路"的劲风，推动旅游业的发展不仅能够促进澳门经济发展、适度多元目标的实现，也有助于旅游文化质量的提升。总之，弘扬澳门本土优秀文化，尤其是被澳门之外的广大人群认可、接纳，方能更加促进澳门本土文化的繁荣。旅游业恰好能很好地承担这一职能。

旅游业的繁荣给餐饮业带来新的发展机遇。"400多年以来，美食一直是澳门中西文化交融的特色元素之一。"2017年10月，澳门被联合国教科文组织评为"创意城市、美食之都"，这是"为澳门增添的又一张亮丽的国际名片"。澳门饮食文化"源远流长、内涵独特"，各色菜品无不蕴含着澳门独特的历史与文化。这里不仅有粤菜、葡菜，甚至连家常菜、特色菜、风味小吃也"遍布小城每个角落"。④

俗话说"众口难调"，多样的饮食文化无论为本地人还是为旅客都提供了多样选择。据统计，澳门餐饮行业发达，餐馆数高达2 280多家，从业人员有3.2万人。以2016年为例，餐饮业收益逾百亿澳门元，对经济贡献增加值达43亿澳门元。⑤ 餐饮业的高收益势必会刺激餐饮文化进一步发展，而依托世界文化遗产的旅游业的持续高涨，将带动旅游文化的繁荣。最后，旅游文化带动餐饮文化共同繁荣。

其次是发展中医产业，弘扬中医文化。中医既是医学的重要一支，又是中华传统文化重要组成部分。"中医利用前人的智慧及古老的处方，为华人和葡萄牙人医疗作出了重要贡献。"⑥ 在"一带一路"建设背景下，澳门特区政府早在

---

① 苏宁：《稳定是大局　民生为优先　澳门正式发布首份五年规划》，《人民日报》，2016年9月9日。
② 《去年旅客逾三千二百万》，《澳门日报》，2018年1月18日。
③ 《当局四重点推动旅游发展》，《澳门日报》，2018年1月18日。
④ 苏宁：《美食之都，澳门的又一张名片》，《人民日报》，2018年4月19日。
⑤ 苏宁：《美食之都，澳门的又一张名片》，《人民日报》，2018年4月19日。
⑥ ［葡］阿马罗（Ana Maria Amro）：《澳门医学：名医、药房、流行病及医务治疗》，吴志良、汤开建、金国平主编：《澳门史新编》（第3册），澳门基金会，2008年，第1006页。

2015 年就有意推动中医产业参与其中。① 而在国家"十二五"规划中,"推动澳门中医药事业发展"就已写入其中。② 中央政府与特区政府可谓一拍即合。2016年,"为贯彻落实《愿景与行动》,加强与'一带一路'沿线国家在中医药(含民族医药)领域的交流与合作,开创中医药全方位对外开放新格局",中央出台《中医药"一带一路"发展规划(2016—2020 年)》。③ 这为中医在澳门的发展迎来新的机遇。

一是澳门在发展中医产业,弘扬中医文化的过程中应该加强与内地合作。其实,为避免澳门本地"地域狭小、土地供应不足"的局限,2011 年 3 月,粤澳两地签署《粤澳合作框架协议》。该协议规定"双方在横琴共同筹划面积约 5 平方公里的'粤澳合作产业园区'",以发展中医药等产业。④ 中央政府亦多次强调深化内地与港澳的合作。⑤ 显然,澳门与内地的合作既解决了土地紧张问题,又为中医产业的发展提供必要的空间。

二是澳门中医产业可借助"一带一路"倡议,走出国门。有论者指出,中医产业可倚中葡平台优势以及内地医疗团队力量成立联合小组,向有 2 亿多人的葡语世界推广中医学、药材,尤其是推广至发展水平较低的非洲国家。中药有着价格低廉、治疗范围广泛、自给自足等优势。⑥ 实践证明,这一努力取得了部分成效。如 2017 年初,粤澳中医药科技产业园开发有限公司负责人曾赴莫桑比克就中医培训项目达成合作意向。⑦ 是年底,产业园团队赴莫桑比克服务当地,展开实习带教工作。通过双方交流互动,团队"感受到中国文化得到当地的接受和尊重",中医成为"加强沟通、建立关系"纽带。⑧ 澳门利用独特的历史资源优势,在中医产业走出去的过程中实际上已使中医文化漂洋过海,走向世界。

---

① 政府发言人办公室:《澳门特区将全力参与"一带一路"建设》,2015 年 3 月 28 日,http://www. gcs. gov. mo/showCNNews. php? DataUcn = 87433&PageLang = C。

② 王君平:《澳门特首崔世安访问国家中医药管理局推动内地与澳门中医药合作》,《人民日报》,2015 年 1 月 27 日。

③ 《中医药"一带一路"发展规划(2016—2020 年)》,http://www. satcm. gov. cn/bangongshi/gong-zuodongtai/2018 – 03 – 24/1330. html。

④ 苏宁、彭波:《交汇东西文化 吸引世界目光(特稿)——澳门回归十五周年述评之三》,《人民日报》,2014 年 12 月 17 日。

⑤ 如 2015 年中央在发布的《推动共建丝绸之路经济带和 21 世纪海上丝绸之路的愿景与行动》中就称:"发挥深圳前海、广州南沙、珠海横琴、福建平潭等开放合作区作用,深化与港澳台合作,打造粤港澳大湾区。"(《人民日报》,2015 年 3 月 29 日)2017 年国务院总理李克强在政府工作报告中亦称:"要推动内地与港澳深化合作,研究制订粤港澳大湾区城市群发展规划,发挥港澳独特优势,提升在国家经济发展和对外开放中的地位与功能。"详见《政府工作报告——2017 年 3 月 5 日在第十二届全国人民代表大会第五次会议上》,《人民日报》,2017 年 3 月 17 日。

⑥ 史昊宇:《参与国家中医药"一带一路"规划大有可为》,《澳门日报》,2017 年 5 月 3 日。

⑦ 《中医药拓莫国医药合作》,《澳门日报》,2017 年 3 月 29 日。

⑧ 《产业园为本澳青年提供更大的发展空间》,《澳门日报》,2017 年 12 月 19 日。

三是中医亦面临挑战，应加大投入力度。来自西医（或谓之现代医学）的挑战使中医的发展步履维艰，中医如何在现代社会立足并能在继承的基础上有所发展，这是摆在中医面前的时代课题。有论者认为，可从以下四个方面着手展开：成立中医药专门基金，用以支持产业园区中医药的开发与建设或支持优秀中医药企业的上市；推进中医药教学和科研，可从增设相关课程、扩大招生规模、加大对中医药科研投入等方面入手；加快建设中医标准体系，中医因未能建立自身评价标准而遭诟病，有必要建立一套检查中医药的标准模式；对中医药文化应予以宣传，"中医药文化的没落"与宣传缺失有很大关系。①

澳门可凭借中医产业园区特色，在依靠自身实力的基础上，与内地加强联通，尝试走向世界，尽可能地发挥中医优势。中医与中医文化密不可分，唯有中医的繁荣方能带来中医文化的勃兴。历史上，中医曾在澳门发挥过重要作用。时至今日，只要中医还在为澳门的健康贡献着自己的力量，中医文化就应值得弘扬。而产业园恰好具备这样的功能，其以"养生保健示范"和"中医文化展示"为主的"国医馆""中医药科技植博馆"示范性项目，"可为澳门居民提供健康管理、中医药养生等医疗保健服务，为居民提供改善健康养生的方式"。②

三、 世界的澳门：放眼世界，秉持兼容并包、开放多元的文化态度

在"文化澳门"建设中，澳门走向世界何以可行？其能够走向世界既有历史因素的客观推动，又是"一带一路"背景下中葡国家间加强交流合作的客观要求。

澳门古属杨越地，秦统一岭南后，澳门隶属南海郡。随着朝代更迭，澳门所属屡有更易。尤至宋末元初时，澳门已有相当人口居住。有明一代，福建渔民更是往返澳门。种种史实表明，在1553年葡人东来之前，"澳门已有着它自身的悠久历史"。③ 1553年，"有夷商因船只触风破损，愿借濠镜地晾晒浸水货物，海道副使汪柏徇贿许之"。这是外商进入澳门之始。④ 这里所说"外商"即指葡萄牙人。从葡人占领澳门到鸦片战争前，明清政府始终对澳门拥有并行使主权。1840年后，葡国向中方提出领土要求。1887年《中葡和好通商条约》签订，中国政府事实上承认了葡萄牙对澳门的管治权。中华民国时期，中国政府声明上述条约

---

① 史昊宇：《参与国家中医药"一带一路"规划大有可为》，《澳门日报》，2017年5月3日。

② 《结合医疗旅游增经济效益》，《澳门日报》，2017年12月19日。

③ 黄启臣：《澳门通史》，广东教育出版社，1999年，第19–22页。

④ 吴志良、汤开建、金国平主编：《澳门编年史》（第一卷），广东人民出版社，2009年，第95页。

作废，另订新约。但新约实际上只是一经济协定，对主权未有涉及。① 中华人民共和国成立后，国家领导人历来重视澳门问题解决。经过几代领导人辛勤耕耘，终结硕果，澳门于 1999 年 12 月 20 日回归祖国，这使中华民族的伟大复兴更加迈进坚实的一步。

在四百余年中葡文化交流交锋交融的历程中，中葡间的文化交流呈现出明显的阶段性特征：第一个时期起于 1553 年葡人登岸澳门止于 1720 年康熙帝禁教，这一时期，中葡间时有双向互动；第二个时期是从持续禁教到鸦片战争后被迫弛禁，澳门成为中西文化交流的一扇重要窗口；第三个时期是从鸦片战争到澳门回归前夕，澳门在中西文化交流中的地位有所降低。但总的来看，"澳门在中西文化交流中主要起着中转站的作用"。② 由上可知，澳门与西方文化交流由来已久，而正是这样的交流，使澳门浸透中华文化的同时又熏染西方文化元素。

回顾是为了更好地前瞻。随着科技的进步，各国交流日益频繁。"当今世界，开放融通的潮流滚滚向前。人类社会发展的历史告诉我们，开放带来进步，封闭必然落后。世界已经成为你中有我、我中有你的地球村，各国经济社会发展日益相互联系、相互影响，推进互联互通、加快融合发展成为促进共同繁荣发展的必然选择。"③ 澳门以开放的胸怀走向世界是大势所趋，澳门特殊的历史条件使得澳门在"一带一路"建设中，可成为连接华语世界与葡语世界的经济文化纽带。

"旨在加强中国与葡语国家间的经贸交流与合作，发挥澳门在联系中国与葡语国家的平台角色"的"中国与葡语国家合作论坛"于 2003 年正式成立。④ 从论坛成立到 2016 年，中葡国家双边贸易额增长逾 9 倍，"中国已经成为葡语国家第一大贸易国和第一大出口国"。双边往来为澳门带来新的发展机遇。⑤ 国务院总理李克强指出，在中葡国家合作中，澳门是一座"跨洋大桥"，"它以语言文化为纽带、以经贸合作为主题、以共同发展为目标，充分发挥澳门的独特优势和平台作用，对推动中国与 7 个葡语国家加强联系已经并将继续发挥重要作用"。⑥ 澳门在中葡国家文化交流中的作用可见一斑。澳门与葡语国家历史渊源深厚，因此，澳门走出国门理应是"文化澳门"建设的重要一环。

① 《澳门的历史与现状》，《人民日报》，1999 年 4 月 15 日。
② 宋德华：《澳门与中西文化交流》，《华南师范大学》（社会科学版）1998 年第 4 期，第 33－35 页。
③ 习近平：《开放共创繁荣 创新引领未来——在博鳌亚洲论坛 2018 年年会开幕式上的主旨演讲》，《人民日报》，2018 年 4 月 11 日。
④ 江迅、骆丹：《澳门政经突破亮点 凝聚葡语八国二亿人》，《亚洲周刊》2017 年第 22 期。
⑤ 冯学知：《中葡平台 澳门作用愈加凸显》，《人民日报》，2016 年 10 月 27 日。
⑥ 李克强：《在中国—葡语国家经贸合作论坛第五届部长级会议开幕式上的主旨演讲》，《人民日报》，2016 年 10 月 12 日。中葡国家间的合作平台还有 2010 年成立于北京、2016 年宣布迁至澳门的"中葡合作发展基金"。其目的是便于中国公司与葡语国家展开合作。详见江迅、骆丹：《澳门政经突破亮点 凝聚葡语八国二亿人》，《亚洲周刊》2017 年第 22 期。

国家助推下的"一带一路"为澳门走出去提供了更加坚实的基础和更为广阔的空间。其实,无论在国家"十二五"还是"十三五"规划中均有来自中央支持澳门建设中葡合作服务平台的倡议。① 李克强总理更是强调"我们要发挥并进一步提升澳门的平台作用。澳门拥有独特的中葡双语优势、优越的地理位置、完善的基础设施、良好的商业环境,是联系中国与葡语国家的一条十分重要的纽带",并支持澳门成立中葡国家文化交流中心等机构。② 这为新时期的澳门与葡语国家深度文化交流提供了国家后盾。澳门政府更是跃跃欲试,在多个场合宣布要加强澳门与葡语国家的合作。③

"德不孤,必有邻","一带一路"是一条沿线国家共同受益之路。葡萄牙外长席尔瓦(Augusto Santos Silva)就曾表示,"一带一路"对于葡国经济"是不可或缺的机会,葡萄牙希望借助自身优势参与这一倡议"。④ 葡语世界中,除葡萄牙外,巴西、几内亚比绍等国亦加入"一带一路"倡议中。⑤ 有论者早已指出:"'一带一路'不仅是经济繁荣之路,也是文化发展之路,将极大推动相关国家文化交流。"⑥

由上可知,澳门在中葡国家文化交流中始终起着纽带作用。当今世界是彼此联通互动的时代,可以预见,随着国家"一带一路"倡议进一步向纵深发展,澳门在其中的作用将会进一步凸显;澳门与葡语世界的文化交流将进一步夯实;"文化澳门"建设的内容亦必将更加缤纷多彩。

结　语

2015 年中央发布的《愿景与行动》明确提出了澳门在"一带一路"中的地

---

① 冯学知:《中葡平台　澳门作用愈加凸显》,《人民日报》,2016 年 10 月 27 日。

② 李克强:《在中国—葡语国家经贸合作论坛第五届部长级会议开幕式上的主旨演讲》,《人民日报》,2016 年 10 月 12 日。

③ 如崔世安在 2014 年时就表示,要"加固中国与葡语国家经贸合作服务平台,深耕国际联合互动的领域。我们不仅要让澳门在内地新一轮的发展中得益,更要把本地的发展融入国家整体发展中,全面推进区域合作,实现互利共赢"。详见《崔世安宣誓就任澳门特区第四任行政长官》,《人民日报》,2014 年 12 月 21 日。2015 年初,澳门特区政府在《澳门特区将全力参与"一带一路"建设》中亦对加强中葡国家合作有所阐述,详见政府发言人办公室:《澳门特区将全力参与"一带一路"建设》,http://www.gcs.gov.mo/showCNNews.php? DataUcn=87433&PageLang=C,2015 年 3 月 28 日。2016 年时,澳门特区政府在 2016—2020 年五年规划中更是强调要"打造'中国与葡语国家商贸合作服务平台'"。详见苏宁:《稳定是大局　民生为优先　澳门正式发布首份五年规划》,《人民日报》,2016 年 9 月 9 日。而 2017 年的施政报告中也写明要"善用中葡平台"。详见江迅、骆丹:《澳门政经突破亮点　凝聚葡语八国二亿人》,《亚洲周刊》2017 年第 22 期。

④ 章亚东:《葡萄牙外长——葡希望积极融入一带一路建设》,《人民日报》,2018 年 3 月 26 日。

⑤ 江迅、骆丹:《澳门政经突破亮点　凝聚葡语八国二亿人》,《亚洲周刊》2017 年第 22 期。

⑥ 杨建毅:《借助一带一路建设促进文化发展》,《人民日报》,2018 年 4 月 16 日。

位。在"一带一路"背景下，澳门应运用国家倡议为"文化澳门"建设凝聚力量。

首先，澳门应扛起中华文化的大旗，弘扬中华优秀文化，对自己国家的文化秉持自信态度。历史经验表明，政治稳定、经济繁荣期是文化的大发展时期。近年来，澳门政治稳定，经济保持快速发展的事实，业已证明"一国两制"的制度安排符合历史发展趋势。坚持"一国两制"不动摇，是澳门文化走向繁荣的有力保障。而坚持以中华传统文化为根，以文化认同促进国家认同是繁荣澳门文化的必然选择。

其次，植根澳门，发展旅游、饮食文化以及中医文化。历史上澳门华洋杂处的现实催生了一大批中西合璧建筑以及独特的中西饮食文化。尤其是澳门申遗成功后，澳门古建筑群在世界上的地位进一步彰显。这些文化遗产不但能为澳门带来可观的经济收入，而且其蕴含着的历史信息十分丰富，因此，来澳的游客越多，就越能起到传播当地文化的作用。旅游业的发展带动着餐饮业的高涨，而丰富的饮食种类为游客提供多种选择。总之，旅游业、餐饮业越兴旺，与之伴随的旅游文化、餐饮文化就越能为更多的人所了解、接受。

中医既是医学的重要分支，又是中华传统文化的重要组成部分。历史上，中医曾对澳门有过重要贡献。围绕"一带一路"倡议，国家更是重视澳门中医产业园区的建设。中医产业园区的建设，既要加强与内地的合作，又要尝试走出国门，最重要的是加大自身投入力度。中医与中医文化密不可分，唯有中医的繁荣方能带来中医文化的勃兴。

最后，放眼世界，让澳门文化成为沟通华语世界与葡语世界的桥梁。澳门自秦时就已被纳入中国版图，在葡人东来前澳门就已有其自身悠久的历史。葡人东来，一方面以损害中国主权为代价换取了对澳门的长期管控；另一方面，葡人占领澳门使其在客观上渐次成为中西文化交流的重要场所。历史上的澳门在中西文化交流中发挥过纽带作用。澳门与葡语国家的此种特殊关系也为今日的"文化澳门"建设提供了深厚的文化土壤。新时代，国家在"一带一路"建设的相关安排中已阐明要让澳门成为中葡国家经济、文化交流的桥梁。澳门走出去首先是澳门文化走出去。澳门与葡语国家既有相通的文化又存在差异，兼容并包的澳门正好可借助走出去战略，求同存异，汲取对方文化中的有益因素，为我所用。

（刊《澳门研究》2018 年第 2 期，与高志军合作）

澳门特区历史文化教育与青少年的国家认同

　　澳门自 1999 年回归以来，一直坚持贯彻"一国两制"方针，通过中国历史文化教育引导澳门青少年形成正确的历史观、国家观、民族观。澳门具有悠久的爱国爱澳传统，回归以来特区政府积极实施相关举措，如制定历史文化教育政策、修订历史教科书、培育历史教师、倡导澳门青少年实践交流等，以完善澳门的历史文化教育体系，促使澳门青少年的国家认同向着积极的方向发展，为"一国两制"行稳致远树立典范。

　　在"一国两制"框架下，澳门一直保持着自身特有的发展模式，成为"一国两制"政策实践的样板。探究澳门回归后当地青少年国家认同感高的深层次原因，不难发现，历史文化教育起到极为重要的引导作用。早在 2014 年 12 月，国家主席习近平在澳门回归 15 周年大会上就强调青少年历史文化教育的重要性："要把我国历史文化和国情教育摆在青少年教育的突出位置，让青少年更多领略中华文明的博大精深，更多感悟近代以来中华民族救亡图存、发愤图强的光辉历程，更多认识新中国走过的不平凡道路和取得的巨大成就，更多理解'一国两制'与坚持和发展中国特色社会主义、实现中华民族伟大复兴梦与中国梦的内在联系。"在 2019 年澳门回归 20 周年大会上，习近平主席再次强调："在行政长官的亲自领导、政府部门切实履职、社会各界共同参与之下，澳门各类学校的爱国主义教育有声有色，国家意识和爱国精神在青少年心田中深深扎根"；习近平主席还前往澳门濠江中学附属英才学校观摩"'一国两制'与澳门"历史课，课后称赞道："这堂历史课的意义非凡，也有的放矢，抓住了历史的要点和教育的要害。"从习近平主席对澳门历史文化教育的重视与关切，可见加强澳门青少年历史文化教育具有重要意义。历史文化教育中包含着中小学阶段澳门青少年的历史科、人文科教育内容，同时通过对历史文化内容的学习，为中小学阶段的澳门青少年建立正确历史观、国家观，这不仅影响着澳门青少年文化修养的形成以及逻辑思维能力的培育，更肩负着澳门青少年国家认同形成的重任。

　　关于澳门的中国历史文化教育研究，学界目前尚无专著对此问题进行深入探讨，已有的相关论文侧重于研究回归后澳门地区青少年的历史文化教育与国家民族认同关系，如常乐的《教育政策与青年国家认同："一国两制"的澳门范例及经验》，胡荣荣的《回归以来澳门中小学的国情教育：发展与经验》，张一鸣的《依法治教与澳门青年国家认同》，赵联飞、陈志峰的《澳门中小学国情国史及爱国爱澳教育研究》，上述论文从国情、国史教育入手，探究历史文化教育与国情教育对澳门青少年国家认同的重要意义。本文旨在通过对回归前澳门的历史文化教育状况进行简要回顾，逐一分析回归以来澳门特区政府实施的历史文化教育举措，对澳门特区历史文化教育状况作出评价与总结启示，基于此探讨澳门回归以来中国历史文化教育与"一国两制"政策之间的相互作用，以及对澳门青少年国家认同的重要引导作用。

一、回归前澳门的历史文化教育状况

回归前澳门的教育大致分为葡萄牙统治时期和过渡时期，这两个时期由于统治主体问题，其官方教育制度有很大区别，历史文化教育因应时局的需求有不同的指向，具有较强的时代特色。

在葡萄牙统治时期，澳门教育以葡萄牙殖民者的意志为优先导向。1845 年 11 月 20 日，葡萄牙女王单方面宣布澳门为自由港，允许外国商船停泊进行贸易活动，并拒绝向清政府缴纳地租银；1887 年葡萄牙与清政府签订《中葡里斯本草约》和《中葡友好通商条约》，规定"由中国坚准葡国永驻管理澳门以及属澳之地，与葡国治理他处无异"，自此澳门被葡萄牙殖民统治。澳门早期的行政具有多元主体、多重权力的混合自治状态，葡萄牙统治时期向澳门华籍居民征收地租、人头税和不动产税，在经济方面大肆剥削；同时在文化方面实行压迫与覆盖政策，企图从内到外对澳门实行殖民。但是殖民者的暴行反而激起澳门华籍居民对澳葡政府强烈的抵触与反抗精神，加强了他们对于中华文化的归属与认同。并且澳葡政府没有建立华人精英政治团体协助治理澳门，这使得澳门华人社会在近代形成了较为完善的"拟政府化"自治形态。

基于澳门近代的政治形态，这一时期澳门教育形成东西交融的景况，澳门早期的教育以葡人教育、教会学校为主，同时传统中式教育在澳门近代教育发展中占有较为重要的地位，一些有钱人家子弟通过读书求取功名，家境较差的渔民、农民子弟也有部分进入社学、学塾学习简单的文化知识或生产技术。中国传统教育的存续发展，使华人对祖国的历史文化并未疏离，也为之后爱国主义教育的发展积累了深厚的社会基础。民初，"澳门学生约 7 000 人，学校 79 所，如以当年 12 万人口计算，学生占 6%，可见教育处于很低的水平……可以说这是华人教育的萌芽期"，这一时间华人在澳办学热情高涨，澳门教育进入发展时期。爱国教

育始终存续于澳门的教育理念之中，"1922 年，刚成立两年的中华教育会组织
3 000 人的国耻大游行，振奋人心，轰动澳门。校内合唱《松花江上》，高呼'毋
忘国耻'"；"尽管澳门文教发展比临近地区缓慢，但在具有先进爱国思想的知识
分子和其他阶层人士的推动下，祖国任何一项爱国运动，澳门都有呼应，都有群
众活动，具有爱国不甘人后的传统精神。"这一阶段澳门青少年的历史文化教育
特点是以民间推动为主，并且与澳葡政府官方的教育模式形成一定的对抗力量。
首先民间的华人团体不仅仅依靠历史文化教育在澳门华人中传播中华传统文化，
保证传统文化在澳门的延续与发展；其次通过历史文化教育构建的民族精神也成
了近代澳门华人抵抗澳葡政府的精神内核，凝聚澳门华人的力量广泛参与爱国运
动，在近代时彰显澳门的爱国精神与民族气节。

　　1949 年中华人民共和国成立，1979 年中葡建交，推动澳门问题的进一步解
决，澳门教育进入过渡时期。中葡政府在 1987 年 3 月签订《中华人民共和国政
府和葡萄牙共和国政府关于澳门问题的联合声明》，在等待该文件生效期间，澳
葡政府为巩固葡语教学基础性地位，分别于 1987 年、1988 年、1991 年颁布《在
澳门推行双语制普及化的一项政策》、第 2/88/M 号法律及《澳门教育制度》，这
些政策法规通过"强制的免费教育实行将普及免费教育与普及葡语教学挂钩"，
带有强烈殖民色彩，对于澳门的教育发展带有误导性、阻碍性，引起华人教育界
不满，亟待回归后对澳门教育政策进行拨乱反正。过渡时期澳门教育状况相对于
葡萄牙统治时期稍有缓和，但是历史文化教育与澳葡政府倡导的葡语教学依旧存
在冲突与矛盾，新中国对澳门的教育影响仍然较少，澳门的历史文化教育在这一
时期更多依旧仰赖于澳门华人团体的推动。但相较于之前，过渡时期因新中国的
成立，中国历史文化教育有了更好的发展环境，澳门的爱国情感和对祖国的向心
力更强，为回归之后的爱国爱澳历史文化教育作好了铺垫与准备。

　　从葡萄牙统治时期到回归前，澳门的历史文化教育整体态势压抑却有延续
性。从葡萄牙统治时期开始，葡文教育与英文教育一直占据着澳门教育体系的主
要方面，中华传统历史文化教育虽没有被澳门统治当局放在较为重要位置，但仍
以儒家传统文化为主导缓慢深厚地发展，"沙梨头土地庙'更馆学社'、望厦的
黄东晹书屋、赵家巷赵瑞春堂的'父子登科'横匾……"，这些都是传统文化在
澳门深厚积淀的证明与见证，澳门同胞爱国爱澳的情感也得益于这种文化沉淀而
在回归前后迸发。

二、回归后澳门特区实施的历史文化教育举措

回归后澳门特区实施的历史文化教育，是促进澳门同胞文化认同十分重要的引导机制之一。澳门的历史文化教育从政策、教材、师资、拓展交流等多方面入手，以学习中华民族的历史文化知识、澳门本土历史为主要切入点，让澳门青少年对中华民族的认识与归属感更加清晰，切实理解澳门开埠后的真实历史，从而正确看待"一国两制"国策的内涵，理解此项国策为澳门带来的发展机遇。具体而言，回归后澳门特区实施的历史文化教育举措主要有以下五点：

一是完善历史文化教育制度。2006年12月21日，时任澳门特区行政长官何厚铧签署并颁布第9/2006号法律《纲要法》，强调青少年爱国爱澳的教育目标，培养其对于国家和澳门的责任感，并恰当行使公民权利，积极履行公民义务。"《纲要法》规定要使其能以中华文化为主流，在此基础上'认识、尊重澳门文化的特色'……这样的新规定与新要求是对'一国两制'大背景的回应，也是对澳门自身教育和社会发展需求的回应。"历史课程成为初高中必修课程。小学历史课程目标主要有"培养学生基本的公民意识，养成其爱自己、爱他人、爱澳门、爱国家及爱大自然的情怀"；对于初中历史课程的培养目标是"增强学生对本土与国家的归属感和责任感"，在初中历史课程学习A-4-14部分中的学习内容是"通过阅读史料了解澳门回归的历程，增强爱国爱澳的情怀"，学习内容包括对于图片、影片、文字等资料的阅读分析，强调了解澳门与祖国间的关系，对于培养初中生的爱国爱澳情怀有着很强的引导作用；高中的历史课程培养目标的核心是"构建对于乡土、社会与国家的关怀与归属感"。这些规定从国家层面对于澳门青少年的历史教育作出了目标规划，保证澳门青少年可以接受到完整、系统的中国历史文化教育，为澳门青少年形成正确的国家认同提供了有力保障。

二是特区政府高度重视中小学历史文化课程教材的编写。澳门非高等教育长期以私立学校为主体，学校的管理体制、教材选用呈现多元化特点，这对于推行文化认同的国情教育造成困扰。2008年起澳门特区政府教育及青年发展局与人民教育出版社共同编制非高等教育试行教材，该教材的编订突出对国家、民族的认同感与自豪感，是澳门本土发行的第一套覆盖全部非高等教育阶段的通行教材，一定程度上解决了澳门地区教材使用多元的情况，为各个学校进行系统的国情教育提供切实支持。自2018年起，新修订的澳门特区初中、高中历史教材试行版投入使用，同时自小学阶段就开设的"品德与公民"课程从国民教育的角度加深澳门青少年的历史文化认知。《中华人民共和国国旗、国徽和国歌　澳门特别行政区区旗和区徽》也被作为专门的教材列入中小学教学体系，让国家概念成为澳门青少年必须了解熟知的重点内容。

三是积极开展历史教师培训。澳门教育及青年发展局一直以来十分重视教学人员的培训与发展。2008 年，在国家教育部支持下，开始设立"内地优秀教师来澳交流计划"，选拔优秀的内地教师前往澳门中小学开展教研交流，在 2020—2021 学年，已开办六场中学历史科专题讲座。同时还有许多相关的历史文化、国情教育的教师培训。以 2020—2021 学年为例，开办的相关培训活动有"青年教师国情考察计划""国学经典导读""澳门历史和世界文化遗产之现场考察及教学设计工作坊""品德与公民教学主题培训""培养学生的归属感讲座""中华礼仪文化教育"②等。从这些形式丰富、门类齐全的课程设置来看，澳门特区对历史教师培训很重视，注重历史教师自身"爱国爱澳"情感的建立以及对中华传统历史文化的熟悉与热爱，从教师角度保障澳门青少年历史文化教育质量。

四是通过实践活动培养澳门青少年的爱国爱澳情感。近年来青少年的培养发展工作一直被视为政府的重点工作，包括统筹"大湾区青少年合作发展计划"，澳门特区政府始终与青少年保持着多元畅通的沟通交流渠道，让澳门青少年可以通过相关活动切身感受到祖国的关怀。澳门特区政府每年会安排相关的社会实践活动，让澳门青少年融入"一国两制"的文化环境当中。例如组织"京港澳学生交流夏令营""澳门国情教育培训课程"等，这些活动每年选拔港澳地区优秀青少年到祖国内地交流学习，促进两地青少年交流；澳门在"五四"青年节还举办"澳门学界'五四'青年节升旗仪式"，增强青少年使命感与责任感；在2019 年新中国成立 70 周年、澳门回归 20 周年之际，举办"中国出了个毛泽东——庆祝中华人民共和国成立 70 周年暨澳门特别行政区成立 20 周年大型图片展"；6 000 名师生及青少年共同观看爱国题材电影"我和我的祖国"等活动，加深澳门青少年对祖国及澳门的情感，学习中国近现代的革命历史与奋进精神，感受"一国两制"之下澳门与祖国共同繁荣发展的盛况。

五是澳门特区政府十分重视以"爱国爱澳"为核心理念的澳门史教学。让青少年通过了解澳门的历史发展脉络，懂得澳门作为中国早期的开放城市及它之于中国和世界的特殊意义；了解澳门丰富多彩、多元合璧的独特文化景观是丰厚的中华传统文化在澳门这片土地上的绮丽发展。现行的澳门中小学教材中，虽然没有专门的澳门史教材，但是从小学开始的"常识"课程中，就通过介绍澳门地区的居民、经济、文化等，引导小学生学习地区行业职责、经济发展、人口分布、内地联系等常识性内容，既可以了解澳门相关的情况，又能学习到切实的知识，是学习澳门史的一种十分巧妙的办法。在初高中的"社会与人文"课程中有很大篇幅介绍澳门本地的政治、经济、文化情况，点明葡萄牙占领澳门的过程、影响以及澳门主权回归的过程、意义。正确学习中国以及澳门本土的历史，可以使青少年从中国历史的角度去解读澳门地方史发展，形成民族自豪感与自信心，帮助广大澳门青少年正确理解地域认同与国家认同之间的归属问题，把握好地域认同与国家认同之间的尺度。

三、澳门特区青少年历史文化教育的评价与启示

回归以来澳门特区实施的历史文化教育成效显著。历史文化教育对澳门青少年国家文化认同有着积极作用。一个地区对于本国的归属感，很大程度上表现在对国家的文化认同与地域认同高度重叠，这就需要公民在自身意识形态上，对于文化有更强的归属感与倾向性。葡萄牙统治时期澳门的华人自治团体除了保障华人应有权益之外，也使澳门华人一直浸润在爱国主义的教育之中。回归后澳门的文化认同与国家的政治认同开始逐渐融合，在"一国两制"国策引导下，特区政府积极有效的历史文化教育保证了澳门青少年可以正确看待与学习历史文化知识，促进国情教育的推进，帮助澳门青少年树立正确的家国观念，加强国家认同。

"国家认同必须高于族群认同，国家认同也必须高于地域认同"，才能更好地巩固国家的统一与繁荣。新中国成立后，澳门华人社会的爱国传统得到有效的传承和发扬，回归后特区政府十分注重落实"一国两制"国策，"不仅继续让爱国爱澳的思想成为社会的主流，而且让隐形包容反建制的声音也丧失了生存的空间"。正是在这样思想倾向、制度倾向都有利于文化认同的社会环境下，澳门地区的文化认同与政治认同才能在回归后顺利交融、发展。

值得关注的是，香港、澳门两地在近代都被长期殖民统治，于 20 世纪末期相继回归祖国，但是两地间的政治、文化认同情况却存在差异，尤其是青少年对于国家的认同情况呈现出不同的发展方向，这与两地不同的历史文化教育情况有很大关系。港英政府长期推行重英轻中的殖民教育，"向香港青少年渗透宗主国意识并加强英国制度、文化优越性的教育，淡化香港人政治、国家和民族观念"，回归后香港特区的历史文化教育没有及时贴近国情教育需求，教科书、教学环境、教师等历史文化教育的重要环节均出现偏差，深刻影响着香港青少年的国家文化认同。在 2020 年《香港国安法》实施前，香港初中历史教科书《新理念中国历史》，其中对于现代政治史部分谈及较少，使学生对中国共产党的历史成就认知不清晰，容易使学生产生错误判断从而弱化国家认同感；在香港史的教学中也未从国家层面出发，树立"先国后家"的认知顺序，导致一些香港青少年只

认同自己"香港人"的身份，而轻视"中国人"的身份。2012 年香港反国民教育事件、2014 年非法"占中"、2019 年反"修例风波"，这些由香港青年广泛参与的事件，为香港的国民教育敲响警钟。从部分数据以及事件状态来看，香港地区青少年本土意识较强，对中华民族的"文化认同"度较高，但"政治认同感"不高，亟待从青少年历史文化教育的角度解决这一问题。借鉴澳门的历史文化教育的成功经验，从国家认同的角度正确教授中国历史文化，加强国民教育，推进香港青少年与内地青少年之间的交流与联系，可以极大提高香港青少年的国家认同。

　　总之，一个地区的国家认同受到多方面的影响，教育无疑是其中十分重要的一环。在"一国两制"的指引下，澳门特区积极因应国家与澳门的发展需求，将历史文化教育为主要内容的国情教育放在第一位。通过问卷调查可见：2020 年澳门中学生作为"中国人"和"澳门人"的身份认同感迅速上升，再创历年新高，有近 80% 的澳门中学生对"我是中国人"的表述持以"同意"或"非常同意"的肯定态度；关于"澳门中学生对中国内地情况最为熟识的方面排序"的调查，"文化/民俗""历史背景"分别以 49.5% 和 45.1% 的高比例位居前两位。在 2021 年 6 月澳门特区出台《澳门青年政策（2021—2030）》，将"传承爱国爱澳，增强家国情怀"列为政策方向与目标首位，"越来越多的青年人在国际交流中，放眼世界，注意到澳门多元化且融贯中西的文化价值……这种觉悟，必将催促澳门社会认同性的成长壮大"。

　　在实行"一国两制"的港澳地区，历史文化教育所承载的意义，不仅在于历史文化知识的传承，更在于一种正确的历史观念与意识的传递：港澳地区是中华人民共和国不可分割的组成部分，港澳同胞与中国内地民众是守望相助、血脉相连的命运共同体，共同传承着中华民族优秀文化，共享新时代中国繁荣发展的甜美果实。中华民族五千多年的灿烂文明与辉煌历史、中国近代形成的团结奋进精神以及新中国成立以来的艰苦奋斗精神，应是中华儿女共同传承的宝贵财富。回归 22 年来澳门特区积极推进历史文化教育，为澳门创造了一个爱国爱澳、昂扬向上的良好发展氛围，为澳门"一国两制"的行稳致远树立典范。

（刊《紫荆论坛》2022 年 1—2 月号，与叶歌合作）

第二编

澳门华人社会文化研究/
澳门社会研究

抗战时期《华侨报》视域下的澳门华人民族认同研究

"民族主义"一词由梁启超最早引入国内,"中华民族"亦由梁最早提出,并逐步得到中国知识界和普通民众的广泛认可。费孝通先生开创性地提出"中华民族的多元一体格局"理论以及从"自在"到"自觉"的中华民族认识论,认为"中华民族作为一个自觉的实体,是近百年来中国和西方列强对抗中出现的,但作为一个自在的民族实体则是几千年的历史过程中形成的"①。近代中国在和西方列强的交锋中,抗日战争极具代表性,抗日战争与"中华民族"观念的形成问题是学界研究的热点②,学者们关注的焦点主要有三:一为抗日战争中中国各界(主要是政党和知识界,二者会有重叠)对"中华民族复兴"的探讨;二为抗日战争之于"中华民族复兴"的意义;三为抗日战争与"中华民族"的民族认同。学界过往的研究将抗战时的中国内地划分为三大区域——中共敌后抗日根据地、国统区与沦陷区,学界往往忽视另一区域的抗战研究,即澳门中立区的抗战研究③。澳门作为"中立区"的独特存在,不仅在中国抗战史的研究方面显

---

① 费孝通:《中华民族的多元一体格局》,《北京大学学报》(哲学社会科学版)1989年第4期。

② 主要代表性学术成果有:刘大年:《抗日战争与中华民族的统一》,《抗日战争研究》1992年第2期;荣维木:《抗日战争与中华民族复兴论》,《近代史研究》2014年第4期;黄兴涛:《民国各党派与中华民族复兴论》,《近代史研究》2014年第4期;黄克武:《民族主义的再发现:抗战时期中国朝野对"中华民族"的讨论》,《近代史研究》2016年第4期;胡岩:《论中华民族的百年认同》,《民族研究》2013年第1期;郑大华:《中国近代民族主义与中华民族自我意识的觉醒》,《民族研究》2013年第3期;郑大华:《抗战时期有关"中华民族复兴"的讨论及其意义》,《民族研究》2016年第3期;郑大华:《文化复兴与民族复兴——抗战时期知识界关于"中华民族复兴"的讨论》,《广东社会科学》2016年第1期;郑大华:《民族自信力与民族复兴——近代知识界关于"中华民族复兴"的讨论之二》,《学术研究》2016年第1期。

③ 1932年3月5日,依据《海牙国际公约》第十三号,葡萄牙外交部部长费尔南多·阿乌古斯托·布朗克(Fernando Augusto Branco)在瑞士日内瓦国联总部发表声明称"葡萄牙是中日世代的朋友"。在中日战争中葡萄牙保持中立。由此从1932年起葡萄牙取得中立国地位。澳门作为受葡萄牙政府管制的地区,在国际法的层面上获得不受中日两交战国侵犯的法律地位。澳门成为战时唯一的"中立区",未被日军占领。

现深度不足，即便在澳门学领域亦属于相对薄弱的一环。① 本文以战时中立区澳门主流中文报纸《华侨报》为主要研究文献，着重探究该报对唤醒澳门华人民族情感的作用，以及在国难时期澳门华人所彰显和不断强化的中华民族认同意识。

一、抗战前期的抗战呼吁唤醒澳门华人的民族意识

抗战爆发后，《华侨报》及时为中国内地同胞发声，以此唤醒澳门华人的民族意识。

一是为南京同胞发声。《华侨报》于1937年11月20日创办后，即大量刊载关于抗战的新闻报道，为澳门及周边读者提供及时的战事资讯。12月13日南京被日军攻陷，刺激到《华侨报》报人，他们开辟社论栏目发表抗战言论，呼吁全国民众团结一致，抗战到底，鼓舞民心士气，及时声援祖国抗战。12月16日，《华侨报》发表社长赵斑斓撰写的社论《"和平"与"调解"》。面对日本对中国的诱降，赵斑斓称"破坏和平者敌人，今欲言和平"，其最低限度必须"敌兵全部退出我国土方可言也"；中国要立足于世界，则唯有"继续抗战以致敌人完全退出我国境之时而后已"。② 在当得知日军对南京同胞犯下的反人类罪行后，《华侨报》义愤填膺地呐喊：

那里的同胞，少壮者给敌用排枪与刺刀追杀着，他们赤手空拳，没能抵抗的死了；老弱者也许用不着费敌人的枪弹，他们给敌人的枪杆打死了；少艾的姐妹们的命运更惨，她们经不起循环的蹂躏，结果也死了。同胞们！当你们想到了这种情境的时候，你会不会握拳切齿呢？还是认为"事不关己，己不劳心"的事呢？除非你们身体中所充满的不是人的血，对于这种暴行，当然是会愤怒的吧？何况遭遇这种惨苦命运的还是我们的兄弟、姐妹？这不仅愤怒而已，我们不能尽其能力以保护他们，拯救他们，真是一种耻辱！

---

① 澳门理工学院林发钦教授团队近年在澳门抗战史史料收集和口述历史方面做出重要贡献，为后继研究者打下扎实的史料基础：林发钦、王熹编著：《孤岛影像 澳门与抗日战争图志》，广东教育出版社，2015年；林发钦、江淳主编：《平民声音：澳门与抗日战争口述历史》，广东教育出版社，2015年；王熹、林发钦主编：《抗战时期澳门日志：中文报刊视野下的战时澳门社会（1931—1945）》，澳门理工学院，2019年。暨南大学一批优秀博硕士论文也拓展了澳门抗战史的研究，如2014年冯翠的博士学位论文《抗日战争时期的澳门华人社会——以慈善救济为中心的研究》。然而上述研究成果相比对国统区、敌后根据地与沦陷区的抗战研究及澳门学其他领域的研究仍显薄弱。

② 斑斓：《"和平"与"调解"》，《华侨报》，1937年12月16日。

假如敌人的炮火打到你们的家乡，敌兵占据着你们的房子，你们的父母兄弟遭屠杀了，你们的妻子姊妹遭蹂躏了，那时你们将怎样呢，只身逃走，苟存性命呢？还是到那时才挺身而起，作无谓的牺牲呢？你们切不要以为敌人的凶焰，不会蔓延到你们的家乡，你们总应该尽你们的力量，解救那些仍在水深火热中的同胞，去保卫你们的家乡，保卫你们的父母兄弟、妻子姊妹。

该报认为，中国作为一个弱国要与准备了四五十年的强国抗争，当然十分吃力，然而此时抗战不仅仅是政府与前方战士的职责，毕竟"覆巢之下无完卵"，呼吁"同胞们，请一致起来，以我们的一切，贡献政府，打退残暴的敌人"。[①]南京大屠杀不仅仅让《华侨报》进一步认识到日军的残暴本质，也激发出他们内心深处的正义感与使命感，进而号召澳门华人一起"打退残暴的敌人"。

二是坚定抗战信心。除为南京同胞鸣不平，以激发中华儿女同仇敌忾外，《华侨报》还注重从历史传承中汲取精神食粮，提升澳门华人的抗战信心。每当一个国家为外族侵凌，沦于危亡之时，必有忠烈之士挺身而出，造成轰天动地、可歌可泣的事迹。人类的历史与文化"都赖于这种反抗的精神得以维持"，外族的侵凌"只不过是一个麻木不仁的国家的一种刺激"。每一个时代的民众都得为其所处的时代尽职责、谋幸福，伟大的中华民族，在过去她的子孙都能算"克尽厥职"，屡次把她从深渊里拯救出来。我们所纪念的黄花岗七十二烈士，"已经把握着他们的机会留名史册"，现在伟大的时代又展开在我们的眼前，"我们不要放过罢"。[②]《华侨报》希望黄花岗七十二烈士的革命牺牲精神，能够感召更多的普通老百姓投入抗战事业中。当然每一个民族只要自己不放弃，那他人何以亡之，此所谓精神战胜物质。因此"吾人有透彻之观察，抱坚定之信念，一往无前，愈挫愈勇，再接再厉，则目的无有不达，胜利无有不能致者"。现前方将士，既能出生入死，谋民族之解放、国家之保全，那么我们后方民众"更宜输出财力，援助政府，策励将士"。[③] 抗战不仅仅要坚定信念，也不仅仅是前方将士的出生入死，后方民众，特别是华人华侨也要贡献自己的力量。这样的宣传呼吁在澳门产生强烈的共鸣。澳门四界救灾会的组织工作、澳门难民危机的应对及其他相关慈善工作的开展，大都和《华侨报》的舆论宣传有一定关联。[④] 在"七七事变"一周年之际，《华侨报》充分肯定中国一年来抗战战绩，事实证明"中国乃

---

① 斑斓：《为敌人屠洗南京告同胞》，《华侨报》，1937年12月26日。
② 斑斓：《踏着先烈的血迹前进》，《华侨报》，1938年3月29日。
③ 斑斓：《扫荡胡虏》，《华侨报》，1938年3月30日。
④ 参见冯翠：《抗战时期澳门华商的慈善活动》，《澳门研究》2015年第78期；冯翠：《抗日战争时期澳门难民危机及其应对》，《澳门研究》2016年第83期。

为一不能征服之国家""中华民族乃一团结知耻之民族也""世界人士对我人之另眼相看,而予以广大之同情也",而敌人国内"财政经济之崩溃,人民反战情绪之激昂也"。即便如此,"吾人不宜以此自满","徒抱最后胜利属于我之空洞幻想"。这是全民族上下一致所达到的效果,但日寇的侵略并未放缓。所以我们必自我告诫"我不救中国,谁救中国",要有"有我在,中国必不亡"的信念,然后最后之胜利乃可紧握。① 每个人在抗战中都不能置身事外。抗战两周年之际,《华侨报》继续呼吁全澳侨胞"继续捐输国家",唯此"可算尽国民之责,方不愧为中国的国民"。② 位卑不敢忘忧国,《华侨报》在抗战前期从民族大义出发为内地同胞发声,呼吁全国上下团结一致抗战,并号召澳门侨胞为抗战捐输,体现出其作为媒体的责任担当。

三是建言御敌之策。日本发动全面侵华战争,欲以武力强迫中国屈服。然而日军所谓速决战并未达到预期目的,最终陷于中国战场而不能自拔。日本虽为资本主义强国,但侵华战事全面铺开,迁延愈久对其国力消耗愈甚。《华侨报》据其所获较可靠之调查"敌之消耗五倍于我",因此,从持久抗战上考虑,国民政府方面,"必须预先将受战事威胁城市区域之人民,作有计划之移殖内地",在人民方面,"亦不宜畏难苟安,逃避责任,夹其丰厚之资金,避居外国"。即便沿海之几个经济中心成为焦土,而"内地之无数经济中心应运而生",进而"造将来巩固之根基",则"敌疲而我坚,最后胜券可操"。③ 此外,中国"欲使抗战资源不匮乏而取得最后胜利之目的",就必须"积极增加生产效能,以充实国库增强抗战力量"。④ 以上主要从政府层面思考如何进行经济转移,加强战时生产。

随着战事的深入发展,日军祭出所谓"经济战"。《华侨报》指出为维持法币的地位,在商品购买上,普通百姓"对××货固然绝对不可采用",就是其他外货,"有中国货可以代替的都用来代替,无可代替的,宁可不用",积极方面,"尽量以在外国地方所获得的金钱变换国货",如此"一则以助长内地生产事业","二则使购买军需之所输出的外汇得以弥补,得以平衡"。总之,我们要认定自己是中国人,并要尽中国人的责任,无数的同胞流离惨死,"我们岂不能抑制暂时的欲望,以解救祖国于危亡","愿一致起来参加经济战"!⑤《华侨报》号召侨胞抵制日货,支持国货,以换取国内经济的发展和外汇的充盈,此乃未在抗战一线的侨胞力为国内抗战所能及之事。《华侨报》还提倡"家庭节约"和"促

---

① 斑斓:《毋忘此日,毋负此日》,《华侨报》,1938 年 7 月 7 日。
② 斑斓:《抗战二周年》,《华侨报》,1939 年 7 月 7 日。
③ 斑斓:《如何疲敌》,《华侨报》,1938 年 1 月 4 日。
④ 长风:《促进生产与抗战建国》,《华侨报》,1939 年 3 月 20 日。
⑤ 斑斓:《一起来参加经济战》,《华侨报》,1939 年 8 月 20 日。

进生产"，"节约中求积极生产"，进而达到"输出农产品以换取军火与创设军事工业"，以保证"抗战胜利之目的"。①

《华侨报》还在政治建设上积极献策，认为惩治贪污至为重要。《华侨报》指出要加强政治建设，惩治贪污，原因在于今日我国展开全面战争，人民受敌人压迫之刺激，"已一致舍其私人之利欲，认定国家高出一切"，惟过去抗战过程中，"华北与华东两战场，因有若干人民对国家观念之淡薄而给予军事之无形阻挠者"，这主要是"迨皆贪污之行为有以致之也"，所以"澄清吏治，铲除贪污"，乃属"固内首要之图"。② 也就是只有整顿吏治，方能使人民更加信任政府，进而团结人民一致抗战。针对广东省政府主席吴铁城的施政方针，该报主张选用贤能澄清吏治，认为廉洁政治之对面即为贪污政治，而贪污政治之具体表现为："提取回佣""需索陋规""卖官鬻爵""额外征收""滥科罚金""违法裁判""利用职权经营商业""利用职权私受报酬"。《华侨报》认为应从立法、司法、考试和行政四个方面同时推进，方能达成。当然这一切都是为了达到"救亡图存之目的"。③

不论是为南京罹难同胞发声，还是坚定澳门华人的抗战信心，抑或是为抗战建言献策，无不体现出以《华侨报》为代表的澳门报人对内地同胞遭受苦难的深切同情和关怀。它借此唤醒澳门华人的民族意识，为抗日战争贡献力量。

二、抗战后期的鼓与呼提振澳门华人抗战信心

抗战后期爆发了豫湘桂战役。是时盟军在其他战场高歌猛进，1944 年 6 月 6 日在诺曼底成功登陆，开辟欧洲第二战场。中国战场与之形成鲜明反差，中国军队虽经坚守却仍遭失利，国内外舆论质疑中国军队的作战能力。蒋介石身为中国战区最高统帅，盟方的批评令其倍感压力。7 月初，美国总统罗斯福致电蒋介石："自日军进攻华中以来，形成极严重之局势。不仅使贵政府感受威胁且使美国在华基础同受影响，倘欲挽救危局，余认为须迅速采取紧急之措置。鉴于现状之危急，余意应责任一人，授以调节盟国在华资力之全权，应包括共产军在内"，而史迪威将军则是最适合之人选。④ 7 月 11 日，面对罗斯福的质疑，蒋介石辩解

---

① 长存：《推行家庭节约勿忘增加生产》，《华侨报》，1938 年 10 月 8 日。
② 人言：《宜以峻法惩治贪污》，《华侨报》，1938 年 1 月 5 日。
③ 长存：《廉洁政治之急待建立》，《华侨报》，1938 年 10 月 5 日。
④《罗斯福电蒋中正保荐史迪威并保证绝无干预中国政事之意》（1944 年 7 月 7 日），《革命文献—同盟国联合作战：史迪威将军就职》，《蒋中正总统文物》，台北"国史馆"藏，数位典藏号：002 - 020300 - 00024 - 028。

道，"中国现在之情形，在外人视之自不能不视为严重"，但从中国方面看来，中国全面抗战七年来，"每年皆有如今日严重之形势"，且前三年的局面较今日尤甚，因此今日战局"只可言重要"，而"不能算严重"。蒋介石极力淡化当前战局形势的严重性，但身为中国战区最高领导者，他向罗斯福保证其对中国战场"必始终负责到底"。① 他希望以此打消罗斯福对中国抗战的疑虑。23 日，蒋介石认为罗斯福"对中国战场之焦虑尤深"，又电令孔祥熙向罗斯福转述"我方之实际困难与真正之意旨"及中国军民对日抗战之决心。② 战局的不利及盟国压力令蒋介石在 7 月 21 日出席整军会议时痛陈："自从此次中原会战与长沙会战失败以来，我们国家的地位，军队的荣誉，尤其是我们一般高级军官的荣誉，可以说扫地以尽。——外国人已经不把我们军队当作一个军队，不把我们军人当作一个军人！这种精神上的耻辱，较之于日寇侵占我们的国土，以武力来打击我们、凌辱我们，还要难受！我们自己招致了这种耻辱，如果再不激发良心，雪耻强国，使我们中国的军队，能与世界各国并驾齐驱，那就无异我们出卖了自己的国家一样！"③ 据参会的徐永昌描述，蒋介石演讲时"声色俱厉，数数击案如山响"，④可知蒋承受压力之大。

对战局情势最为了解的军政领导，在战事失利和外部压力下，都难掩失望与困顿。普通民众只能从报章中得知战事进展和国军失利的现实，自不能不令普通老百姓的情绪跌入谷底。《华侨报》敏锐观察到这点，在湖南会战初期就刊文指出同胞的意识中"存在着一种对战事的敏感性"，每一条战事新闻都被给予夸大的重要性，因而"侨胞终日摇摆在极端乐观与过度悲观之中"，这种不健全甚至病态的心理表现"足以动摇胜利的信心"，故《华侨报》向读者建言：一是战事的准备需要长久的时间，而且也有相当的地域性，不可轻抱"半年结束"的乐观见解；二是我们应有正视黑暗面的勇气，应当努力发现黑暗，但为的是争取光明，"美国战前曾以军火供给日本，缅甸战役中英国拒绝华军入缅，都是事实，但因此推出国际援助靠不住，一切失望的结论"；三是对于用战争以外的方法解决战争的新闻，应审慎观察，严防"慕尼黑"的重演。有人因对战争结束过分盼望，因而欢迎谈判，又有人因受有意散布的谈判谣言影响过分失望。那都不

---

① 《蒋中正电孔祥熙直告罗斯福中国战场成败必其负责到底》（1944 年 7 月 11 日），《革命文献—同盟国联合作战：史迪威将军就职》，《蒋中正总统文物》，台北"国史馆"藏，数位典藏号：002 - 020300 - 00024 - 032。

② 《蒋中正电孔祥熙对罗斯福口述补充说明中国军民对日抗战决心》（1944 年 7 月 23 日），台北"国史馆"藏，数位典藏号：002 - 020300 - 00024 - 040。

③ 蒋介石：《对于整军会议之训示——知耻图强》，《"总统"蒋公思想言论总集》（第 20 卷），中国国民党"中央委员会"党史委员会，1984 年，第 445 页。

④ 《徐永昌日记》（第 7 册），台北"中央"研究院近代史研究所，1991 年，第 380 页。

必，在到未来的艰苦的路上，这些"怪话"还要层出不穷，这些都是必须警醒的。①《华侨报》希望读者不可轻言乐观，亦应有"正视黑暗面的勇气"，争取光明，并警惕各种谣言传播，谨慎积极看待局势，这才是战时澳门华人应有的健康心态。

对《华侨报》的此番建言，澳门读者及时予以回应。署名"笃哉"的读者在《读者园地》栏目刊文，除肯定《华侨报》的建议外，并对其观点加以引申：①必要认识，认识欧洲战场和亚洲战场的形势及其发展；②必要明了，明了欧洲和亚洲的大势，"彼存必死之心，以临大敌，这点确又不容漠视"，且日德两国在准备决死战中，又有其外交活动，"吾人不能专看战事消息，同时应留心他们在暗地里的外交动态"；③必要准备，作好各种情形的必要准备，作好不乐观的打算。"假定反轴心军在欧洲不能战胜德国或与德国僵持着作长期战，又假定英美对亚洲的军事计划。不论如期实现，再假定轴心与反轴心在欧或在亚战至中途变更他们的军路作战，改以外交方式解决问题，那么中国应该怎样？"② 在读者眼中，可知当时澳门读者对抗战乃至反法西斯战争的发展并不乐观，他们当然希望形势能朝有利于中国与盟国的方向发展，但中国战场的紧张局势，使得澳门读者们以较为悲观的心态看待未来局势。《华侨报》在战事紧张胶着之际对澳门读者的建言，较为冷静、客观、理性。为此，《华侨报》在分析报道时多次强调此次会战对于日军战略消耗意义以及从全局看待战事失利，希望澳门华人不用"沮丧与失望"。

该报重点强调会战的战略价值。"湘北会战中华军将达到消耗战之目的，日军主要战略目标——歼灭华军主力，迄未达成，即其夺取驻华美空军基地。亦须再思部署出动。今日中国抗战之主要课题不在紧守某一城镇，（中国与苏联情形不同，中国亦无类似史城或莫斯科之市中）而保留主力，暂不与日周旋。吾人苟有此基本认识，则对国家作战之基本原则，可以明了。"③ 当衡阳之战吃紧之际，《华侨报》认为，衡阳坚守不失，"已使日本计划误时"。④ 湖南会战的重要意义在于牵制敌人，贻误日军作战时机，而不应计较于一城一地的得失。

该报还特别强调要从全局看待战事。长沙失守后，《华侨报》认为"长沙的失守是早在意料之中的"，更是提醒读者"今后我们谈战局必须就'全面性'与'联系性'来谈。所谓"全面性"的战局，就是"不能以一城一地之得失，一两次战役之胜败去推论整个战局的前途"；所谓"联系性"，就是"中国不是孤

---

① 《焦虑与盼望》，《华侨报》，1944 年 6 月 1 日。
② 笃哉：《不必要与必要》，《华侨报》，1944 年 6 月 13 日。
③ 《湘北会战之检讨》，《华侨报》，1944 年 6 月 22 日。
④ 《固守衡阳》，《华侨报》，1944 年 7 月 26 日。

单地作战，还是与其它盟国并肩作战。太平洋与印缅战争与中国战场是三位一体的，欧洲战争与中国的战局也有密切的联系。整个世界战局都已成为一体，难道中国战争的结束还会遥远吗"。① 此外，《华侨报》在 1944 年的双十节社论中强调"中国历尽艰苦，卒获得较高之国际地位，此点尤为中华民族出危入安之关键，其成就颇堪忻悦"，② 艰苦的抗日战争对于中国国际地位的提升，则是众所周知。

此时战局的发展令中国抗战处于十分不利的局面，影响到包括澳门华人在内的民众的抗战信心。《华侨报》所论抗战的"全面性"与"联系性"，或许能让部分失去信心的澳门华人转换视角认识抗战，进而增强抗战胜利的信心，这也是澳门华人对中华民族认同归属感和感情依附的集中体现。

三、《华侨报》与敌伪、境外媒体的舆论斗争凸显民族大义

豫湘桂战役前后，《华侨报》与敌伪、境外媒体进行舆论斗争，以凸显民族大义，这从《华侨报》《西南日报》对战役的相关报道分析就能见到端倪。

表1　《华侨报》豫湘桂战役相关战事社论

序号	时间	文章标题	序号	时间	文章标题
1	1944 年 4 月 12 日	苏日政治关系缓和	18	1944 年 8 月 22 日	中国登陆战之必要
2	1944 年 5 月 12 日	中原战局	19	1944 年 9 月 12 日	湘桂路战斗与远东战局
3	1944 年 5 月 15 日	注视中国战场	20	1944 年 9 月 15 日	日海上退守与大陆进攻
4	1944 年 5 月 20 日	国共会谈与中原战局	21	1944 年 9 月 19 日	盟军攻日与中国战场
5	1944 年 5 月 20 日	保持作战主动——滇西出击与豫中苦战	22	1944 年 9 月 27 日	保卫桂林
6	1944 年 6 月 1 日	焦虑与盼望	23	1944 年 9 月 29 日	中国亟先救济

---

① 《长沙不能决定战局》，《华侨报》，1944 年 6 月 25 日。
② 《双十节献词》，《华侨报》，1944 年 10 月 10 日。

（续上表）

序号	时间	文章标题	序号	时间	文章标题
7	1944年6月4日	湘北战场的战略形势	24	1944年10月1日	加强信心
8	1944年6月5日	湘北日军的企图	25	1944年10月9日	"中国是铁砧"
9	1944年6月7日	注视华南日军攻势	26	1944年10月12日	中国战局的分析
10	1944年6月11日	行百里者半九十	27	1944年10月18日	评《明星报》对中国的论调
11	1944年6月12日	长沙展开保卫战	28	1944年10月30日	团结即生分裂即亡
12	1944年6月22日	湘北会战之检讨	29	1944年11月7日	加强战斗力量
13	1944年6月25日	长沙不能决定战局	30	1944年11月15日	交通补给战的竞赛
14	1944年7月7日	"七七"七周年	31	1944年11月21日	桂柳失后对战局影响
15	1944年7月26日	固守衡阳	32	1944年11月23日	广西日军动向
16	1944年8月12日	论斗志与武器——从衡阳失守说起	33	1944年12月27日	东亚交通线争夺战
17	1944年8月17日	衡阳之战尚未结束			

表2 《西南日报》豫湘桂战役相关战事社论

序号	时间	文章标题	序号	时间	文章标题
1	1944年6月1日	洛阳失陷后之影响	7	1944年8月21日	孤军奋斗
2	1944年6月8日	重庆如何打算	8	1944年11月6日	包围桂林
3	1944年6月23日	长沙失陷	9	1944年11月15日	从桂林失陷说起
4	1944年7月5日	粤北攻势	10	1944年11月29日	南宁攻陷

（续上表）

序号	时间	文章标题	序号	时间	文章标题
5	1944 年 8 月 15 日	方先觉最后一电	11	1944 年 11 月 30 日	南宁攻陷（与 29 日同名，内容并不一致）
6	1944 年 8 月 19 日	论方先觉军长谈话	12	1944 年 12 月 13 日	东亚战争第四年

从表 1、表 2 可知，《华侨报》在豫湘桂战役期间至少发表 33 篇相关社论，《西南日报》有 12 篇社论，约为《华侨报》的 1/3。相比社论数量上的差距，两者内容倾向性的差异更能反映两报的办报立场。《华侨报》的倾向性，前文已详述，即积极提振澳门华人的抗战信心，而《西南日报》则是为虎作伥贬低中国抗战，为日本侵略涂脂抹粉。《西南日报》先是在洛阳失陷后，称国军如想在河南各地发动反攻"实在已成为泡影矣"①，湖南战事吃紧时，谓"望英美彻底能制服日本，此惟根本不可能之事"，更称当前国军损失大量精锐，重庆"自力更生之希望亦告绝"。②《西南日报》落井下石的言论令人愤慨，衡阳失守后，其发布的有关方先觉降敌③的言论更令人震怒，该报称方先觉在最后一电中的陈词中曾强调"与衡阳共存亡"，"无疑地是一个热血抗战人物"，然而在归降后对于"日方对中国之真意，及和平运动之工作"已开始了解，并表示"愿意投效和运，为建设新中国而效力"。为何方先觉前后的态度有如此大的反差，《西南日报》称主要是因为方先觉此前未清晰认识"和平的真面目"，而他"短期内幡然改辙，更显示出和平运动之进展是无往而不利的"。④《西南日报》代表的敌伪势力，试图以方先觉降敌事件为契机展开宣传攻势，宣扬所谓"和平"，影响对抗战前途本无信心或不坚定者的信心，甚至动摇部分抗战人士的抗战意志。未几，《西南日报》又贬低衡阳守军的抗战精神，"此等守军于通电明志二十四小时内，即全部停战请降，其结果反被称为'孤城勇士'"，并称日军在太平洋上的所谓"英勇事迹"才可称为"孤城勇士"。⑤《西南日报》发表此等言论，背离中华民族根本利益，诋毁中国抗战精神，因此，《西南日报》在澳门华人群体中难以得

---

① 《洛阳失陷后之影响》，《西南日报》，1944 年 6 月 1 日。
② 《重庆如何打算》，《西南日报》，1944 年 6 月 8 日。
③ 方先觉降敌事件：第十军军长方先觉率领第十军坚守衡阳 47 天，顽强阻截日军攻势，并在中美空军配合下予日军重创，是豫湘桂战役中最为重要的一次守城之战。但在日军最终攻陷衡阳后，方先觉率部投敌，成为此次作战中降敌的最高军衔将领。方先觉究竟是英雄还是降将在当时就引发争议，焦点在于其是否变节投敌。该案直到现在尚存争议，台湾学界基本否认变节说，而大陆学界则多持肯定之说。
④ 《论方先觉军长谈话》，《西南日报》，1944 年 8 月 19 日。
⑤ 《孤军奋斗》，《西南日报》，1944 年 8 月 21 日。

到认可。①

《华侨报》有关衡阳抗战和方先觉降敌事件的报道，与《西南日报》形成鲜明对比。衡阳保卫战激战时，《华侨报》就盛赞衡阳守军"浴血死守"，其英雄壮烈精神，"足与任何陆军比较，毫无愧色，实为任何中国人应永世勿忘"。② 衡阳失守后，《华侨报》高度肯定方先觉部与衡阳城共存亡的壮举，"呜呼，吾人赞此不义肝胆相照，心血澎湃。衡阳将士与城共存亡，拼血肉之躯，万死而不辞，其忠奋为国，实足以感奋人心也。七年来作战，此城壮烈牺牲，实不胜枚举，此为最近之一列耳"。③ 此外，方先觉降敌事件发生后，《华侨报》直接选择静默，未作任何相关评论报道。既然不能直接评价方先觉降敌，静默可能就是最好的抗争，也是其所能表达的态度。

此外，此时同盟国部分媒体对中国战场失利也颇有微词，如美国《明星报》称"中国军事的退却，使美国第十四航空队的前线基地丧失殆尽，中国丧失了最富饶的农业区域，还将使中国今后作战更感困难。而且假如中国不振奋起来，加强战斗力量的话，则将影响到战后的国际地位"。对于这样的言论，《华侨报》坦言"我们不能否认目前中国战局的失利与严重"，可是"我们不能拿战事一时的得失与局部的胜败，来判断整个战局的成败，尤其是不应以暂时的胜败来衡量将来国际地位之高下"，并不无愤慨地强调"即使从大战过程中来观察中国在国际上的地位也是很重要的"，在中国战场上"不知伤亡了多少军民，不知流掉了多少血汗。虽然我们作战的目的，是在捍卫国土，解放民族，但同时也尽了世界战争义务的任务，担当了东亚战场一区的作战。假如因目前中国战局的失败而对中国将来在国际地位低落的评价，诚不知将何以对作战最久、受苦最深的中国"。《华侨报》援引美国《太阳报》观点认为"中国目前的失败是由于中国作战了七年之久，以劣势的准备来抵抗优势装备的日军，而又不得不到充分的援助"，所以"中国军事目前的失利，盟国也应负其一部分的责任"。在批驳这些言论后，《华侨报》指出国外出现此类舆论与外媒"对于中国的处境多未能切实了解，对于中国的实情又未有确实灵通的报道，且竟有造谣的作祟，百般蛊惑，使国际观察家作错误的论调"，所以希望"国际人士，不□批评中国，而且了解中国"。④《华侨报》对《明星报》等外媒批评中国的言论的辩驳，做到有理、有利、有节，既不否认当前失利的客观事实，更着力强调中国全面抗战七年来的牺牲和承受的苦难，并指出盟军援华物资不充分，"盟国也应负其一部分的责任"，更点

----

① 蔡佩玲主编：《抗日战争时期的澳门》（续篇），澳门东亚大学公开学院同学会，2015 年，第 78 页。
② 《固守衡阳》，《华侨报》，1944 年 7 月 26 日。
③ 《论斗志与武器——从衡阳失守说起》，《华侨报》，1944 年 8 月 12 日。
④ 《评〈明星报〉对中国的论调》，《华侨报》，1944 年 10 月 18 日。

明外媒对中国的批评是因未能充分了解中国抗战实情。《华侨报》对有损中国抗战及战后国际地位的盟国言论的批判，代表的不仅是其言论立场，还在很大程度上反映了澳门华人的心声。

抗战后期，《华侨报》在复杂的舆论环境下，通过其正面和侧面的报道乃至静默等方式，与以《西南日报》为代表的伪报进行舆论斗争，对否定中国抗战的盟国媒体言论予以正面回击，不仅是回应其"唤起海外侨胞及国内同胞，齐一步骤，向救国之途猛进"的办报目的，① 也是抗战时期澳门媒体人的责任与担当，更是澳门华人中华民族认同的自觉体现。媒体的价值认同与读者的价值认同产生共鸣，是其生存发展的根本路径。

余　论

有学者指出"在葡萄牙管制下的澳门人，对于祖国与民族的认同，很大程度上是以对中华文化的崇尚与认同而表现出来的"。② 澳门华人的国家民族认同，不仅仅是对"中华文化的崇尚与认同而表现出来"，更是建构在澳门华人与祖国同胞休戚与共的共同历史经历与历史记忆之上。

抗日战争是关乎中华民族生死存亡的国运之战，"中立区"澳门虽远离战火，但澳门华人与祖国同胞同呼吸、共命运。抗战期间澳门华人群体在同胞蒙难之际，不仅主动参与到内地的抗战活动当中，还在澳门积极宣传，动员各界力量支援抗战，救济来澳内地难胞。以《华侨报》为代表的澳门报纸，为内地同胞发声，为抗战建言献策，积极提振澳门华人的抗战信心，同时在抗战后期与敌伪、境外媒体展开舆论斗争，捍卫中国抗战的贡献和声誉，维护了中华民族的权利尊严，鼓舞、唤醒了澳门华人的民心士气，凝聚了澳门华人的抗战共识。以澳门《华侨报》为视角，抗战期间，以《华侨报》为代表的澳门中文报纸的正面宣传抗战，增强了澳门华人的中华民族认同意识。与内地同胞一样，抗战期间澳门华人的中华民族认同意识，也初步完成了由自在到自觉的历史进程。

（与刘龙华合作）

---

① 《本报创刊词》，《澳门〈华侨报〉六周年纪念手册》，华侨报社，1943年，第2页。
② 周大鸣：《澳门多元文化与中华民族共同体意识》，《澳门理工学报》2020年第2期。

抗战时期澳门《华侨报》"和""战"之争

全面抗战爆发后，日本法西斯一再对中国进行"和平诱降"，以达成其不战而屈人之兵的目的。汪精卫的出逃投敌可谓日本诱降政策的初步"成功"，在汪精卫组建南京伪国民政府后，日本法西斯并未放松其和平攻势。学界对战时"和运"舆论反应的研究成果丰硕，[①] 这些研究主要包括相关诱降政策在当时的运用及效果，以及当时主流媒体对日本"和运"的揭露与认识等。有关普通民众对"和平诱降"政策认识的研究，似乎尚不够深入。本文拟以抗战时期澳门《华侨报》为主要文献史料，[②] 探究《华侨报》迫于日本及日伪势力压力发表"和平"社论，后又在读者压力之下开辟《读者园地》栏目，读者们围绕"和"与"战"的问题，展开了激烈论战，从而使得澳门民众对"和平诱降"以及"抗战"的认识更为透彻。

一、抗战时期澳门舆论环境

抗战时期，葡萄牙一直保持"中立国"地位。澳门作为受葡萄牙政府管制的地区，在国际法的层面上获得不受中日两交战国侵犯的法律地位。因此，当内地战事紧张之际，澳门就成为内陆民众特别是广东地区难民的重要避难场所（见表1）。

[①] 相关主要研究成果有：黄士芳：《汪伪的新闻事业与新闻宣传》，复旦大学博士学位论文，1996年；余子道、曹振威、石源华等：《汪伪政权全史》（下卷），上海人民出版社，2006年；陈建新：《〈大公报〉与抗战宣传》，浙江大学博士学位论文，2006年；王永恒：《媒体的力量——抗战时期的〈新华日报〉及其影响》，华中师范大学博士学位论文，2004年；张继木：《张季鸾抗战言论研究》，华中科技大学博士学位论文，2013年。

[②] 1937年11月20日，赵斑斓、雷渭灵受香港《华侨日报》社长岑维休委派，在澳门创办《华侨报》。由于《华侨报》刊发的新闻较当时其他澳门的报道及时，很快发展为澳门的一份主流中文报纸。

表 1　1924—1942 年澳门人口总数表

单位：人

年份	1924	1927	1937	1939	1940	1942
人口总数	190 306	157 175	150 000	245 194	374 737	450 000

　　资料来源：莫世祥等译：《近代拱北海关报告汇编（1887—1946 年）》，澳门基金会，1998 年，第 347 页；古万年、戴敏丽：《澳门及其人口演变五百年（1500—2000 年）——人口、社会及经济探索》，澳门统计暨普查司，1998 年，第 83 页；[葡] 施白蒂著，金国平译：《澳门编年史》[20 世纪（1900—1949）]，澳门基金会，1999 年，第 83、289 页。转引自冯翠：《抗日战争时期的澳门华人社会——以慈善救济为中心的研究》，暨南大学博士学位论文，2014 年，第 79 页。

　　抗战的爆发及难民的涌入，也为澳门报业发展提供了契机。抗战初期，澳门有《朝阳日报》《大众报》《澳门通报》《新声日报》《平民报》《民生报》和《澳门时报》七家主流中文报纸，它们担负起抗日救国宣传的重任，贯彻抗日救国立场。由爱国报人陈天心创办、曾枝西女士投资的《大众报》和由爱国报人陈少伟斥资创办的《朝阳日报》始终坚持着抗战救国的立场，由陈仲霭创办的《新声日报》也站在抗战的阵线上，《澳门时报》的创办人陆翼南以及《民生报》的创办人文非一等以个人身份加入抗战的行列。只有极少数人因立场摇摆不定而最终受日伪利用。由于《朝阳日报》和《大众报》联合发起组织救国社团和致力于救亡活动，在社会上享有颇高声誉，因此于无形中成为当时从事抗日救国宣传的鲜明旗帜。

　　1937 年全面抗战爆发后，澳门新闻界鉴于国难当前，为支援抗战，有加强团结的必要性。在当年 9 月，由文非一、陈少伟、陈天心、陈仲霭等联同发起，组织"澳门新闻记者联合会"，12 月 5 日正式成立，会址位于《民生报》报社三楼，选举陆翼南、文非一、陈仲霭、陈少伟、陈天心等为首届理事，推举资深老报人陆翼南为主席。澳门新闻记者联合会为支援抗战，曾与"各界救灾会"等社团联合举办游艺大会义演，社会名流徐伟卿、梁彦明及报界前辈文非一等亦应邀登场，观众反应热烈，筹款取得优异成绩。

　　1940 年，澳门政治情势开始逐步恶化，一般户外筹募救亡和宣传活动被迫停止，同时数家报纸亦先后停版，加上经费支绌等原因，澳门新闻记者联合会就此停顿。一部分新闻同业又于 1941 年夏重组新闻界组织，易名"记者联会"，响应参加者不多，虽成立但影响有限。其主要原因如下：①当时出版的报纸仅三家，可说"买少见少"；②1941 年澳门的政治情势持续恶化，不少报人无意再加入报业组织。因此记者联会工作难以展开，成立仅半年左右，会务即处于停顿状态中。①

但日本侵略者仍对澳门施加了不少影响力。面对日方的压力，澳葡政府在抗战时期对新闻出版事业进行严格管制。从 1938 年起，全澳门的中文报纸均要在付印前将清样送至澳葡政府华务科属下的新闻检查处进行严格检查，如有过激的抗日言论或对政府的批判，则严禁刊出，就连报纸上的广告文字也不例外。到 1939 年，日方继续向澳葡政府施压，"禁止在澳门殖民地的华文报纸上刊登反对南京政府的文章"②。1941 年前后，汉奸刘传能在澳门创办伪报《西南日报》，为日军侵略涂脂抹粉，宣传所谓"大东亚共荣"。1941 年 8 月 20 日，日本陆军省发布《对澳门施策要领》，其中在宣传方面，要求澳葡当局"将游行示威、反日言论以及结社等事，予以彻底取消"，"将中国报纸以及外文报纸中有关反日以及反国民政府（汪精卫政府）的言论、报导、电影、政治运动等事一律予以严厉取缔"③。1939 年，日本向澳葡政府施加更大的压力，不仅仅是中文禁止刊登反日言论，外文报纸亦不能幸免，游行结社等事也不能进行。陈大白先生的记述也印证了此则史料。1942 年起，澳葡当局的新闻检查较前更为严苛，有时更因抽检和留问（当晚未能放行）的稿件太多，以致当晚报纸无法排成完整一版，而在版面留出空白位，俗称"开天窗"。④

《华侨报》作为澳门抗战时期的主流中文报纸，自然难以独善其身，不仅要应对严苛的新闻审查，还要应对敌方势力的施压。1940 年 3 月 9 日，赵斑斓在社论中向澳门新闻界同业进言，称"澳门中国新闻记者，鉴于环境的需要，最近已加紧团结起来"，要团结一致完成报人的责任，最重要的是"我们虽或不能说出我们心里所要说的话，但我们绝对不能造任何一方面的傀儡，或任何一方面的走狗，而说自己不愿说的话，我们纵然不能报道真确的消息，但亦不能颠倒黑白，以虚伪的新闻欺骗世人，这是在不得已的环境中，最消极与最后的步骤"⑤。《华侨报》既要坚守中立立场，亦不愿"以虚伪的新闻欺骗世人"，同时也称这是不得已的环境中"最消极与最后的步骤"。在此篇社论之后，直到 1942 年 7 月 1 日前，《华侨报》仅发表三篇社论。⑥ 这三篇社论都还是"真确的消息"，然而《华侨报》最终还是走上了"最消极与最后的步骤"。

---

① 陈大白：《澳门新闻事业一页奋斗史——五十多年来光荣业绩纪要》，《天明斋文集》，澳门历史学会，1995 年，第 155 – 156 页。

② 《葛古诺访日报告》，葡萄牙外交部历史—外交档案馆，2. PA48，M217，转引自金国平、吴志良：《抗战时期澳门未沦陷之谜》，《澳门公共行政杂志》2001 年第 1 期。

③ 《"对澳门施策要领"に関する件》，陆军省，アジア歴史资料センター，C04123340700。

④ 陈大白：《澳门新闻事业一页奋斗史——五十多年来光荣业绩纪要》，《天明斋文集》，澳门历史学会，1995 年，第 157 页。

⑤ 斑斓：《为澳门同业进一言》，《华侨报》，1940 年 3 月 9 日。

⑥ 三篇社论分别为：斑斓：《德外长访义》，《华侨报》，1940 年 3 月 11 日第 1 版；《美德战争不宣而战》，《华侨报》，1941 年 9 月 13 日第 3 版；《论澳门救济工作》，《华侨报》，1941 年 9 月 15 日第 2 版。

二、《华侨报》上的"和"论

（一）社论中的"和平"之声

1942年7月2日的社论《从新做起来》是最早探讨"和平"的文章，"如果用和平的方法，可以达到自由独立幸福与富强，我们又何必要从事战争，使千万生灵涂炭"，而且"为着中日两民族的前途幸福计，便不宜将仇恨加深，而应从事密切的合作"，之所以有这样的主张，是"目睹同胞的流离颠沛，国力日作无畏的浪费，所以不得不痛陈利害"。为何《华侨报》会发出"和平"论调呢？可能确如其所述"不得不痛陈利害"，在此之前的两三年，《华侨报》未刊登社论读者会"加以原谅"。① 虽未明指究竟是什么原因，大致可以推论为新闻管制之故，但更可能是受到日本驻澳特务机关的压力。时隔两年多，再次刊发社论，且是颇为敏感的"和平"话题（见表2），不至于仅仅是巧合。

表2　1942年《华侨报》主要"和平"社论②

时间	篇名	时间	篇名
1942年7月2日	从新做起来	1942年8月15日	"妥协"不是"和平"
1942年7月7日	五年了	1942年8月25日	思想斗争
1942年7月8日	保持主动	1942年9月9日	中日战争前途
1942年7月10日	中日和平的障碍	1942年9月18日	"九一八"十一周年纪念
1942年7月13日	血浓于水	1942年10月28日	"中国问题之真正解决"
1942年7月14日	一谈态度	1942年11月5日	言论自由
1942年8月2日	舍正路而不由中日实难和平		

资料来源：笔者据《华侨报》1942年7月2日至1942年11月5日相关资料整理。

对于《华侨报》言论立场的转变，有读者就指出"甚至在去年七八月间，澳门的最大报纸《华侨报》，在敌寇的命令之下，还发表了一大套和平的理论"③。面对读者的质问，《华侨报》称自己"并不讳败为胜，使国民昧于真正的

---

① 斑斓：《从新做起来》，《华侨报》，1942年7月2日第2版。
② 《从新做起来》至《一谈态度》，署名作者都是"斑斓"，即《华侨报》社长赵斑斓，其他未署名。
③ 洪振：《澳门：日魔掌心上的孤儿》，《半月文萃》（桂林）1943年第1卷第11/12期，第48页。

战局"，而为了国家、民族和华侨的利益，就必须严格尊重澳门的"中立地位"。① 在"和平"问题的探讨中，该报能否始终如一地坚持"中立地位"，而不会有所偏颇呢？

8月15日《华侨报》的社论虽强调"妥协"不是真正的"和平"，但又提出"中国是三民主义的国家，日本也是民治民享民有的国家，两大民族应共同负起改造东亚的使命，争取一个大同的世界"②。《华侨报》仍以"大东亚共荣圈"理论为其分析工具，甚至将其与三民主义并论。或许因为读者持续向《华侨报》施压，该报表态"只要能达到自由平等的目的，我们愿意肩上'言论的十字架'，向荆棘途中，迈步前进"③。《华侨报》认为其有言论斗士的牺牲精神，并感叹："立论之难也！"④ 但其之后的言论仍难以服众。

论及中日战争前景，《华侨报》陷入十分消极的状态："如果战事再延长下去，我们最后胜利马上就来临。这种信念虽是好的，但未免是幼稚和愚妄吧。"⑤甚至认为中日之间对"九一八"事变认识的不同，是"由于对国家及民族观念不同所致"，也"用不着再提起'是谁之咎'的问题"⑥。由此观之，其所谓背负"言论的十字架"就难以成立。

可能虑及社论的严肃性和代表性，加之来自读者的质疑，《华侨报》在《言论自由》一文中为"言论自由"辩护后⑦，直至抗战结束，其社论基本未见"和平"论调。此种静默，在某种程度上可视为一种抗争。《华侨报》社论中的"和平"论调，清楚地表明该报受到来自日本驻澳特务当局和敌伪的压力。如虑及当时澳门的"中立"地位和当时的政治社会环境，仍不能简单地对《华侨报》"盖棺定论"。其一，此一时期，《华侨报》在澳门的"归侨运动"中发挥着重要的组织和宣传作用。⑧ 其二，如果《华侨报》坚决抵制敌伪的压力，那就很可能步其他中文报纸之后尘，被迫停刊，从而使得《西南日报》在澳门战时中文报纸中一家独大。因此，《华侨报》社论中的"和平"论调，故无可取之处，但维持报社运营，为"归侨运动"发声，为澳门民众提供正面的抗战信息，就不难看

---

① 斑斓：《一谈态度》，《华侨报》，1942 年 7 月 14 日第 2 版。

② 《"妥协"不是"和平"》，《华侨报》，1942 年 8 月 15 日第 2 版。

③ 《言论公约》，《华侨报》，1942 年 8 月 18 日第 2 版。

④ 《思想的民主》，《华侨报》，1942 年 8 月 26 日第 3 版。

⑤ 《中日战争前途》，《华侨报》，1942 年 9 月 9 日第 2 版。

⑥ 《"九一八"十一周年纪念》，《华侨报》，1942 年 9 月 18 日第 2 版。

⑦ 《言论自由》，《华侨报》，1942 年 11 月 5 日第 1 版。

⑧ 从 1942 年 3 月到 1943 年 2 月，《华侨报》以及澳门社会各慈善团体组织"归侨运动"，说服来澳难民回乡，使得战时难民潮带给澳门的压力逐渐减小。《华侨报》不仅发挥重要的组织和宣传作用，还在代收善款等工作上为归侨运动作出重大贡献。详见冯翠：《抗日战争时期的澳门华人社会——以慈善救济为中心的研究》，暨南大学博士学位论文，2014 年，第 183－209 页。

出《华侨报》的苦衷。

（二）敌伪侵略理论宣传

早在《读者园地》栏目开辟之前，就有人以"读者"名义在《特载》栏目上发表"和平"理论的宣传文章。最早的一篇为《民族的变态心理》，认为中国朝野抗战的最大原动力为"及汝皆亡"的心理，① 文章作者将国人的抗战精神贬斥为"及汝皆亡"，而完全忽视了抗战精神的内核"保家卫国"。如果说布衣的论述还不那么谄媚，那么笔名为云飞的作者在 1943 年初所发表的有关日本"和平"理论的几篇文章，就不能不令人警醒。其《中日仇恨怎样消除》一文称，日方迫于英美的竞争压力而侵略中国，表示"同情"和"理解"，还将日本的"八纮一宇"侵略思想与中国的"世界大同"相提并论。② 这篇以中国人名义写的文章，无疑是在为日本侵略中国的行径进行辩护和粉饰。

不仅如此，云飞还大肆夸赞日军的作战精神，"日本海陆军人作战牺牲的勇敢，实属可歌可泣"③。《甚么是共荣圈》一文，阐释了所谓"共荣圈"提出的历史必然性，进而认为"东亚共荣圈是东亚民族的共荣圈，而不是日本本位的东亚共荣圈"④。《读者园地》栏目开辟之后，布衣和云飞又在该栏目上发表《日本人眼中的中国抗战力量》系列文章，宣传"中日提携"和"东亚共荣圈"的侵略理论。⑤ 署名王天民的作者谄媚地表示"中国人如果愿意，以后我们的子子孙孙都因为我们的紧密合作，而不知不觉地变为愿意与日本同甘共苦、同生共死地做一个共荣圈的分子。供给日本人所缺乏的物力、劳力和人力去参加大东亚战争，以'增强日本的实力'，俾得对'日本的目的有所贡献'，则中日和平当可实现"⑥。如果说云飞的文章还有所掩饰，那王天民的言辞则尽是奴颜婢膝的丑恶嘴脸，毫无羞耻之心。

若以《华侨报》社论《从新做起来》为起点，敌伪对其渗透可追溯至 1942 年 7 月。若以布衣的《民族的变态心理》为起点，敌伪对《华侨报》的渗透，至少可以追溯到 1943 年 1 月 13 日，或谓敌伪进一步加强对《华侨报》的渗透。⑦ 此种观点较为可信，其一，从这篇《民族的变态心理》开始，《华侨报》上的敌

① 布衣：《民族的变态心理》，《华侨报》，1943 年 1 月 13 日第 2 版。
② 云飞：《中日仇恨怎样消除》，《华侨报》，1943 年 2 月 9 日第 5 版。
③ 云飞：《谈思想战》，《华侨报》，1943 年 2 月 20 日第 2 版。
④ 云飞：《甚么是共荣圈》，《华侨报》，1943 年 3 月 12 日第 2 版。
⑤ 布衣：《日本人眼中的中国抗战力量》（译文），《华侨报》，1943 年 4 月 13 日第 2 版；布衣：《日本人眼中的中国抗战力量（二）》（译文），《华侨报》，1943 年 4 月 23 日第 2 版；云飞：《日本人眼中的中国抗战力量（三）》（译文），《华侨报》，1943 年 4 月 23 日第 3 版。
⑥ 王天民：《共荣圈与中日和平》，《华侨报》，1943 年 4 月 16 日第 2 版。
⑦ 布衣：《民族的变态心理》，《华侨报》，1943 年 1 月 13 日第 2 版。

伪文章，大多都比较直白，甚少粉饰；其二，就是此时间节点是在汪伪南京国民政府向英美宣战之后，汪伪宣传部即制定编撰《关于参战的宣传要点》和《参战宣传计划》等配套宣传文件，[①] 为其参战和"和平建国"作进一步宣传。由于直接史料的缺失，尚不知敌伪势力如何直接影响到《华侨报》。但从《西南日报》社长刘传能的相关史料中可略作管窥。刘传能曾作为"中方代表"，出席1941年8月举行的"东亚新闻记者大会"。[②] 会议的目的在于动员东亚新闻界为"阐扬东亚新秩序，建设思想，而与彼维护旧秩序者战……为东亚文化之融合者创造，尽其最大之努力"[③]。作为代表，刘传能在《西南日报》尽其宣传"东亚新秩序"之能事。然而，如能影响《华侨报》乃至澳门新闻界，自能事半功倍，他至少部分地达到了此目的。

《华侨报》称刘传能"为人正直，对社会不平事件，时作正义呼声，新闻协会之成立，厥功最伟"。[④] 正如陈大白所言，"当年刘传能、陈昌文仰承其主子之命"，重新改组"记者联会"，并易名"澳门新闻协会"，且在暗中展开活动，最终实际控制了"澳门新闻协会"[⑤]。由此可知，刘传能很可能充当向《华侨报》直接施压的推手，通过控制澳门新闻协会进而影响《华侨报》。

（三）读者对"和平"的认识

《华侨报》在1943年3月开辟《读者之声》（后改为《读者园地》）栏目，接收各类读者投稿，不论是主和还是主战的文章，大多能得到发表，其中的是非曲直则留待该报读者去评判。[⑥] 这可能是敌伪"和平攻势"策略上的转变，抑或是《华侨报》"言论斗士"精神的再度萌发。但不论是哪种原因，《华侨报》上可以刊载读者的"抗战"文章，就是明显的进步（见表3）。

---

① 汪伪政府宣传部：《关于参战的宣传要点》，汪伪政府档案，中国第二历史档案馆藏。

② 《东亚新闻记者大会出席列席代表名录》，《东亚新闻记者大会特辑》，惠文印书馆，1942年，第13页。

③ 《东亚记者大会宣言》，《东亚新闻记者大会特辑》，惠文印书馆，1942年，第4页。

④ 《人事篇》，《澳门〈华侨报〉六周年纪念手册》，华侨报社，1943年，第6页。

⑤ 陈大白：《澳门新闻事业一页奋斗史——五十多年来光荣业绩纪要》，《天明斋文集》，澳门历史学会，1995年，第160页。

⑥ 《小启事》，《华侨报》，1943年4月3日第2版。

表3　读者之声、读者园地"和""战"文章统计（1943年3月至8月）

序号	时间	作者	持"和"文章	时间	作者	持"战"文章
1	3月22日	吴达人	东亚和平曙光已现	3月26日	罗瑛	读吴达人先生〈东亚和平曙光已现〉后
2	3月31日	张鲁	论国际形势——为和战问题而作	4月1日	苏复中	和与战
3	4月4日	吴达人	一个答复	4月3日	若行	中日携手的问题
4	4月8日	李素之	解铃还须系铃人	4月12日	后生	怎样"和平"下去
5	4月10日	遥遥	最后一击又如何	4月14日	渔唱	不可忽视的"争取民意"
6	4月11日	禅音	逆耳的论调	4月17日	罗瑛	国人对于和与战应有的认识——并答复张鲁先生之问
7	4月13日	布衣	日本人眼中的中国抗战力量（译文）	4月18日	雷万里	中国需要真正的和平
8	4月15日	赵司马	为《论国际形势者》补充几句	4月20日	朱加	现在呼吁和平的人，是真正爱好和平的吗？
9	4月16日	王天民	共荣圈与中日和平	4月24日	娱幸	为《读者园地》而作
10	4月23日	布衣	日本人眼中的中国抗战力量（二）（译文）	5月1日	力言	着论坛
11	4月23日	云飞	日本人眼中的中国抗战力量（三）（译文）	5月6日	洁贞居士	天祚中国
12	5月11日	李友亮	请教我们的父兄前辈	5月7日	谭枫	也是"和平问题"
13	5月17日	方子超	我也谈一谈和与战	5月15日	张伯谦	写给一位少年
14	5月20日	罗作藩	亚洲的诸葛孔明何在？读李友亮与张伯谦的文章后	5月19日	木华子	与李友亮君进一言

（续上表）

序号	时间	作者	持"和"文章	时间	作者	持"战"文章
15	5月24日	罗作藩	中日都需要真正的和平	5月26日	秉口	只有战争可以解决战争
16	5月30日	谢天理	何以不能实现真正的和平	6月14日	黄广	和李君谈谈
17	6月5日	李友亮	再来一次请教	6月23日	萧守坚	我们需要争取正义的和平,和战后的自由平等
18	6月12日	布衣	怎样才算真正的和平	7月28日	毛考祥	问问日本的中国通们
19	6月29日	弱水	大家想想	8月3日	朱耀德	中日战争如何结束（上）
20	7月5日	黄浩然	大家请再想想	8月4日	朱耀德	中日战争如何结束（下）
21	7月7日	弱水	再想想之后			
22	7月30日	张浩然	我也来谈谈中日和战问题（上）			
23	7月31日	张浩然	我也来谈谈中日和战问题（下）			

资料来源：笔者据《华侨报》3月22日至8月4日相关资料整理。

　　读者间的"和""战"论争，大致以吴达人3月22日的《东亚和平曙光已现》为开端，以1943年8月4日朱耀德的《中日战争如何结束（下）》为结束，持续近五个月，而此番论战在澳门社会产生了怎样的影响呢？

　　为达到"和平"的目的，敌伪很可能以"读者"身份继续发文，其中最典型的要属吴达人，他一篇《东亚和平曙光已现》的文章，掀起了《华侨报》读者"和"与"战"的激烈论争。该文主要论点如下：一，"报怨以德"，中日应相忍相让，然后可以共存共荣；二，中日战争，是他国的挑拨离间，使我们兄弟之邦打斗起来；三，中国如果再战六年，会从吃素的驯牛变作饮血的恶魔，兽性的发现不只会消灭东亚，甚至毁灭人类；四，中日两大民族的携手联欢，是世界永久和平的基石。① 中国遭受了日本近六年的侵略，吴达人也从香港逃亡到澳门，然而他竟然认为自己的同胞会因为战争而成为饮血的恶魔，希望中国人民

---

① 吴达人：《东亚和平曙光已现》，《华侨报》，1943年3月22日第1版。

"报怨以德"，与日本民族"携手联欢"。不论是从情感还是理智上而论，这篇文章的"和平"观点难以为一般读者所接受。不久，读者罗瑛撰文严厉驳斥吴达人的谬论，强调战争责任在日本、中国抗战之正确，而罗瑛最为担忧的则是普通读者不察，而为"和平"言论所煽惑，妨碍抗战前途。① 很快此种担心就得以应验，读者张鲁认为就盟国援助中国的国际形势而言，中国的抗战是在盲目浪费国力，是在"替人家打仗"，在日本"揭起东亚民族团结之旗"之时，希望日本"以平等待我"。② 读者张浩然看到"同文同种"的英美舍弃昔日同盟之国而相互合作，故"同文同种"的中日两国虽"兄弟阋于墙"，也应该"外御其侮"进行合作。③ 可见罗瑛的担忧不无道理，在国民素质参差不齐并有大量文盲存在的社会里，加之敌伪"读者"混淆视听，普通读者可能对舆论缺乏基本的判断分析能力。因此"和"论，特别是假以日本"和平"理论外衣的"和论"，极具迷惑性，战时中国国力又远不及日本，由此产生的言"和"舆论在澳门公共舆论领域也有着一定市场，并形成一定的负面影响。

昧于抗战形势的"和平"论。罗作藩提出"中国民族至死不屈，苟有以屈辱代和平，重庆抗战政权必与之战至同归于尽"，可又认为"伟大的政治家在必要时可以认敌为友"，并以三国鼎立局面的形成为例予以证明，强调中日间应出现"孔明"类的人物以消弭战争。④ 署名老农的读者认为欧战的结局，不论怎样对中日都是不利的，应该"趁着现在这个机会去谋和平"⑤。高中生李友亮，因为受不了战争期间的颠沛流离和家人离散之苦，所以希望"和平"早日到来。⑥

综上可知，此一时期，在《华侨报》上谈"和平"的不仅有《华侨报》的编辑，也有澳门普通民众，更有敌伪势力。只是，由于各自出发点不同，他们关于"和平"的认识，也就有着显著的差异。《华侨报》编辑想谈"和平"，则必须面对各方的压力，包括敌伪和读者。读者谈"和平"，则压力略小，但也有部分"读者"的身份是值得高度怀疑的。敌伪谈"和平"则肆无忌惮。面对澳门社会甚嚣尘上的"和平"论调，坚持抗战的读者也希望及时发出自己的声音，批驳"和平"言论以坚定"抗战到底"的决心。

---

① 罗瑛：《读吴达人先生〈东亚和平曙光已现〉后》，《华侨报》，1943 年 3 月 26 日第 1 版。

② 张鲁：《论国际形势——为和战问题而作》，《华侨报》，1943 年 3 月 31 日第 4 版。

③ 张浩然：《我也来谈谈中日和战问题（下）》，《华侨报》，1943 年 7 月 31 日第 4 版。

④ 罗作藩：《亚洲的诸葛孔明何在？读李友亮与张伯谦的文章后》，《华侨报》，1943 年 5 月 20 日第 2 版。

⑤ 老农：《欧战结局以后谋和平与现在谋和平，比较起来哪一个对中国更为有利呢？》，《华侨报》，1943 年 7 月 23 日第 2 版。

⑥ 李友亮：《请教我们的父兄前辈》，《华侨报》，1943 年 5 月 11 日第 3 版。

三、《华侨报》上的"抗战"呼吁

"和平"攻势使澳门部分民众产生了困惑，但《华侨报》以及部分读者及时站出来发声，表达对"抗战到底"的支持，提出民心是抗战胜利的有力保障，不应过度依赖盟国援助，"自力更生"则是抗战取得最后胜利的根本有效途径。

（一）社论中的"抗战"

除开辟《读者园地》栏目、为读者创作的抗战文章提供发表平台之外，《华侨报》也适时在社论中流露出对抗战的支持，其主要表现在如下方面：

第一，关注国内局势。《战时的生活》一文，盛赞前方抗日战士"恶战苦斗"，后方的劳动者"埋头苦干"。文章批评道，与此种抗战精神不相匹配的是大后方许多有钱人"尽情于物质的享受与肉欲的欢狂"。① 1942 年 12 月，何应钦就任驻印中国军队总司令，云南省主席龙云亦兼任滇西军总指挥，这都是对战局影响颇大的人事任命。《华侨报》评论道，"中国抗战，在求中国之独立与自由，不为他人作嫁衣裳"，我们希望"何总司令与龙云总指挥到达前线后，对于'把握印度'与'夺回缅甸'致其最善之努力"。② 这样的言论已经与此前散播敌伪"和平"理论大异其趣，《华侨报》基本立场已站在重庆国民政府这边。除关注国内形势外，《华侨报》亦深知国际援助对中国抗战的重要性，此一时期的社论文章对盟国援华工作发出呼吁和建言。

第二，关注盟国战场与争取盟国援华。1942 年底，盟军开始进攻缅甸，《华侨报》看到其对缓解滇西中国军队的压力，盟军向缅甸推进，"可以缓和日军对滇的压力"，"更可与中国军队合力进攻，以收夹击之效，而打通滇缅路之运输"③。1943 年 2 月 26 日，时任外交部部长宋子文在美发表谈话，希望美国援助更多的飞机。《华侨报》指出"中国的抗战不仅为自身，同时也为了盟军而战"④。随着战局进一步向盟国方向发展，盟国反攻日本计划的制订也日益迫切。《华侨报》建议盟国"应以大量武器运往中国，以支持中国实力。并利用中国的据点，以强大的空军配合中国之强大陆军，实行反攻"⑤。《华侨报》在关心盟国

---

① 《战时的生活》，《华侨报》，1942 年 11 月 12 日第 1 版。
② 《劝何应钦龙云两氏》，《华侨报》，1943 年 1 月 4 日第 2 版。
③ 《盟军进入缅甸》，《华侨报》，1942 年 12 月 29 日第 1 版。
④ 《盟国重视东方战场》，《华侨报》，1943 年 5 月 25 日第 1 版。
⑤ 《远东决战系于中国》，《华侨报》，1943 年 8 月 14 日第 2 版。

战局发展的同时，一直呼吁盟国加强对华援助，并阐释援助之紧迫性与必要性。无疑，这些言论表明《华侨报》大多时候是以中华民族利益为根本前提的，为抗日战争和世界反法西斯战争在澳门的宣传作出重要贡献。

（二）严厉批驳"和平"言论

在罗瑛之后，又有不少清醒的读者站出来批评吴达人的言论。读者"后生"的批驳最为系统，他指出除汪精卫赞同"和平"之外，举国上下坚决拒绝，即便之后日本发动了几次"和平攻势"，中国政府长期抗战的国策也未发生动摇。至于中国为什么一直拒绝日本所谓的"和平"，则是"日本希望我们中国接受它的'和平'，但我们中国则必须在领土主权绝对完整的原则下始愿与日本谈'和平'，所以中日之间只有战，不能和"。另外，"日人攻华六年来损失的浩大，谁也知道他们怎能甘心放下我们中国回到扶桑三岛去？因此对于这样的'和平'，我们就该'停口'，更不要被'和平'迷惑了心眼，而松懈了'我们持久的战斗'"①。该文对"和平"的认识可谓一针见血，戳穿日本"和平"的外衣。

而罗瑛在撰文批驳吴达人之后，却遇到张鲁所谓的"请教"。对此，罗瑛不得不回击张鲁对自己的指责，并就张鲁"中国抗战浪费国力"的谬论答复道："中国是为自卫生存而战，并不是替人家作战。充其量只可说与盟国并肩作战，中国所需的是自力更生自作□□，并不应有任何赖外力的心。同时在各贤明长官领导下，国力是有相当的消耗，但并未尝作盲目的浪费。"②

因此，仅仅简单地批评"和平"言论，指斥其"煽惑普通读者，不利于抗战"，似乎并不足以让在澳门的中国民众看到"和平"真正的曙光。只有让读者们认识到抗战的必要性，以及抗战胜利的"取胜之匙"，身处"中立区"的民众方可在艰难的时局下，看到坚持下去的希望和对未来的憧憬。

（三）民心是抗战胜利的保障

得民心者得天下，关系到中华民族生死存亡的抗日战争更是如此。特别值得一提的是，在此次"和战"论战中，苏复中是第一个全面分析抗战必要性和抗战胜利希望的作者。③ 在《和与战》一文中，他指出"主权独立，领土完整，就是中国简单的和平条件"，但是日本不肯让步，因此"唯一的生存出路就只有战争"。在战争中，许多人看到帝国主义的种种滑头措施，就摇头表示"我们既受

---

① 后生：《怎样"和平"下去》，《华侨报》，1943 年 4 月 12 日第 2 版。
② 罗瑛：《国人对和与战应有的认识——并答覆张鲁先生之问》，《华侨报》，1943 年 4 月 17 日第 2 版。
③ 苏复中可能是当时在澳门的中共党员或支持同情中共的澳门人士，其名字"苏复中"有用苏联模式恢复中华之意，且文章当中所举的案例是红军长征，故作此推论。

他传统政策所影响，几乎是不可挽救的了"。面对这种悲观情绪，苏复中在文章当中鼓励人们"广大的人民和土地中，却潜藏着一种伟大而不可动摇的实力"，并举红军长征的实例进行论证。[①] 苏复中所强调的力量就是人民群众的力量。第一个站出来批驳"和平"言论的罗瑛，亦强调"继续抗战，不患人力物力之不足，而患民气之不坚定"[②]。

（四）提倡"自力更生"

澳门同胞认识到中华民族的抗战有赖于人民群众的力量，与此同时，他们也深刻意识到"倘若更得联合国家的尽力援助，胜利的曙光就照遍整个的大地了"。当然更为清醒的认识是"无论环境怎样的对我们有利，我们到底还要本着自力更生的抗战初衷，不要依赖他人，才能得到自由平等的独立"[③]。

为什么要本着"自力更生"的抗战意识呢？有论者认为当时的国际形势下，"各国都各为自己的利益打算，谁都不会真心诚意的帮着谁"，所以中国抗战只能靠自己。[④] "六年来的过程，哪有过多大的帮助，……所以中国的自卫战斗，是不会仰人鼻息的"，这位作者也强调抗战是建立在"我们一般人民之上"。[⑤]

澳门民众对盟国援助缺乏信心，并不是空穴来风。1942年中期开始，英美就逐步确立"欧洲第一，亚洲第二"的战略，先着力解决德意法西斯，再集中精力对付日本法西斯。加之盟军援华的重要路线——滇缅公路中断后，盟军援华物资由数万吨降到数百吨。[⑥] 不论是从战略方面考虑，还是从实际的援助来观察，似乎盟国不愿全力支援中国的抗战，故让澳门民众萌发"自力更生"的思想。

当然澳门民众对此种战略的认识，毕竟是短视的，从整个"二战"战局观之，此时盟军作出这样的决定是有利于战事发展的，但这个前提是中国必须在东方拖住日本法西斯。澳门读者谭枫就认识到了这一点："假如没有中国拖住了日本的尾巴，太平洋上的决战，英美是难保证胜利的。"[⑦]

毛泽东也支持盟国的这一战略决定，认为"打倒了希特勒，解决日本便会是很顺利的了"[⑧]。

倡导"抗战到底"的澳门民众，当然期望和平的到来，但他们认识到，日

---

① 苏复中：《和与战》，《华侨报》，1943年4月1日第2版。
② 罗瑛：《国人对和与战应有的认识——并答覆张鲁先生之问》，《华侨报》，1943年4月17日第2版。
③ 苏复中：《和与战》，《华侨报》，1943年4月1日第2版。
④ 赵司马：《为〈论国际形势者〉补充几句》，《华侨报》，1943年4月15日第2版。
⑤ 若行：《中日携手的问题》，《华侨报》，1943年4月3日第2版。
⑥ 《盟军放弃反攻缅甸吗》，《华侨报》，1943年4月21日第1版。
⑦ 谭枫：《也是"和平问题"》，《华侨报》，1943年5月7日第2版。
⑧ 中共中央文献研究室：《英勇斗争的二十二年》，《毛泽东文集》（第3卷），人民出版社，1993年，第29页。

本和汪伪南京国民政府的"和平运动",实乃"缘木求鱼"。① 他们大多持这样的观点:"和平并不是天上掉下来的,而是需要我们从战争中去努力争取的,总之,我们得让战争自己去求和平的解决,其实只有从战争中去解决的和平才是真正的和平,光荣的和平。"② 另外,《华侨报》上的"和""战"论争,也引发澳门另一家中文报纸——《大众报》的共鸣,并发表若干篇社论,揭露敌伪的"和平"是"不彻底的和平,是虚伪的和平"③。可见,"和""战"论争,已不限于《华侨报》一家,在澳门社会产生了一定的影响力。

其实,自汪精卫投敌之后,其所控制的报纸就进行过所谓的"和战问题"讨论。典型代表之一是胡兰成在香港《南华日报》上组织读者就"和战问题"进行讨论,大力宣扬"和平建国""再战亡国"的卖国论调,并将"读者"文章编辑成册,继续宣传。④ 另一典型代表是汪伪机关报《中华日报》,该报在1939年7月复刊后不久,即开辟《读者呼声》《读者论坛》栏目,为汪精卫的"和平运动"摇旗呐喊,反对"抗战建国",甚至吹嘘汪精卫为"不计抗战论者之讥谤,忘其今人之荣辱……惟努力于国家之复兴,救人民于水火之中"的政治家。⑤ 但是这两家报纸所组织的"和战问题"讨论,"读者"所发表的文章无一例外都是积极回应"和平建国",而无支持"抗战"乃至反对"抗战",他们的所谓"讨论"也就成汪伪的一言堂。⑥ 与之相对比,澳门《华侨报》上的"和战论争",不仅有"和平"文章,更有大量支持"抗战到底"和批驳"和平运动"的文章。由此而论,在澳门艰难的舆论环境下,《华侨报》的确是有所作为,不能因其刊载"和"论文章而妄下定论。

结　语

据《华侨报》历史数据库,可大致认定,《华侨报》在1940年3月9日之前,其在社论中表现出来的立场,基本上能站在中华民族的利益上,是无可指摘的,可称之为民族大义时期;1940年3月9日至1942年7月2日间,几无社论

---

① 谢天理:《何以不能实现真正的和平》,《华侨报》,1943年5月30日第2版。
② 后生:《怎样"和平"下去》,《华侨报》,1943年4月12日第2版。
③ 《和平的真谛》,《大众报》,1943年9月15日第1版。
④ 南华日报社编辑部编辑:《续和战问题之讨论》《再续和战问题之讨论》,南华日报社,1939年。
⑤ 邓心旦:《政治家与英雄》,《中华日报》,1939年10月6日。
⑥ 有论者指出,《南华日报》的"和战问题"讨论,着重鼓吹的是"中国目前与日本谋和的必要性和可能性",《中华日报》的记者和编辑用假名冒充读者,"发出响应和拥护汪派'和运'的'呼声'"。参见余子道、曹振威、石源华等:《汪伪政权全史》(下卷),上海人民出版社,2006年,第853、857 – 858页。

发表，可称之为完全中立时期；1942 年 7 月 2 日至 1943 年 8 月 4 日，发表的社论及其他立场鲜明的文章，掀起"和""战"之争，可称之为抗争图存时期；1943 年 8 月 4 日至 1945 年 8 月 15 日，其社论中的文章大多偏向中国抗战，可称之为未完全中立时期。

抗日战争攸关中华民族的生死存亡，每一位中华儿女都难以独善其身，即便是"孤悬海外"的"中立区"澳门亦如是。日本法西斯除了注重军事方面的行动外，对新闻宣传亦非常重视。[①] 从上文所引日本陆军省的文件《对澳门施策要领》中，可知日本对澳门施加了直接的影响。《华侨报》刊登的所谓"和平"理论的文章，可间接证明此点。另外，署名云飞、布衣等人的"和"论文章，之后竟未有直接批驳的文章，这足以说明《华侨报》受到巨大的外部压力。面对压力，《华侨报》通过刊登批判"和"论的文章以及坚持"抗战"的言论，以彰显自己"中立"的立场。抗战时期中国国力远不及日本，在日本的"和平"攻势下，部分澳门读者仅看到眼前的紧张局势和生活的日益窘迫，悲观情绪在这部分读者中蔓延滋长，他们极度渴望"和平"。但是必须注意的是"和平"论者的身份，他们是真读者还是汉奸文人，抑或兼而有之，以目前的资料尚难作出区分。但有一点可以肯定的，无论"和平"论者是谁，他们的言论都会带来极大的危害，如罗瑛所言"对我国抗战前途，大有妨碍"。

"和平"问题，在抗战时期的中国是一个敏感的话题，在国统区和大后方"抗战到底"是政治正确的基本要素，在沦陷区"和平建国"是政治正确的基本要素，"抗战到底"与"和平建国"在国统区和沦陷区相互排斥，难以共存。"中立区"澳门《华侨报》标榜以"中立"立场办报，不仅"抗战到底"和"和平建国"的言论都有发声空间，还产生颇为激烈的论战，这是在国统区和沦陷区所难以见到的现象。通过对"中立区"澳门的舆论考察，更能真切地观察国人对"抗战"和"和平"认识的真实想法，毕竟国民政府对澳门的影响力有限，民众在发表相关想法时，顾忌的因素相对较少。即便如此，通过这场论战，身处澳门的各界民众积极批判"和平"言论，坚定"抗战"信心，最后对什么是真正的"和平"，以及"抗战"的必要性和"抗战"前途有了更清晰的认识，清楚地认识到"日人一日不退出中国，我们也一日没有和平"[②]。这彰显出中华儿女"天下兴亡，匹夫有责"的使命感，表明澳门民众的抗日救亡意识没有因为置身战火之外而有所减弱。

（刊《澳门研究》2019 年第 2 期，与刘龙华合作）

---

① 佐佐木健儿：《新中国的新闻通讯问题》，《华北新闻记者讲习会讲义录》，1940 年，第 2 页。
② 萧守坚：《我们需要争取正义的和平，和战后的自由平等》，《华侨报》，1943 年 6 月 23 日第 2 版。

"正名"与"逐利"：战后被控澳门华商与国民政府的司法纠葛[*]

抗战胜利后，战时与日伪有经济往来嫌疑的澳门华商被国民政府指为"经济汉奸"，[①] 并由广东当局与澳葡政府交涉引渡事宜。虽在澳葡政府庇护下，多数澳门华商被免于引渡，但其名誉却大受影响。战后国民政府出于"伸张民族正义、重塑国家权威"的目的，在全国展开肃奸。但各地肃奸组织因争夺伪产逆财而陷入内斗的情形常见诸报端，这不仅未使正义得到伸张，反而让肃奸与腐败勾连，国民政府再塑国家形象的努力大打折扣。澳门华商群体中不乏富商巨贾，不论国民政府意欲何为，战时八面玲珑的澳门华商在战后成为国民政府"刀俎"上的"鱼肉"。

近代以来，澳门华商对澳门的政治、经济、文化乃至社会的发展产生深远影响。抗战结束后，部分澳门华商却陷入了与国民政府的司法纠葛中，声誉大大受损。究其因由，这与他们在战时的经济活动有关。吴淑凤《伸张正义？——战后引渡逃匿澳门汉奸（1945—1948）》一文从引渡过程入手，[②] 论述了部分澳门华商被控为"经济汉奸"的历史事实与引渡交涉过程。莫世祥《傅德荫"汉奸"罪与否——战后澳门肃奸典型案例剖析》从傅德荫被控为"经济汉奸"罪着墨，[③] 从战时傅德荫资助抗战人士、募集善款救济难民以及与日伪官员应酬周旋等方面论述了应如何客观评价澳门华商。本文立足广东省档案馆藏民国时期广东高等法院档案，结合报刊、回忆等史料，探讨被控为"经济汉奸"的澳门华商与国民政府的司法纠葛，以期揭示澳门华商在面对"义""利"纠缠时的复杂面相，并就国民政府战后肃奸进行检讨。

---

* 本文系暨南大学铸牢中华民族共同体意识研究基地资助项目"文化教育与澳门华人"（JDNJL202001）的阶段性成果。在写作过程中承蒙暨南大学法学院乔素玲教授、余欣烨老师的帮助，谨致谢忱。

① 本文所谓"澳门华商"特指战后被国民政府控为"经济汉奸"的澳门商人，其在整个澳门华商群体中具有典型性与代表性，从一个侧面反映了澳门华商在战后所面临的政治生态与社会舆论的境遇。

② 吴淑凤：《伸张正义？——战后引渡逃匿澳门汉奸（1945—1948）》，《"国史馆"学术集刊》2001年第1期。

③ 莫世祥：《傅德荫"汉奸"罪与否——战后澳门肃奸典型案例剖析》，《澳门理工学报》2018年第2期。

一、澳门肃奸权责问题

抗日战争期间，澳葡政府奉行"中立"政策，太平洋战争爆发后，受日本军方胁迫，澳门所谓"中立"地位实质上已有名无实。抗战胜利后，大批汉奸隐匿遁迹于此或借道逃往国外，以期避战时通敌叛国罪嫌。随着张发奎第二方面军开赴广东进行接收，惩肃汉奸遂被提上日程。国民政府开展肃奸工作，旨在彰显国家意志，维护民族正义。1945 年 9 月 10 日，军委会委员长广州行营成立，张发奎兼行营主任。① 蒋介石指定，肃奸工作由军统局兼理，其下辖肃奸专员办事处（以下简称"肃奸处"）执行具体任务，肃奸处名义上隶属于各方面军司令长官部。广东肃奸工作则由第二方面军肃奸处负责，② 原军统广州站站长陈劲凡充任肃奸专员。③ 按理澳门惩奸应属第二方面军肃奸处，但国民政府其他驻澳单位亦有染指肃奸事务。澳门肃奸伊始，国民政府内部各单位为抢夺肃奸权，争相派出驻澳机构与人员，④ 肃奸权之争越演越烈，尤以外交部、广州行营、军统局三者为甚。1945 年 11 月初，外交部即派唐榴为驻澳专员，会同澳门当局办理查点封存敌产事宜；⑤ 广州行营主任张发奎则于 11 月 29 日委派少将高级参谋潘奋南为驻澳联络专员。外交部与广州行营驻澳专员抵澳后，分别拜访澳督戴思乐（Gabriel Mauricio Teixeira），均声称有权处理汉奸以及查封奸伪产业。

国民政府驻澳机构繁多，且各单位在肃奸工作中各自为政，使澳葡政府疲于应付，不得不照会外交部，要求改善。为改变澳门肃奸的混乱局面，抢占接收先机，张发奎于 1945 年 12 月 14 日召集驻澳各机关主官会议，商讨关于侦查接收办理在澳敌伪奸匪产业事宜，解决中央及地方驻澳机关繁多及与澳方交涉极为紊

---

① 张发奎口述，夏莲瑛访谈及记录，胡志伟翻译及校注：《张发奎口述自传：国民党陆军总司令回忆录》，当代中国出版社，2012 年，第 308 页。

② 广州行营主任兼第二方面军司令长官张发奎上将，负责办理接收华南职区敌伪资产，港澳间亦列入其范围之内。参见《张司令长官高级参谋，潘奋南少将之任务》，《华侨报》，1945 年 12 月 3 日。

③ 何崇校：《国民党第二方面军肃奸专员办事处与广东肃奸委员会》，政协广东省委员会办公厅、广东省政协文化和文史资料委员会编：《广东文史资料精编·下编·第 2 卷·民国时期军事篇》，中国文史出版社，2008 年，第 471 页。

④ 当时驻澳单位与人员有军统局下辖肃奸处专员郑仁波，广州行营驻澳联络专员潘奋南，广州行营情报组组长卢安华，外交部驻澳专员唐榴，广东省政府驻澳办事处主任陶少甫，广东省建设厅驻澳技正彭少聪，粤桂闽区敌伪产业处理局驻澳专员陈咏沧，中国国民党澳门支部执行委员会常务委员屈仁则、李秉硕，青年团澳门分团主席叶剑锋。

⑤ 《外交部驻澳唐专员，电王外长请示，函粤军政当局知照》，《华侨报》，1946 年 1 月 5 日。

乱的情形。① 经议决，"关于办理接收在澳伪奸匪产业由第二方面军驻澳联络专员潘奋南少将负责，而解押敌伪奸匪工作亦归潘氏负责办理，至交涉及与澳当局一切接洽则由外交部驻澳专员唐榴负责"②，敌伪奸匪产业查封由潘奋南协同唐榴向澳门当局接洽，潘氏将接收产业交回，由第二方面军司令部负责查收。此项决议后，澳门肃奸权看似已掌握在张发奎手中，实则并非如此。

1946 年 1 月 5 日，第二方面军肃奸处委任郑仁波为驻澳办事处主任，负责肃奸工作，军统局的插手使本就纷繁复杂的肃奸权力争夺更加扑朔迷离。③ 同年 2 月 9 日，潘奋南宣称："澳门方面查封敌伪资产，逮捕引渡战犯汉奸诸要务，过去办理至不统一，致收效甚微……"④ 现奉令向澳督交涉，专责统一办理，其他有关机关暂勿请求单独接收。次日，外交部驻澳专员唐榴发表声明驳斥潘奋南，认为"澳门敌伪资产之查封及战犯汉奸之引渡，系由中葡两国政府在重庆及葡京由外交途径接洽"，根据外交部 1945 年 12 月 16 日训电第三项，何应钦已电知张发奎、余汉谋、罗卓英及全国性专业接收委员会，澳门敌伪产业由唐榴秉承外交部命令办理，不得由他人接收。唐氏援引外交部训令，表示"亥寒决议办法六项"（即张发奎于 1945 年 12 月 14 日召集会议议决事项）应进行如下修正：

1. 审查时加入外交部驻澳门专员，审查结果交由外交部驻澳门专员，提请澳门总督予以查封；
2. 澳门当局查封财产后，应开列清单，交由外交部驻澳门专员派送外交部，转报中央规定统一接收办法；
3. 敌伪匪类之引渡，应由有关机关开列姓名罪犯罪事实及拟交审察机关，一面交由外交部驻澳门专员提请澳门总督先行监视，一面送由外交部，正式向葡京提请引渡。⑤

潘奋南曾于 1945 年 12 月向澳督提请逮捕"经济汉奸"叶文山等，竟遭唐榴抗议，致不克逮捕。⑥ 潘奋南与唐榴在澳门肃奸权归属问题上各执一词，广州行营与外交部在接收政策上龃龉不断，此次诉诸报端的争议将国民政府内部派系倾

---

① 《第二方面军代电》，广州市档案馆藏，引自夏泉、冯翠：《澳门抗日战争研究广州地区中文资料初编》（未刊稿），2013 年，第 101 页。

② 《关于接收敌产问题，职责权衡划分清楚》，《华侨报》，1945 年 12 月 22 日。

③ 《肃奸郑主任日间来澳》，《华侨报》，1946 年 1 月 5 日。

④ 《本澳查封敌伪资产肃奸工作，潘奋南专责统一办理》，《华侨报》，1946 年 2 月 9 日。

⑤ 《唐专员发表书面声明》，《华侨报》，1946 年 2 月 10 日第 4 版。

⑥ 《外交部档案·澳门引渡汉奸战犯等案·张发奎致外交部代电（1946 年 6 月 12 日）》，台湾"国史馆"藏，文件号：172 - 1 - 2259。

轧公开化。① 加之军统局在澳门肃奸问题上的介入，各方矛盾无从调适，致使澳门肃奸工作一度停滞。延至1946年2月28日，第二方面军肃奸处改组为广东肃奸委员会，② 由国民政府主席广州行辕领导，张发奎任主任委员。③ 广东肃奸委员会的成立实为张发奎与军统局争夺肃奸权的产物。

据何崇校回忆，1946年2月张发奎曾对陈劲凡说："外面对肃奸专员办事处的闲话很多，肃奸专员办事处名义上是我长官部的一部分，外界对肃奸处的指责，就是对我的指责，而事实上肃奸处不是归我管辖的，我既无权管辖而又要承担名义，我怎能负责？因此，要么今后即将肃奸处脱离第二方面军和行营，由你们自己负责；或者确实归我管辖，不是挂一个虚名，如此则必须将肃奸处改组……"④ 改组后的广东肃奸委员会由中央与省政府的代表组成，张发奎任主任委员，广州行营总参议冯次祺代表张氏驻会办公，肃奸委员会不再隶属于军统局。澳门肃奸工作仍由郑仁波主持，只是郑仁波不再代表军统局，而是以广东肃奸委员会名义与澳葡政府接洽。肃奸委员会成立后，张发奎才将澳门肃奸权确实揽入手中。

二、澳门华商引渡风波

自1945年10月起，外交部、广州行营就不断向澳葡当局施压，要求引渡被控为"经济汉奸"的华商。但澳葡政府态度暧昧，在引渡手续上加以刁难。同年12月，葡驻华代办向外交部转送一份备忘录，称关于战争罪犯以外交途径提出后，即可解交。前提是该战犯须由负责政府列在战犯名单内，并说明将由何法庭审判。⑤ 1946年2月，葡方又称中国政府引渡汉奸应提请引渡机关，开列罪犯

---

① 其实，唐榴与广州行营早有嫌隙。1945年11月4日，广东省保安司令部情报组组长陈建中根据李虎、张德开密报将唐榴好友李同逮捕，并交由广州行营军法处审理。密报称：李同于香港沦陷后曾充香港日军港务局会计员及任检察厂检察队长，又充香港日本总督府海事部庶务、香港检察厂通译员等职。李同原名李剑锋，香港陷敌后，唐榴离港时曾托付李同照看其父唐绍仪之填茔，所有四时祭扫之事均由李同照料。唐榴托人说项欲使李同免于控告，但并未成功，后只得以私人名义将李同取保候审作罢。

② 《广东省政府法规整理委员会组织规程及人员选派暨肃奸委员会成立》，广东省档案馆藏，文件号：2-1-48。

③ 1946年2月1日，国民政府下令裁撤第二方面军司令部，军委会委员长广州行营改称国民政府主席广州行辕。

④ 何崇校：《国民党第二方面军肃奸专员办事处与广东肃奸委员会》，政协广东省委员会办公厅、广东省政协文化和文史资料委员会编：《广东文史资料精编·下编·第2卷·民国时期军事篇》，中国文史出版社，2008年，第463页。

⑤ 《外交部档案·澳门问题案·外交部致军令部代电（1945年12月14日）》，台湾"国史馆"藏，文件号：172-1-2260。

姓名、罪状和拟交审理的法院名称，具备此条件后再由外交途径正式提出。① 此后，国民政府驻葡公使张谦多次交涉，敦促澳葡政府按照备忘录规定配合广州行营引渡。葡方却闪烁其词，并擅自变更引渡协议。1946 年 3 月 23 日，葡萄牙政务司表示为方便起见，允许中方办理引渡时采用国际惯例之最简手续，但应参考以下几点：

1. 凡罪犯已受法院判决者，须将法庭判决书内声明罪状系根据何种法律及应予何等处分，连同起诉口供之各有关文件或抄件，经由各主管机关及各证人签署以后，一并经由外交途径转交葡方。又因葡国已废除死刑，故引渡犯人不得受死刑之判决；

2. 对于未经判决之所有罪犯，由法庭签发传票、附同证据及各项有关文件或抄件，经由外交途径转交葡方；

3. 已递到文件经葡主管机关审查认为适当后，方将人犯引渡。②

葡方称上述各条均是保障人权与避免人民因参与政治活动而受到惩处，葡方极愿配合中国引渡工作，只是希望能以上述方式办理。尔后，葡外交部政务司司长又对 1945 年 12 月递交之备忘录进行解释，称："节略所指战争犯各原则，葡方原意系指交战国间的敌国战犯而言，并不包括中国政府所指的汉奸。"③

1946 年初，广州行营向澳葡当局递交《澳门部分奸商提名册》《澳门奸伪略史暨产业调查表》两份名册，要求引渡战时有资敌罪嫌的澳门华商。其中，《澳门部分奸商提名册》所包含的 57 名澳门华商均被国民政府指为重要之"经济汉奸"，而《澳门奸伪略史暨产业调查表》提请引渡的 69 人中大部分为担任伪职的政治汉奸。前述葡外交部政务司司长之解释意在庇护澳门华商，张发奎对澳葡政府推诿拖延的态度甚为不满。后迭经外交部、国防部、广州行营交涉，澳督戴思乐才予以妥协。截至是年 5 月 28 日，前后共 36 名汉奸被引渡回省，并解交至肃奸委员会核收，由广东高等法院讯办。国民政府欲引渡之重要"经济汉奸"仅有刘星池、徐伟卿两人被逮捕归案。

广东肃奸委员会督察邓匡元认为引渡任务迟迟不能完成，概由澳门肃奸工作人员变化太多，因之政出多门，澳督莫衷一是，乃得借口滞延逮捕造成。郑仁波

---

① 《外交部档案·澳门问题案·外交部致中央执行委员会秘书处公函欧字第 02623 号》，台湾"国史馆"藏，文件号：172 - 1 - 2260。

② 《外交部档案·澳门引渡汉奸战犯等案·张谦致外交部电（1946 年 3 月 23 日）》，台湾"国史馆"藏，文件号：172 - 1 - 2259。

③ 《外交部档案·澳门引渡汉奸战犯等案·张谦致外交部第 43 号电（1946 年 4 月 26 日）》，台湾"国史馆"藏，文件号：172 - 1 - 2259。

上任后"亦觉棘手，步骤上不无顾虑，于是避重就轻，以减少逮捕之困难，颇获得澳督之协助，逮捕工作颇为顺利，次第提解回肃奸会者三十六人，惟重要者亦少"①。邓匡元详查后始知，傅德荫、高可宁、毕侣俭、梁基浩等被控为重要"经济汉奸"的华商与澳督均有密切关系，甚至迄今澳督仍倚重高可宁等为正绅，力予庇护。若欲达成逮捕任务，"则必须以行营名义加压力于澳督，或用断然手段，以其他方式进行之。尤其在澳之汉奸闻逮捕工作展开后，即大部逃匿香港，如董锡光、黄颂献、黄家驹（闻谁方索葡币四万元待查）、黄家聪、黄祥、黄森、王明川、梁基浩、马武仲、鲍文、高可宁等均逃港匿迹"②。

特别是富商高可宁引渡案，尤能体现澳葡当局对澳门华商的态度。1946 年 6 月 28 日，广州《和平日报》刊文称：

华南经济大汉奸高递可宁沦陷时间，代敌购买军用品，为虎作伥，无恶不作。光复后，自知不容于当局潜逃澳门，托庇外人势力之下。我肃奸当局知会澳门政府缉捕，为其拒绝，而且加派葡兵保护，俨如显要。高递住宅则设防六道，出入则三四辆汽车随行保护，车上架机枪，如临大敌。望我肃奸当局，速采有效之外交方式，早日将该逆拘捕为案，以儆奸邪而伸法纪。③

澳葡政府对肃奸会要求引渡的澳门华商，"不仅未协助逮捕，且时向我正当商民恫吓"④，并派兵保护有汉奸嫌疑的华商。后中山《扫荡报》撰文揭露，结果该报记者邵廷相及该报驻澳门办事处职员王伍却招澳门警厅扣押。⑤ 澳葡当局借机加强外报新闻入口检查，凡刊登不利葡国或澳葡政府消息之中文报纸，概不准发行。⑥ 1946 年 8 月 4 日，澳督戴思乐离开澳门前往里斯本述职，离澳前与国民政府外交部驻澳专员郭则范会晤，中心议题为引渡汉奸和移交伪产事宜。郭则范指责澳督就上述二事未有切实合作，澳督辩称已协助引渡汉奸四五十名（实为三十三名汉奸及三名日本战犯）。对于高可宁、钟子光、傅德荫等澳门华商，戴思乐表示"应分辨其行为定罪"，并称高可宁等乃"忠实商人，受本督之指道向

① 《邓匡元报告》(1946 年 5 月 8 日)，《广东高等法院该处通缉被告汉奸刘耗如、郭根、王启贤、梁基浩、黄颂献五名案件》，广东省档案馆藏，文件号：7-1-1864。
② 《邓匡元报告》(1946 年 5 月 8 日)，《广东高等法院该处通缉被告汉奸刘耗如、郭根、王启贤、梁基浩、黄颂献五名案件》，广东省档案馆藏，文件号：7-1-1864。
③ 《不顾国际信义无理纵庇汉奸，港市擅释温逾玉明澳府保护高逆可宁》，《和平日报》，1946 年 6 月 28 日。
④ 《澳门政府藐视国际公法庇护汉奸高可宁，拒绝肃奸当局引渡派兵保护俨如贵要》，《西南日报》，1946 年 6 月 28 日。
⑤ 《澳门政府庇护汉奸非法拘禁记者扫荡报吁请当局提抗议》，《中山日报》，1946 年 7 月 6 日。
⑥ 《澳门当局封闭新闻，外报入口检查严》，《中山日报》，1946 年 11 月 24 日。

各方面采购物资救济数十万澳民而与日人联络者，则不特无罪，且属有功"。①

澳督出于政治目的对澳门华商予以庇护。澳葡当局官员如经济局局长罗保（Pedro José Lobo）、警察厅厅长官耶（Alberto Ribeiro da Cunha）、葡人探长慕拉士和傅戴伟亦通过保护华商敛财，称未得其同意任何中国政府人员不得在澳拘捕他们，同时派澳警监视国民政府肃奸人员行踪。1946 年 8 月，澳门政治密探队队长慕拉士为葡京当局饬令拘解。慕拉士被拘原因，除擅拆果菜同业公会招牌、乘机渎职外，亦与截留澳门华商财产有关。《中山日报》披露：

> 慕拉士自任密探队长后，适当我国派员在澳处理汉奸案件期间，彼则借警厅及地方势力，每当我方尚未执行处理而汉奸已闻风逃避时，即遣派爪牙将逃避者之产业家具劫收，暗中出卖。事为葡当局所悉，故将之拘解讯办。②

此外，国民政府肃奸人员贪污腐败、敲诈勒索情事频发。外交部驻澳专员唐榴因延误外交要务、私吞敌伪财产以及勾结澳督办公室秘书高士德没收船只营商图利被免。③ 广州行营驻澳联络专员潘奋南亦因贪污受贿被张发奎短暂关押，就连张发奎也曾要价百万欲助高可宁摘掉汉奸帽子，但高氏只愿出二十万港币致交易未成。④ 广东省政府驻澳办事处职员李公虎向澳门华商吴东禄索贿葡币三千元，以解封其被扣财产。同时，更有地痞流氓假冒肃奸人员对华商进行敲诈。1946 年初，曾有不法之徒自称为外交部驻澳专员唐榴秘书朱某一名，四处招摇，后经唐榴登报澄清，查职员中并无朱秘书其人。⑤ 后又有冒称肃奸会人员之徒，对澳门天利号东主罗荣恐吓，诬陷罗某"曾于甲申年间用皮箱办运钨砂资敌，有汉奸嫌疑"。⑥ 在肃奸过程中，澳门华商名誉饱受侵扰，金钱财产亦遭受损失。

① 吴志良、汤开建、金国平主编：《澳门编年史》（第五卷），广东人民出版社，2009 年，第 2712 页。
② 《澳门尚有官箴，慕拉士渎职撤差查办，官耶舞弊经审判无罪》，《中山日报》，1946 年 8 月 31 日。
③ 《外交部档案·澳门问题案·中央调查统计局情报》，台湾"国史馆"藏，文件号：172 - 1 - 2260。
④ 李汉冲：《日本投降后有关香港、澳门的一些事件》，政协广东省委员会办公厅、广东省政协文化和文史资料委员会编：《广东文史资料精编·上编·第 1 卷·民国时期政治篇》，中国文史出版社，2008 年，第 197 页。
⑤ 《唐专员来函》，《华侨报》，1946 年 1 月 15 日。
⑥ 《冒充肃奸人员，恐吓收买店东》，《华侨报》，1946 年 7 月 1 日。

三、国民政府的指控

国民政府引渡回省的"汉奸"计有三十三名，其中澳门华商十二人。^① 广州行营要求引渡的重要"经济汉奸"，在澳葡当局庇护下，多数匿居港澳两地，无从缉获。广东肃奸委员会于 1946 年 6 月 1 日结束办公，后续审判工作由广东高等法院与广州行营军法处办理。^② 虽然诸如高可宁、傅德荫等澳门华商未被引渡，但广东高等法院仍受理有案，欲以"经济汉奸"之罪名进行审判。

经国民党中央委员会调查统计局核查，认为引渡名册中的澳门华商在战时与日伪有经济往来，涉嫌资敌。国民政府对澳门华商采取的司法手段大致分为三类：一是引渡名册上罗列其罪证，因逃匿而引渡不成功者，广东高等法院立案通缉，以钟子光、张文洞等为代表；二是引渡名册上提请引渡，但在澳葡政府的庇护下引渡不成功者，嗣后广东高等法院进行缺席审判，以高可宁、傅德荫案为典型；三是根据引渡名册，疑犯被引渡至广东高等法院受审，以徐伟卿、刘星池案为例。

钟子光被国民政府指为"重要经济汉奸"，在引渡名册上位列第一。钟氏仗着澳督庇护，表示"有钱便将来一定可以无事"。据中统局调查称：

> 钟氏原为国华戏院宣传员，频年潦倒，于太平洋事变发生后，遂与高可宁、高福耀、蓝荣辉、王颂献开办大福轮船公司，以"永华轮"行走广州湾、越南等地。钟氏则将棉纱、铜仙、白银、电油等物资运往湾、越等地供给日军购用，同时更勾结日海军购料公司之新兴洋行大间子（大间知林藏）、联昌公司之齐藤合作经营；其次操纵米谷，囤积居奇。迨至 1944 年春，澳府以葡币收中国双毫白银，钟氏助纣为虐。当时外地谷米受日伪统制，运澳换取白银。于是澳府乃将收集双毫几付诸敌人之手，美其名为维护本澳民食，但实际米价何尝廉平。钟氏亦为日伪周旋谷米之有力者，又传其于去年购买巨型帆船二艘"新生利""新大利"行走广州湾。于是钟氏又以棉纱、鸦片烟、电油等物运往发售。此数年来积得资金，占葡币三百余万元。^③

---

① 这十二人分别是徐伟卿、刘星池、谢业龙、李根源、曾金、谭荣、林鹏志、梁德铺（梁德容）、钟彪、黄志强、吴盛武、林清辉。

② 广东省立中山图书馆编：《民国广东大事记》，羊城晚报出版社，2002 年，第 799 页。

③ 《广东高等法院检察处快邮代电检字第□六七三号》（1946 年 12 月 21 日），《广东行辕接收港澳移交汉奸黄天始案及逃港澳汉奸、奸商名册》，广东省档案馆藏，文件号：7 - 1 - 161。

钟子光赚取第一桶金后即发展其他商业，如经营旅店食室、开设水喉公司，与何贤合股大丰银行。通过此种方式洗白后，钟氏已俨然成为一名正当华商，更在战后托庇澳门当局，免于被国民政府引渡。

在引渡名册上位列第二的是张文洞。国民政府指控张文洞担任日本海军驻澳贸易主任，开设金城公司专营搜购物资及军需用品资敌，是澳门巨大奸商之一。其发达原因：一为日本海军势力支持，靠日海军庇护，入沦陷区搜购钨矿及武装走私；二为国民党澳门支部成立后，张文洞以金钱笼络国民党澳支成员，并取得国民党驻澳各官员的支持。因澳葡政府包庇，张文洞于1946年初逃港匿居。

高可宁原籍广州番禺，澳门著名华商，以承充摊馆、当押店发家，热心慈善。在国民政府交涉引渡期间，高可宁尚担任澳门商会值理，常与国民政府官员一同出席活动。[1] 可见，广州行营并非无法查实高可宁行踪，其中关节耐人寻味。高氏虽未到案，但广东高等法院仍对其进行"缺席审判"[2]，控告高氏"于沦陷期间曾与澳门日敌特务机关间谍大间知林藏勾结，合资组织大福公司，利用'永华轮'运输五金、铜铁、白银资敌，并囤积物资，操纵金融，与日本战犯山口中尉密切联络，供给敌人情报"[3]。经审讯，广东高等法院认为其犯罪证据确实，且畏罪潜逃，于1947年8月13日向司法行政部与行政院提出申请，要求查封其全部财产，[4] 8月29日广东高等法院特种刑事裁定三十六（1947）年度特字第四二号称：

被告于抗战期间，曾与澳门日敌特务机关间谍大间知林藏勾结，合资组织大福公司，运五金、白银等资敌。经查明罪证确实，畏罪匿澳。业呈奉国民政府本年七月十日处字第七六一号训令，准予通缉在案，请单独宣告没收财产，本院察核无讹，应准许没收。[5]

关于上述指控，高氏概不承认，对广东高等法院的裁定亦表示不服，声称将上诉至最高法院。按照澳葡政府包庇重要"经济汉奸"的逻辑，徐伟卿与刘星池二人理应不被引渡，澳葡当局又为何要将其移交给广州行营呢？徐伟卿曾任澳

① 《代表张主任主席罗主席回拜澳督，陈市长昨正式登陆》，《华侨报》，1946年5月28日。
② 缺席审判：指民事或刑事诉讼中法院在一方当事人缺席时所为的判决。
③ 《外交部代电欧36字第01839号》（1947年2月1日），《广东行辕接收港澳移交汉奸黄天始案及逃港澳汉奸、奸商名册》，广东省档案馆藏，文件号：7－1－161。
④ 《广东高等法院检察官声请书卅六年度特声字第十八号》，《广东高等法院特种刑庭裁定逃亡汉奸钟亦吾、高可宁等四名财产案》，广东省档案馆藏，文件号：7－1－408。
⑤ 《广东高等法院特种刑事裁定三十六年度特声字第四二号》，《广东高等法院特种刑庭裁定逃亡汉奸钟亦吾、高可宁等四名财产案》，广东省档案馆藏，文件号：7－1－408。

门中华总商会和镜湖医院主席多年。1945 年 11 月，正当国民政府封锁澳门期间，徐氏密电中国国民党中央执行委员会，控告澳葡政府在抗日战争时期如何亲日与凌虐华侨，希图借此洗脱其汉奸罪名。① 但事与愿违，国民政府并未将其从引渡名单中剔除，澳葡当局知晓此事后对徐氏的背叛亦心生怨恨。徐伟卿"这么一位重要人物没有获得澳门政府的庇护而被引渡回国，显然同上述密函有关"②。另一位被引渡的澳门华商刘星池称其获罪是"因澳门政府有下级人员向民租家私不给钱，有的向民因借不遂，故将诬告"③。笔者揣测可能是因澳葡政府中有官员向刘索贿过高，双方未达成一致，遂将刘氏引渡。

1946 年 5 月 2 日，徐伟卿被澳门警探与肃奸会人员捕获。澳葡政府将其关押在澳门警厅，三日后方解送至广东肃奸委员会，当月 21 日移交广东高等法院进行审判。广东高等法院称：徐伟卿于 1941 年以前历任澳门商会、镜湖医院、同善堂主席，任内利用职位侵吞公款。经人告发后，澳葡政府乃暗示各界于 1941 年改选主席、值理时勿再选举徐氏。徐氏为挽救计，由台湾人刘传能引荐结识日本领事福井保光、特务机关长大久保，附敌期间极力献媚，表示将策动全澳华商拥护伪南京傀儡政府及悬挂伪国旗，故在澳门商会主席任内强逼澳侨团体、学校悬挂伪国旗，甚至命令各团体参加敌伪庆祝会或纪念大会。澳门学生曾因此罢课反抗。1940 年下半年，国民政府侨委会副委员长周启刚抵澳，与商会及闻人洽商要务时，徐氏竟将此消息报告日伪，欲加逮捕。澳门商会主席改选前一日，日本领事致函澳葡政府，要求以徐伟卿蝉联主席职，然澳葡政府不为所动，结果落选。徐伟卿卸职后逃港，港沦陷乃返澳。后由日领事介绍与新任敌陆军特务机关长泽荣作充任高级情报员，专调查澳葡政府一切措施及华侨绅商与国民政府官员行动，享受日驻澳特务机关津贴甚厚，并收集钨砂、铜仙资敌，获得不义之财颇丰。④

澳门华商被扣上"经济汉奸"帽子后，或藏匿于港澳，或改变国籍避居海外，或花钱息事宁人，抑或进行抗告保全名誉。诸如钟子光、张文洞、梁基浩等华商选择藏匿起来，后被国民政府通缉在案；高可宁之子高福铭加入葡籍定居里斯本；而徐伟卿、刘星池、高可宁等华商则选择抗辩以维清誉。

---

① 《外交部档案·澳门问题案·徐伟卿致中国国民党中央执行委员会秘书处函（1945 年 11 月）》，台湾"国史馆"藏，文件号：172 - 1 - 2260。

② 吴志良、汤开建、金国平主编：《澳门编年史》（第五卷），广东人民出版社，2009 年，第 2697 页。

③ 《广东高等法院刘星池侦查笔录》（1946 年 6 月 4 日），《该处查被告汉奸麦煜明、刘星池二名及梁重昌等十名罪嫌不足不予起诉处分案》，广东省档案馆藏，文件号：7 - 1 - 2114。

④ 《广东高等法院检察处公函（检纪字第 1069 号）》（1946 年 6 月 14 日），《该处对汉奸罪证不确之徐伟卿不予起诉处分》，广东省档案馆藏，文件号：7 - 1 - 996。

四、澳门华商的自辩

钟子光潜逃后，广东高等法院检察处电函司法行政部，称："被告钟子光在澳门开设大成米机，以电油、火水、谷米资敌，并替敌人招募使役往海南岛。"①要求按照《处理通缉汉奸案件条例》第二条予以通缉。面对国民政府的指控，高可宁、徐伟卿、刘星池等华商则走上了漫长的抗告之路。

实际上，高可宁抗告前，曾欲私下解决此事，以摘掉其汉奸帽子，并托人找张发奎说项，可惜张发奎要价太高，交易未成。1946 年 1 月，高可宁儿女亲家凌八姑曾问计于何崇校，② 何氏称：

高可宁是澳门有名的财主，在今天当然有人要打他的主意。好在高身在澳门，葡萄牙是中立国，高如无做汉奸确凿罪证，中国是不能向澳门要求引渡的。但是高一旦被中国方面抓住，事情就难办了。所以他现在还应深深躲藏起来，一面设法请英国驻澳门领事和澳门当局用书面向中国证明，在战争期间高可宁确无勾结日军行为，如此中国方面则不能逮捕高的。③

1947 年 9 月 19 日，高可宁向最高法院提出上诉。高氏宣称"其在澳门经商忝任商会会长时，日敌封锁澳门，以致数十万华侨粮断"，④ 无奈之下只得由澳葡政府请求重庆广播台将其列入黑名单之内，冀日方可以通融而将粮食售与澳门。针对上述情形，英国驻澳领事瑞礼士（John Pownall Reeves）曾于 1946 年 7 月 17 日出具文书佐证：

His Excellency the Governor of Macao has frequently assured me that any dealings that Mr. Ko Ho-ning had during the hostilities in the Pacific with the Japanese were at the request of the Government of Macao with the chief aim of obtaining rice for this Colo-

---

① 《广东高等法院检察处呈（检纪辛字第 1061 号）》（1946 年 11 月 14 日），《该处通缉在逃汉奸梁基浩、钟子光、黄海、张文治、陈农、霍宜康六名案件》，广东省档案馆藏，文件号：7－1－2116。

② 何崇校时任军统局光粤站站长、广州肃奸指导委员会委员。

③ 何崇校：《国民党第二方面军肃奸专员办事处与广东肃奸委员会》，政协广东省委员会办公厅、广东省政协文化和文史资料委员会编：《广东文史资料精编·下编·第 2 卷·民国时期军事篇》，中国文史出版社，2008 年，第 470 页。

④ 《高可宁不服裁定具状抗告书》（1947 年 9 月 29 日），《广东高等法院特种刑庭裁定逃亡汉奸钟亦吾、高可宁等四名财产案》，广东省档案馆藏，文件号：7－1－408。

ny which was sheltering many thousands of Chinese refugees from the war area. From my personal knowledge I believe His Excellency's assurance is in no way exaggerated. ①

澳门民政总局局长华士贡西路（Teles de Vasconcelos）亦具函证明高可宁是奉澳葡政府之命与日伪交涉。国民政府军事委员会调查统计局局长郑介民也致函广州行营谓："据崔聘西、李登同二先生称澳门商会会长高可宁被通缉案似属冤枉。"② 并要求张发奎派公正人员复查，以明是非。1948 年 1 月 15 日，最高法院刑事第三庭认为：

抗告人畏罪潜逃，并经原审检察官将其财产查封，呈由司法行政部呈报行政院核准并转呈奉国民政府通缉有案，依照前开法条规定予以单独没收其财产，于法并不合抗告意旨，徒托空言，殊无可采，应予驳回。③

抗告失败后，高可宁参照司法院院字第二五〇七号解释提起非常上诉。1949 年 1 月 10 日，广东高等法院称"被告系热心慈善爱国商人，无汉奸罪证，侦查结果认为该被告犯罪嫌疑不实"④，下不起诉处分。同年 4 月 9 日，司法行政部准予撤销高可宁通缉令，高可宁抗告成功。

与高可宁相比，徐伟卿则身陷图圄。广东高等法院于 1946 年 6 月 4 日对徐氏进行了第一次审讯，此次提审并未涉及实质内容，只简单问话而已。对于广东高等法院的指控，徐伟卿具状逐一辩驳：

（一）关于其在澳门商会暨镜湖医院主席任内侵吞公款一节。澳门商会与镜湖医院负责证明，徐氏任内并无侵吞公款情事，且已交代清楚。1941 年澳门中华总商会改选换届时，徐氏未蝉联主席一职，概因澳门政府认为徐氏任内，各项措施未能与澳门政府取得协调且常有收回澳门之言论。澳葡当局对此深表不满，乃于改选时暗示各界勿再选举其担任主席，但票至中途，选举徐氏票数几占全数而反对徐氏者借口澳门政府对其不满，提出按照澳门政府推荐的商会主席候

---

①《外交部驻澳门专员公署函》，《广东高等法院特种刑庭裁定逃亡汉奸钟亦吾、高可宁等四名财产案》，广东省档案馆藏，文件号：7-1-408。

②《外交部驻澳门专员公署致广东高等法院检察处函之郑介民证明》，《广东高等法院特种刑庭裁定逃亡汉奸钟亦吾、高可宁等四名财产案》，广东省档案馆藏，文件号：7-1-408。

③ 前开法条为《惩治汉奸条例》第二条第一项。参见《最高法院为高可宁不服汉奸案批稿》，《广东高等法院特种刑庭裁定逃亡汉奸钟亦吾、高可宁等四名财产案》，广东省档案馆藏，文件号：7-1-408。

④《广东高等法院检察官意见书》，《广东高等法院特种刑庭裁定逃亡汉奸钟亦吾、高可宁等四名财产案》，广东省档案馆藏，文件号：7-1-408。

选名单选举。徐氏认为澳门当局如此态度，就算继续当选，将来业务推进必遇阻碍，遂表示退出。而各界也以商会主席与当地政府接触频繁，倘违背当地政府意旨选任惟人，恐影响侨商生意，以致不得不委曲求全。至于国民政府侨委会副委员长周启刚抵澳，徐氏报告敌首欲加逮捕似亦与事实不符。周启刚抵澳后，徐氏与梁彦明策动侨胞在商会举行欢迎会乃众所周知，而澳门受敌伪控制系在1941年冬香港沦陷后，1940年下半年周启刚抵澳之时，澳门尚未发现敌人踪迹，倘若徐氏丧心病狂蓄意陷害，自无策动开会欢迎之理，是非曲直一查当可大白。

（二）关于其任商会主席时曾策动华商拥护伪南京政府及悬挂伪旗一节。经中国国民党澳门支部查实称，并无此事。至于其任内命令各团体参加敌人纪念会或庆祝大会，因此引起澳门学生罢课反抗之事。徐氏表示1941年上半年他已辞职去港，其时香港仍未沦陷，澳门未受敌伪控制，当无敌人纪念会或庆祝会举行，即有举行，其事前既已离职，自然再无凭借商会主席名义命令团体参加之权力。

（三）关于其与敌人往来及充任敌高级情报员一节。据中国国民党澳门支部调查，认为徐氏虽曾与敌人往来，但是否负有国民政府地下情报员任务不得而知，至担任敌高级情报员一事，经查各方亦未有迹象可资证信。

（四）关于其收集钨砂、铜仙等资敌一节。徐伟卿声称在澳经营生意计有公昌米店、富昌银号、南粤烟草公司及新嘉宝酒店等，后因生意不前分别倒闭出典，并未经营五金生意。①

此后澳门商会与中国国民党澳门支部均表示，徐伟卿被告汉奸似非事实。徐氏过去任澳门商会主席时，对澳葡政府措施诸多不满。澳葡政府亦以徐氏不能奉承意旨供其利用深为嫉恨，况且徐氏个性颇为耿直，有欠海容，每于稠人广众中面斥人非，以致得罪各方颇多，是否因此招仇尤似堪研究。此外，国民党中央秘书长吴铁城亦转函广东高等法院，表示徐伟卿是受其委托打探澳葡当局政治、金融、粮食各方面政策，后澳葡政府心生怨恨，便利用国民政府搜索汉奸之机行打击报复之事。② 1946年7月8日，徐伟卿以"咯血旧疾因天气炎热复发，困苦不可言状"为由③，向广东高等法院申请，希望法院早日下不起诉处分。次日，广东高等法院再次提审徐伟卿，徐氏称"民做事刚直或开罪于人，最近有澳门差人

---

① 《中国国民党澳门支部执行委员会公函（澳总字第18号）》（1946年7月4日），《该处对汉奸罪证不确之徐伟卿不予起诉处分》，广东省档案馆藏，文件号：7-1-996。

② 《广东省保安司令部政治部公函（强叔秘信字第81号）》（1946年6月19日），《该处对汉奸罪证不确之徐伟卿不予起诉处分》，广东省档案馆藏，文件号：7-1-996。

③ 《徐伟卿刑事声请书》（1946年7月8日），《该处对汉奸罪证不确之徐伟卿不予起诉处分》，广东省档案馆藏，文件号：7-1-996。

与肃奸会中人向民勒索一万元，民不肯给他，因此被他等诬陷"①。7 月 10 日，广东高等法院宣布徐伟卿各项罪名"均无事实可以证明，从而被告犯罪行为缺乏相当证据，合依《处理汉奸案件条例》第一条、第五条，《刑诉法》第二百三十一条第十款为不起诉处分"②。7 月 11 日，徐伟卿即由其妹徐碧华保释出狱。③

除畏罪逃匿华商的资产被国民政府没收充公外，经过抗告，高可宁、傅德荫、徐伟卿、刘星池等华商自证清白，成功摘掉"经济汉奸"的帽子。而国民政府引渡回省的十二名澳门华商中，仅有梁德荣一人被判"经济汉奸"罪名成立。

余　论

澳门华商在战前多数有正当职业，有些甚至是受过高等教育的知识分子，战时生存问题迫使他们考虑与日伪合作的可能性。面对利益诱惑，部分澳门华商徘徊于"民族大义"与"个人私利"之间，难免与日伪发生贸易关系。但这是个体与群体在特定时空下通过互动而形成的特性，对有附敌嫌疑的澳门华商不应秉持"非黑即白"的判定标准。④ 被控为"经济汉奸"的澳门华商与国民政府的司法纠葛，源于国民政府在澳门地区的肃奸活动。国民政府肃奸本意是惩恶扬善，重塑国家正义，但驻澳各机构对澳门逆产的觊觎，使国民党内部派系倾轧公开化，各部彼此算计，肃奸工作一度陷入权力斗争旋涡。澳葡政府对有汉奸嫌疑的澳门华商予以庇护，引渡工作几近停滞。后在国民政府与社会舆论的压力下，澳门当局最终象征性地将十二名被控华商引渡至广州行营。为洗脱"经济汉奸"的罪嫌，澳门华商多方奔走运筹，甚至正面抗告，期望通过法律途径维护声誉。虽然一些澳门华商抗告成功，但名誉始终受损。国民政府本欲通过肃奸重树威权，奈何办案人员在引渡及审判过程中的贪污受贿、中饱私囊等情况反倒为时人诟病。随着国民党军队败退台湾，澳门华商与国民政府的司法纠葛也宣告结束。

（刊《澳门研究》2022 年第 1 期，与陈敏合作）

---

①《广东高等法院检察处侦查笔录》(1946 年 7 月 9 日)，《该处对汉奸罪证不确之徐伟卿不予起诉处分》，广东省档案馆藏，文件号：7-1-996。

②《广东高等法院检察官不起诉处分书（三十年度特不字第 230 号)》(1946 年 7 月 10 日)，《该处对汉奸罪证不确之徐伟卿不予起诉处分》，广东省档案馆藏，文件号：7-1-996。

③《广东高等法院刑事保状》(1946 年 7 月 11 日)，《该处对汉奸罪证不确之徐伟卿不予起诉处分》，广东省档案馆藏，文件号：7-1-996。

④ 侯杰、马晓驰：《抗战后惩治女汉奸的媒介话语解析——以川岛芳子为中心》，《安徽史学》2019 年第 2 期，第 126 页。

澳门华商何贤研究述评

何贤（1908—1983），广东番禺人，澳门著名实业家、社会活动家，曾任澳门大丰银行董事长、澳门中华总商会会长、澳门立法会副主席、全国政协委员、全国人大代表、澳门镜湖医院慈善会主席、澳门东亚大学校董事会主席等职。商人出身的何贤早年即以突出的商业天赋崭露头角，后成为澳门工商业巨子。在抗战时期和新中国成立后，何贤还凭借其卓越的社交才能多次为澳葡政府和市民化解危机，是澳门社会公认的"华人代表""华人澳督"。他热心教育、慈善、文化、公益等社会事业，以满腔爱澳爱国之心，为澳门经济社会发展、祖国现代化建设作出了重要贡献。何贤在澳门具有崇高的政治地位，享有广泛的社会声誉。对于这样一位威望崇高、影响颇大的著名华商，学界业已展开研究，取得了一定的学术成果。笔者拟就目前视野所及的何贤研究成果进行简要梳理与概述，以期推进何贤研究的深入开展。

1983 年何贤逝世后，学界即着手对其进行研究。但总体而言，20 世纪 90 年代前，除了 1983 年逝世时的集中报道外①，对何贤的研究近乎空白，直至 1990 年赵荣芳撰的《何贤生平》的问世才渐渐改变这一局面。澳门回归前后，作为首任特别行政区长官何厚铧之父的何贤开始受到学界的高度重视，相关研究掀起了一个小高潮，如 1999 年关振东与赵树荣合著的《何贤传》② 由澳门出版社出版；进入 21 世纪，在何贤 100 周年诞辰和澳门回归 10 周年前后，何贤研究又得到了进一步的拓展。迄今，中国国内学界研究何贤的论文（含专访）有近 30 篇，其中 20 世纪 80 年代 2 篇、90 年代 11 篇，21 世纪初 16 篇，还有专著 5 本，内容涉及何贤生平、企业经营策略、政治活动以及作为爱国商人在社会实业、慈善、文教、公益诸领域的贡献，从不同视角对何贤的爱国、爱澳思想及其政商实践进行了初步探讨。

---

① 现笔者收集到的期刊论文有两篇：谢添顺：《深切怀念何贤会长》，《北方棋艺》1984 年第 3 期，第 21 页；陈笠：《澳门银行同业公会》，《中国工商》1989 年第 12 期，第 15 页。

② 关振东、赵树荣：《何贤传》，澳门出版社，1999 年。

一、有关生平传记的研究

　　何贤充满传奇色彩的一生和多领域的贡献，业已成为学界研究的对象。只念过 3 年私塾的何贤 13 岁即出外谋生，16 岁当上掌柜，21 岁与人合办汇隆银号。1938 年 10 月，日军攻陷广州，何贤将银号搬至香港。1941 年 12 月，太平洋战争爆发，香港被日军占领，他转至澳门发展，此后一直留澳创业。居澳期间，他不仅将其事业经营至顶峰，还积极参与解决澳门社会问题，热心发展澳门社会事业，结交社会各界名流，并与他们一道积极参加、支持中国革命和建设，为祖国和家乡的兴盛以及澳门的安定繁荣与平稳过渡作出了重要贡献。

　　对于何贤的这些不凡经历，最早论述的专著是《何贤生平》。该书由何厚铧作序、政协广东省中山市委员会文史编辑委员会出版，是赵荣芳①先生经过两年多的资料收集、深入调查、访问与研究构思出来的成果。作者以 10 个章节叙述"一个热爱祖国、热爱家乡、热心于民众慈善福利事业的社会活动家"的非凡人生，着重从"在澳门创办企业""热心支持文化教育事业""在澳门办慈善事业""排忧解难的鲁仲连""华人的澳督"和"桑梓情谊深"方面，肯定何贤对澳门社会稳定发展和祖国现代化建设的贡献，尤其详细概述了他对祖国现代化建设的贡献。该书还从"四次遇险""处世的风度"两个角度，称赞何贤宽大为怀的人格魅力与以和为贵的处世风范，并在最后一章"永恒的纪念"中谈及何贤成功的家庭因素。全书总结系统，条理清晰，叙述简略，但书中列举事例多发生在新中国成立后，对于之前何贤的生平事例几乎没有展示和说明，这或许是该书的不足。

　　相比《何贤生平》，另一本传记《何贤传》对何贤的生平事迹有着更为详细的叙述。该书由全国政协副主席马万祺题词、梁披云题签、著名作家关振东与澳门历史学会副理事长赵树荣合著，澳门出版社 1999 年出版。《何贤传》侧重记载何贤一生经历的重要事件，按照时间顺序，以丰富翔实的 18 章内容叙述何贤的传奇人生，同时分析这些经历对何贤成功的影响。虽然该书在系统性上稍逊色于《何贤生平》，但对何贤人生各阶段的叙述却极其详细、完备，尤其对何贤葬礼的详细叙述，"足见他在澳门各界人士心目中的'王'者地位"。《心存祖国　功在社会——喜读〈何贤传〉》一文对此书给予了较高评价：该书不仅"记录了港澳著名爱国者何贤先生波澜壮阔、充满传奇色彩的一生"，还"反映了自 20 世纪

---

　　①　赵荣芳：《何贤生平》，政协广东省中山市委员会文史编辑委员会，1990 年。

30 年代至 80 年代，澳门半个世纪风云变幻的历史"，且"从不同角度刻画了何贤先生伟大的人格，及其崇高的爱国主义精神。具有史料性和可读性，是一部具有较高历史学术价值的著作"。①

关于何贤生平事迹的研究，《何贤传》与《何贤生平》可谓集大成者；研究何贤的论文多借鉴两书，围绕其中内容展开，只是研究侧重点不同。例如，芮立平从"起家""华人代表""澳门最高代言人"到最后的"晚年"入手，侧重叙述何贤一生显赫的社会地位②；吴建升从商业上的"初试身手""一举成名"和发家后的"为民请命""至交柯麟"两个阶段，着重突出何贤爱国实业家的身份以及他为民请命、兼济天下的精神③；吴楠、金华将何贤一生的传奇、命运的转折归结为五个不凡经历："立足澳门""至交柯麟""为民请命""兼济天下"和"后继有人"④；陆蓉则认为何贤作为澳门真正的强人，其"强"主要表现在"鸿记创业大丰扎根""解危困智斗日特务""复兴澳门援助祖国""华人代表深得民心"四个方面⑤。

由上可见，无论是传记性的专著还是专访式的论文，目前学界对何贤生平事迹的研究业已取得一定的学术成果。这些生平事迹研究的共同特点是从澳门的稳定、地位提高和社会贡献三方面概述何贤生平的重要事件，以此突出其杰出才干、人格魅力和爱澳爱国精神。此外，不得不提的一本专著是澳门星光书店有限公司出版的《何贤与我形影的生活》，这是目前为止何贤研究中十分珍贵的回忆录。因该书作者是跟随何贤 28 年的贴身保镖，故此书具有非常重要的史料价值。作者在书中展示了一批其在 1955—1983 年间担任何贤护卫员时所珍藏的珍贵的何贤生活照，着重叙述其受雇的经过、何贤需要护卫的原因以及在保护何贤过程中的方法、所见所闻，披露了许多有关何贤的鲜为人知的事迹，彰显何贤不耻下问、重视诺言、礼贤下士、仁爱、高瞻远瞩的精神，称赞何贤先生"身于荆棘的社会中，踏足于崎岖的道路上，为国家、澳门正义的事业，留下永不磨灭的足迹"，尽管他去世已有 20 年，"可是，昔日他在澳门的光辉，至今仍在人们的心坎中闪耀着"。⑥

---

① 贺朗：《心存祖国　功在社会——喜读〈何贤传〉》，《源流》2000 年第 2 期，第 52－53 页。

② 芮立平：《"华人澳督"——何贤》，《中国人才》1999 年第 11 期，第 30－32 页。

③ 吴建升：《何贤：为民请命兼济天下的爱国实业家》，《晶报》，2008 年 11 月 25 日。

④ 吴楠、金华：　《"澳门王"何贤传奇》，http://style.sina.com.cn/news/2009－06－17/210243315.shtml，2012 年 6 月 6 日。

⑤ 陆蓉：《澳门回归十周年之澳门王何贤：真正强人》，http://news.stnn.cc/hongkong/200912/120091204_1226359.html，2012 年 6 月 6 日。

⑥ 黄子雅：《何贤与我形影的生活》，澳门星光书店有限公司，2005 年。

二、有关商业经营策略的研究

何贤凭借个人的远见卓识、超人胆略和丰富的从商经验，常常能在关键时刻把握商机。在居澳的四十余载生涯中，何贤经历了时局动荡的抗日战争时期和"冷战"时期，却始终保持了其在澳门工商业的稳固地位。作为一名经历独特、天赋异禀的澳门华商，他的商业经营策略逐渐进入学人的研究视野。

《澳门著名实业家何贤的经营策略》一文对居澳期间何贤的商业经营策略进行了较为详备、深入的探讨。论文认为何贤之所以能在"利益错综复杂、各种势力彼此消长"的澳门获得成功，使企业继续发展，是因为他具有五种独特的商业经营策略：积极斡旋于各种社会势力之间；官商结合，取得"专利权"；以大丰银行为支柱，构建多元化的家族企业；积极投身社团，扩大影响，为企业服务；投资公益事业建设。论文还简要分析了这些经营策略的三大特点：极力周旋于各种社会势力之间，左右逢源；带有中国传统商人色彩的经营方式；多元文化的影响，视野开阔。以上原因使何贤不仅成功构建起澳门著名的何氏家族企业，而且还为维护澳门社会经济的繁荣稳定以及加强中葡两国经济文化交流作出了重要贡献。论文还注意到其商业经营策略存在的不足：何贤选用掺杂了封建宗派、等级观念意味的家族式企业经营管理模式，何氏家族缺乏一套完整的企业监督制度；何贤过于信任合作伙伴，所以其家族企业未能向企业家族转型，并纳入现代企业开放式经营管理的新轨道。直到经过其子何厚铧的改造，才重新萌发了何氏家族企业发展的生机。[①] 也有学者认为"何贤父子经营金融业务，同时极有远见地选择公益事业作为自己的事业基础，经营有方，深得人心"，其热心公益、沉稳应变，最终取得了事业上的巨大成功。其遗留给后人的经商准则是"干事业选准目标是最关键的"[②]。

三、有关社会政治活动的研究

抗日战争以来，在澳门近半个世纪的风云变幻中，何贤凭借其杰出的才干和善于抓住时机的睿智，逐渐成为澳门社会具有重要政治地位和广泛社会影响的著

---

① 杨小帆、林杨东：《澳门著名实业家何贤的经营策略》，《湘潭师范学院学报》（社会科学版），2003 年第 11 期，第 28 – 31 页。

② 向阳编著：《影响中国的历代名商：影响中国的历代名商的成功法则》，中国致公出版社，2003 年。

名人物，其丰富的社会政治活动成为研究者关注的重点。对政治活动的积极参与、民众纠纷的解决、经济实业的支持、文化教育事业的贡献以及公益慈善事业的热心，是何贤社会政治活动的多个侧面。

何贤与澳门当地政商要人甚至澳督都有着密切的交游，并多次参与化解涉及澳门的政治危机。不仅如此，何贤还与周恩来、廖承志等中共领导人交好，并尽力在战争与和平年代保持澳门与内地的紧密联系。学界一致认为其对稳定澳门社会、加强中葡经济文化交流作出了重要贡献。澳门本身是个"由葡萄牙人、土生葡人、在澳出生的华人居民以及来自中国内地的新移民"组成的"多元族群的移民社会"，加上 20 世纪世界时局的不稳定，发生过不少动乱事件。其中，影响颇大的是 1966 年，"种族问题，导致澳葡当局派出军警镇压，造成 8 人死亡、212 多人受伤"的"一二·三"事件。① 芮立平以何贤调解"关闸事件"、痛斥"一二·三"事件中澳葡当局的罪行等事件为例，充分说明何贤具有"中共代言人"的地位，成为澳葡当局与中国政府沟通的桥梁。何贤原系国民党澳门支部三委员之一，自转向支持中国共产党后，便成为国民党驻澳势力的眼中钉与暗杀对象②。曾珅通过回忆何贤对待行刺凶手的宽容态度，凸显何贤慈悲为怀、气吞四海、广结善缘的气魄③。汪雯、蒋乐进则认为何贤之所以多次遭暗杀，是因为他已成为知名的爱国人士，其根深蒂固的爱国言行深深影响着澳门社会④。对于何贤积极参与政治活动、能远见卓识地转变政治取向的原因，吴跃农认为，这"是与另一个重要级人物有关，这就是地下党员柯麟"，柯麟是对何贤影响最大的人⑤；此外，澳门华商马万祺、柯麟之弟柯正平对其也产生积极影响。李永军还具体介绍了柯麟影响何贤的几件小事，以说明柯麟的高尚品德对何贤思想、政治取向、慈善心怀和社会活动的深刻影响⑥。

何贤对民众纠纷的解决和在经济实业、文化教育事业以及公益慈善事业上的贡献，是其深得人心、为后人认可缅怀的重要原因，也始终是学界研究的重要关注点。不仅与何贤有关的传记论著中对此有详细的叙述，而且在番禺、南海、顺德、佛山等地的地方性文史资料中也有不少详细内容。何贤仗义疏财、乐于助人，是澳门社会善于排难解纷的"鲁仲连""华人代表"。不论是普通老百姓还

① 邵宗海：《澳门的社会结构与族群关系》，《当代港澳研究》2011 年第 1 期，第 95 - 105、133 页；陈广汉、黎熙元主编：《当代港澳研究》（第 3 辑），中山大学出版社，2011 年，第 95 - 105 页。
② 芮立平：《葡占澳门的"华人代表"——何贤》，《纵横》1999 年第 1 期，第 30 - 33 页。
③ 曾珅：《澳门一杆旗》，《敬文》（海外版）2009 年第 2 期，第 63 - 64 页。
④ 汪雯、蒋乐进：《何厚铧之父连遭暗杀的日子》，《人民文摘》2010 年第 6 期，第 48 - 49 页。
⑤ 吴跃农：《柯麟：对何贤影响最大的人》，《党史文汇》1999 年第 12 期，第 33 - 35 页。
⑥ 李永军：《柯麟影响何贤的几件小事》，http：//www. cnlu. net/disp. asp? id = 52032，2012 年 6 月 6 日。

是财团大亨，大家有事都会找何贤帮忙。芮立平认为，正是何贤疏爽、好交游和乐于助人解忧的性格，才使其成为澳门热心的"华人代表"[1]。《番禺日报》[2]刊发文章称赞何贤对家乡农业、医疗、公共设施建设、教育等领域的资助，还积极带动海外华侨投资番禺，认为何贤具有奉献精神和崇高风范，造福桑梓，其爱国爱乡的精神深深影响着禺山大地。许昭德也在文章中肯定何贤作为商人的高尚品格："何贤先生在澳门经商几十年，他不只经商言商，而更重视在商言义。数十年来，他为澳门社会和内地的经济利益和经济发展，甘心做亏本生意。"[3]文中还谈及他为让内地人民了解澳门，非常关心和支持新闻电影事业。谢添顺在缅怀何贤的文章中提及中国象棋事业发展前景，肯定"在何贤领导下，亚洲象棋联合会会务蒸蒸日上"的卓越成绩，称赞其对公益事业的热心及其平易近人、循循善诱的作风[4]。

四、其他方面的研究述评

随着澳门的顺利回归，澳门特区首任行政长官、何贤之子何厚铧逐渐成为学界研究的热点。在研究何厚铧的同时，学者常常不忘论及他与父亲何贤的关系。在相关著作和文章里，有相当多的内容叙述了何贤生平以及对何厚铧的积极影响。如专著《澳门特首揭秘——何厚铧家族传》[5]用36个章节（全书共44章）的内容，按时间顺序考察了何贤生平及其事迹，认为"何氏家族依然是个了不起的家族，何厚铧的父亲依然是个青山一般的人物"，而含着金钥匙出世的何厚铧"从来不把'父荫'当成护身符和炫耀品"，自食其力、奋斗拼搏，还"秉承了父亲的德行——融入社会，不辞辛苦，排难息纷争"。陈冠任撰写的《何氏父子》亦认为在何贤的言传身教下，何厚铧"子承父志，爱国爱澳"，成为"一个锋芒渐露的澳门社会领袖"[6]。此外，一些报纸杂志刊发了李兰妮、吴跃农、冯

①　芮立平：《澳门第一家族——"澳门王"何贤》，http：//www. people. com. cn/dadi/200003/sub-home. html，2012年2月20日。
②　《生命之光常在　何贤精神永存》，《番禺日报》，2011年12月1日。
③　许昭德：　《支持我们工作的何贤、何厚铧先生》，http：//www. cndfilm. com/special/nham/20091218/102100. shtml，2012年6月6日。
④　谢添顺：《深切怀念何贤会长》，《北方棋艺》1984年第3期，第21页。
⑤　吴楠：《澳门特首揭秘——何厚铧家族传》，广州出版社，1999年。该书曾引发争议，此案亦为1999年十大文艺官司之一。
⑥　陈冠任：《何氏父子》，华文出版社，2006年。

植等人的文章①，一致认为何贤严于家教，培育子女有方，他的中国心深深影响着何厚铧，使其能秉承何贤遗风，接过他爱国爱澳之精神与和蔼可亲的待人品格，继续热心于澳门的公共事业和社会事务，为澳门社会经济的发展、澳门公众和祖国人民的福祉，殚精竭虑，不遗余力。因此可以说，何厚铧当选为澳门特区首任行政长官乃众望所归。

五、关于进一步拓展何贤研究的思考

何贤研究始于 20 世纪 80 年代，澳门回归引发学者对澳门以及澳门重要人物的研究热潮。何贤是澳门著名的华商与爱国人士，何贤研究当属此一热潮范围。迄今，学界对何贤的生平、商业经营策略、社会政治活动及对何厚铧的影响诸方面展开的研究已取得一定的学术进展。但总体而言，相对于其他著名的港澳华商，学界对于何贤的总体研究仍较为薄弱，研究视野比较狭窄，研究力度远远不够，研究空间仍有待进一步拓展。

其一，目前何贤研究的最大问题就是史料不足。何贤本人及其至亲好友留下来的一手文字资料几乎没有，仅有的一手资料为黄子雅的《何贤与我形影的生活》；现存的研究成果多取材于此书及《何贤生平》等后人为其撰写的生平传记、澳门通史类著作等二手资料，而且在这些二手资料的内容中，对于新中国成立之前，尤其是何贤在澳门发家之前的记载少之又少。因此，史料不足是如今学术界研究何贤存在的最大困难，限制了何贤研究的突破性进展。可见，推进何贤研究的当务之急就是挖掘和整理史料。研究者须从澳门的政府机构、中华总商会、银行机构等政治、经济、文化组织的史料记载和番禺、广州等地区的档案中翻寻相关史料，不遗余力地挖掘当时的报纸，何贤重要的朋友和亲人的回忆录、日记等一手资料，同时可利用和借鉴澳门当地健在普通民众的口述史料。

其二，研究论述数量较少，内容单一，专著多为文学传记、回忆录文章。虽然何贤是现代澳门的著名华商，其子为澳门特区首任行政长官，何氏家族在澳门

① 李兰妮：《父子两代澳门情——第一任澳门特区行政长官何厚铧的传奇故事》，《中国经贸导刊》1999 年第 11 期，第 43 页；王学信：《濠江潮涌　粤海情浓——记澳门特别行政区行政长官何厚铧先生》，《海内与海外》2006 年第 4 期，第 1 - 7 页；吴跃农：《何厚铧——继承父亲对祖国的情》，《中州统战》1999 年第 5 期，第 8 - 10 页；高原：《禀赋先父精神的澳门特首——何厚铧采访记》，《福建党史月刊》1999 年第 11 期，第 3 - 5 页；世文：《何厚铧和他的父亲》，《世界文化》1999 年第 4 期，第 25 - 27 页；廖燕群：《何厚铧的中国心和澳门情》，《纵横》1999 年第 12 期，第 13 - 14 页；雪岩：《澳门特首何厚铧及其家族》，《内蒙古理论统战研究》1999 年第 3 期，第 4 - 5 页；冯植：《澳门特首与南海的亲缘》，《中国绿色画报》2004 年第 10 期，第 31 页。

具有举足轻重的地位，但关于何贤的整体研究并不多。从上述综述可见，与之相关的专著只有 5 本，专访、论文近 30 篇，该状况与其历史地位是不相称的。个人传记的内容夹杂了较多文学加工，难免失真，或有夹杂个人情绪的描述。在近 30 篇论文中，少有严谨的论文，大多为回忆性的文章或专访，尚不能称之为严格意义上的学术论文，且研究分散，各行其是。尽管对何贤的政治活动、商业经营、社会事业建设等方面有所涉及，但多流于表面，不够深入，且有内容观点重复的现象，内容大多借鉴《何贤生平》和《何贤传》这两本传记。对何贤的研究尚未有全面、系统、严谨的研究论著问世。

其三，在研究层面上较少关注其经营思想与实践。关于何贤的研究多突出其对澳门华人、政府与家乡的贡献，较少涉及其在商业领域的贡献和经营思想。何贤不仅是一位著名的社会活动家，也是一位成功的商人。在一个局势动荡、金融市场风云变幻的工商社会，他以其独特的金融思想和策略，迅速拓展了澳门金融市场的一片天地。对于何贤这些成功的商业活动，在以往的学术研究中仅列举事例，较少深入分析原因和探讨其商业思想特点。新中国成立后，澳门社会各种势力交相存在，何贤却能谋求其产业的顺利发展。对此，之前的研究中，仅有杨小帆、林杨东的论文有详细分析，至于何贤对澳门社会经济发展的具体贡献，几乎没有涉猎，这方面的不足与相关的史料缺乏大有关系。对于何贤经营大丰银行等经济方面的史料，内地并不多见。相关的史料散见于澳门档案、报纸、文集、笔记当中，需要研究者细致搜集并整理。

其四，在研究视角上，没有把何贤作为著名华商进行个案研究。"从一定意义上讲，澳门社会就是一个社团社会"，其中 "中华总商会是跨越整个澳门工商界各行各业的社团"。① 何贤作为澳门中华总商会会长，作为 20 世纪 40—50 年代以来澳门最具代表性的华商，其影响范围不仅涉及整个澳门的政治、经济、社会生活诸方面，最重要的是必然会影响到澳门华商、澳门华人社会的政治取向、社会心理等方面。因此，从华商的角度对何贤进行个案研究，开拓对其企业经营、社团功能、现代澳门华商群体、现代澳门华人社会等多方面的研究，加深研究力度，有助于更好地认识澳门社会华人人口占多数以及华商主导经济的特殊性，更深刻地理解华商在澳门发展及华人社会中的重要性。而已有的相关研究仅简单记载了何贤参与的实业活动和社会政治活动，深入的研究较少，且多为孤立的个体研究，尚未将其纳入华商家族、澳门华商群体与澳门华人社会的视角，分析何氏家族对澳门社会多方面的积极贡献。

---

① 刘祖云：《澳门社团政治功能的个案研究》，《当代港澳研究》2010 年第 1 期，第 179 – 199、205 页；陈广汉、黎熙元主编：《当代港澳研究》（第 2 辑），中山大学出版社，2010 年，第 179 – 199 页。

　　总之，以往的研究业已表明，何贤研究尚有很大的学术空间。20 世纪 40 年代以来，何贤在维系澳门的政治社会稳定，推进澳门的经济发展、社会事业建设乃至华人社会的和谐进步、中国内地经济发展诸方面都作出了重要贡献。展现这样一位在近现代澳门社会发展和新中国成立、建设中的著名华商的所思、所想、所为，不仅有助于推进何贤研究的深入发展，亦有助于丰富对澳门华商群体的整体了解和认识，从侧面呈现澳门社会在 20 世纪政治格局大变动、经济迅速发展以及文化交流频繁的背景下的变迁和时代风貌。

（刊《当代港澳研究》2013 年第 2 期，与胡芸合作）

柯麟研究的进展与展望

柯麟（1901—1991），广东海丰人，身兼红色医生、革命志士、医学教育家、社会活动家等多重身份。他的一生曲折传奇，早年参加反袁斗争、北伐战争和广州起义，自1928年起投身隐蔽战线，转赴上海、沈阳、厦门、香港、澳门等地从事地下工作长达24年。历任澳门镜湖医院院长、镜湖医院慈善会副主席与名誉主席、澳门南通银行董事长、广州中山医学院院长兼党委书记、中共广东省委委员、广东省科协主席、卫生部顾问、全国政协常委兼医药卫生组组长、暨南大学董事会副董事长等职。在革命事业、医学教育领域以及促进澳门与内地的联系交往方面贡献良多。20世纪80年代以来，柯麟研究开始受到学术界重视，1999年澳门回归前后及柯麟一百周年诞辰之际，关于柯麟的研究掀起了一个小高潮，相继推出一批成果和论著。笔者拟从革命志士、医学教育家、社会活动家等层面对柯麟研究进行梳理与评述，并在此基础上提出一些思考。

一、作为革命志士的柯麟

柯麟是一个"世纪传奇"，苦心"潜伏"了24年，为革命事业作出了重要贡献。这一段特殊经历，备受学术界瞩目，柯麟研究也由此进入学者视野。

1927年大革命失败后，面对腥风血雨的严峻局势，中共中央从汉口迁到上海。为了保卫党中央和领导人的安全，成立了党中央的政治保卫机关中央特科。正在上海避难的柯麟参加了特科工作，利用医生身份做掩护，为革命同志提供避难所。柯麟和贺诚两人在上海法租界开设了一间小诊所，《柯麟：我的地下党岁月》一文回忆了他们在"小诊所掩护中央领导开会"的事迹。① 王勇、傅伟韬在《中央特科红色铁拳惩治叛徒纪实》一文中叙述了三件中央特科惩治叛徒的事件，其中第三件是柯麟参与惩治叛徒白鑫。② 与王勇、傅伟韬的叙述相比，王增

---

① 《柯麟：我的地下党岁月》，《南方都市报》，2010年1月12日。
② 王勇、傅伟韬：《中央特科红色铁拳惩治叛徒纪实》，《文史春秋》2001年第6期，第49－53页。

勤在《周恩来与"东方第一谋杀案"》一文中更加详细地叙述了惩治叛徒白鑫的过程。① 蔡楚标、刘汉升在《黑云压城志不催：小记共产主义战士柯麟》中讲述了 1929 年柯麟在上海协助中央特科惩治叛徒白鑫和 1931 年柯麟在香港帮助时任中共广东省委军委书记李硕勋转移到海南的两件事情。② 虽然当时的局势犹如黑云压城，但柯麟对革命事业矢志不移，以睿智谨慎出色地完成了党交托的任务。《"红色医生"柯麟的潜伏人生》一文论述了柯麟地下工作的四件动人事迹："参加特科工作""药房行医引叛徒""营救李鹏父亲""帮助叶挺重回组织"。③ 曾朝明在文中提道："柯麟还保护了许多著名的革命家、党的干部和革命后代。李硕勋、赵君陶、李鹏、彭士禄（彭湃之子）、叶楚梅（叶剑英之女）、叶正大（叶剑英之子）等先后都在其家里看病和居住休养。"④ 除了参与惩奸除恶，为革命同志提供庇护，柯麟还尽可能地利用其医生身份和社会关系，积极为革命作贡献。加入镜湖医院后，柯麟"将医院发展成中共在澳门的交通站和支援中心"。⑤《柯麟在澳门》一文中就提到，抗战时期宋庆龄、邹韬奋等三百多名文化名人到香港、澳门避难，廖承志、柯麟具体负责文化名人的保护工作，"柯麟亲自护送的爱国民主人士和文化名人有梁漱溟、范长江、夏衍、蔡楚生、金山等。留在澳门的叶挺家属、孙中山原配卢夫人、彭湃的母亲等，都由柯麟一一照料，并进行医疗护理"。郑润培简要叙述了柯麟借助镜湖医院组织"青年战地救护团"、秘密救治中山五桂山等地游击队员、抢救文化名人等事迹。⑥ 1949 年冬，广州、中山等地相继解放，广东急需粮食支援参加解放海南、广西的部队，叶剑英致函柯麟，要求按时完成粮食输送任务，柯麟请何贤、马万祺协助柯平（柯麟之弟）具体操办，顺利完成军粮的筹措和运输任务。⑦《叶剑英情系澳门》一文还提到，解放战争期间，有解放军战士受伤，被送到镜湖医院，柯麟不仅精心治疗、照顾，还组织慰问团把他们送回广东。柯平（柯正平）也积极参与其事，柯氏兄弟组织澳门华商一起为党组织运送弹药、粮食、药品等紧缺物资。⑧ 1949 年 10 月，新中国成立的消息传到澳门，柯麟不顾澳葡当局禁令，在家里和镜湖医院升起五星红旗。⑨《柯麟：悬壶济世良医意　救国忧民志士心》一文表彰了柯麟在

① 王增勤：《周恩来与"东方第一谋杀案"》，《共产党员·下半月》2010 年第 10 期。

② 蔡楚标、刘汉升：《黑云压城志不摧：小记共产主义战士柯麟》，《广东党史》1997 年第 1 期，第 37 – 40 页。

③ 黄瑾瑜：《"红色医生"柯麟的潜伏人生》，《广东党史》2012 年第 4 期，第 74 – 76 页。

④ 中国人民政治协商会议广东省惠州市委员会编：《惠州文史》（第 10 辑），2020 年，第 184 – 185 页。

⑤ 吴树桑：《济民报国：抗战时期的澳门镜湖医院》，《抗战史料研究》2014 年第 1 期，第 100 页。

⑥ 郑振伟编：《澳门教育史论文集》（第 2 辑），中国社会科学出版社，2012 年，第 235 – 236 页。

⑦ 吴跃农：《柯麟在澳门》，《老年人》1999 年第 12 期，第 22 – 24 页。

⑧ 范硕：《叶剑英情系澳门》，《百年潮》1999 年第 12 期，第 4 – 10 页。

⑨ 谭肖钦：《红色医生柯麟的潜伏人生》，《医师报》，2010 年 11 月 18 日。

1949 年 11 月 "两航起义" 中立下的奇功。① 以上简要列举柯麟研究中关于革命志士的描述与评价，不难窥见柯麟为中共的隐蔽战线所作出的重要奉献，应该说，他是中共地下工作的一面旗帜。

二、作为医学教育家的柯麟

作为一名"红色医生"，柯麟在医学领域的成就长期为世人称颂。柯麟曾任澳门历史最悠久的医疗机构——镜湖医院的首任院长。1951 年后又任中山医学院（现中山大学医学院）首任院长，带领中山医学院迈进辉煌时代。他是医学教育领域的一代宗师，被称为"中山医之魂"，他在医学领域的杰出成就广受学界重视。

吴跃农在文章中肯定柯麟的医术和医德："他对所有病人都一视同仁，认真诊治。他靠自己的医德赢得人们的好评，很快成为受澳门人广泛尊敬的名人。"② 穆欣认为，是柯麟将一家原本很简陋的镜湖医院办成了澳门规模最大、设备一流、管理上乘、医疗水平最高的医院。③ 王学信在报道中提到柯麟与马万祺主持镜湖医院，"使该院焕然一新，大幅度地改善了该院留医、接诊条件及赠医施药之水平"④。柯麟积极参加镜湖医院的公益活动，为了将全部精力投入医务工作，放弃了自己的私人诊所。为了将镜湖医院建成一间现代化的综合医院，柯麟付出了很多努力。《抗战时期的澳门镜湖医院》一文详细论述了柯麟参与改革镜湖护士学校、担任澳门中国青年救护团训练部部长、参加镜湖医院西医顾问团、为争取平等的医权（西医手术权利）不惜辞职的事迹。⑤ 1946 年，柯麟成为镜湖医院首任院长，"上任后，柯麟不顾澳葡当局的无理规定，在镜湖医院建立起内科、外科、小儿科、妇科等专科，各科都设有主任。柯麟还考虑以不同的收费解决医院的经费来源。经过柯麟和医院同仁的努力，镜湖医院从昔日的简陋，一跃变为正式以上规模。柯麟还被推选为镜湖医院慈善会的副主席"⑥。1951 年，柯麟从澳门回到广州担任中山医学院院长。曹斯、何超重点论述了柯麟与中山医学院的三段不解之缘：巧化门户之见，力促三校合并；勇立"三基""三严"，筹建专

① 曹斯、何超、李绍斌：《柯麟：悬壶济世良医意　救国忧民志士心》，《南方日报》，2013 年 5 月 15 日。
② 吴跃农：《柯麟——一位特殊的医生在澳门》，《党史纵览》2005 年第 4 期，第 42 页。
③ 穆欣：《一代名医柯麟的传奇生涯》，《世纪》2002 年第 7 期，第 30 页。
④ 王学信：《丹心昭日月　肝胆两昆仑——记全国政协副主席、澳门中华总商会会长马万祺先生》，《海内与海外》2005 年第 7 期，第 9～14 页。
⑤ 吴树桑：《抗战时期的澳门镜湖医院》，《日本侵华史研究》2014 年第 2 期，第 73－79 页。
⑥ 《濠江版〈潜伏〉：柯麟传奇》，《南方都市报》，2010 年 1 月 7 日。

科医院；"文革"被斗不记恨，八十高龄重返中山医。① 李小梅认为，柯麟"在新中国的医学教育战线上，按照科学发展的规律办学，创造了一套管理医学高等院校的有效办法"。她在文中总结了柯麟在中山医学院采取的诸多措施，如实行"废科建组（室）"，开展"劳卫制"的体育锻炼，展开对医学遗产的研究和运用。② 刘李云细述柯麟在中山医学院的贡献：将中山、岭南、光华三个医学院合并，改变过去广州医学教育不成体系、效率低下的局面；竖起"八大教授"的牌子，团结和重用一批德高望重的教授；贯彻"三基三严"的教学原则，强调技能与德行并重。③ 刘希正简要梳理了1951—1984年柯麟在中山医的业绩，包括他对创办暨南大学医学院和华侨医院的大力支持，赞誉其"一代宗师，流芳百世"。④ 肖班总结了柯麟办学的两大特色：一是尊重知识，尊重人才；二是坚持实事求是的路线，称他是"知识分子的知心人"。⑤ 由于柯麟的不懈努力，中山医学院声誉远播，蜚声中外。刘巍认为，柯麟和周寿恺的合作点亮了中山医学院这座华南地区最亮的医学灯塔。⑥ "柯麟为中国医学教育事业发展倾尽了全部的心血"⑦，柯麟的学生黄洁夫更是称赞："柯麟的廉洁、春风化雨，以及无私奉献的精神将铭记在心。"⑧

三、 作为社会活动家的柯麟

柯麟是著名社会活动家，他一生交友无数，在澳门华人社会颇具影响力。迁居澳门不久，即凭借高超的医术和侠义奉献精神赢得了社会的认可和市民的赞誉，并因此结识何贤、马万祺等华人领袖，以名医身份跻身澳门上层社会。同时，柯麟与叶剑英、叶挺、彭湃等有着深厚的友谊。广泛的社会交往不仅对他自身事业有着重大影响，更促使他集中力量完成医疗与革命任务，服务社会。柯麟的社会交往活动是研究者关注的重点。

有论者认为，"柯麟是串联三大家族的纽带"，"最早参与澳门政治活动，将

---

① 曹斯、何超：《柯麟：中山医学院的"一代宗师"》，《南方日报》，2013年5月15日。
② 李小梅：《柯麟办学思想》，《中山医学报》，2008年4月10日。
③ 刘李云：《柯麟：中山医之魂》，《中山大学学报》（医学科学版）2010年第6期。
④ 刘希正：《一代宗师 浩气长存——中山医科大学院长柯麟业绩回顾》，载广东省政协文化和文史资料委员会编：《广东文史资料》（第86辑），广东人民出版社，2010年，第18-21页。
⑤ 王秀柔、周新宇主编：《星光灿烂》，科学普及出版社，1990年，第415-418页。
⑥ 刘巍：《1964年中山医学院医学教育的基石》，《中国医院院长》2009年第19期，第37-39页。
⑦ 《我校举行中山大学医科创建145周年暨纪念柯麟院长诞辰110周年座谈会》，《中山大学报》，2011年11月。
⑧ 黄洁夫：《柯麟精神推动医疗》，《澳门日报》，2011年10月29日。

三大家族串联在一起的人，是前上海中共中央特委成员柯麟"①。吴跃农在《柯麟：对何贤影响最大的人》一文中详细叙述了柯麟与马万祺和何贤的结识过程，1946 年，得到何贤和马万祺的大力帮助，柯麟成功当选为镜湖医院首任院长，后镜湖医院成为中共在澳门的地下交通站。何贤曾公开说过："影响我最大的，是澳门镜湖医院的院长柯麟。"② 王斌在文中提到柯麟与何贤的交往："柯麟的为人令何贤钦佩不已。"③ 林亚林简要记述了马万祺支持柯麟任院长与柯麟协助马万祺、何贤掌握中华总商会和中华教育会大权这两件往事。④ 吴跃农在文中提到，柯麟经常将我党关于澳门工作的指示精神传递给马万祺、何贤，与他俩研究有关澳门的许多问题，如工商百业、慈善赈济、文化教育以及政治动态等，要求他俩着力关心澳门的民生和澳门社会的稳定，并加强沟通中葡关系。⑤ 谢常青记述了柯麟与澳门各界人士策划庆祝新中国成立大会之事。⑥ 马万祺曾赋诗一首表达两人的深情："悬壶济世良医德，救国忧民志士心。有幸逢君争早晚，难能相遇论当今。"⑦ 范硕在文中重温"柯氏兄弟与叶剑英在漫长的岁月中结下的真挚友谊，像三棵永不凋零的常青树，根深枝茂，屹立于高山之巅"⑧。"文革"期间，柯麟受到"四人帮"的迫害，马万祺毫不避嫌为柯麟奔走，《爱国儒商马万祺》一文中细述 1967 年春，马万祺夫妇悄悄看望柯麟一家，柯麟激动得热泪盈眶。⑨ 对于柯麟的遭遇，马万祺悲愤不已，曾写下一首七言律诗《真理难移》："'文革'迫害老干部，柯麟变作鬼蛇神。砌词迫害无由述，实据鸣冤把义申。"⑩ "尽管自己也身处逆境，叶剑英还是想方设法保护柯氏兄弟。"⑪ 柯麟与叶剑英自 1924 年相识，患难与共，情谊深厚，他对叶剑英感慨道："要不是您的保护，说不定我早就不在人世了。"⑫ 穆欣在文中叙述了著名的"农民王"彭湃与柯麟的至交之谊，青年柯麟正是在彭湃的影响下才走上革命道路的。⑬ 叶挺称他为"家庭的保健医生，也是最信任的人"，梁谦义在文中回忆了"柯麟与叶挺将军的一

① 《花絮柯麟：串联三大家族的"纽带"》，《今古传奇》（人物）2011 年第 2 期，第 79 页。
② 吴跃农：《柯麟：对何贤影响最大的人》，《党史文汇》1999 年第 12 期，第 33 页。
③ 马海涛主编：《中华慈善大典》，中共党史出版社，2010 年，第 154 – 155 页。
④ 夏泉、董锦编：《马万祺研究资料汇编》，暨南大学出版社，2013 年，第 23 – 24 页。
⑤ 吴跃农：《柯麟：对何贤影响最大的人》，《党史文汇》1999 年第 12 期，第 35 页。
⑥ 夏泉、董锦编：《马万祺研究资料汇编》，暨南大学出版社，2013 年，第 225 页。
⑦ 马万祺著，谢常青笺释：《马万祺诗词选》，暨南大学出版社，1994 年。
⑧ 云香编：《叶剑英》，四川人民出版社，1993 年，第 390 页。
⑨ 叶子：《爱国儒商马万祺》，《红广角》2010 年第 7 期，第 44 页。
⑩ 黄子云：《赤子深情写春秋——马万祺诗词佳话（下）》，《党史文汇》2002 年第 8 期，第 22 – 23 页。
⑪ 范硕：《叶剑英对澳门一往情深》，《协商论坛》1999 年第 12 期，第 38 – 41 页。
⑫ 纪学：《叶剑英元帅》，解放军文艺出版社，2007 年，第 331 页。
⑬ 穆欣：《一代名医柯麟的传奇生涯》，《世纪》2002 年第 7 期，第 26 页。

段不平凡的革命友谊"①。

四、 关于进一步拓展柯麟研究的思考

围绕柯麟的生平、地下工作经历、医学领域的贡献、社会交往等方面的研究，已取得了一定成绩，但总体研究还很薄弱，研究力度不够，有待进一步拓展。笔者认为，可以从以下几个方面入手：其一，需要进一步搜集整理史料。柯麟及其亲友留下的一手资料不多，部分一手文字资料散见于卷帙浩繁的历史档案，旧报刊，广州、澳门的地方史、革命史等资料中，如《广东文史资料》《革命史资料》《华侨报》《镜湖医药》《澳门镜湖医院慈善会会史》等。既有的研究成果多借鉴《柯麟传略》《红色医生教育家——柯麟传》等传记及广州的地方史、澳门通史类等资料，这些资料中对于柯麟的后半生记载较少。史料不足是制约深入研究柯麟的最大障碍。为了推进柯麟研究，有必要从澳门和广州的档案、报刊，柯麟的亲友的回忆录、日记、口述史等入手，加强挖掘整理。其二，需要进一步拓宽研究领域，提升研究深度。已有的关于柯麟的研究论著，数量少、内容单一，且多为回忆录文章，某些文章还不能说是严格意义上的学术论文，且论题多有重复，如大多将关注重点放在叙述澳门"潜伏"经历或 1951 年后执掌中山医学院的历程，对柯麟青年时期的经历，转战沈阳、厦门、香港的历程，"文革"时期的遭遇，与澳门普通民众尤其是病人的交往等方面的研究还较少。已有的成果虽然涉及柯麟生平的各个方面，但分析不够深入。关于柯麟的研究应该更加系统、细致，他的前半生、后半生，他的多重身份应该放在不同的社会背景和社会心态下，予以动态的考察以拓宽研究视角。其三，进一步丰富研究方法。柯麟是一名革命志士，也是一位医学教育家，还是一个社会活动家，他的多重身份决定了其研究的丰富性与复杂性，不能采取单一的视角观照，可以采取跨学科的研究方法，如从心理学的角度来分析历史人物的心态、动机、行为等，全面把握研究对象。

柯麟是中国近现代史尤其是澳门历史上的一位重要人士，在中国革命、建设事业与澳门的社会发展、澳门与内地之间的互动关系诸方面有着重要影响，展现这样一位传奇人物的所思、所想、所为，不仅有助于推进柯麟研究的深入拓展，也有助于了解中共隐蔽战线的细节，加深读者对 20 世纪复杂时局和澳门时代风貌的了解与认知。

（刊《澳门研究》2015 年第 3 期，与刘诗悦合作）

---

① 梁谦义：《柯麟与叶挺的革命友谊》，《中山大学报》，2009 年 12 月 8 日。

试论"活菩萨柯医生"柯麟的医学生涯与成就[*]

柯麟是澳门镜湖医院首任院长、澳门市民怀念至今的"活菩萨柯医生"、中山医学院的"一代宗师",对澳门乃至新中国的医学事业作出了重要贡献。他还是对何贤"影响最大的人"[②],是马万祺的至交,叶挺称他为"家庭的保健医生,也是最信任的人"[③]。2021年是著名医学教育家和社会活动家柯麟120周年诞辰,对这样一位经历传奇、声誉卓著的历史人物的医学生涯及成就进行探讨,无疑具有一定的现实意义与学术价值。而目前学界对柯麟的深度研究相对薄弱,突出成果较少,侧重于两点:一是从叙事性出发呈现其中共地下工作经历;二是从整体性出发阐述其人生轨迹。[④] 本文拟聚焦柯麟的医学生涯与成就,特别是担任澳门镜湖医院首任院长的史绩,分早期革命时期、澳门时期、广州时期三个阶段,展现其济世救人的博大情怀、崇高无私的宗师风范,以及一代医学教育家的传奇人生。

一、早期革命时期(1920—1935):从医学生到革命医者

柯麟(1901—1991),原名柯辉萼,出身于广东海丰一个工商业者家庭,中学时代就与彭湃结识,受"五四"思潮熏陶。1920年,柯麟以公费生身份考入广东公立医科专门学校,成为一名医学生。读医期间,他积极参与学生运动,加入共青团及其直接领导下的进步组织新学生社,随后加入中国共产党。

1926年夏,柯麟进入广东大学附属医院(博济医院)工作。1927年,广州"四一五"事变时,柯麟帮助当时中大党员负责人徐文雅(徐彬如)化装逃走。4月20日左右,柯麟与李汉超、蔡孟康从香港坐船到上海,再转武汉。当时,

———————————

* 本文在资料搜集方面获得冯翠博士、刘诗悦硕士协助,谨此致谢。

② 吴跃农:《柯麟:对何贤影响最大的人》,《党史文汇》1999年12期,第33页。

③ 曹斯、何超、李绍斌:《柯麟:悬壶济世良医意 救国忧民志士心》,《南方日报》,2013年5月15日。

④ 笔者曾在《澳门研究》2015年第3期发表《柯麟研究的进展与展望》一文。

湖北区委负责人欧阳钦介绍他前往叶挺教导大队当军医，调任第四军医务主任。① 因此柯麟参加了北伐战争，成为一名军医。1927 年 12 月广州起义失败后，柯麟、叶剑英等撤退到香港。

1928 年夏，柯麟前往上海参加中央特科，投身隐蔽战线。他先后开办德星医院、达生诊所、五洲药房，"以医生为职业，兼任上海地下党组织的交通"②。1928 年秋，与贺诚在上海威海卫路开设德星医院，做掩护工作，当时中共中央政治局每星期在医院开一次会；1929 年 7 月，在上海北四川路开设五洲诊所，一面医病，一面做联络工作。③ 他还参与中央特科营救彭湃及惩处叛徒的行动，④身份暴露后，1929 年 10 月，柯麟转赴沈阳，不久后又在厦门与李汉超共同开设医院，挂牌行医四个月，从事地下工作。李汉超被捕后，柯麟于 1930 年携妻子陈智英来到香港，开办南华药房挂牌行医，"成为广东党组织的秘密交通站，后来也是八路军驻港办事处的秘密联络点之一"⑤。不过其只与李少石（中央驻香港交通总站负责人）联系，没有与地方人员联系，所以一直没被发现，⑥ 这才在香港稳住了根基。

在早期革命生涯中，柯麟从一名不断要求进步的医学生一步步成长为一名经验丰富的从事隐秘战线工作的共产党员。这一时期，柯麟的行医地点因革命形势严峻而频繁更换，每次驻留的时间不长，更多的是在掩护与转移同志等，其本人亦几经辗转，才终于在香港有了稳定的从事医学的根基。

二、 澳门时期 （1935—1951）：
从悬壶济民到担任镜湖医院首任院长

1935 年，柯麟按照潘汉年（中共香港秘密工作领导人）指示，转赴澳门工作，在澳门潜伏、行医近 17 载。柯麟赴澳门，在他的医学履历上添上了最精彩

① 柯麟：《参加革命运动的回忆》，中共广东省委党史研究室编：《广东党史资料》（第 21 辑），广东人民出版社，1993 年，第 17 页。
② 中国人民政治协商会议全国委员会文史资料研究委员会、《革命史资料》编辑部编：《革命史资料》（17），中国文史出版社，1987 年，第 17 页。
③ 柯麟：《参加革命运动的回忆》，中共广东省委党史研究室编：《广东党史资料》（第 21 辑），广东人民出版社，1993 年，第 18 页。
④ 岳先、秦少智编著：《虎穴龙潭》，群众出版社，2003 年，第 79 - 82 页。
⑤ 中共广东省委党史研究室编：《谭天度纪念文集》，中共党史出版社，2002 年，第 15 页。
⑥ 柯麟：《参加革命运动的回忆》，中共广东省委党史研究室编：《广东党史资料》（第 21 辑），广东人民出版社，1993 年，第 18 页。

的一笔，其医学生涯在澳门大放异彩。

因特殊的位置和形势，当时的澳门局势非常复杂，各种势力活跃其间。柯麟先在板樟堂前街开设一家小诊所，称南华医社。他的医术高超且诊费很低，有时甚至分文不收，免费为人看诊，因此许多人慕名前来请他治病，尤其是一些工人、渔民、苦力等贫苦病患，"一时间，他成了澳门的新闻人物，口口相传，赞声遐迩。他走在街上，经常遇到陌生人向他问好或点头致意，天真的孩子在他面前更是欢喜雀跃，亲热异常"①。南华医社因此有了立足之地，影响也越来越大，柯麟也成为澳门民众交口称赞的"活菩萨柯医生"。

是时澳门医疗条件很差，官方医院均由澳葡政府设立，一些大的诊所也由私人开设，收费昂贵，只有一间慈善平民医院，即镜湖医院。但该院经费匮乏、医护人员少、设备简陋，根本无法容纳众多穷苦病人。为了更好地完成使命，柯麟加入了镜湖医院，从义诊兼职医生开始做起，最终成为该院首任院长，并以该院为掩护拓展中共地下工作。

1936年始，柯麟成为镜湖医院的兼职医生，每天抽出半天时间到镜湖医院免费义诊，为此耽误了诊所的生意，全家的生活受到很大影响，但他认为："有钱人确实不一定要到我这儿来看病，而我不去镜湖医院，贫苦大众有病怎么办呢？"② 由于各种条件限制，镜湖医院护士学校无法满足医院护士提高业务水平的需求，他便主动提出为护士们义务授课。

在镜湖医院工作期间，柯麟一直致力于改善镜湖医院的软硬条件。1938年10月，抗战烽火波及华南，随即广州沦陷，1941年12月，太平洋战争爆发，香港被日本占领。此时处于"中立"状态的澳门成为华南"唯一的净土"，全国各地大批民众来澳门避难，柯麟意识到这是发展镜湖医院的良机。当时，一些广东、香港的医务人员陆续迁居澳门，其中不少是柯麟在广东公立医科专门学校的同学或老师，柯麟热心为他们提供帮助并将这些医护人才组织起来，于1940年11月成立镜湖医院西医顾问团，为以后该院大刀阔斧的改革发展准备了人才条件和组织基础。

1942年，柯麟、马万祺进入镜湖医院慈善会担任值理，柯麟负责医务，马万祺负责财务，他们大力整顿院务，革新医院面貌，使镜湖医院的医疗服务水平大为提升。据记载："1943年留医人数已达七万多，赠诊亦达八万多，达到有院以来最高纪录。"③ 在医院改革过程中遇到的最大障碍是医院没有手术室，华人

①　冯彩章、李葆定：《红医将领》，北京科学技术出版社，1991年，第60页。
②　吴跃农：《柯麟在澳门》，《老年人》1999年第12期，第23页。
③　谢常青著，全国政协文史和学习委员会、广东省政协文史资料研究委员会编：《马万祺传》，中国文史出版社，1999年，第81-83页。

医生没有手术权，因为澳葡当局规定，只有获得葡国执照的医生才有手术权。而当时镜湖医院承担了大量的医疗救济工作，这一规定显然不符合实际情况，同时也是对华人医生的歧视。于是华人西医发起联合行动，以西医顾问团的成员为主，联名要求设立手术室，在柯麟等众多医护人员的积极努力下，1945年4月澳葡当局批准镜湖医院的手术权，"这使得镜湖医院迈向医疗现代化的台阶"①。

柯麟还很关心护士学校的发展，在其奔走下，校舍于1943年得以修建，并聘请了西医顾问团的医生为护士学校义务教学。1945年，柯麟出任护士学校首任校长，在教材、教学管理、学科设立、学制年限等方面进行了系列改革。② 这使镜湖医院和镜湖护士学校朝着专业化的方向发展，成为一所高级护士职业学校。③

1946年，镜湖医院改值理制为董事制，医院实行院长制，由澳门金融巨子林炳炎出任董事会主席，在林炳炎、何贤等人的关心支持下，柯麟成功当选镜湖医院首任院长。④ 镜湖医院形成了以柯麟、何贤、马万祺、林炳炎等为核心的董事会，他们竭力把"镜湖医院办成一所正规化、现代化的综合医院，成为澳门百姓健康的保障"⑤。

柯麟上任后枵腹从公，着手整顿院务。为激发医院员工的社会责任感和荣誉感，他提议在镜湖马路新建一座门楼以纪念孙中山先生（因为孙中山是镜湖医院的第一位西医，开创了镜湖医院西医治病的先河）。由于澳葡当局的限制，镜湖医院长期以来名义上只有一个"中医专科"，这与医院的实际情况不符，也不利于医院的专业化、现代化发展。针对这一问题，柯麟相继在医院设立内科、外科、妇科、小儿科等专科，各科都设有主任。镜湖医院的经费主要来源于澳门各界人士的捐助，为解决经费困难，他"忙着与药房、烟厂和有钱人打交道，为医院药品赊账，为保证运转募捐。医院实在没钱时，他又设法请粤剧名伶为医院做慈善募捐义演，真是用尽浑身解数"⑥。柯麟还在医院设立三种诊室，按高价、廉价、免费三种标准收取诊金，同时还将病房分为头等、二等、三等，其中第三等病房免费供穷苦病人留医。此后，柯麟又陆续提出了十八项建议，如建立X光室、理疗室、检验室；建立产科院，拓展留产所；加强门诊，新建门诊楼、收诊室；改善医院环境，增加留医病室；建立医务分科制度、医师制度；建立护理

① 吴树燊：《抗战时期的澳门镜湖医院》，《日本侵华史研究》2014年第2期，第80页。
② 冯彩章、李葆定：《红医将领》，北京科学技术出版社，1991年，第60页。
③ 刘羡冰：《澳门教育史》，人民教育出版社，1999年，第165页。
④ 吴楠：《澳门特首揭秘——何厚铧家族传》，广州出版社，1999年，第97页。
⑤ 回归颂：《澳门中共地下党人柯麟》，《广西审计》1999年第5期，第35页。
⑥ 王庭槐主编：《百年柯麟》，广东省柯麟医学教育基金会，2001年，第16页。

室，加强业务管理。① "柯麟在镜湖医院连续采取重大步骤，使建院六七十年发展缓慢的镜湖医院，一跃成为一所正规化的大型医院。"②

从 1936 年担任兼职医生义诊起，柯麟服务镜湖医院长达 55 年，其中 1946—1984 年担任该院院长，长达 38 年。③ 好友马万祺称赞他："博爱良医意，丹心照镜湖。功劳四十载，锦绣励前途。"④ 柯麟为镜湖医院作出的贡献，对整个澳门华人社群影响深远，不仅提高了整个华人医院的医疗水平，培养了大批华人医护人员，还在很大程度上促进了华人慈善事业的发展。马万祺赋诗纪念他们在镜湖医院的难忘岁月："扁鹊华佗传妙手，中山医国更医民。镜湖主意施妙慈，濠海心情共济贫。有愧力微难任重，敢随群策致更新。自当赤胆无私干，定把前贤博爱申。"⑤ 柯麟在澳门集医家、教育家、慈善家等声誉于一身，以医学生涯影响到整个澳门社会，尤其在澳门华人社群声望卓著。这一时期，柯麟的医学生涯极大地保障、促进了其革命、统战工作在澳门的进行与发展，是其隐秘工作取得成功的基础。诚如澳门基金会主席吴志良博士所言："柯麟医生在澳门社会影响之深、贡献之大，无疑远远超出了医疗慈善领域。他是澳门爱国爱澳事业重要奠基人和开拓者之一，也是爱国爱澳阵营中最默默耕耘群体的一位杰出代表。"⑥

三、 广州时期 （1951—1984）：执掌中山医学院， 发展新中国医学教育事业

1951 年，柯麟回到广州任中山医学院首任院长，并被推选为中华医学会广州分会理事长，同时仍兼任澳门镜湖医院院长。直至 1984 年退休，柯麟一直服务于新中国的医学教育事业。

上任伊始，柯麟先后派出两组医疗队为参加抗美援朝的志愿军服务。1952 年，全国高等院校院系调整，考虑到当时广州的高等医学教育情况，柯麟提出合并中山医学院、岭南医学院、光华医学院这三家医学院，整合医疗资源。1953、

① 鲁阳：《红色医生教育家——柯麟传》，广东高等教育出版社，1992 年，第 71 - 72 页。
② 冯彩章、李葆定：《红医将领》，北京科学技术出版社，1991 年，第 62 页。
③ 镜湖医院慈善会：《孙中山先生诞辰 150 周年、镜湖慈善会成立 145 周年纪念特刊》，澳门镜湖医院慈善会，2016 年，第 33 页。
④ 马万祺著，谢常青笺释：《马万祺诗词选》，暨南大学出版社，1994 年，第 467 页。
⑤ 马万祺著，谢常青笺释：《马万祺诗词选》，暨南大学出版社，1994 年，第 24 页。
⑥ 吴志良：《濠镜擎天弼　典范贵如一——看〈柯麟医生〉文献纪录片有感》，《澳门月刊》2012 年总第 187 期，第 58 - 60 页。

1954 年，岭南医学院、光华医学院先后与中山医学院合并，成立华南医学院，柯麟担任院长。为化解门户之见，使三校师生尽快消除隔阂，柯麟组织召开多次座谈会，加强交流，共同探讨学校建设，还充分开展思想宣传工作，慎重合理地安排各项人事工作。在柯麟的领导下，三校师生团结协作，华南医学院的教学、科研、医疗等各方面的力量得以明显增强，不少医学教育界的精英聚集于此。1957 年，华南医学院更名为中山医学院，柯麟一直担任院长兼党委书记。

为了将医学院发展为新型的医科院校，培养大批医疗卫生事业人才，柯麟进行了大刀阔斧的改革。在教学体制上，柯麟积极借鉴苏联的经验，推行"废科建组（室）"，将 26 个独立性质的"专科"废除，建立起 33 个教研组（室），教研组的负责人都由著名专家、教授担任，"这种教研组把教学、科研、医疗、师资培养几个方面的工作有机结合起来，成为既有民主集中，又有计划领导的新型集体"[1]。他还推行大班上课与小班实习、集中轮回实习、四级记分、口试制、实习指导书等多项制度。针对医学院的在附属医院存在的派系斗争、管理混乱等问题，柯麟采取了一系列措施，推动医院组织建设，端正医疗作风，提高服务品质，使两所医院的面貌焕然一新。

在教学内容上，柯麟坚持理论与实践相结合的方针，强调医学院教学、医疗、科研三者并重。他大力推动和支援师生开展科研工作，著名寄生虫学专家陈心陶能为防治消灭血吸虫病作出重要贡献，就离不开柯麟的大力支援。1956 年，柯麟还成立了学术委员会，将其作为开展综合性研究的咨询机构。他重视对尖端科学和理论科学的研究，在放射医学、外科手术、针灸机制、消化生理学、流行性乙型脑炎、麻风、疟疾、原发性肝癌、鼻咽癌等疾病的研究和防治工作上都取得不同进展。为培养学生的实践能力，扩大学生的实习基地，柯麟与医学院的领导四处奔走，建立起广州医教卫生技术合作中心，为同学们提供了两千多个临床实习岗位。柯麟还先后组织师生到江门、湛江、海南等地开展以防治冬春季传染病为中心的群众性卫生运动，以及到广东各地进行鼻咽癌和眼病的普查工作等。在教学思想上，柯麟认为在学术上不应当"肯定一切"，也不应当"否定一切"，既要吸收国外先进的东西，也要批判地继承传统医学遗产，汇通中西，融合古今。他还成立了中医研究委员会和祖国医学教研组，在大力培养中医人才的同时派遣西医出国进修，提倡中西结合治疗，推广针灸疗法，发掘大量民间秘方和重要标本。

柯麟强调以"教学为主"的思想，主张在教学过程中贯彻"三基"标准（基础理论、基本知识、基本技能），培养学生的"三严"精神（严肃的态度、

---

① 鲁阳：《红色医生教育家——柯麟传》，广东高等教育出版社，1992 年，第 85 页。

严格的要求、严密的方法），"'三基''三严'成为中山医学院的治学传统，至今仍影响着中大医学教育"①。他还提出了"踏踏实实、勤勤恳恳、刻苦钻研、好学深思、力求上进"的新学风，为培养医德双馨的医护人才尽心竭力。

"大跃进"期间，不少师生都卷入运动，教学秩序被打乱，柯麟则坚持强调生产劳动与教育的适当界限。在全国各地掀起大办高等院校的浪潮时，柯麟主张按照条件的成熟程度，做到有条不紊，不宜一哄而上，在他的影响下，中山医学院湛江分院得以成功开办，并为其他院校提供了资源和经验。在全国课程改革的影响下，中山医学院也考虑进行"一条龙"的课程改革，柯麟提出了四条原则来指导改革，纠正极"左"思潮。柯麟等人的苦心孤诣使学院的教学工作尽可能地遵循着教学规律，"保存了学校的元气"②。

1961年，中央总结"大跃进"的经验教训，制定了"高等学校暂行工作条例60条"，柯麟在贯彻中央方针的基础上，经过研究协商，制定了《中山医学院贯彻高等学校工作条例60条的具体措施（草案）》，其中包括领导体制、教学工作、培养方案等多项措施。为发挥教授、专家们的作用，他着手成立院务委员会及行政会议等其他会议制度，充分发动集体智慧，为中山医学院的发展作出重要贡献。其间，柯麟特别重视师资队伍的培养，"依靠知识分子办学是柯麟办教育的一大特色"。③ 他启用了大批老教师、老医生，汇集了以大名鼎鼎的"八大教授"为代表的众多专家精英。柯麟尽力在工作、生活及政治思想上为教授们创造条件、提供支援，如柯麟推荐陈耀真（著名的眼科专家）担任眼科教研室主任，为他配备助手、安排实验室等。他还经常关心老教授的伙食、居住情况。

在"拔白旗"等政治运动中，柯麟甘冒风险保护一些专家、教授。他特别注意培养中青年教师，为他们创造更多的学习和锻炼机会，如经常派遣青年教师外出进修，引导老教授大力培养、支持鼓励他们的科研工作等。在教育学生方面，柯麟更是不遗余力，他经常到食堂、运动场、宿舍了解学生情况，与他们畅谈理想、学习，经常加入学生活动。"文革"结束后，他以80岁高龄重返中山医学院，继续服务于医学教育事业，还助力暨南大学医学院的创建与发展。

柯麟全身心地投身于新中国的医学教育事业，为新中国培养了大批医学人才，奠定了新中国医学教育的根基，是新中国医学教育的重要奠基人。

① 吴承学主编：《山高水长——中山大学文化研究》，高等教育出版社，2011年，第131页。
② 刘李云：《柯麟：中山医之魂》，《中山大学学报》（医学科学版）2010年第6期。
③ 王秀柔、周新宇主编：《星光灿烂》，科学普及出版社广州分社，1990年，第415页。

余　论

　　柯麟是一名开拓创新的医学教育家，一名默默奉献的中共革命志士和博爱侠义的社会活动家。他是中共隐蔽战线上一位具有传奇色彩的人物，从事地下工作24 载，"一次又一次地出色完成党交付给他的各项任务，保护了许多党的干部和革命群众"①。1935 年柯麟举家迁往澳门时，负责照顾叶挺将军全家并帮助他恢复与中共党组织联系。② 抗战爆发后，柯麟利用名医身份，以镜湖医院为据点，组成一支"青年战地救护团"，"先后开赴广州、石岐等地参加战地救护工作，为抗日救亡作出贡献"③。柯麟还秘密培训护士，加入游击队在第一线直接战斗。④ 香港沦陷后，柯麟负责抢救大批文化名人，其中由柯麟亲自护送的就有梁漱溟、夏衍、蔡楚生、金山等。⑤ 1948 年，柯麟、柯平兄弟与马万祺等协助中共开辟了一条山东、苏北至澳门的航线，"有力地支援了解放区的经济工作"⑥。1949 年，柯麟联合马万祺等人，购买大批粮食、药物、弹药等军需品，支援解放军解放广西、海南。⑦ 抗美援朝期间，柯麟、何贤、马万祺为祖国运送大批急需物资，有力地冲破了美国的封锁政策。⑧ "两航起义"⑨ 后，柯麟在何贤等人的协助下，将两航遗留物资运回广州，"为新中国的航空工业提供了物质技术基础"⑩。新中国成立后，柯麟积极组织镜湖医院员工举行庆祝大会，"悬挂起澳门有史以来第一面五星红旗"⑪。

　　在加强澳门与内地的交流联系方面，"柯麟所起的作用是很突出的"。⑫ "他以高尚的医德和精湛的医术，广交朋友，团结各界人士，扩大了爱国统一战线，深受港澳同胞的尊重和爱戴。"⑬ 他在中国革命、建设事业，以及加强澳门与内

---

　　① 穆欣：《隐蔽战线统帅周恩来》，中国青年出版社，2002 年，第 59 – 60 页。

　　② 梁谦义：《柯麟与叶挺的革命友谊》，《中山大学报》，2009 年 12 月 8 日。

　　③ 郑振伟编：《澳门教育史论文集》（第 2 辑），中国社会科学出版社，2012 年，第 236 页。

　　④ 《濠江版〈潜伏〉：柯麟传奇》，《南方都市报》，2010 年 1 月 7 日。

　　⑤ 吴跃农：《柯麟——一位特殊的医生在澳门》，《党史纵览》2005 年第 4 期，第 43 页。

　　⑥ 左双文：《民主革命时期中国共产党在澳门的活动》，《中共党史研究》1999 年第 5 期，第 57 页。

　　⑦ 云香编：《叶剑英》，四川人民出版社，1993 年，第 386 – 387 页。

　　⑧ 范硕：《叶剑英在关键时刻》，辽宁人民出版社，2007 年，第 270 页。

　　⑨ 1949 年 11 月 9 日，10 架中国航空公司与 2 架中央航空公司的飞机，在两航起义指挥部的策划下，由香港起飞后脱离塔台视线，掉转头飞向天津与北京。

　　⑩ 曹斯、何超、李绍斌：《柯麟：悬壶济世良医意　救国忧民志士心》，《南方日报》，2013 年 5 月 15 日。

　　⑪ 山西省图书馆编：《开国第一天》，北岳文艺出版社，1999 年，第 299 页。

　　⑫ 左双文：《民主革命时期中国共产党在澳门的活动》，《中共党史研究》1999 年第 5 期，第 56 页。

　　⑬ 《柯麟同志逝世》，《人民日报》，1991 年 10 月 7 日。

地交流联系方面作出重要贡献。何贤曾说："影响我最大的，是镜湖医院的院长柯麟。"① 他号召创办澳门医学会，与全国各地联系。抗战时期，柯麟受聘为澳门四界救灾会名誉顾问，还慷慨捐助。1948 年，为及时向澳门民众宣传中共政策，柯麟还牵头集资筹办《澳门商报》（因故未果，澳门回归后在马万祺的支持下创办）。② 新中国成立后，柯麟和何贤、马万祺等与澳督据理力争，成功举行澳门各界人士庆祝大会，积极组织镜湖员工与澳门各界团体开展劳军运动。柯麟经常与何贤、马万祺探讨澳门工商各业、慈善赈济、文化教育、百姓民生等社会问题。③ 柯麟"醉心医疗，一生历尽风风雨雨，就是为国家民族复兴，为健康事业奉献"。④ 他从一个寂寂无名的诊所医生成长为澳门镜湖医院院长，义务服务镜湖医院半个世纪，通过艰苦擘画使一家简陋的小医院发展成为澳门规模最大、设备一流、管理上乘、水平高超的现代化综合医院。他长期在镜湖医院义务服务，救人无数却不计薪酬，甚至从家里到镜湖的车马费都自掏腰包，"此等仁心为公、仁术救穷的善行义举，征服了澳门民众"⑤，成为澳门有口皆碑的"活菩萨"。同时，他还是"中山大学医科开拓、奠基的功臣"⑥，被誉为中山医学院的一代宗师，为支持医学院的发展，他不仅将多年的积蓄和澳门朋友报答他的酬劳费（共十万元港币）捐出一半资助医学院建设，剩余部分作为党费，而且动员镜湖医护人员回中山医工作。⑦ 柯麟"以丰富的治学经验和严谨的治学态度，从严治校的带领下，使中山医学院独秀南国"⑧。何贤曾这样评价他："一心服务侨胞，做事热情坦率，丝毫不苟。"⑨ 澳门镜湖医院慈善会主席廖泽云博士为其题词："高悬义壶济贫苦，为国为民献终身。"这正是柯麟传奇一生的最真实写照。

（刊《澳门研究》2021 年第 2 期）

① 吴楠：《澳门特首揭秘——何厚铧家族传》，广州出版社，1999 年，第 89 页。
② 全国政协文史和学习委员会：《文史资料选辑》（第 156 辑），中国文史出版社，2009 年，第 27 页。
③ 谢常青著，全国政协文史和学习委员会、广东省政协文史资料研究委员会编：《马万祺传》，中国文史出版社，1999 年，第 194 页。
④ 黄洁夫：《柯麟精神推动医疗》，《澳门日报》，2011 年 10 月 29 日。
⑤ 曹斯、何超、李绍斌：《柯麟：悬壶济世良医意　救国忧民志士心》，《南方日报》，2013 年 5 月 15 日。
⑥ 李延保：《沟通大学管理中的文化视角》，中山大学出版社，2008 年，第 258 页。
⑦ 冯彩章、李葆定：《红医将领》，北京科学技术出版社，1991 年，第 66 页。
⑧ 李彬、刘中国主编：《汕尾人文读本：管窥海陆丰》，花城出版社，2009 年，第 218 页。
⑨ 穆欣欣：《看纪录片〈柯麟医生〉》，《深圳特区报》，2014 年 9 月 1 日。

马万祺研究综述

马万祺（1919—2014），广东南海人，曾任全国政协副主席、中华文学基金会会长。他早年从事实业和抗日救国工作，新中国成立后，积极投身澳门和内地的建设和发展，热心教育、慈善、文化公益事业与政治活动，为澳门社会的进步与发展、澳门的顺利回归以及中国的现代化建设作出了巨大贡献。他不仅热心投身社会事业，还沉醉于诗词创作，在澳门传承中华文化。观其一生，奔走于政商之间，不论其人、其事、其诗，都已成为爱国精神的一面旗帜。对于这样一位阅历丰富且在多领域贡献卓著的名人，学界业已展开研究，取得了一定的学术成果。笔者拟就目前视野所及的马万祺研究论著，进行简要梳理总结，以期推动马万祺研究的深入发展。

总体而言，20世纪90年代前，有关马万祺的研究几乎空白。澳门回归前后，马万祺研究掀起了一个小高潮，如1998年出版了《马万祺传》，之后马万祺研究逐渐受到重视。迄今，中国国内学界研究马万祺的论文（含专访）至少有59篇，涉及马万祺生平、澳门回归前后的贡献、诗词笺释、社会交往，以及作为爱国商人，在社会实业、慈善、文教公益领域的贡献，从不同视角对马万祺的爱国爱澳思想及其实践进行了初步探讨。

一、有关生平传记的研究

马万祺丰富的人生阅历和多领域建树已经成为学界研究的对象。15岁时，其父不幸病故，17岁即子承父业，涉足商场。1938年，日军攻陷广州，马万祺转赴香港从商。1941年12月，香港被日军占领，他旋至澳门发展，此后一直留澳创业。居澳期间，他热心社会事业，结交社会各界名流，并积极参加、支持中国革命和建设，为祖国和家乡的兴盛以及澳门的安定繁荣与平稳过渡作出了重要贡献。对于这些不凡的经历，《马万祺传》中有详尽阐述。

《马万祺传》出版时由李瑞环（时任全国政协主席）题写书名，叶选平（时任全国政协副主席）作序，由全国政协文史和学习委员会、广东省政协文史资料研究委员会合编。著者谢常青从事港澳文学史研究，曾为《马万祺诗词选（一集）》笺释，后又发表多篇研究马万祺的论文；① 1994—1996 年，他在全国、广东省政协文史委员会的支持下，经过两年多的资料收集与研究构思，终于撰成《马万祺传》。该书以"风雨年华"（1919—1949）、"忠心报国"（1949—1976）、"赤子胸怀"为篇章，分章叙述马万祺爱国思想的形成与发展，展示了传主亦诗亦史的精彩人生；并具体叙述了马先生蒙童求学、创业经商、结识良友、投身革命、爱国爱澳的贡献等内容。对他的诗人风采也有所涉猎，该传记"反映出马先生曲折的人生、豁达的人生观和作为一位爱国儒商奋搏有为的业绩"②。传记资料翔实，论述全面系统，为后人深入研究马先生奠定了良好的学术基础。

《马万祺传》出版前后，一些报刊还刊发了有关马万祺的专访，或介绍其生平，或记录其社会活动，对其见证澳门以及新中国半个多世纪以来的沧桑巨变有概貌性的介绍。

这一时期的马万祺研究，处于澳门回归过渡期，因应着时代的主题，研究工作主要侧重于马万祺"爱国诗人"的身份，围绕其生平简介，强调马万祺在澳门回归中的重要贡献，以凸现马万祺先生爱国爱澳的赤子情怀。主要成果有：1996 年，吴跃农的《诗话祖国情——记全国政协副主席、澳门中华总商会会长马万祺》；③ 1998 年，李娟的《澳门最知名的爱国人士——马万祺》；④ 1999 年，有关马万祺先生的研究成果则有顾育豹、尹崇敬、芮立平、高丽娟等人的论文，从马万祺的诗歌、贡献等方面折射他爱国爱澳的一生。⑤

进入 21 世纪后，有关马万祺的研究，从内容、深度上都有了新的拓展。如王学信 2005 年在《海内与海外》上发表的《丹心昭日月 肝胆两昆仑——记全国政协副主席、澳门中华总商会会长马万祺先生》，⑥ 对于马万祺的生平记述更为全面详细，对他社会交往方面的介绍，涉及他早年结识柯麟、冯裕芳等人士，

① 谢常青：《马万祺怀念良师益友邓小平——马万祺诗作里的邓、马友谊》，《广东党史》2008 年第1 期；谢常青：《马万祺与廖承志的莫逆之交》，《广东党史》2006 年第 6 期；谢常青：《亦诗亦史 妙成华章——读〈马万祺诗词选（三集）〉》，《学术研究》2001 年第 12 期；谢常青：《马万祺在新中国诞生前后》，《中华魂》1999 年第 8 期。
② 叶选平：《马万祺传·序》，谢常青著，全国政协文史和学习委员会、广东省政协文史资料研究委员会编：《马万祺传》，中国文史出版社，1999 年。
③ 吴跃农：《诗话祖国情——记全国政协副主席、澳门中华总商会会长马万祺》，《华人时刊》1996年第 12 期。
④ 李娟：《澳门最知名的爱国人士——马万祺》，《刊授党校》1998 年第 1 期。
⑤ 顾育豹：《澳门爱国诗人马万祺》，《企业文明》1999 年第 8 期；尹崇敬：《澳门华人领袖》，《世纪行》1999 年第 1 期；芮立平：《澳门知名人士——马万祺》，《统一论坛》1999 年第 6 期；高丽娟：《澳门回归：盛世金曲 Macao's Return to China——访澳门中华总商会会长马万祺先生》，《中国外资》1999 年第 1 期。
⑥ 王学信：《丹心昭日月 肝胆两昆仑——记全国政协副主席、澳门中华总商会会长马万祺先生》，《海内与海外》2005 年第 6、7 期。

还叙及他与澳督的交往，而其他涉及马万祺社会交往方面的研究，主要侧重于研究他同中共重要领导人的关系。① 方晓宁则以马万祺的实业贡献为重心，展现马万祺实业救国、爱国的一生。② 余玮在 2010 年对马万祺的多篇采访，也是了解马万祺生平的重要资料，对马万祺作为见证澳门风云的爱国诗人有详细的记载。③ 黄子云、侯贺良、杜兆勇、戴平等人的文章从不同的侧面记录了马万祺的爱国人生。④

二、有关澳门回归贡献与评价的研究

"欣期九九回归日，大业赓歌一统时。"这是马万祺为人民大会堂澳门厅题写的诗，也是这位著名爱国人士的心声。他 1941 年开始于濠江创业，自此植根澳门，并时刻不忘自己是一名中国人。1942 年，他在《濠江立业》中写道："虽是安居观静变，深祈国土早重光。"对于祖国统一，他有着强烈的期盼。因此在 1987 中葡两国签署《澳门问题联合声明》，规定澳门将于 1999 年回归祖国后，马万祺出任《中华人民共和国澳门特别行政区基本法》起草委员会副主任委员，为澳门回归祖国、平稳过渡作出了重要贡献。马万祺对澳门回归所作出的贡献人所共知，相关的研究成果为数亦多，并主要集中于 1999 年前后。

1998 年，李凯、胡成海对马万祺在澳门回归中的贡献予以介绍，称赞他是"披肝沥胆为回归""平稳过渡倾心力"⑤。1999 年，刊发了较多有关澳门回归主题的采访文章，如裴高才在《马万祺：濠江精禽赤子心》一文中，认为马万祺对举世瞩目的澳门回归"功不可没"⑥；《"欣期九九回归日，大业赓歌一统篇"——全国政协副主席、澳门中华总商会会长马万祺接受本刊专访》中，介绍马万祺坚信澳门能够顺利回归，并参与澳门基本法起草工作，为实现"一国两

---

① 谢常青：《马万祺与廖承志的莫逆之交》，《广东党史》2006 年第 6 期；谢常青：《马万祺怀念良师益友邓小平——马万祺诗作里的邓、马友谊》，《广东党史》2008 年第 1 期。

② 方晓宁：《马万祺的同胞情怀——记澳门知名实业家马万祺》，《文化交流》2008 年第 1 期。

③ 余玮：《澳门风云的见证人——马万祺》，《时代人物》2010 年第 1 期；余玮：《"澳门老人"马万祺》，《红岩春秋》2010 年第 1 期；余玮：《见证澳门风云的诗家马万祺》，《中国报道》2010 年第 4 期。

④ 黄子云：《赤子深情写春秋——马万祺诗词佳话（上、下）》，《党史文汇》2002 年第 7—8 期；侯贺良：《德高望重马万祺》，《走向世界》2003 年第 2 期；杜兆勇：《马万祺用一生染红濠江》，《三月风》2004 年第 7 期；戴平：《大言稀声马万祺》，《老年教育》（长者家园）2009 年第 12 期。

⑤ 李凯：《马万祺畅谈澳门回归大事》，《乡音》1998 年第 5 期；胡成海：《马万祺披肝沥胆为回归》，《华人时刊》1998 年第 24 期。

⑥ 裴高才：《马万祺：濠江精禽赤子心》，《武汉文史资料》1999 年第 11 期。

制""澳人治澳""公务员本地化"作出贡献①；王俊彦的《月圆人未老　潇洒度佳期——马万祺夫妇与澳门回归》一文更是罗列了马万祺与夫人罗柏心投身澳门回归祖国的活动事迹②；王林、李缅在《喜迎盛事　静候佳期——马万祺谈澳门回归》中叙述了马万祺肯定"一国两制"、期盼回归的情怀③；陈诗博在《澳门回归前夕访谈记》中对马万祺为澳门回归所作的贡献有简要介绍④；戴平在《大言稀声马万祺》中说道："马万祺是澳门回归的功臣……昼夜为国事、澳事操劳，特别是澳门回归后过渡期，他为宣传和落实基本法，为筹组筹委会、推委会、庆委会，为保证澳门的平稳过渡、顺利回归，排除干扰，克服困难，作出了杰出的贡献。"⑤

以上研究侧重于马万祺"心系回归情注濠江"的具体贡献，⑥主要叙及他参与澳门基本法的起草及对于澳门如何实现"澳人治澳"种种具体措施的亲力亲为。而从马万祺1994年发表的《澳门后过渡期经济展望》⑦中可以看出其对回归后的澳门充满信心，也反映出他对"一国两制"的充分肯定。"莲花喜爱艳阳天，安定繁荣美景妍，祖国关怀恩义重，前途似锦众心坚。"这是马万祺的一首诗作，也是他对澳门回归以来的一个最好总结。

三、有关社会活动的研究

马万祺作为新中国诞生的见证人与推动中葡友好关系的参与者，其丰富的社会活动也成为研究者所关注的重点。对政治活动的积极参与、经济实业的支援、文教事业的贡献以及公益慈善事业的热心，是马万祺社会活动的多个侧面。其中，有关政治活动的研究，主要集中在对澳门回归所作的贡献部分，前文已述，此不赘述。现将经济实业、文教事业、公益慈善的相关研究综述罗列如下：

戴平在文章中提及："在解放初期及改革开放初期，马万祺多次向中央领导人提议发动侨胞投资祖国。"改革开放初期，马万祺热心推动港澳乡亲在广东投资发展，共同建设珠江三角洲。他与何贤、霍英东等一起投巨资扩建广珠公路，

①　《"欣期九九回归日，大业赓歌一统篇"——全国政协副主席、澳门中华总商会会长马万祺接受本刊专访》，《瞭望》1998年第19期。

②　王俊彦：《月圆人未老　潇洒度佳期——马万祺夫妇与澳门回归》，《时代潮》1999年第11期。

③　王林、李缅：《喜迎盛事　静候佳期——马万祺谈澳门回归》，《21世纪》1999年第2期。

④　陈诗博：《澳门回归前夕访谈记》，《中华魂》1999年第9期。

⑤　戴平：《大言稀声马万祺》，《老年教育》（长者家园）2009年第12期。

⑥　付琳：《马万祺：心系回归情注濠江》，《广东大经贸》1999年第9期。

⑦　马万祺：《澳门后过渡期经济展望》，《东南亚南亚信息》1994年第9期。

同时新建四座横跨珠江支流的公路大桥，投资兴建国内首家中外合资宾馆、中外合资酒店。① 马万祺对实业建设的关注，在黄熹《羊城晚报》中的一篇文章也有所体现。而杜兆勇的《马万祺用一生染红濠江》一文中，有更多马万祺实业建设的记录，他不仅支援家乡广东，还在北京、安徽、四川等地兴办企业，并多次出资或捐资在内地兴办酒店、公路和大桥，建造学校。②

马万祺对文教事业倾注了大量心血，这在 2001 年《中华儿女》（海外版）《谁人真识马万祺》一文中有详细记载："抗战时期，马万祺就开始向澳门捐款……包括澳门濠江中学、培道中学、广大中学、商训夜中学、青洲小学、镜平学校、澳门大学、南海中学、广东省及广州市教育基金会等社会机构。"③ 1989年马先生又在广西捐资助学。④ 东北师范大学中国近现代史专业黄晋 2008 年的硕士学位论文《广东南海籍海外乡亲对南海教育事业捐赠活动研究（1979—2002）》，主要围绕马万祺等作为南海乡亲对南海教育事业的巨大贡献进行研究，认为南海能成为首个"广东省教育强市"，南海籍海外乡亲功不可没，而马万祺就是其中最主要的参与者。这一点在戴平的《大言稀声马万祺》一文中也得到佐证。

在关注教育事业的同时，马万祺对文化事业也用心颇深。如王学信在其采访中，就介绍马万祺为文化事业发展筹集基金，捐资修建文采大厦，在广东与深圳文联共建"创作之家"等，还记述了马万祺在新中国诞生前夕对国内电影业的支持与帮助。⑤

马万祺始终用一颗爱国心积极参与到社会公益慈善事业中。1991 年，安徽发生特大洪涝灾害，马万祺等港澳同胞对安徽沿淮和巢湖流域的部分灾区进行了为期三天的考察⑥；1999 年，修建安徽文采大厦⑦；甘肃张掖地震，他当即准备了 10 万元港币捐款；2003 年，内地遭遇"非典"袭击，马万祺为抗"非典"烈士的遗属送去慰问信和慰问金，并向北京解放军小汤山医院捐赠 100 万澳门币，支持首都人民抗击"非典"⑧；为奖励开展创新医疗救治技术取得重要突破的医务人员和资助低经济收入人群中的白内障患者，马万祺捐资 1 000 万元设立"解

---

① 戴平：《大言稀声马万祺》，《老年教育》（长者家园）2009 年第 12 期。

② 杜兆勇：《马万祺用一生染红濠江》，《三月风》2004 年第 7 期。

③ 《谁人真识马万祺》，《中华儿女》（海外版）2001 年第 17 期。

④ 朱家斌、陆建宁：《马先生捐资助学记》，《中国民族》1989 年第 12 期。

⑤ 王学信：《丹心昭日月　肝胆两昆仑——记全国政协副主席、澳门中华总商会会长马万祺先生》，《海内与海外》2005 年第 6 - 7 期。

⑥ 王正忠：《"这下我们放心了"——港澳捐赠代表赴安徽灾区考察侧记》，《瞭望》1992 年第 20 期。

⑦ 李传玺：《马万祺与安徽文采大厦》，《江淮文史》1999 年第 4 期。

⑧ 杜兆勇：《马万祺用一生染红濠江》，《三月风》2004 年第 7 期。

放军总医院马万祺科技创新与医疗扶助基金"①；汶川大地震发生后，他携子马有礼共向灾区捐款 510 万港币②。

对于马万祺社会活动的研究，主要在《马万祺传》或其他采访、新闻中有所披露，系统的研究尚付阙如。

四、有关诗词的研究

2008 年 8 月的《人物周刊》刊文认为，"马万祺是一位政界要人、工商巨子，同时还是一位 70 年笔耕不辍的爱国诗人"，其作品"亦诗亦史""墨落爱国之情、报国之义"。1990 年 7 月，澳门中华诗词学会成立，马万祺被推选为名誉会长。迄今，马万祺已经出版了三部诗词选集，分别为：《马万祺诗词选》，作家出版社 1989 年出版，收集了其 1937—1988 年的诗词 200 余首，邓小平为该书题写书名，叶选平、夏衍为该书作序，暨南大学出版社于 1994 年再版该书；《马万祺诗词选（二集）》，由中华文学基金会编辑，人民文学出版社 1994 年出版，辑录了其 1949—1993 年的诗词 230 首，中国文史出版社于 1999 年再版该书；《马万祺诗词选（三集）》，中国华侨出版社 2001 年出版，共选录马万祺 1992—2000 年所创作的诗词作品 220 首。

从现有的研究成果来看，谢常青、黄子云、施议对、吴跃农、张锲、余玮、陈诗博等人对马万祺的诗话人生有较多的研究。③ 其中，谢常青对马万祺的诗词笺释研究比较深入。2006 年，由华文出版社出版的《马万祺诗词研究》，就由谢常青编笺释。谢常青在书中认为，"儒雅的马万祺先生，不仅在全国政协、澳门中华总商会任职，还是一位激情洋溢的诗人""《马万祺诗词选（三集）》是一部澳门回归后过渡期的史诗，是澳门回归祖国母亲怀抱的悲喜交集而雄健质朴的'回归曲'。是诗，也是史"。

马万祺的心时刻与祖国的脉搏一起跳动。综观他已出版的 600 多首诗词，每一首诗词都记录了他的亲见亲闻，抒写人生感触，记录历史风云。字里行间或抒情，或书志，或感时，或记事，或赞美祖国锦绣河山，或赠语至爱亲朋，无一不

---

① 载成都：《每月要事》，《四川统一战线》2007 年第 11 期。
② 戴平：《大言稀声马万祺》，《老年教育》（长者家园）2009 年第 12 期。
③ 谢常青：《亦诗亦史　妙成华章——读〈马万祺诗词选（三集）〉》，《学术研究》2001 年第 12 期；黄子云：《赤子情深写春秋——马万祺诗词佳话（上、下）》，《党史文汇》2002 年第 7 - 8 期；施议对：《马万祺白话诗词印象》，《纵横》1999 年第 12 期；吴跃农：《诗话祖国情——记全国政协副主席、澳门中华总商会会长马万祺》，《华人时刊》1996 年第 12 期；余玮：《马万祺：肝胆相照赋新诗》，《养生大世界》2005 年第 5 期；杨金亭：《正气凛然赤子情——读〈马万祺诗词选〉一、二集》，《诗刊》1995 年第 4 期。

随着时代脉搏的跳动而跳动，随着祖国前进的脚步而前进。正如著名诗人艾青在《马万祺诗词选（二集）》序言中所书，马万祺的诗词"既是人生怅触的抒写，也是历史风云的记录"，"字里行间，流贯着爱国之情、报国之心，跳动着一颗活泼进取的诗心"。

五、有关社会交往的研究

马万祺不平凡的一生，见证着新中国成立的曲折历程，其间，他与中共三代领导人都有交往。不仅如此，马万祺与澳门当地政商要人以及澳督都有着密切的交游，参与了澳门乃至中葡关系史上的许多重大事件。

现有关于马万祺社会交往的研究成果，侧重于他同中共主要领导人的交往。如范硕着重于马万祺与叶剑英关系的研究，认为两人"情深意笃"[1]；谢常青则关注马万祺与廖承志、邓小平的关系，认为马万祺与廖承志是"莫逆之交"，与邓小平是"良师益友"[2]。

作为澳督统治下的华人，马万祺的爱国心不会动摇，但是，中葡之间的利益纠葛使他的社会交往关系更加复杂多元。韩素真对马万祺在抗战及解放战争时期与澳门当地社会实力人物的关系有简要介绍，如与何贤、柯麟等人的结识与共事；[3] 王凡、东平在《红墙记忆（一）——大人物小故事》也有此类介绍[4]；余玮的《"澳门老人"马万祺》中则详细介绍了他与叶剑英、邓小平的交往，并涉及与何香凝、廖承志、王震、茅盾、潘汉年、夏衍、阳翰笙、乔冠华等的结识[5]。

在近年的新闻采访中，开始有涉及马万祺与澳门特首关系渊源的介绍，如称赞马万祺，辅佐"何厚铧定澳门"。在梳理澳门 20 世纪的历史时，马万祺是不能被忽视的。澳门回归前，他同澳督、澳门当地华人、政商要人、国共两党的关系，澳门回归过渡期，以及回归后的发展期，这些关系如何演变，是值得深入探讨的。

[1] 范硕：《叶剑英和马万祺谊深情笃》，《炎黄春秋》1995 年第 9 期；范硕：《叶剑英和马万祺的深情厚谊》，《纵横》1998 年第 1 期。

[2] 谢常青：《马万祺与廖承志的莫逆之交》，《广东党史》2006 年第 6 期；谢常青：《马万祺怀念良师益友邓小平——马万祺诗作里的邓、马友谊》，《广东党史》2008 年第 1 期。

[3] 韩素真：《中共地下党人》，作家出版社，2006 年。

[4] 王凡、东平：《红墙记忆（一）——大人物小故事》，当代中国出版社，2009 年。

[5] 余玮：《澳门风云的见证人——马万祺》，《时代人物》2010 年第 1 期；余玮：《"澳门老人"马万祺》，《红岩春秋》2010 年第 1 期；马万祺、余玮：《见证澳门风云的诗家马万祺》，《中国报道》2010 年第 4 期。

六、对马万祺研究现状的反思与设想

马万祺研究大约起始于20世纪90年代，澳门回归引发学者对澳门以及澳门重要人物的研究热潮。马万祺是澳门著名的华商与爱国人士，其研究当属此一热潮范围。对马万祺的生平介绍、澳门回归的贡献、诗词价值诸方面已经展开研究并取得一定进展，但总体而言，学界对于马万祺的研究仍较为薄弱，研究视野比较狭窄，研究范围及研究深度需要进一步拓展与挖掘。其不足之处主要表现在下述数端：

一是对马万祺研究尚未有全面、系统、严谨的研究论著问世。目前的研究成果较为分散，各行其是。虽然对其政治活动、社会事业建设、诗词文化、社会关系等方面有所涉及，但多流于表面，不够深入，且有重复的现象。

二是没有把马万祺作为著名华商进行个案研究。已有的相关研究都是对其参与实业活动的简单记载，尚未将其纳入华商家族与澳门华人社会的视角下，分析马氏家族对澳门社会多方面的积极贡献。

三是对于马万祺社会事业建设的研究亦不够深入。从以上学术综述可以发现，对于马万祺这一方面的研究，侧重于他对内地发展的贡献，而对其创业之地澳门的社会事业建设还较少关注，如在澳门回归前，澳葡政府统治下的澳门华人如何在爱国与书商中抉择，是一个值得深入挖掘的课题。

四是对于马万祺与澳门政府、社会团体关系的研究近乎空白。澳门回归前，马万祺是处于澳葡政府管制下的华商，要保持商业稳定发展，他与澳葡当局、澳门地方政商要人自然有着十分密切的关系；澳门回归后，作为全国政协副主席，他同澳门特区政府也有着密切关系。同时，他兼任诸多社会团体的职务，在政商之间的取舍问题值得研究。

针对马万祺研究的这一现状，暨南大学于2010年成立马万祺研究所，着手开展研究资料的系列整理和专题研究工作。研究所由该校时任副校长贾益民教授任名誉所长，中国近现代史专业博士生导师夏泉研究员任所长，文学院部分博士与硕士研究生为主要成员，分课题开展系列的专题研究工作。如：对其日记、书信、政论、诗词、图片与题词等资料进行分期分类整理，出版《马万祺文集》（多卷本）；同时设立政治思想、文学诗词、马万祺与澳门（含中葡关系）、文化教育与社会公益、年谱、传记等专题研究小组；与澳门基金会合作编辑出版《马万祺研究资料汇编》（夏泉、董锦主编，暨南大学出版社2013年出版）；召开专题学术研讨会；拟撰写《早年马万祺研究》硕士学位论文等。在充分占有文献资料的基础上，对马万祺奔走于政商之间的华商、社会活动家、诗人等多重角色进行综合研究，旨在进一步丰富马万祺研究的学术成果，提高马万祺研究的整体学术水平。

总之，整理、挖掘文献资料，多视角了解、研究马万祺的政治思想、社会活动及社会交往，全方位探讨他奔走于政商之间、亦诗亦史的人生，这对于研究澳门华人社会、澳门史、中葡关系史乃至中国近现代史，都有着重要的学术价值与现实意义。

（刊《澳门研究》2011 年第 1 期，与董锦合作）

龙思泰与早期澳门研究

　　龙思泰（Anders Ljungstedt）是一位约两个世纪前长期旅居中国广州、澳门的瑞典商人、学者和慈善家。其以在穗澳两地生活37年的丰富阅历（其中在澳门22年），潜心于早期澳门史研究，以英文撰写并出版了《早期澳门史——在华葡萄牙居留地简史、在华罗马天主教会及其布道团简史、广州概况》（简称《早期澳门史》）这部较为系统完整的澳门通史。该书第一部分初版于1832年，1836年美国波士顿芒罗公司出版了合编本，在其后的岁月里成为研究和了解澳门的重要参考书。1997年由吴义雄等翻译、章文钦校注，东方出版社出版了中译本。该书具有重要的学术与史料价值，被国际学术界誉为第一部科学地对澳门问题进行研究的权威著作。《早期澳门史》为后学提供了一份有关澳门历史的真实记载，诚如龙思泰在《1836年自序》中所言："我的所有努力都限制在简要而忠实地叙述事实的范围内，留待读者运用自己的聪明才智去判断所讨论的问题。这些问题将在明察秋毫的头脑之下受到检验。"为了便于更多的读者了解龙思泰其人其书，笔者拟围绕龙思泰与早期澳门问题这一主题进行简要的述评。

一、龙思泰其人

　　龙思泰于1759年出生于瑞典林雪平市的一个贫寒之家。家庭原因，他13岁才开始了时断时续的学校教育。他勤奋好学，1781年中学毕业后，于同年秋天应聘于林雪平市的一家公司。他对神秘而又遥远的东方充满憧憬，但试图到瑞典东印度公司谋职未果。之后，他到俄国担任一些富裕家庭子女的教师。1794年，他返回瑞典，在斯德哥尔摩找到了一份担任俄语翻译的政府公职。1796年，他与莫桑德女士结婚。次年，龙思泰受雇于瑞典东印度公司，并于1798年乘坐"皇后号"船到达广州，担任瑞典东印度公司大班。① 他在广州和澳门两地来往贸易。他较满意广州的国际性商业氛围，亦较适应本地的气候。因瑞典卷入欧洲

---

　　① 大班是指鸦片战争前，广州外国商船或商行的总管。

拿破仑战争，1813 年，瑞典东印度公司受到法国大陆封锁政策的威胁，难以维持远东贸易，遂结束在中国的生意，关闭广州商馆。但龙思泰并未随之返回欧洲，而是继续留在中国。其间，他以其睿智与勤劳，很快就靠贸易致富。成为富商后，他慷慨捐资，在瑞典老家办了一所学校，以帮助贫穷孩子进入学校学习文化知识，并训练其掌握谋生技能。1815 年，龙思泰获得瑞典皇家骑士勋章，并被授予"瓦萨爵士"称号。

自 1813 年始，龙思泰正式入居澳门，自办贸易公司，1820 年还被任命为瑞典驻澳门总领事。居澳期间，他以主要精力与极大兴趣从事澳门历史研究，做了大量开拓性与学术积累工作。要从事澳门问题研究，离不开翔实的原始资料。龙思泰自学能力较强，懂得瑞典文、葡萄牙文、俄文、英文等语言。他爬梳了丰富的澳门档案材料，如盖有中国官印的中国官方文书译文、葡文文献手稿、澳葡自治政府的有关原始档案。另外，他还广泛参阅了金尼阁、卫匡国、平托、曾德昭等人有关澳门问题的早期著述与记载。尤为值得一提的是，他得到萨赖瓦副主教所珍藏的大量档案文献。葡萄牙人萨赖瓦于 1804 年莅澳，并被推选为天主教北京副主教。由于与教皇发生"礼仪之争"后，清政府对教会采取取缔政策，他未能前往北京，而是留在澳门担任圣若瑟修院的教职。萨赖瓦是一位有心人，他利用种种便利条件从澳门的原始档案中搜集了许多早期文献，准备编撰澳门史。当他知悉龙思泰亦有同样的想法后，便主动将所掌握的全部材料提供给了龙思泰。龙思泰在《1832 年自序》中对萨赖瓦表达了由衷的感激之情："他（指萨赖瓦）直到 1818 年临终以前，一直进行令人难以置信的坚持不懈的努力，苦心孤诣地抢救了大量与澳门有关的濒临毁灭的资料。它们都是原始记录的资料，但在数百年的时间里，被损坏、丢失和虫蠹弄得残缺不全，正在化为尘埃。由于主教阁下的恩准，使我得以把自己积累的资料与他有价值的手稿摘录相对照。这些手稿摘录为拙著增色甚多，以至拙著在许多方面，可以被看作事实的依据所在。"亦正因如此，使得龙思泰的研究建立在客观史实的基础之上，而且亦被赋予了一种超越时空的国际学术视野。经过多年的资料搜集、考订及其研究，龙思泰于1832 年在澳门出版了第一部有关澳门史的英文著作，书名为《在华葡萄牙居留地，来华葡萄牙使节与特使，在华天主教布道团及来华教皇使节简史》。两年后，他又在广州出版了第二部澳门史的书稿，书名为《葡萄牙人在中国：澳门的罗马天主教会及其对内对外关系简史》。之后，他对上述两部书稿进行修订，充实史料，订正错漏，按照年代次序编纂史事，将二者合而为一，另将《广州城概述》等文作为补篇收入，1836 年在美国正式出版了英文版《早期澳门史》一书。在澳门研究大功告成之际，龙思泰也即将走完人生的最后旅程。在写完《1836 年自序》不久，龙思泰于 1835 年 11 月 10 日长眠于他深深挚爱的澳门。他的朋友乌尔曼得悉后，积极为之操办后事，在《中国丛报》上刊登启事，将龙思泰葬于澳门白鸽巢园附近的旧基督教坟场，并勒碑纪念。墓身用英文、瑞典文分别镌着下述碑文："这里长眠着瓦萨爵士、学者和慈善家龙思泰。他于 1759 年 3 月 23 日诞生在林雪平，1835 年 11 月 10 日在澳门去世。——一位哀痛的朋友立。"龙思泰这位来自波罗的海的远方游子，他的躯体与灵魂永远留在了澳门。

二、龙思泰之学术贡献

龙思泰的主要学术贡献是撰写出版了《早期澳门史》一书。在龙思泰前后，有关澳门历史研究的专著，之前仅有中文版的由先后担任澳门军民海防同知的印光任、张汝霖撰写的《澳门记略》一书，之后西方版的有法兰萨的《澳门史初探》、徐萨斯的《历史上的澳门》、科龙班的《澳门史概要》、文德泉的《澳门及其教区》、雷戈的《葡萄牙在澳门的影响》、白乐嘉的《西方开拓者及其发现澳门》以及高美士的《澳门历史大事记》等。

《早期澳门史》的核心是论述澳门葡人的历史，全书大致可以分为五部分。第一部分叙述了葡萄牙在新航路开辟后，西人接踵来华之际，在中国沿海各地的早期经历，如在双屿、泉州、上川岛、浪白澳等地的贸易及遭遇情况。第二部分着重描述了居留地澳门的情况，包括澳门的历史概述、地形、区域概况、人口、政府与对外关系等内容。第三部分介绍澳门城外青州、拱北等地的情况。第四部分叙述罗马天主教在中国尤其是在澳门的早期传教事业。第五部分为有关广州城的描述，由《中国丛报》编辑、美国新教来华传教士裨治文、卫三畏撰写，并主动建议将其作为补编收入龙思泰的书中，龙思泰为之补写序言以示首肯。

葡萄牙人"立埠于澳门，实为泰西通市之始"。（王之春《国朝柔远记》卷1，第 8 页）澳门既是华洋贸易的最早港埠，也是东西方文化从海上最初接触之地。对澳门这一国际性城市进行研究，富有深远的现实意义与历史影响。《早期澳门史》经受住了岁月的检验，以其重要的学术价值跻身中华学术之林，并成为瑞典乃至欧洲开创性的一部汉学论著。笔者认为，如果从学术发展史的角度分析，龙思泰的学术贡献主要有下列数端：其一，保存了大量弥足珍贵的丰富史料，如大量现在已不易见到甚至失传的古葡文档案和私人函牍。龙思泰为编撰此书，搜集了浩瀚的中西文公、私文献资料，已如前述，从而使一些重要资料得以流传，这部著作亦因之具有了极高的史料价值。其二，治学态度严谨，从史料中得出正确结论。澳门是中国领土为贯穿该书的学术思想精华。而要得出这一结论，既需要学识，更需要胆识。在西方特别是葡萄牙殖民当局及学术界一直认为：是因为葡萄牙帮助中国赶走海盗后，从中国政府手中获得澳门作为酬劳的。龙思泰起初亦持是说，误以为葡萄牙国王一直在澳门行使主权，直到1802年、1808年，英国两次企图出兵澳门，协助葡萄牙人抵抗法国人入侵，澳葡政府因清政府的干预而婉谢好意时，龙思泰才开始意识到葡方尽管占据澳门约三个世纪，但从未真正获得澳门主权这一事实。经过对大量原始文献的研究解读与勘正工作，他本着实事求是的精神，对葡方观点进行了纠正。他以局外人清醒的目光确认，几百来中国政府对澳门一直拥有主权。难能可贵的是，他在葡萄牙人的居留地澳门将这一论点公之于世，无疑需要莫大的勇气。今人吴志良博士对此有公允的评价："由于他（指龙思泰）以确凿的葡萄牙文原始档案和史料否认了一直在西方传教士和殖民者中盛传的'葡萄牙拥有澳门主权'的说法，而令葡萄牙政府十分尴尬难堪，促使葡萄牙当局组织力量去搜集有关澳门的史料档案，找寻有利于在国际上辩护葡萄牙拥有澳门主权的立场和观点，从而也间接推动了澳门史研究的蓬勃发展。"其三，《早期澳门史》填补了澳门研究的空白，具有开创之功。如果我们把成书于18世纪中叶的《澳门记略》视为第一部完整、最系统论述澳门问题的中文古典专著，那么成书于19世纪上半叶的《早期澳门史》则是西方学者系统研究澳门问题的拓荒之作，在澳门研究的学术发展史上具有里程碑式的意义。今天，中西方学者包括最固执己见的葡萄牙学者，业已抛弃民族的偏见，对龙思泰依据大量雄辩事实而作出的学术贡献予以积极肯定。思想家以其思想而存在，史学家以其史著而存在，龙思泰也因《早期澳门史》一书而名垂青史。

余　论

"这部（指《早期澳门史》）重要而严肃的著作，每一页都是以历史文献为基础的，而这些文献在很久以前就已经见不到了。这就使龙思泰成为一位有功于澳门的人物……由于龙思泰用英文写成的史书，澳门开始闻名于世界……澳门和葡萄牙都应该感激龙思泰，赞美龙思泰。"这是毕生从事澳门问题研究，且成就卓著的葡萄牙学者德泉神甫对龙思泰其人其书予以的极高评价。龙思泰是当之无愧的。龙思泰旅居中国时期，大清帝国已垂垂老矣，正处于数千年未有之变局来临的前夜。龙思泰以其超民族的历史视野与理性思想，客观、公正地论述了澳门主权一直属于中国，葡萄牙人从未得到或享有主权，获得的仅仅是居留权这一事实。悠悠岁月，约两个世纪过去了，今日之中国已非明清时之"天朝"。1999年12月20日，中国政府对澳门正式恢复行使主权，澳门历史由此翻开新的一页。

龙思泰的其后半生都奉献给了澳门及《早期澳门史》一书的著述工作，为后人了解、研究澳门提供了一部"信史"。龙思泰及其著述是不朽的。龙思泰是属于澳门的，澳门史册上亦将永远镌刻着龙思泰的芳名。

参考文献

［1］［瑞典］龙思泰著，吴义雄等译，章文钦校注：《早期澳门史》，东方出版社，1997 年。

［2］吴志良：《澳门政治发展史》，上海社会科学院出版社，1999 年。

［3］吴志良：《东西交汇看澳门》，澳门基金会，1996 年。

（刊《东南亚研究》2000 年第 2 期）

读《澳门开埠初期史研究》

由暨南大学汤开建教授撰写的《澳门开埠初期史研究》（中华书局，1999年）一书，侧重于对早期澳门问题进行专题与个案研究，是了解与研究明代的澳门与早期中葡关系的重要参考书。《澳门开埠初期史研究》（以下简称《澳门开埠史》）是汤开建教授继出版《明清士大夫与澳门》（澳门基金会，1998年）一书之后，认真吸收前人优秀成果，在深入开掘与积累史料的基础上，将澳门问题研究引向纵深的又一部力作。作者针对以往的澳门史研究存在的论著多系专门性的通史著作而甚少专题性论文，很多问题虽有辩证但极少详考的状况，搜集了大量的中葡文史料，钩沉索隐，澄清了明代澳门史研究中的一些模糊或错误的论点，发前人所未发，填补了前人所未论及的一些学术空白。

澳门开埠初期史约始于1514年葡萄牙人欧维治成功航行至广东屯门岛，终至南明永历时期。由于史料湮没与匮乏，加之记载残缺且多牾，这一时期成为澳门史研究中最艰难复杂的一段。《澳门开埠史》约24万字，除了前言、后记与附图外，主要由11篇专题论文组成。文章逻辑性强，中肯扎实，不仅能丰富澳门知识，而且启迪思索。通读全书，我认为该书有下述几个特点。

其一，《澳门开埠史》一书资料极为丰富。作者在书中广泛吸收了中外学者的最新研究成果，尽量发掘和详尽占有中西文献资料。澳门在400多年的沧桑变迁中，留下了浩瀚的文字与实物资料。从文字类别来说，既包括中文、葡文，也有英文和荷兰文、日文等；从资料种类来说，既有堆积如山的政府档案，又有卷帙浩繁的公私函牍以及笔记、实物材料等。汤开建教授对史料尤为重视，他力主多做基础性的史料研究，少下草率的结论。早在《明清士大夫与澳门》一书的自序中，他就特别强调资料的重要性："历史学的一条最根本的原则，那就是一切凭史料说话。每一位研究者不仅要掌握一般之常见史料，还必须善于挖掘各种新史料……故我对目前澳门史研究深入发展的看法是，第一是开掘新史料，第二是开掘新史料，第三还是开掘新史料，不论是汉文还是葡文。"如果我们扫视一下本书每篇论文末的注释，即会发现作者在资料搜集与辨析方面用力之勤，每篇论文的注释都在百条上下。从作者征引的文献资料来看，既有中文的古籍与档案、今人论著，又有中文译著与译文，以及原版的葡文、英文与日文资料。如：为了论证澳门开埠时间这一众说纷纭的问题，作者逐一考订了有中西方原始文献作为凭据的明嘉靖八年（1529）说、嘉靖十四年（1535）说、嘉靖三十二年（1553）说、嘉靖三十六年（1557）说，认为嘉靖三十三年（1554）才是澳门正式开埠时间，嘉靖三十六年（1557）是葡萄牙人正式入据澳门的时间。这些旁征博引的资料，大大增强了该书的学术性、科学性和说服力。

其二，《澳门开埠史》在研究方法上着重专题研究与传统的笺证。作者厚积薄发，从多个侧面研究不同时期明代澳门的政治、经济、文化、中外交往及社会生活的变化，给人以耳目一新之感。对此，作者曾深有感触地谈及："这样一个一个人物，一份一份奏疏、档案研究，对史料吃得透，挖得深，且可以将中葡关系资料进行勘比、考证。实际上就是将澳门历史切成无数个横剖面，然后用显微镜一个一个地看，最后再贯通起来。"（见《明清士大夫与澳门》自序）在谈到澳门研究的主攻方向时，他还强调："现时的澳门研究最需要的是专题研究、个案探索以及中文资料的葡译、葡文资料的中译。"（见《澳门开埠初期史研究》自序）为了发现一两条澳门史新史料，作者翻阅上百种书籍，并屡有收获，如在明人朱纨《甓余杂集》、蔡汝贤《东夷图说》、朱吾弼《皇明留台奏议》、田金生《按粤疏稿》，以及清代实录、会典、朱批奏折、谕旨等文献中，发掘出大批前人未曾利用过的中葡关系文献资料。作者还对这些史料进行考证、辩驳，去伪存真，力求研究结论建立在客观事实之上，符合明代澳门的实际情形。这些个案体裁新颖，分析视角独特，涵盖澳门诸名、开埠时间、佛郎机助明剿灭海盗事、明代澳门职官与另类"蕃坊"制、城市建制、明澳门华人居住地等专题。上述专题为今人勾勒出了一幅幅明代澳门与早期中葡关系的粗略轮廓。

其三，作者治学态度严谨，结论客观、新颖。作者埋首书斋，勤于思考，不囿成说，研讨问题必引经据典，且严格恪守学术规范，勇于突破学术禁区，提出新的观点，同时又用翔实的史料进行深度论证。作者在该书后记中详细叙述了其治学态度："对于治学者来说，欲求学术之高深境界，是决不可鱼和熊掌兼得的，'名''利''权''位'对于真正的学术工作是绝对大有妨碍的……名利决不可过分追求，浮躁急切做不了大学问……于是自戒：一定要尽自己最大的毅力，拒绝诱惑，潜心修定，以求学术之真谛。"上述自述可谓作者严谨治学态度的真实写照。作者在澳门问题研究领域从丰富的史料中得出结论，其学术成果代表了对明代澳门与早期中葡关系领域研究的最新学术成就。

总之，《澳门开埠史》一书以其史料之翔实、论证之严密、课题之新颖以及结论之公允，为人们从新的视角重新认识明代的澳门与早期中葡关系提供了一部"信史"，将成为治澳门史的学人征引的专著。

（刊《中国史研究动态》2000 年第 9 期）

澳门学研究与《澳门编年史》的学术贡献

澳门自开埠至今业已历经450余年的历史变迁。从地域来看，澳门很小，然而，就在这样一片弹丸之地上，却衍生了令世人震惊且改变了16—18世纪世界进程的大历史。① 囿于时代的局限、史料挖掘的不深入、史学研究者个人史观诸方面的原因，澳门史研究虽有成果，但难以成为经得起历史检验的信史。在澳门回归祖国后，随着各种主客观条件的成熟，澳门学被提上学者们的重要研究日程。由澳门基金会行政委员会主席、澳门大学兼职教授吴志良，澳门大学历史系教授汤开建以及著名澳门史专家金国平三位先生，在前人学术积累基础上主持编纂完成的六卷本《澳门编年史》，2009年底由广东人民出版社出版。该书力求"无征不信""无据不严"，受到学界好评。在大力倡导澳门学研究的当下，该书的出版正逢其时，被学界誉为澳门学研究的重要奠基之作。笔者拟从澳门学研究视角出发，结合澳门史研究，对该书予以简要述评。

一、澳门史研究与澳门学的兴起

（一）澳门史研究的简要回顾

澳门自开埠以来有450余年的漫长历史，经过无数中外学者的苦心研究，澳门史研究成果比较丰硕。但因澳门在历史上的特殊地位，回归前，澳门史研究长期呈现出中外学者各执一词争议澳门主权的政治性特点；回归后，澳门史研究得以逐渐抛开民族主义色彩，回归到以"澳门"为主体对象，展开了日臻全面、客观、深入的研究。鉴于有关澳门史的研究成果较多，下面拟主要对通史性及有代表性的澳门史专著予以简要综述。

1. 国内的澳门史研究

澳门自古以来就是中国的领土，对澳门史的研究，国内早有涉猎。最早记录

---

① 谢志伟：《序一》，吴志良、汤开建、金国平编：《澳门编年史》，广东人民出版社，2009年。

澳门历史的著述应为清朝官员印光任、张汝霖所著的《澳门记略》①。它是第一部比较全面系统地记述澳门的中文典籍。但它成书于乾隆十六年（1751），两位作者还处于"天朝上国"时代，对西方的认知十分模糊，其著述虽然很有史料价值，但时代的局限性亦无法避免。

鸦片战争后澳门问题的特殊化，致使澳门史研究在国内长期受到冷落，且研究者大多关注"主权问题"，带有较强的政治色彩。② 澳门进入后过渡期以及随着 20 世纪 80 年代政治环境的好转，③ 一批具有较高学术水准的专著先后问世，澳门史研究取得新进展。虽然当时编撰一部真正意义上的澳门通史的条件尚未成熟，但这些著作收集了尽可能丰富的资料，已初步描绘出对澳门 400 余年来的发展历程。如费成康的《澳门四百年》（上海人民出版社，1988 年）就是国内较早出版的澳门通史类著作，另外，还出版了戴裔煊、黄文宽、黄鸿钊、黄启臣、吴志良等学者有关澳门历史的著述。④

澳门回归后，"澳门主权问题"尘埃落定，学界对澳门的研究不再局限于主权问题、中葡关系等的研究，通史、专题、文献整理都纳入研究者的视野。如黄启臣、费成康等人对澳门通史的持续关注⑤，吴志良、汤开建、金国平、李向玉、刘羡冰、邓开颂、章文钦、谭世宝、李长森等人对澳门政制、早期澳门史、中葡关系、粤港澳关系、教育、社会文化、土生葡人族群等的深入考证⑥，一批

---

① 《澳门记略》（完稿于 1751 年）是唯一一部澳门地方志，也是一部带有文献资料性的著作。

② 如黄培坤《澳门界务争持考》（广东图书馆，1931 年）、张天泽《中葡早期通商史》（香港中华书局，1988 年）、张维华《明史佛郎机吕宋和阑意大利亚传注释》（1934 年，1982 年由上海古籍出版社再版，易名为《明史四国传注释》）、周景濂《中葡外交史》（商务印书馆，1937 年初版，1991 年重印）。

③ 中葡两国 1979 年建交，1987 年签订《中葡联合声明》，澳门经济发展迅速，这为澳门史研究提供了良好的学术环境。

④ 戴裔煊：《明史·佛郎机传笺正》，中国社会科学出版社，1984 年；戴裔煊：《关于澳门历史上所谓赶走海盗问题》，澳门星光出版社，1987 年；黄文宽：《澳门史钩沉》，澳门星光出版社，1987 年；元邦建、袁桂秀：《澳门史略》，香港中流出版社，1988 年；黄鸿钊：《澳门史纲要》，福建人民出版社，1991 年；黄启臣：《澳门历史：自远古至 1840 年》，澳门历史学会，1995 年；吴志良：《东西交汇看澳门》，澳门基金会，1996 年；等等。

⑤ 黄启臣：《澳门通史》，广东教育出版社，1999 年；邓开颂：《澳门历史（1840—1949 年）》，珠海出版社，1999 年；冯邦彦：《澳门概论》，三联书店香港有限公司，1999 年；费成康：《澳门：葡萄牙人逐步占领的历史回顾》，上海社会科学院出版社，2004 年；金国平、吴志良：《早期澳门史论》，广东人民出版社，2007 年；吴志良、金国平、汤开建主编：《澳门史新编》，澳门基金会，2008 年；等等。

⑥ 吴志良：《澳门政治发展史》，上海社会科学院出版社，1999 年；汤开建：《明清士大夫与澳门》，澳门基金会，1998 年；汤开建：《澳门开埠初期史研究》，中华书局，1999 年；汤开建：《委黎多〈报效始末疏〉笺正》，广东人民出版社，2004 年；李向玉：《汉学家的摇篮——澳门圣保禄学院研究》，中华书局，2006 年；刘羡冰：《澳门教育史》，人民教育出版社，1999 年；万明：《中葡早期关系史》，社会科学文献出版社，2001 年；邓开颂、吴志良、陆晓敏：《粤港澳近代关系史》，中国书店，1999 年；夏泉：《明清基督教教会教育与粤港澳社会》，广东人民出版社，2007 年；章文钦：《澳门与中华历史文化》，中华书局，1999 年；谭世宝：《澳门历史文化探真》，中华书局，2006 年；李长森：《明清时期澳门土生族群的形成发展与变迁》，中华书局，2007 年；等等。

史料文献集也相继整理出版。①

这一时期的著述，研究内容较以前广泛深入，政治色彩逐渐淡化，成果丰硕，但仍存在着通史研究不够深入细致的问题，且由于史料尤其是外文史料的搜集翻译工作未能全面展开，还存在一些学术研究空白，澳门史研究仍有待进一步深化与拓展。

2. 国外的澳门史研究

海外的澳门史研究长期领先于国内。在早期入澳传教士的记录中，就能探寻到澳门的历史踪迹。由于外籍学者拥有的各种优势与便利，他们对澳门历史的研究一直持续开展着，并取得了较多学术成果。

第一部真正意义上的澳门通史，当属龙思泰的《早期澳门史》。② 龙思泰力求超然于民族立场之外，经过对大量文献的研究、考证，得出"澳门主权属于中国"的结论。该书立论客观中立，且使用了大量现在已不易见到甚至失传的原始葡文档案和私人函件，是西方澳门史研究中少见的系统、客观的通史著作。

之后，法兰萨、徐萨斯、科龙班、文德泉、雷戈、博克塞、白乐嘉、高美士、施白蒂、冈恩等外籍学者对澳门史的研究具有代表性。③ 外籍学者大多带有西方中心主义观点，在立论著述时，尽管搜集征引了大量国内学者难以见到的外文史料，在其历史著述中仍毫不掩饰其民族主义色彩。而历史研究力求客观公正，外籍学者带有偏颇的澳门史研究，使其学术价值受到影响。如徐萨斯的《历史上的澳门》，即是为推翻龙思泰"澳门主权属于中国"的观点而著，虽然论证时旁征博引，但由于时代的局限，他征引的史料带有强烈的民族主义色彩。又如施白蒂的《澳门编年史》，虽然资料丰富，但主要取自葡文档案和史料，且均未注明出处，其史料的价值仍需考证，而且其对中文文献忽略不用，这对于讲求史料的历史研究来说，是一大缺陷。

从 19 世纪上半叶澳门主权问题产生后，澳门史研究便带有浓厚的民族主义色彩。中葡澳门史学者大多为本国利益找寻最有利的史料论据，并且为迎合民族主义的口味对已知的事实进行重新解释。虽然这些研究中有可圈可点的内容，有

---

① 如中国第一历史档案馆、澳门基金会、暨南大学古籍研究所合编的《明清时期澳门问题档案文献汇编》（六册）（人民出版社，1999 年），还有《澳门问题明清珍档荟萃》《清代澳门中文档案汇编》《澳门专档》《澳门问题史料集》《中葡澳门交涉史料》《鸦片战争后澳门社会生活纪实——近代报刊澳门资料选粹》《澳门港史资料汇编》等。

② 龙思泰的《早期澳门史》中译本 1997 年由吴义雄等翻译、章文钦校注、东方出版社出版。

③ 法兰萨：《澳门史初探》；徐萨斯：《历史上的澳门》；科龙班：《澳门史概要》；文德泉：《澳门及其教区》《十七世纪的澳门》（1982 年）、《十八世纪的澳门》（1984 年）；白乐嘉：《西方开拓者及其发现澳门》；雷戈：《葡萄牙在澳门的影响》；博克塞：《16—17 世纪澳门的宗教和贸易中转港之作用》；高美士：《澳门历史大事件》，施白蒂：《澳门编年史》，已由澳门基金会于 1995—1999 年译成中文出版；〔澳〕杰弗里·C. 冈恩著，秦传安译：《澳门史：1557—1999》（中央编译出版社，2009 年）；等等。

珍贵的中文、西文史料文献，但强烈的民族情感以及时代条件限制（语言障碍、中西文史料文献的相互释读问题），使得澳门的主体性在这些澳门史中未能充分体现。20 世纪 80 年代，学界提出建立澳门学，以期完善拓展对澳门的研究与认识的深度和广度。

（二）澳门学的兴起

澳门学是以文献档案、文化遗产为基础，以历史文化和社会生活为研究对象，探寻澳门模式与澳门精神的国际性、综合性学科。经过中外学者多年的努力以及各界的支持，建立澳门学已经成为学界共识。

早在 20 世纪 80 年代，黄汉强等学者已提出建立澳门学的设想，认为"澳门是一个充满特殊活力和魅力的社会，是一座待打开的博物馆，一个待开发的社会科学的富矿"[①]。90 年代中期，汤开建教授对澳门学的建立积极建言。[②] 韦庆远教授对建立澳门学也寄予厚望，认为澳门史研究不仅是一项特殊性的地方史研究，同时是组成 16—20 世纪中国史和世界史不可缺少的一部分。尤其值得一提的是，成立于 1984 年的澳门基金会，积极促进和资助澳门学术研究工作，多年来出版了一大批澳门史研究著作。澳门政府文化司署、澳门大学澳门研究中心、澳门基金会、澳门社会科学学会、澳门历史学会等团体也多次召开澳门学术研讨会，为推动澳门史研究的深入发展作出重要贡献。业已举办三届的"澳门人文社会科学研究优秀成果奖"，为澳门学研究的深入开展发挥着积极的推动作用。

随着学者们的重视与积极参与，澳门学建立的条件逐渐成熟。2010 年 4 月，首届澳门学国际学术研讨会在澳门大学召开。会议围绕澳门学的学术范式、学科建设、学科发展等议题展开，对澳门学的研究现状与未来发展等问题进行讨论，与会学者赞成澳门大学将澳门学单独列科。澳门大学是澳门最高学府，也是众多澳门学研究者的聚集地，为将澳门学打造为澳门的文化名片，推动澳门学的深入开展，该校制定了学术发展规划。正逢其时，2009 年出版的《澳门编年史》，即是现阶段澳门学研究的最重要成果，为澳门学的研究与拓展奠定厚实的学术基础。

二、《澳门编年史》：澳门学研究的重要奠基之作

《澳门编年史》共六大卷（其中第六卷为索引），凡 300 余万字。在该书的

---

① 黄汉强：《关于建立"澳门学"的一些思考》，《港澳经济》1989 年第 2 期。
② 汤开建：《"澳门学"刍议》，《特区与港澳经济》1995 年第 2 期。

编写过程中，编纂者尽可能充分利用已出版和未刊的中外文档案、资料等历史文献，广泛征引国外档案馆档案史料，翔实地勾勒出自 1494 年葡人东来至 1949 年中华人民共和国建立 450 余年间，澳门特殊又复杂多元的历史轨迹。

可以说，该书是迄今澳门历史研究中规模最大、涉及澳门历史研究最深最广、表现新资料最多，亦是最具分量的澳门历史研究著作。① 编纂者在著述立论时的公允客观、在搜集利用史料时的翔实准确、在谋篇布局时的完整细致、在治学态度上的严谨求实，都为澳门学研究提供了良好的学术范式，成为澳门学研究的重要奠基之作。

（一）史观公允，凸显澳门主体

前文已述，前期澳门史研究带有较为浓厚的政治色彩，这是前辈学者史观的折射。由于澳门历史地位的特殊性，学者在展开研究时会不可避免地烙上时代与民族的印记：中外学者大多带着不同程度的民族主义情感立论著书，其对事对人的观点多有偏颇。而在澳门回归 10 周年时出版的《澳门编年史》，有良好的学术生态环境，该书编纂者在对澳门历史的论述中，力求客观公允，抛开以往的民族中心主义，用史料复原澳门史。

在澳门历史的分期上，该书按照传统的中国史书纪年法与澳门历史自身特点，将澳门历史划分为五个时期：明中后期（1494—1644）、清前期（1644—1759）、清中期（1760—1844）、清后期（1845—1911）、民国时期（1912—1949），而非传统的"葡居""葡据"这类忽略澳门主体性的划分方式。这种将中西交往史以及晚近中国史相联系，每个时期又以澳门自身特点再划分时段的分期，真正体现了澳门作为研究主体的绝对重要性，也反映出编纂者秉笔直书，力求"信史"的公允史观。而公正科学的史观是史学质量的保障，《澳门编年史》所贯穿始终的公允史观，为澳门学的未来发展提供了有益的参考与借鉴。

（二）史料翔实，穷尽中外史料

史料是史学研究的基础。该书在对史料的搜集、挖掘、利用与保存上可谓集大成者，它不仅为研究者们提供了广泛而翔实的史料来源，同时也确立了使用、选取和过滤史料的学术标准。

近年来，经过海峡两岸、葡萄牙及澳门档案部门、高校与科研单位及众多学者的共同努力，有关澳门的中外文史料逐渐整理出版。该书所征用的史料文献是至今能挖掘出来的中、葡、英、西、荷、法、日等七国语言，计 1 400 余种史料

---

① 郝雨凡：《一幅气势恢宏的澳门历史画卷》，《南方日报》，2010 年 4 月 18 日。

的汇合，自古至今，各种与澳门有关的文献史料都力求搜罗利用，范围从中国第一历史档案馆、中国社会科学院近代史研究所、广东省档案馆、暨南大学古籍研究所，到港澳台的档案馆、葡萄牙东坡塔档案馆以及其他国家档案馆，对于史料的搜集可谓用心良苦。像这样利用葡文、法文、英文、德文和西班牙文等多种外文资料来研究和撰写澳门史的著作，该书实为翘楚。

不仅如此，该书的编纂者还发现了一批过去未曾发现的同澳门关系密切的中文文献刊本、抄本和稿本，而且发现了很多葡萄牙学者未能发现的西文、葡文尘封档案，编纂者组织专门队伍翻译葡、英、日、法等多国语言史料，并对已出版的史料全面搜集，对新史料深入挖掘，从而使澳门史研究有真实可信的史料依据。

该书编纂者力求叙述的每段文字、每句话都有出处与注释，在利用史料时也是征引精当，力求言必有据，据必足征，对各类史料都加以考证后使用，做到有一分材料，说一分话。在论证重大问题时，尽量引用全文资料，有许多引文长达数百字甚至千字以上。

另外，该书还十分关注澳门史研究的最新前沿成果，近 10 年来国内外完成或出版的博士、硕士学位论文，均收罗在书中。该书广搜旧史料，深挖新史料，关注前沿成果，竭尽全力地囊括跟澳门有关的史料文献。因此，该书保存了丰富的澳门史料，为澳门学未来的研究奠定了完备的史料基础。

（三）内容详尽，涵盖相关学科

该书共六卷，前五卷以编年体形式叙述澳门 1494—1949 年的历史，对每一时期澳门的政治、经济、文化、社会、宗教以及与内地关系诸方面都有详细介绍，在各相关领域都有深入的研究，没有局限于编年体例，而是采用编年叙述、史料长编、观点胪列相结合的方式，丰富生动地为读者再现澳门 450 年间的历史概貌。

由于新史料的挖掘，该书第五卷的内容弥补了前人对澳门近现代史研究的不足。编者充分利用中国第二历史档案馆、澳门的报刊资料、中葡文各种文献以及口述史，获得全面准确的史料，使澳门史更加完整、丰满。不论是澳门的纵向进程还是各个时期澳门社会的横截面，该书都充分挖掘、利用史料将其涵盖在内。

该书第六卷是有关《澳门编年史》的完备索引，将全书所涉及人名、地名一一胪列，并将全书所征引档案资料集、古籍、专著、论文、译著、译文、硕士和博士学位论文、报刊、年鉴特刊及外文史料来源，予以详细编辑。这卷详细的索引以及对澳门历史阐述面面俱到的五卷文字，一起成为澳门学深入开展的重要资料库。

（四）治学严谨，搜罗考证文献

历史总是随着时间的积累而丰富，历史研究也须随着时间的推移而深入，史学著述也是随着史料的继续挖掘而不断完善的。因此，对于澳门史的研究，该书编纂者在前言中明确提出了目前澳门学研究的遗漏和薄弱环节（如澳门现当代史、澳门华人社会内部结构、西方宗教等异质文化对澳门的融入与影响等），指出因史料挖掘不足而导致的本书的遗憾。编纂者更进一步提出要深入开展葡文资料的编译工作，更全面地占有史料，用史料构建澳门的"信史"。此外，全书在史料的征引上力求准确，每一条文献都在考订后使用，做到"言必有据""据必足征"。而编纂者一再强调并坚持的"历史的叙述依靠史料构建而成"的治学方法，也为澳门学的深入开展树立了良好的学术典范。

众所周知，澳门第一部编年史是施白蒂所著的《澳门编年史》。① 施白蒂因其葡人身份，在著述中忽视中文资料，加之其与华人社会历史的隔膜，其论著主要是对葡人治澳的大事记录，体现了作者将澳门史作为葡萄牙海外殖民史的一个组成部分来书写的意图，这对于以华人为主体的澳门史而言是不足的。"一部真正的'澳门史'必须是真实反映中葡（包括其他民族）居民在澳门地区共同历史。"② 因此，当学者在撰写澳门史时，无论角度、视野有何不同，都应该关注澳门社会华洋共处的社会历史。

相较于施白蒂所著《澳门编年史》，吴、汤、金三位先生所编著的《澳门编年史》，通过中文、葡文资料记录澳门 450 年社会全貌，无论是史观、史料还是内容，都更加丰富、全面、真实，可谓一部高水平的真正属于澳门人的"澳门历史"。

总之，吴、汤、金三位先生主编的这套六卷本《澳门编年史》，所展现的是澳门 1494—1949 年的历史，是用一份份史料勾勒描绘出来的 300 余万字的巨著，凭借其客观的论说、翔实的史料、细致的考证和严密的逻辑，成为澳门学未来研究中不可多得的一部重要参考书。可以说，它不仅是澳门学研究的良好开端，为澳门学的形成和发展奠定了厚实的学术基础，而且为后继研究树立了学术范式，提供了有益借鉴，将对澳门学未来的发展起着重要的指导作用。

（刊《当代港澳研究》2012 年第 4 期，与董锦合作）

---

① 施白蒂所著《澳门编年史》共四本，16—18 世纪澳门史一本，19 世纪澳门史一本，20 世纪 1900—1949 年和 1950—1988 年各一本，已由澳门基金会于 1995—1999 年译成中文出版。

② 吴志良：《澳门史研究述评》，《史学理论研究》1996 年第 3 期，第 64 – 74 页。

第三编

宗教文化在澳门的传播与融入

试论明清基督教教育与粤港澳社会[*]

粤港澳地处岭南，相互毗邻，具有共同的人缘、地缘优势，都是中华文化血脉滋润下的中国领土。在行政建制与管辖权上，至少自两千多年前的秦朝起，港澳地域就同属于广东。1553—1557 年，葡萄牙进入并租居澳门；1842 年，英国凭借《南京条约》强占香港；广东从晚明开始成为中国与西方列强直接交锋的最前沿。新航路开辟后架起了东西方交往的桥梁，以基督教为媒介的中西文化交流的帷幕由此徐徐拉开。可以说，自 16 世纪晚明以降的基督教教会教育在粤港澳的发展演变，是与基督教于明清之际和晚清时期第三、四次在华大规模传播紧密相连的。教会教育是基督教运动的副产品。明清时期基督宗教（包括天主教、基督新教）在粤港澳的传播及其所举办的教育活动，是一种特殊而又复杂的社会现象。传教士来华布道和办学，其初衷并不是获取物质利益和政治上的控制权，而是传播福音，用基督教文化征服和取代中国文化。以基督教为代表的西方文化和以儒家文化为代表的中国传统文化，在岭南这块中西交往的最前沿和开风气之先的土壤上进行着文化传播、交流和渗透。经过几个世纪的布道、办学和其他宣教活动，基督教业已深深植根于粤港澳社会（尤其是在港澳）。同时，儒家文化也在不断改造着外来的异质的基督教文化，并凭借传教士这一中介，将中华文明传至西方。① 可以说，粤港澳基督教教会教育既是基督教文化和近代西方文明的载体，同时又受到博大精深、源远流长的中华文明的熏染，到清末逐渐走上了本土化、世俗化和专业化的发展历程，对中国传统教育进行了猛烈冲击，成为中国新式教育不可或缺的重要组成部分。本文拟对粤港澳教会教育发展演变的情况进行纵向比较，并初步探讨明清基督教教育与粤港澳社会的互动关系。

---

* 本文获暨南大学博士启动基金课题资助，谨此致谢。

① 传教士在"西学东渐"和"东学西渐"进程中担当了重要角色，主要基于以下两点：传教士本于文明渗透和征服的信念，有一种教徒的神圣使命感；传教士是西方移民中整体文化素质较高的阶层，大都受过近代欧美高等教育。

一、明清粤港澳基督教教育发展之纵向比较

从 16 世纪中叶至 1911 年，长达三个半世纪的粤港澳基督教教会教育，视乎明清政府对基督教布道、办学的不同政策与态度，兼及传教主体与背景之不同，可以划分为三个紧密相连而又相对独立的发展阶段，大致可以称为"容教"阶段（1552—1806）、"禁教"阶段（1806—1842）、"护教"阶段（1842—1911）。① "容教"阶段①：明清之际为基督教第三次大规模在华传播时期，是早期天主教教育阶段，天主教各修会尤其是耶稣会以澳门为基地举办了一批早期的天主教教会学校，如创办于 1594 年的圣保禄学院和创办于 1728 年的圣若瑟修院等。康雍年间的"中国礼仪之争"导致中国内地的"禁教"和随后耶稣会被取缔，致使天主教教会教育遭遇挫折。学术界对这一时期的天主教教会教育长期缺乏系统研究。笔者认为，这一时期是明清教会教育的发轫时期。圣保禄学院是中国第一所教会学校和第一所西式大学，从而使中国兴办教会学校和西式高等教育的历史明显延长。② "禁教"阶段：清嘉道年间（即鸦片战争前的 19 世纪上半叶嘉庆、道光朝）是清朝"禁教"政策尚未取消，而新来的基督教新教传教士只能在南洋、澳门活动且在广州处于"地下"传教时期，笔者称之为"禁教"政策下的早期新教教育阶段，主要学校有 1818 年伦敦会在马六甲创办的英华书院和 1839 年在澳门创办的马礼逊学堂。这一时期的新教教会教育从举办地点到生源、师资等均呈现从域外到本土，以及"禁教"政策解冻前后的特点。② ③ "护教"阶段：鸦片战争结束，《南京条约》《望厦条约》《黄埔条约》《天津条约》和《北京条约》等系列条约的签订，以及传教活动的逐步合法化，直至 1911 年，是基督教第四次在华大规模布道时期。在这一阶段，天主教、新教在粤港澳举办了大批教会学校，逐渐步入教会教育发展的黄金时期。教会教育既对大岭南的本土教育形成猛烈冲击，同时又成为新式教育重要的组成部分，笔者称之为"条约制度"下的晚清教会教育阶段。总体而言，由于受信奉以天主教为国教的葡萄牙的长期影响，澳门天主教教育较发达，且历史悠久，新教教育影响较小；由于香港是一个国际性的移民城市，多元文化交融，包容性较强，新教教育与天主教教育比翼齐飞；广东则由于晚清时期天主教把传教资源从此地转移，加之受英美传教势力影响较大，故新教教育比较发达。

---

① 康熙亲政后对天主教采取保护与优渥政策，1692 年 3 月 22 日颁布了《容教诏会》。详见［法］沙百里著，耿昇、郑德弟译：《中国基督徒史》，中国社会科学出版社，1998 年，第 169－171 页。
② 夏泉：《清嘉道年间基督教新教教育研究》，《澳门研究》，澳门基金会，2004 年。

就办学宗旨而言，教会学校最初主要是为了传播福音和培养传道助手（可称之为"福音教育"），这在明清粤港澳教会教育发展的第一、二阶段和第三阶段早期（1860 年前）表现得尤为明显，进入 19 世纪晚期后，教会教育的教育功能才日益彰显，并逐步摆脱福音的拘囿，走上世俗化、专业化和本土化的转型发展轨道。这些变化主要表现在下述三方面：

其一，在生源方面由社会边缘人物逐渐向主流社会子弟的转变（明清之际天主教学校的生源具有国际性）。教会学校创办伊始，在招生方面遇到重重阻力，生源主要以贫穷人家子弟或乞儿等社会边缘人员为主，另外还包括信徒的子女。一般而言，家长只有在家庭遇到困难时，才将子女送校以纾缓困境，一俟经济好转即随时离校。女校的情况更加不妙，加之女子十多岁即要嫁人，招生倍感困难，因此，学校学生流动率较高。容闳在《西学东渐记》中回忆早年在教会学校的求学情况时说，出于经济等原因，他曾从澳门温施黛学塾弃学回家学习经商，"来往于本乡及邻镇之间贩卖水果"，后于 1839 年入马礼逊学堂学习，1847年赴美留学前，布朗校长还不得不筹措经费，使其"父母等亦至少得二年之养赡"。① 这就表明物质条件是当时能否招收到学生的重要因素。又如真光学校1872 年开学初期，招收女生亦不顺利，仅在广州招收到六名学生。为了保证生源，学校甚至要与家长订立契约以维持学校的艰难运作，但即便进校，女生也承受着莫大的社会压力，社会人士"给予等起诨号曰'番鬼婆''入鬼教''荷兰薯'（谓此物为洋人所喜吃故称），在店外之伴，见女子过则高呼曰'收信'或咳嗽数声，以此暗示店内之伴，有女子经此，可出而调笑矣"②。传教士所办教会学校除了圣保禄学院、圣若瑟修院、英华书院、马礼逊学堂、圣罗撒学校和救主书院等一批学校较为正规外，大都类似慈善及福利性质，在办学形式上与中国传统义学并无区别，有的甚至就被传教士称作"义学"。据初步统计，1866 年广东有教会义学三所，学生三十六人；香港有教会义学四所，学生六十人。③ 在这一时期，不论是走读学校还是寄宿学校，生源主要来自社会边缘。作为主流社会的官绅士大夫的子女基本上不愿意进入教会学校学习，这是因为"教会学校似乎完全不符合中国的教育目标：教会学校所提供的经典教学未能使学生达到应付科举考试的水平；认为它培养出来的毕业生常常不能写出使人满意的文言文。教会

---

① 容闳：《西学东渐记》，中州古籍出版社，1998 年，第 69、75 页。
② 刘心慈：《真光光荣简史》，香港何荫棠私人印行，1972 年，第 18 页。此为刘心慈先生遗著。
③ 黄筼孙：《本处监师会义学》，《教会新报》第 1 期，台湾华文书局，1968 年，第 387 – 388 页；《1866 年耶稣教义学及学堂表》，李楚材编著：《帝国主义侵华教育史资料——教会教育》，教育科学出版社，1987 年，第 12 页。

学校不但不培养学生正统的观念，反而宣扬与中国传统有很大分歧的宗教教义"①。加之，"在19世纪70和80年代期间，教会学校多半脱离中国的知识界。在许多情况下，同中国的教育机构和中国官员几乎没有任何接触"②。随着洋务运动的勃兴和中国沿海的进一步开放，对西学尤其是英语人才的需求日增，加之基督教也逐渐改变办学策略——如1877年的第一次"全国传教大会"、1890年的第二次"全国传教大会"，表明传教士已清醒地意识到以西学为内容的教育在促进传教事业上的价值，进一步推进教育的专业化、正规化已成为传教界的共识。

自19世纪最后十年始，基督教教育逐渐获得主流社会的欢迎，教会学校由原先"穷人的学校"转变为"富人的学校"。试以岭南大学及其前身岭南学堂的创办为例说明。

第二次鸦片战争前，广州人进行了长期的反入城斗争，教会教育在广州发展得比较艰难。而在19世纪80年代岭南学堂筹办时，这一情况已开始有了根本性转变，主流社会已积极介入学校的筹办工作。据记载："在筹备开校期间（约1887年），广东名流约四百人，内有显宦、巨绅、学者、殷商等，经集议之后，联合署名，由绅士李荣彰领衔，具函向本校主管机关请愿速行设立本校于广州以满足社会渴望已久之大需要。"③ 这就表明官绅社会对中、高等层次的教会教育的迫切需求，上层社会终于逐渐认可、接受了教会教育，传教士对此感到欢欣鼓舞。狄考文还对这一转变进行了理论上的论证："作为传教士，彻底造就一个能毕生发挥受高等教育巨大影响的人，将胜过半打只受过普通教育而没有社会地位的人。受过高等教育的人是一支燃着的蜡烛，未受过教育者将随着他的烛光前进，这一点在中国比其它国家更为真实。"④

其二，从以宗教教育为主到以世俗教育为主的转变。教会学校的本质特性决定了要把灌输基督教教义作为首要任务。通过宗教课程的讲授，参加基督教仪式，对学生熏染宗教气氛，以培养其坚定的宗教信念和奉献精神。如明清之际的圣保禄学院、圣若瑟修院的设立，主要目的即培养到日本、中国等地布道的传道人，宗教课程占了很大比重，当时宗教教育占据主导地位。到了19世纪70—80年代，真光学校的课程，仍"以圣经为本，每晨于授课前先诵圣经，上午读圣经

---

① 朱有瓛、高时良主编：《中国近代学制史料》（第四辑），华东师范大学出版社，1993年，第175、522页。

② 朱有瓛、高时良主编：《中国近代学制史料》（第四辑），华东师范大学出版社，1993年，第175、522页。

③ 朱有瓛、高时良主编：《中国近代学制史料》（第四辑），华东师范大学出版社，1993年，第175、522页。

④ Records of General Conference 1890, pp. 458–459.

故事及与圣经关系之书，复书以问答式"①。直到 20 世纪初，伴随着教会学校传教目标的日趋减退，教育才成为教会学校追求的最重要目标。"这一方面是由于入学的不再限于信徒子女，学生缴付高昂的学费，所求的自然是西学知识，而非宗教信仰；另一方面，为要提高学术水平，学校也被迫将世俗知识的授课时间增加，相对地宗教科目的授课时间便愈来愈少了，从前平均占去三分之一到二分之一的，如下只剩下一星期的三、四小时。"② 由于生源多非信徒，毕业后又大多从事实业等职业而非传道，学校的传教功能日趋淡化。如在 19 世纪与 20 世纪之交真光学校"更随新教育而进展，见市上有一与学生程度相合之新书出版，则尽量购采选用。故当时人视本校为市内新教育之冠"③。又如岭南学堂自迁居澳门改名格致书院后，课程水平与当时官立、私立学校相当，"每周课程，有《圣经》、英文、地理、历史、算术、数学（代数、几何、三角）、物理、化学、动物、植物、生理学及图画、体操等"④。该校以重视科学教育、人格教育为两大特色，一方面"施行人格的教育养成科学之人材，适合中国之需要"，另一方面"着重人格的训练，特别是以基督牺牲的精神为榜样，培养学生勇于服务的精神"。⑤ 这表明教会学校的世俗教育功能业已逐渐为社会所接受并成为新的强劲发展态势。

其三，是在师资与创办者方面出现了由福音布道师向教会职业教育家的转变。在第一、二阶段和第三阶段早期，教会学校的创办人（举办者）和主要师资均由传教士兼任。传教士身兼多职，普遍认为传教是正业，办学是副业。而且在传教士内部着对于办学仍存在两种相左的意见：一种认为办学是不务正业，另一种则认为教会教育应成为传教事业的重要组成部分。尽管早在 1839 年，布朗即成为马礼逊学堂的校长和主要授课人，专责办理校务，但这在当时还只是个别情况。自 19 世纪 70 年代始，第一批不同于职业布道师的传教士教育家开始形成，教育传教士（educational missionaries）逐渐成为传教士中一个特殊的重要类别。他们不再视办学为副业，而以主要精力办学校，代表人物有创办培英书院的美北长老会的那夏礼（H. V. Noyes），创办真光学校的那夏理（H. N. Noyes，1844—1924），先后在澳门、广州办学并最后创办岭南学堂（岭南大学前身）的

① 刘心慈：《真光光荣简史》，香港何萌棠私人印行，1972 年，第 5 页。
② 梁家麟：《基督教办学历史的回顾与反省——以广东省的地区研究为例》，《徘徊于耶儒之间》，台湾宇宙光出版社，1997 年，第 136 页。
③ 刘心慈：《真光光荣简史》，香港何萌棠私人印行，第 21 页。
④ 朱有瓛、高时良主编：《中国近代学制史料》（第四辑），华东师范大学出版社，1993 年，第 527 页。
⑤ 朱有瓛、高时良主编：《中国近代学制史料》（第四辑），华东师范大学出版社，1993 年，第 563 - 564 页。

哈巴安德（H. Andrew），创办夏葛医学院的富马利（M. H. Fulton）等。被尊为真光学校校祖的那夏理女士于 24 岁时抵华，主持真光学校工作长达 51 年，她"教导有方，和蔼可近，有求为助，躬负责任，记忆力又强，凡事过目不忘，好说故事，语善诙谐，师兼母爱，资赎奴婢，保育校内外之弱女子不少"①。她与其兄那夏礼均系职业教会教育家，将全部精力奉献给了晚清广东的基督教教会教育事业。

二、明清基督教教育与粤港澳社会

基督教在中国的传播，实质上是一种异域文化的渗透。由于特殊的历史背景和地域优势，基督教在明清岭南地区获得了比较广泛的传播。在这一文化传播、交流和渗透的进程中，基督教对粤港澳社会的思想文化与教育诸方面均产生了深刻的影响。教会教育是传教士布道之舟楫，传教士是明清时期对粤港澳社会传播西学的主角。传教士对粤港澳社会的影响主要体现在思想文化领域。他们从事的文化教育活动既是其试图影响粤港澳社会的重要手段，又是传教士针对明清中国社会的具体情况顺应时变而作出的相应抉择。

鸦片战争前的广东与澳门地区的教会教育活动，因为传教士没有受到不平等条约保护，其影响仅及于澳门、广州和南洋，基本上没有进入中国内地，传教士所举办的教育活动也没有得到欧美列强的干预，双方的文化传播与交流大致处于平等地位。鸦片战争对基督教在华布道和办学产生了重要影响。具体而言，香港开埠后成为基督教在华布道的后勤基地，而澳门往日的垄断地位则相对衰落。广东由于广州、汕头相继被辟为通商口岸，大大便利了基督教在粤的布道、办学活动。此后传教士改变了以前谦恭卑微的姿态，跟随着商船和军舰，昂首阔步来到粤港澳地区，以征服者姿态出现，一味轻视贬低中国文化。中西双方的地位遂发生了逆转，从而严重影响与制约双方的交流。急于布道扩大传教影响的传教士紧紧抓住这一历史契机，相继在粤港澳地区开办了大批教会学校。② 由于受到列强政治、军事等的保护，基督教与教会学校后来分别被国人冠以"洋教""洋学堂"的称谓。

中国作为一个主权国家，几千年来有着自身系统的、完备的传统教育体制。明清时期教会教育在华兴办后自成体系，无疑是对中国教育主权的一种挑战与侵

① 刘心慈：《真光光荣简史》，香港何萌棠私人印行，1972 年，第 22 页。
② 关于晚清粤港澳教育发展变迁情况，详见夏泉：《19 世纪粤港澳教育的演变与交流》，《暨南学报》（哲学社会科学版）2002 年第 6 期。

犯。但作为一种历史存在，明清教会教育与粤港澳社会两者间存在着良性互动的紧密联系：一方面，粤港澳地区特殊的地理环境和历史背景，为明清时期基督教在中国的传播和办学活动提供了场所；另一方面，基督教教会教育的兴办，对明清粤港澳社会经济的发展亦起到了一定的推动作用。"教会学校一方面既做了新教育的倡导者，而另一方面又做了教会事业的文化基础……借着近代的教育实施，它实在有改造社会，和振兴国家的可能性……它树立了一种教育效率的标准……在教育界和其它的社会事业中，基督教学校已造就了一大群的领袖。"[①]具体而言，主要表现在以下六个方面：①为中国近代传来了新的教育模式。如圣保禄学院是中国第一所教会学校和西式大学，圣若瑟修院、英华书院、马礼逊学堂、救主书院、圣罗撒学校、真光学校、夏葛医学院和岭南大学等，在粤港澳教育史乃至明清教育史上均占有重要地位。中国人最先认识、引进西方教育是从教会学校开始的。②为粤港澳社会培养了一批近代西学人才、双语精英和革命人物，代表人物有容闳、孙中山、黄宽、唐廷枢、陈少白等人，他们的革命思想和科学文化知识均与其早年在教会学校的学习经历密切相关。[②] ③教会女学的兴办促进了妇女解放和接受近代新教育。可以说，澳门的女子教会教育为全国创办最早，粤港的女子教会学校也创办较早。女子接受近代新式教育也是以教会学校为开端的，清末民初在岭南颇有影响的夏葛医学院培养了张竹君、梁毅文、罗秀云、梁焕真等名医。[③] ④促进了明清岭南地区的中西方文化交流。自晚明利玛窦等将天主教、19世纪初叶马礼逊将新教先后传入岭南，中国儒家文化就在华南沿海与基督教文明开始了交融与对话的漫长历程，并以基督教为媒介促进了西学东渐和东学西渐的双向文化交流活动。如当时英华书院的办学宗旨即是双重的："向中国人介绍西方文化，向西方（主要是英国）学者介绍中国文化。"[④] ⑤培养了一些传道人员，如梁发、何进善等，发展了一批基督教信徒，促使基督教采取适应中国的传教策略，逐渐走上了本土化的传教路径。基督教文化教育的传入大

---

① 沈体兰：《基督教学校在中国教育界的地位》，《教育季刊》第8卷第4期（1932年12月）；李楚材编著：《帝国主义侵华教育史资料——教会教育》，教育科学出版社，1987年，第435页。

② Kenneth Ballhatchet 和 Helen Ballhatchet 为"传教士开办的学校的毕业生，不论其是不是基督徒，都常常成为社会的改革者、民族主义者，甚至革命的领导人"。[英]约翰·麦克曼勒斯主编：《牛津基督教史》，贵州人民出版社，1995年，第403页。另据《广东通志稿》之《革命人物传》（第2719页）记载，劳培为广东开平人，早年加入天主教，后在南洋加入同盟会，任晨报主笔；李炳辉为广东封川人，早年就读于教会学校，后加入同盟会。1911年3月29日，劳培、李炳辉在参加广州黄花岗起义时光荣牺牲。

③ 参阅张丹萍：《悬壶济世，彰显女性张扬个性》，《南方都市报》，2003年3月19日。

④ [英]费正清编，中国社会科学院历史研究所编译室译：《剑桥中国晚清史》（上卷），中国社会科学出版社，1985年，第590页。

大丰富了中国文化教育的发展。① ⑥促进了粤港澳教育尤其是教会教育间的相互交流。试举三例：马礼逊学堂即为了纪念最早到中国内地（广州）传教的新教传教士马礼逊而设。马氏于 1834 年病逝，翌年一批英美旅华人士即在广州成立了马礼逊教育会，并于 1839 年在澳门成立了马礼逊学堂，1842 年该校迁至香港，来自广东香山的黄宽、容闳等先后于 1840—1847 年就读于分别设在澳、港的马礼逊学堂；② 又如广州开埠后，1847 年美国长老会传教士哈巴安德将 1845 年创办于澳门的男子寄宿学校迁至广州故依街，称之为花地学校（The Fati Boarding School）；③ 同样由哈巴安德创办的岭南大学的前身格致书院，于 1900 年从广州迁校澳门，直至 1904 年才复迁广州，④ 这表明粤港澳三地间的教会教育资源呈交流的互动局面。

结　语

总之，明清时期基督教在粤港澳地区的文化教育活动，既实现了扩大基督教在华影响之初衷，使基督教文化不断自我调适，深深植根于粤港澳社会，同时又对这一地区的思想文化教育活动乃至人们的生活方式、思维方式产生了至深刻且巨大的影响，极大地促进了粤港澳三地社会经济的发展与教育近代化进程。时至今日，基督教文化教育活动的影响仍显现在粤港澳社会生活的方方面面。

（刊澳门《文化杂志》2004 年夏卷）

---

① 教会教育的第五点积极作用是从宗教比较与对话的视角切入，认为宗教对社会的稳定和发展有其积极作用。如章开沅先生就认为，基督教"已经逐步融入中国社会"，"在不同层次和程度上丰富和促进了中国文化的发展"。详见章先生为福建教育出版社出版的"基督教教育与中国社会丛书"所作序言。

② 关于马礼逊学堂研究，可参见笔者 2003 年 5 月提交暨南大学的博士学位论文：《明清粤港澳基督教会教育研究（1552—1911）》之第三章第三节"开拓本土：'禁教'政策解冻前后的马礼逊学校"。

③ 熊月之称该校创办于 1850 年，校名为"男子日校"，见熊月之：《西学东渐与晚清社会》，上海人民出版社，1994 年，第 288 页。

④ 吴梓明：《基督宗教与中国大学教育》，中国社会科学出版社，2003 年，第 85 页。

明清之际天主教会澳门创校研究

一、前言

　　明清之际是一个"天崩地析"、革故鼎新的时代，新航路开辟后架起了东西方交往的桥梁，中西文化交流的帷幕由此徐徐拉开。在西学东渐的浪潮中，伴随着基督教第三次来华布道，西方教育特别是基督教教会教育及其模式被移植到中国澳门。① 传教士在澳门创办了中国第一所教会学校，也是第一所西式大学圣保禄学院和第二所西式大学圣若瑟修院。② 教育是早期天主教传教士在华活动的一个重要领域，租居澳门后，"传教士对当地青少年和儿童的教育十分重视"③。以教育活动为重要职责的天主教耶稣会士于明清之际的到来，直接导致了以澳门为基地的东方基督教文化中心的形成。然而，对于明清之际以澳门为基地的天主教教育情况，由于中国史籍并没有多少直接记载，因而鲜为人知，致使这一时期的教会教育在明清中西文化交流史和中国教育史上的地位长期湮没无闻。实际上，这一时期的天主教教会教育，是澳门西式教育的肇始，在澳门教育史乃至明清教育史上均占有一定地位。"不了解天主教会在澳门办教的历史，就不可能了解澳门的教育历史，这不但因为其数量的举足轻重，还因为它历史悠久，覆盖面广。"④ 本文拟主要探讨以澳门圣保禄学院、澳门圣若瑟修院为主干，且以澳门为基地的明清之际天主教教会教育在华创办的历史背景，从四个方面论证明清之际天主教教会教育在澳门的创办，是当时诸多主客观因素综合运作的结果。

---

　　① 关于明清时期西方高等教育在华传播和移植问题，参见夏泉：《明清时期西方高等教育在中国的传播》，《暨南高教研究》2003 年 1 月。

　　② 关于圣保禄学院、圣若瑟修院研究，详见夏泉：《澳门圣保禄学院研究》，章开沅、马敏主编：《基督教与中国文化丛刊》（五），湖北教育出版社，2003 年；夏泉：《澳门圣若瑟修院研究》，《澳门研究》2002 年第 14 期，澳门基金会。

　　③ ［葡］潘日明神父著，苏勤译：《殊途同归——澳门的文化交融》，澳门文化司署，1992 年，第38 页。

　　④ 刘羡冰：《澳门教育史》，人民教育出版社，1999 年，第 60 页。

二、地理大发现和新航路的开辟拓展了天主教传播的空间

地理大发现和新航路开辟，"对于天主教的世界使命，这是一个具有重大影响的新启示、新发现"①。1500 年以前，人类基本上生活在彼此隔绝的状态中。1500 年是人类历史的一个重要转折点。新航路的开辟是象征着东西方文明会合的历史性起点，它使欧亚两洲从相互隔绝状态走到相遇与交往之中。15 世纪以后的欧洲诸国，随着社会经济的发展，对外寻求市场的需求越益迫切。16 世纪初，葡萄牙和西班牙已分别完成了政治上的统一，建立了中央集权制。但于 1453 年灭亡拜占庭后兴起的奥斯曼帝国阻断了东西方贸易的商路，向过境各国商人勒索大量捐税，欧洲人决心开辟新航路前往东方寻找丝绸、香料和珍珠。葡萄牙、西班牙是"伊比利亚半岛两航海民族，历史地承担了'寻路者'（Pathfinder）的角色。哥伦布横越大西洋发现美洲与达·伽马开辟印度航路，改变了世界历史的进程。美洲为仍处于中世纪黑暗的古老欧罗巴带来了新世界的曙光；三桅帆将人们引入对东方的富裕与神奇的幻想"②。大约在明朝中叶，在尼德兰的商业中心和意大利的城市国家，随着文艺复兴思潮的孕育，诞生了新的人文主义思潮和人类应该了解并驾驭大自然与世界的观念。随之于 1500 年前后，由一批航海家、探险家，如迪亚士、达·伽马、哥伦布、麦哲伦等完成的地理大发现与新航路的开辟，这两件划时代的事件深刻影响并改变着欧洲乃至世界的历史进程。对外部世界新知识的渴求与对新资源的探寻，促使了哥伦布、达·伽马等人踏上探险与对外扩张的征程，从而开辟了一个葡萄牙、西班牙人影响世界的新的探险时代。事实证明，"葡萄牙航海家的勇气使欧洲的一个偏僻小国成为了地球上最富强的国家之一"，"葡萄牙是在大海的惊涛骇浪中成为强国的"。③ 新航路之开辟，使葡萄牙既可免于土耳其人之压迫，以及意大利人商业上之操纵，且得致力于基督教事业之传布。这就为葡萄牙人东来及布道、办学提供了历史机遇。

---

① 参见［美］邓恩著，余三、石蓉等译：《从利玛窦到汤若望——晚明的耶稣会传教士·著者前言》，上海古籍出版社，2003 年。

② 引自金国平为吴志良《澳门政治发展史》一书所写的《跋》，上海社会科学院出版社，1999 年。

③ ［美］丽贝卡·斯蒂福夫著，吕志士、马建成译：《达·伽马和其他葡萄牙探险家》，世界知识出版社，1998 年，详见该书内容简介和第 35 页。

三、葡萄牙商人、传教士东来与澳门开埠

明清之际的对华传教与办学活动，是与葡萄牙、西班牙 16 世纪在中国沿海进行贸易和侵略活动相联系的。"近世欧人之东来，始于葡萄牙。"① 葡萄牙"这个微小的国家，所以能得意外的发展，应该归功于军队的忠勇，及传教士的热诚"②。从一定程度上而言，是时葡萄牙在东方的扩张活动，是历史上基督教和伊斯兰教斗争的延续。正如有人于 1502 年在《马可波罗游记》葡文版前言中所说的："想往东方的全部愿望，都是来自想要前去中国。航向遥远的印度洋，拨旺了对那片叫做中国（Syne Serica）的未知世界的向往，那就是要寻找契丹（Catayo）。"③ 16 世纪是伊比利亚人的世纪，首先是葡萄牙，然后是西班牙。新航路开辟后，西方国家不断扩张至亚洲和中国海岸，但"葡萄牙扩张在亚洲建立的短暂的实力，不是传统的国家政治意义上的。他们的优势仅限于对海上航运与贸易的垄断，他们在印度洋与南太平洋以一种商人代表的国家势力击败了自发的穆斯林海商，凯歌般行进直到南中国海……那时候，在庞大的中华帝国面前，他们还只是一些利欲熏心的商人、想入非非的宗教狂或逞凶斗狠的海盗……葡萄牙、西班牙商人想方设法与中国贸易，明朝政府则尽量避免、极力限制这种贸易"④。葡萄牙因缺乏人力和军备，建立的是商业帝国。1510 年，葡萄牙人占领了亚洲西海岸的果阿，次年又占领亚洲最重要的商业据点马六甲，控制了这一亚欧交通要津。以此为据点，葡萄牙人随后屡次到中国沿海刺探情况与谋求通商，直至 1554 年才获准进入澳门，并于 1557 年将之变为在远东的永久居留地。

著名的早期澳门史专家龙思泰认为："将澳门的租用当作帝国的恩惠，而不是武力征服的结果，是较为慎重的看法……明王朝允许葡萄牙人在澳门定居以后，葡萄牙人对明朝的臣属关系即已开始。"⑤ 这是符合当时客观实际的。宗教是促成其向海外扩张的重要原因。传教士也随着商人东来，"他们在荒凉的岛

---

① 周景濂编著：《中葡外交史》，商务印书馆，1998 年，第 1 页；关于澳门早期开埠史研究，可参见汤开建：《澳门开埠初期史研究》，中华书局，1999 年。
② ［法］裴化行：《天主教十六世纪在华传教志》，商务印书馆，1936 年，第 84 页。
③ Rui Manuel Loureiro, *Introdução*, *Organização e Notas*: *Cartas dos Cativos de Cantção*, Instituto Cultural de Macau, 1992, p. 10. 转引自万明：《中葡早期关系史》，社会科学文献出版社，2001 年，第 18 – 19 页。
④ 周宁：《中西最初的遭遇与冲突》，学苑出版社，2000 年，第 111 – 113 页。
⑤ ［瑞典］龙思泰著，吴义雄等译，章文钦校注：《早期澳门史》，东方出版社，1997 年，第 18、92、172、174 页。

屿——澳门上，为葡萄牙人开辟了一个市场，为罗马传道者开辟了一处避难所"①。因为西欧人的航海，不仅是为了对外扩张经济贸易，而且也是为了征服异教徒，传播基督教文明。植根于中世纪的宗教精神和具有宗教热情的传教士，在西欧对外扩张进程中起了很大作用。据统计，1630 年在亚洲进行传教的主要教派的牧师约有 1 800 名。正如有论者所指出的："牧师比例如此之高无疑是葡萄牙与后来到亚洲的欧洲殖民者之间的主要区别，使他们的海外事业具有极浓的宗教色彩。"② "天主教会及其教廷都号召要使海外的'多神教徒'改信基督教……教会的神职人员为数众多，其中不乏勇敢而又年轻有为的神甫和牧师，他们完全献身于社会，决心胸挂十字架、手捧圣经远涉重洋。这些以宗教狂热和严格教规培养出来的传教士们甘冒在陌生的异乡可能遇到的危险，尽心竭力地为殖民者的事业效劳，有时甚至付出了生命。"③ 根据教皇与葡萄牙、西班牙于 1493 年达成的保教权协定，葡萄牙享有在远东、印度的"保教权"（Royal Patronage）。其主要内容有二：一是任何从欧洲前往亚洲的传教士，必须取道里斯本，获得葡萄牙国王的批准；二是葡萄牙国王有权在亚洲兴建教堂，派遣传教士和主教掌管所辖领地内的教会。④ 根据这一协定，葡萄牙在租居的澳门享有"保教权"，即布道与办学之权力。

四、耶稣会对教育的重视

宗教改革后，基督教新教在北欧取得优势地位，旧教（天主教）则在南欧对基督教的等级制度以及基层进行了一场深刻的自我"革新"运动，并成立了耶稣会等天主教会组织，向东方渗透传教。"在这次天主教的复兴运动中，在促使一切脱离罗马的地区或国家重新皈依正统教会方面，没有一个机构发挥的作用比耶稣会更大。"⑤ 教皇为了弥补天主教会在宗教改革运动中所蒙受的损失，提出"在欧洲失去的，要在海外补进来"的口号。耶稣会于 1534 年由西班牙人依纳爵·罗耀拉（1491—1556，Ignaciode Loyola）创建于巴黎，旨在为反宗教改革

① ［瑞典］龙思泰著，吴义雄等译，章文钦校注：《早期澳门史》，东方出版社，1997 年，第 18、92、172、174 页。

② ［美］桑贾伊·苏布拉马尼亚姆著，何吉贤译：《葡萄牙帝国在亚洲（1500—1700：政治和经济史）》，纪念葡萄牙发现事业澳门地区委员会，1997 年，第 269 页。

③ ［苏］纳罗奇尼茨基等著，北京外国语学院俄语系首届工农兵学员译：《远东国际关系史》（第一册），商务印书馆，1976 年，第 3 页。

④ ［瑞典］龙思泰著，吴义雄等译，章文钦校注：《早期澳门史》，东方出版社，1997 年，第 18、92、172、174 页。

⑤ ［美］G. F. 穆尔著，郭舜平等译：《基督教简史》，商务印书馆，1981 年，第 273 页。

运动注入新的活力，并于 1540 年获教皇保罗三世批准。① 该会仿效军队编制，组织严密，纪律严明，强调服从精神，成为反宗教改革运动的先锋和中坚，有梵蒂冈的"黑衣卫队"之称。罗耀拉的个性也体现在耶稣会组织中，"虔诚与外交手腕的混合，苦行与世俗交往思想的混合，神秘主义与冷静盘算的混合，这就是罗耀拉的性格，这就是耶稣会的标志"②。耶稣会十分重视教育工作，具有办学传统，在《耶稣会章程》里，有一半内容是有关教育工作的，它规定耶稣会士的基本任务是传教和从事教育活动，每一个会员都有从事教育的义务。耶稣会士自称属于"知识阶层"，具有较高的文化素质。该会规定，对初学修士采取严格的选拔措施，对会士进行长时间的全面教育，每个成员都必须通过至少 14 年的系统训练，研习神学和各种自然科学知识。该会于 1551 年创办了罗马学院，"在基督教世界中，这所大学是一个奇迹……它是伟大人物的摇篮"③。罗马学院很快成为培训耶稣会士的最重要基地和各地耶稣会教育机构仿效的典范。同时，该会还在欧洲开创了一个综合单一的学校制度——"文科学校"（Liberal School）。"由于拥有近代的教育体制，耶稣会很快就吸引了来自欧洲各国的年轻人在它的学校中学习。想入会的学生必须通过非常严格的挑选和接受严格的训练。由于通晓古代和近代的知识且有良好的学术素养，耶稣会士通常是欧洲最有才华的人。"④

罗耀拉及其弟子们所理解的教育涵盖两个层面的意义：一是为提升耶稣会员的素质对其所实施的教育；二是为促进天主教在全世界的传播由耶稣会员对他人所进行的教育。早期耶稣会学校的生源构成主要有两种：一是笃信天主教、申请加入耶稣会的入会者；二是在耶稣会已有广泛影响，多数人趋之若鹜的一般民众。耶稣会的教学组织和制度，于 1599 年正式形成《耶稣会章程》和《教学大全》（Ratio Studiorum），对耶稣会学校的学校编制、设备、课程设置、教学内容与方法都作了明确规定，成为管理耶稣会学校的指南。尤为值得关注的是，耶稣会为了扩大天主教思想的影响，很早就致力于高等教育工作，开办了耶稣会大学、神学院和其他学校。课程设置有古典文学、拉丁文、希腊文、伦理学、哲

---

① 南欧国家封建势力顽强，成立耶稣会即封建教会势力发动的一场宗教"反革命运动"。耶稣会于 1580 年、1688 年两度被英国取缔，又于 1773 年被教皇克莱芒十四世取缔，1814 年教皇庇护七世又予以恢复。西班牙的"反宗教改革运动"与耶稣会的建立，可详见张铠：《庞迪我与中国——耶稣会"适应"策略研究》，北京图书馆出版社，1997 年，第 2－12 页。

② ［法］埃德蒙·帕里斯著，张茹萍、勾永东译：《耶稣会士秘史》，中国社会科学出版社，1990 年，第 19 页。

③ Robert Birdey, *The Refashing of Catholicism, 1450－1700: A Reassessment of the Counter Reformation*, Macmillan Press, 1999, p. 137.

④ ［意］柯毅霖著，王志成等译：《晚明基督论》，四川人民出版社，1999 年，第 10－14、47－48、57－58 页。

学、自然科学等，把中世纪的教义神学与文艺复兴文化有机结合起来。耶稣会士是"中世纪历史上第一个把教育青年正式写入会章的宗教团体"，"他们办的学校和大学培养了大批出身高贵门第的青年。耶稣会士是欧洲天主教国家中的教育改革家"。① 1542 年，耶稣会在印度创办了"果阿圣保禄学院"（St. Paul's College，Goa）。明末来华的耶稣会士大都受过耶稣会的高等教育，他们不仅思想虔诚，有深厚的神学、哲学基础，而且有较强的语言能力，恪守"学术传教"的策略。因之，我们可以说，耶稣会的传教活动是以教育为中心工作的，传教士到哪里布道，就在哪里兴办学校。

明清之际来到澳门和中国内地布道的天主教传教士以耶稣会士为主力，入华后他们嗣承办学的优良传统。葡萄牙科英布拉大学②、印度果阿圣保禄学院成为在澳门的天主教士仿效办学以培养传教士的榜样。清人陆希言对此深有感触，他认为，耶稣会在澳门"设立义塾，不特教其英才，即牧竖厮养，咸得就小学而学焉。小学有成，升入大学，更资其衣食，而望其成材。学既通明，或愿修道，或欲经营，仍任其自主焉。故三巴堂独高昂而宏丽，百凡功业，均与他堂不同"③。

五、范礼安的作用及采取适应中国传教的策略④

"从耶稣会创立之日起，外方传教就成为修会最重要的使命和工作之一。"⑤晚明来华的耶稣会士在明清之际取得的传教和办学成就，应归功于早期著名耶稣会士沙勿略、范礼安、利玛窦等人对中国风俗习惯的适应及对文化沟通融合的重视。范礼安（Alexandre Valignani）于 1578 年 9 月首抵澳门，并于 1573—1583、1587—1595 年间在东印度行使耶稣会传教团视察员职责，1595—1601 年又在中国、日本任视察员。范礼安等人"实际上都是基督教人文主义者。中世纪的宗教

---

① 王川：《西方经典教育的学说——从苏格拉底到蒙台梭利》，四川人民出版社，2000 年，第 81 - 102 页；[美] G. F. 穆尔著，郭舜平等译：《基督教简史》，商务印书馆，1981 年，第 274 页。但何兆武先生在《中西文化交流史论》（中国青年出版社，2001 年）一书中对耶稣会的积极作用进行了质疑："当时这批西方传教士实在不是中西文化交流的好的媒介者"，"耶稣会传入中国的并不可能是先进的科学"，"耶稣会的世界观与思想方法对中国的科学与思想不可能起到积极的推动作用"。
② 葡萄牙最古老的大学，创办于 1290 年，后为来自西班牙的耶稣会士所控制，成为罗马天主教讲坛和耶稣会培训向远东派遣传教士的基地。
③ （清）陆希言：《澳门记》，中国第一历史档案馆、澳门基金会、暨南大学古籍研究所合编：《明清时期澳门问题档案文献汇编》（六），人民出版社，1999 年，第 596 页。
④ 适应策略的核心内容是：凡是前往东方传教的耶稣会士，应先学习东方各土著居民的语言，进而了解和适应当地文化；然后通过介绍西方的科学知识使土著居民认识到基督教文化的优越性；最终将其吸引到主的怀抱中来。耶稣会在印度、日本和中国传教均采取适应策略。
⑤ [德] 彼得·克劳斯·哈特曼著，谷裕译：《耶稣会简史》，宗教文化出版社，2003 年，第 37 页。

精神与非凡的科学知识和能力兼收并蓄，他们的思想之开放性，即使与现代人相比，也是相当惊人的"①。范礼安是继方济各·沙勿略之后远东第二位著名的耶稣会传教士，他被誉为耶稣会在中国适应之父，其历史贡献即在于实现了方济各·沙勿略的夙愿，找到了适应中国文化的方法，在中国开始了传教活动，他因之被马爱德神父（SJ. Edward Malatesta）称为"耶稣会赴华工作的决策人"②。一方面，他吸取了此前耶稣会士在华布道失败的教训，认为将中国教徒"葡萄牙化"的方法不利于传教事业的发展，且认识到学习中文的重要性；③ 另一方面，他是教会本土化的倡导者，强调传教士一旦定居下来就应穿袈裟，以突出传教团的宗教性，传教士要适应中国的文化。他向耶稣会总会长梅古里盎建议："对于入中国传教，唯一的方法是绝对避免以前往别国去的传教士所遵照的方式"④，应采用与这些民族文化习俗相适应的方式。这种布道思路被称为"适应"策略，主要方式有：学习当地语言，重视当地上层人士的作用，与之交往时突出自己的社会地位并赠送礼品，适应当地文化，用西方的科学知识为传教开辟道路等。而早期耶稣会士在中国传教的受挫，症结在于他们缺少语言和思想方面的充分准备。"1565 年，一位中国人直截了当地告诉耶稣会士贝雷士（Perez）神父：'先学我们的语言，再来教导你们的宗教。'"⑤ 基于此，范礼安进一步认识到，仅仅学习汉语口语是不够的，还应学会写作。他开始意识到中国文化的博大精深。他让罗明坚、利玛窦学习中国古典作品，把它们译成拉丁文，以便更好地理解它们，并在要理问答和护教著作中引用它们。为了适应在远东传教的形势，范礼安向耶稣总会会长提出申请，于 1594 年在澳门设立圣保禄学院。诚如裴化行在《利玛窦神父传》一书中所指出的："是范礼安神父，不顾澳门神长卡布拉尔和果阿神长制造的种种困难，在此创造起一所出类拔萃的学堂，教授人文科学和神

---

① ［意］柯毅霖著，王志成等译：《晚明基督论》，四川人民出版社，1999 年，第 10 - 14、47 - 48、57 - 58 页。

② ［美］马爱德：《范礼安——耶稣会赴华工作的决策人》，（澳门）《文化杂志》（中文版），1994 年第 21 期。范礼安出生于意大利那不勒斯王国的基耶蒂（Chieti）城，早年获巴杜（Padoue）大学法学博士学位，1566 年 5 月在罗马入耶稣会，1574 年率 38 名同伴赴印度和远东，出任耶稣会远东巡视员，视察东方教务，指定并规划传教策略。

③ 据［瑞典］龙思泰：《早期澳门史》之《在华罗马天主教会及其布道团简史》："一个名叫罗明坚的义大利人，于 1579 年从印度到来，在范礼安的建议下开始学习中文。"见前揭龙思泰书，第 193 页。另据 1582 年 2 月 12 日，范礼安在给日本教区负责人的备忘录中增加一条建议，他建议指派四名学者到澳门专攻中文和中国文学，他认为如果不懂中文，根本无法使中国人皈依上帝，而这是一项往已久的事业。见［美］马爱德：《范礼安——耶稣会赴华工作的决策人》，（澳门）《文化杂志》（中文版），1994 年第 21 期。

④ ［法］裴化行著，萧浚华译：《天主教十六世纪在华传教志》，商务印书馆，1936 年，第 178 页。

⑤ ［意］柯毅霖著，王志成等译：《晚明基督论》，四川人民出版社，1999 年，第 10 - 14、47 - 48、57 - 58 页。

圣科学，培养出来的人才优于果阿自身培养的。"① 可见，在创办圣保禄学院过程中，范礼安是深谋远虑且颇具胆识的。学院成立后，每当范礼安决定开辟一个新教区时，均从圣保禄学院挑选耶稣会士前往。可以说，他为圣保禄学院的创办、发展倾尽心血。1606 年 1 月，范礼安病逝于圣保禄学院内。

16 世纪晚期，在澳门创办教会学校的条件业已成熟，于是，最早的一批教会学校在澳门次第创办。如 1572 年，澳门初级学校创办，亦称圣保禄公学，1594 年升格为圣保禄学院。1580 年，罗明坚神父在澳门初级学校里兴建一传习所，利玛窦称之为"圣玛尔定经言学校"。1728 年，澳门第二所西式大学圣若瑟修院创办。除此，自 16 世纪末开始，天主教各修会亦着手在澳门设堂建院，以培养传教士进入中国内地布道为己任。当然，上述教会学校除了圣保禄学院、圣若瑟修院外，大都属于要理识字班水平，办学层次不高，且主要从事宗教教育。总之，明清之际天主教教会创校澳门，标志着中国教会教育的发轫，在澳门教育史乃至明清之际中西文化交流史上均占有重要地位。②

（刊《澳门研究》总第 23 期，2004 年 8 月）

---

① ［法］裴化行著，管震湖译：《利玛窦神父传》（下册），商务印书馆，1993 年，第 465 页。
② 详见夏泉 2003 年 5 月提交暨南大学的博士学位论文：《明清粤港澳基督教教会教育研究（1552—1911）》之第二章第一节"天主教三次在华传播时兴办的教会教育"。

中国第一所教会学校：澳门圣保禄学院研究

澳门圣保禄学院（St. Paul's College）①，又称"三巴静院""澳门神学院"或"澳门修道院"，是在明末基督教第三次入华布道过程中创办的中国第一所教会学校（也是第一所教会大学）。②下面，拟就学院的创办动机、始末、办学体制及历史地位诸方面进行初步探讨，以求教于方家。

一、办学动机③

有一些论者认为，学院的创办主要是为了培养前往中国内地的传教士。如刘羡冰认为，范礼安创办圣保禄学院，是为了"让澳门成为精通汉语、熟悉中国礼仪的培训基地，使澳门成为天主教的传播中心"④。冯增俊认为，"圣保禄学院不仅促进东西方文化交流，培养了西方许多汉学家，使许多传教士顺利进入中国，对中国诸多领域的发展起了重要作用，促进了近代化进程"⑤。黄启臣也认为，范礼安"在澳门创办一间大学，专门培训进入中国内地以至日本等地东方国家传教的耶稣会士，以便进一步开展传教活动"⑥。

但实际上，圣保禄学院的创办，主要是为适应天主教前往日本布道之需要。这在1592年范礼安在日本长崎主持召开的传教士总协商会议上即已明确，会议决定："在日本本土之外创办一所学校，以招收日本耶稣会会员入学。当时日本内战造成的动荡不安在年轻人的身上有所体现，影响到他们安心读书和培养神修

---

① 圣保禄亦可译作圣保罗，是耶稣十二使徒之一，《使徒行传》记述了保罗曾进行过三次远途传教。学院以圣保禄命名，寓耶稣会士赴远东布道系继续圣保禄事业之意。

② 关于圣保禄学院是中国第一所教会学校的论证情况，详见夏泉2003年5月提交暨南大学的博士学位论文：《明清粤港澳基督教教会教育研究（1552—1911）》之第二章第一节"天主教三次在华传播时兴办的教会教育"。

③ 关于圣保禄学院的办学动机问题，参考了业师汤开建的部分论点。详见汤开建：《明清之际澳门与中国内地天主教传播之关系》，（台湾）《汉学研究》2002年第20卷第2期。

④ 刘羡冰：《澳门教育史》，人民教育出版社，1999年，第37页。

⑤ 冯增俊主编：《澳门教育概论》，广东教育出版社，1999年，第59页。

⑥ 黄启臣：《澳门第一所大学：圣保禄学院》，《岭南文史》1995年第1期。

的精神。另一方面，只有与完全是基督教的西方环境接触，他们才能有所收获。"① 日本长崎殉道者博物馆馆长迭戈·结成认为："这个计划将导致澳门和日本之间海上来往的增加，并将加强圣保禄学院和日本教会的联系。"凭借圣保禄学院这一媒介，"通过友谊和文化交流的美好历史以及血的纽带与日本教会联结在一起"。② 圣保禄学院早期的日本生源也佐证了这一点，1595 年、1596 年和 1601 年，分别有 5 名、2 名和 17 名日本学生前来学习；1614 年后有"更多的日本人前往那里"。③

那么，范礼安为什么要选择在澳门设立主要培养日本传教士的学校呢？笔者认为主要理由有三：一是 1576 年成立澳门教区后，日本属澳门教区管辖，而且范礼安负责统领中国、日本的传教事务，便于统筹、协调耶稣会在远东的福音布道工作。二是"澳门为整个远东天主教务的中心、教士的集散地，故一般人称它为'东方的罗马'"④。加之"澳门具有葡萄牙人生活的气氛。通过学习欧洲人的语言、习俗和生活方式，他们就会与我们更加一致，更加亲近，在品德和学识上也会更加出类拔萃"⑤。三是当时日本的天主教传播工作发展较快，但遭受到了丰臣秀吉于 1587 年颁布的"驱逐传教士令"的严重影响。⑥ "范礼安既在日本体认到大名封建纷争更迭的危险，便认为迫切需要在足够完全的地点准备好一场避难所，来收容受迫害或用作进行培训工作的场所；果阿太遥远，马六甲太易遭受战祸，于是，就在澳门，经那位在罗马的教长同意，不顾难以置信的反对，他决定设立一所公学，作为在远东的天主教'堡垒'。"⑦ 可见，当传教士在日本被驱逐后，澳门成为日本耶稣会士的避难所及其向日本渗透与培训传教人才的基地。

在圣保禄学院成立前夕的 1594 年 10 月 28 日所出版的《澳门圣保禄学院年报》，对于学院为日本培养传教士进行了明确陈述：既然于 1592 年在日本召开的总协商会议认为，为了保持与发展耶稣会在日本的事业以及传播福音，在中国的澳门（这里住着很多澳门人）建立一所学院是至关重要的，是一个可行的方法。于是，此时正在澳门的范礼安动员一些朋友协助创办圣保禄学院。⑧

---

① 若瑟·蒙坦也：《澳门天主教区历史史料》，第 245 – 246 页，《耶稣会罗马档案》，第 23、299 – 311 页。转引自［葡］桑托斯著，孙成敖译：《澳门：远东第一所西方大学》，澳门基金会，1994 年，第 41 页。

② ［日］迭戈·结成：《圣保禄学院与日本教会》，（澳门）《文化杂志》（中文版）1997 年第 30 期。

③ 《南蛮人的日本发现》，第 232 – 249 页，转引自戚印平：《日本早期耶稣会史研究》，商务印书馆，2003 年，第 273 – 274 页。

④ 郭永亮：《澳门香港之早期关系》，台湾"中央"研究院近代史研究所，1990 年，第 43 页。

⑤ ［葡］桑托斯著，孙成敖译：《澳门：远东第一所西式大学》，澳门基金会，1994 年，第 41 页。

⑥ 参见［日］田村忠次：《天主教日本中世传播史》。

⑦ ［法］裴化行著，管震湖译：《利玛窦神父传》（上册），商务印书馆，1993 年，第 73 页。

⑧ 原件藏葡萄牙阿儒达王室图书馆，由圣保禄学院首任院长孟三德撰写，并由李向玉博士译成汉文，详见李向玉：《澳门圣保禄学院研究》，澳门日报出版社，2001 年，第 46 页。

上述表明，澳门圣保禄学院创办的主要动机是为日本培养布道者，[①] 同时兼顾澳门教区属下的中国等远东地区的需要。同时代的利玛窦的回忆录可佐证这一事实，他认为：圣保禄学院"是日本和中国两大传教团的共同进修院"[②]。汤开建教授围绕学院为远东地区培养传教士问题进行考证后也认为："虽然澳门圣保禄学院从创办起就有以日本传教为主旨的倾向，但它也同时是作为远东传教中心所创办的，澳门不仅是对日本传教之基地，亦是对中国及印度支那传教之基地，再加之澳门紧邻中国内地的地理因素，这就必然也使澳门圣保禄学院仍然成为向中国教区输送传教人才的摇篮。"[③]

二、创办始末

葡萄牙人在澳门（今日澳门包括澳门半岛、氹仔和路环两岛）获准定居后，即开始由传教士修建寓所和教堂，作为"前往日本的遥远旅程中一个中途休息的场所"，"等候适当机会进入中国内地的前沿"，以及"澳门这座新兴城市的传教中心"。[④] 天主教在澳门早期建立的教堂有圣安多尼教堂（俗称花王庙）、疯王堂、风顺堂和圣保禄教堂等。天主教的神职人员需要为当时在澳门经商的葡萄牙商人、水手、家属举行宗教仪式和进行教化，因此传教士开始对葡萄牙儿童和华人儿童进行启蒙教育活动，于是1572年在大炮台附近开设了一所小学——圣保禄公学，这是教会教育在澳门的肇始。马爱德神父（生前是美国旧金山大学利玛窦中西文化历史研究所所长）认为：耶稣会"教育的任务是从一所学校逐步开始的。学校教人们阅读和写作。圣保禄学院就这样发展起来，直至1594年12月1日它作为一所大学而运作"[⑤]。亦诚如一些论者所指出的："自从第一位天主教传教士抵澳至今，澳门社会一贯牢记基督的教导：'我来此是为他人服务的，并不是让人为我服务的……澳门教会致力于为这块土地的人们提供社会、教育和宗教服务。"天主教"在教育领域所担当的杰出角色，她在漫长的四个世纪中为我

① 郭永亮认为："自从日本政府下令驱逐教士之后，澳门三巴学院也就变成教士的聚散地。……日籍耶稣会士，居住在此学院里，安心工作，潜心学习。"参见郭永亮：《澳门香港之早期关系》，台湾"中央"研究院近代史研究所，1990年，第55页。
② ［意］利玛窦、［比］金尼阁著，何高济等译，何兆武校：《利玛窦中国札记》，中华书局，1983年，第314页。
③ 汤开建：《明清之际澳门与中国内地天主教传播之关系》，（台湾）《汉学研究》2002年第20卷第2期。
④ 刘羡冰：《双语精英与文化交流》，澳门基金会，1994年，第16页。
⑤ 欧嘉铭：《向历史学习》，（澳门）《教育暨青年报》1995年第2期。

们这座以天主圣名命名的城市兴办学校、培育青少年"。① 17 世纪上半叶入华从事 22 年传教工作的耶稣会士曾德昭（Alvarede Semedo），在其回忆录中对圣保禄学院留下了一段文字：

（学院）一般有 60 到 80 人，或多点或少点，按照它接受、或派遣的人数而定。因为要从他们当中派遣传道的使节，所以其人数必然很不固定。那所学院设有两门神学课，一门是道义问题，一门是高等研究课程；两堂拉丁文课；一所为孩子而设的学校，其人数甚多，它的初级班有 90 名葡萄牙孩子，还有当地中国人的。从这所学院（它开始时很小，工作人员只有很少的人）产生了传教事业的头一批战士。②

耶稣会是天主教中兴办学校最多的教会，也是建立澳门圣保禄学院的主要力量。1592 年范礼安在日本长崎主持召开会议，决定在日本本土之外创办一所学校，以招收日本耶稣会会员入学。正好日本传教团的总务长在澳门拥有一些财富，他也认为建立一所学校的时机已成熟。会议遂决定尽早设立一所学校。③ 由此可见，建立圣保禄学院的优先目标是去日本传播福音，同时兼顾到中国内地以及远东其他地区传教的需要。④ 范礼安不久从日本抵达澳门，他将设立学校的计划告知中国传教团的神父们，并征求他们的意见，得到该传教团的主要负责人暨圣保禄公学校长孟三德神父的同意与支持。考虑到澳门开埠后人口的激增和贸易活动的日趋活跃，有必要重新建立一所面向远东且类似果阿圣保禄学院的学府（果阿圣保禄学院面向整个印度乃至马六甲、摩洛哥以及东非和埃塞俄比亚培训传教士，澳门人把来自果阿圣保禄学院的耶稣会士称之为"保禄院士"）。加之，

---

① 这是 1994 年时任澳门教区主教的林家骏与时任澳门教育暨青年司司长的施绮莲，在澳门明爱幼儿园揭幕仪式的讲话中分别对澳门早期教会教育的积极评价。详见《明爱新幼儿园揭幕黑沙环充满节日气氛》，（澳门）《教育暨青年报》1994 年创刊号。

② ［葡］曾德昭著，何高济译，李申校：《大中国志》，上海古籍出版社，1998 年，第 210－211 页。

③ 《耶稣会罗马档案》，第 23、51、299－311 页，转引自［葡］桑托斯著，孙成敖译：《澳门：远东第一所西方大学》，澳门基金会，1994 年。

④ 关于学院主要是为日本培养传教士这一点，再补充两条资料，如费尔南·格雷罗（Fernao Guerreiro）神父在 1605 年出版的《耶稣教士团神父年度使命报告》里，谈及 1601—1602 年该学院情况时叙述道："那里一般有三十名修士。在今年将还有六十名修士在那里过冬并于 1600 年、1601 年赴日本。鉴于该修院属中国和日本两个大规模教区和传会组织的修习场所，我们在那里学习人文学、艺术和神学，进修要去工作的那两大国家的语言和观念。"见《澳门——大三巴牌坊——面向未来的丰碑》，澳门文化司署，1994 年，第 23 页。又如裴化行的论述也可以佐证此事，他说："葡萄牙港口的这所学院，在范礼安的坚决推动下，已经成为一所头等重要的学校，1601 年它容纳的耶稣会士人数在 59 名以上，其中 20 名为教士，39 名是修士（经院修士或辅理修士）。这些人中间有许多名正候船前往日本，但也有 10 人被总会长指派来中国。1602 年，甚至在 5 名神父和 6 名修士出发去日本之后，剩下的耶稣会士还有 56 人。"详见［法］裴化行著，管震湖译：《利玛窦神父传》（下册），商务印书馆，1993 年，第 481 页。

圣保禄公学"原来的校舍已经变得狭窄和不舒适，即使对走读生来说亦是如此。学生们摩肩接踵，'所有的人都颇不体面地拥挤在一起'"。1593年2月，孟三德向澳门市议会提议"兴建一所足够宽敞的学校，不仅能够满足澳门人要为当地青年开设更多课程的渴望，而且还可以使天主圣母堂成为一个培养从日本到中国，到越南东京（Tonquim）以及这一世界尽头的其他国家的传教士的中心"①。

当然，创设澳门圣保禄学院亦并非事事顺遂。耶稣会果阿会省考虑到自身利益，开始就持反对态度。在获悉该计划后，果阿会省进行了紧急磋商，并在一份广为散发的声明中列举了15条反对理由，认为"耶稣会不应在澳门兴建学校"。为了化解矛盾，舒缓果阿会省的异议，范礼安给耶稣总会会长阿奎维瓦（1581—1651）寄去详尽资料，解释在澳门修建学院的理由，并认为："由于事务繁多和人手不足，加之两地（指果阿和澳门——引者）相距如此遥远，因此来自果阿方面的支援总嫌不足、没有把握和十分缓慢。"②在拥有保教权的葡萄牙国王菲利浦二世的干预与范礼安的大力争取下，1594年，果阿耶稣会会长鲁德拉斯终于批准了其请求（1576年后成立的澳门教区仍受印度果阿总主教控制），准许在圣保禄公学和圣玛尔定经言学校合并的基础上升格为圣保禄学院，并特地委派贝勒兹、代塞拉和平托莅临澳门主理其事。1594年12月1日，圣保禄学院正式注册成立。③

在选择校址、招募建筑工人与筹措办学经费方面，也颇费周折。经过勘察，在圣保禄公学附近的一处山坡高处发现了一块地基，可以用岩石和加过工的石块在山坡上修建起十分坚固的高墙和庭院。该地位于山的中间，视野十分开阔，既可享受从大海方向刮来凉爽的海风，而另一侧小山又可挡着有损健康的风。因为学院主要用石块建成，工程庞大且要求甚严，急需大批石匠。恰好此时有一批因禁教从日本来此避难的日本匠人抵达澳门，他们都是能工巧匠，成为建造圣保禄学院的主要人员。

《耶稣会罗马档案》对圣保禄学院落成后的壮观景象有详细记载：④

新的学院已告竣工。它依地势而建，周围有高墙环绕。两间带有阁楼的极大屋宇露出墙头，如同两座城堡，其间有个美丽的庭院。沿墙有一条走廊，其中有

① ［葡］桑托斯著，孙成敖译：《澳门：远东第一所西方大学》，澳门基金会，1994年，第41-42页。

② 《耶稣会罗马档案》卷22，第299-331页，转引自［葡］桑托斯著，孙成敖译：《澳门：远东第一所西方大学》，澳门基金会，1994年，第4页。

③ 刘羡冰：《双语精英与文化交流》，澳门基金会，1994年，第15页。

④ 《耶稣会罗马档案》卷23，第293页，转引自［葡］桑托斯著，孙成敖译：《澳门：远东第一所西方大学》，澳门基金会，1994年，第43-44页。

数个小房间。由于地势关系，小房间的地面与两间大屋宇的阁楼一般高低。山脚与山上通过两个或三个阶梯相同，有一个带庭院的教学区和正门，正门处有几间办公室。再向上走，又有几间十分舒适供教职员使用的房间。正门前面，还有一座封闭式的极大庭院。学院可以容纳四十名教士，而且居住条件十分舒适，因为除了四个教学区之外，上面还有十九个房间，两个大厅，两座教学和一所遐迩闻名的极大的药房。下面还有七个房间和十分舒适的办公室。神父（或视察员?）决定再建一所新的饭厅，因为我们现在的饭厅是借用的。如果需要的话，我们还有许多地方可以建起更多的建筑物来。

《利玛窦神父传》亦云：[①]

各种建筑物中，由于紧挨市中心一座小山的地势，圣保罗公学占地广阔的建筑特别引人注目。它落成于 1595 年，能容纳六十名耶稣会士。

圣保禄学院还拥有一座藏书超 4 000 册的图书馆，据澳门前代权官傅列打士（Guimaraes Freitas）所著之《澳门忆述》云："其藏书室真是神奇诡秘，传说埋藏在隧道中之密窟内，丰富珍贵。"[②] 另据《澳门编年史》称，在得知葡萄牙庞巴尔首相取缔耶稣会的命令后，1761 年 3 月 14 日，耶稣会士若奥·欧华利斯（João Alvares）"拯救了圣·保禄学院图书馆'大量的、精心挑选的'图书……他预计那个可恶的命令将在近期到达澳门，所以就设法拯救圣·保禄学院的档案，因为他曾在该处任抄写员多年。他买了四个中国式的木箱，用红纸糊好，编成一至四号，把档案放在里边。每个箱子上有个注明内容的条子，并写上 1761 年 3 月 14 日这个日期。就在这一年，唐·安东尼奥·巴切科（D. Antonio Pacheco）船长把四个箱子运到马尼拉，交给了马拉加神父，以便将来送还澳门。箱子中有四十捆档，都是原件，其中有些已装订成册，另一些还散着。手写稿共一百本，其中至少有二十三本尚未装订。清单上只提到三本印刷书：《日本语》《东京国语字典》和 *Bullarum Collection*……1773 年，这些珍贵档案运往马德里，现在分藏于三个不同地点：皇家历史学院图书馆、国立档案馆和国立图书馆"[③]。耶稣会士欧华利斯的先见之明，保存了圣保禄学院大批图书和档案资料。

学院建有一所印刷厂，印制有关教材和著作。另设有天文观测台，供天文学科教学之用。学院的建筑物历尽劫难，遭受过多次火灾与风暴袭击：1595 年的

---

① ［法］裴化行著，管震湖译：《利玛窦神父传》（下册），商务印书馆，1993 年，第 464－465 页。
② 王文达：《澳门掌故》，澳门教育出版社，1999 年，第 94 页。
③ ［葡］施白蒂：《澳门编年史》（16—18 世纪），澳门基金会，1995 年，第 157－158 页。

一场大火曾将 1578 年所建的寓舍吞噬；1601 年，另一场更加凶猛的大火烧毁了教堂和四分之三的学院；1602 年重建；1835 年，又一场火灾使学院毁于一旦而无法修复，仅剩学院的前壁——大三巴牌坊保留至今；其后不久，一场突如其来的台风又使其蒙受损失。18 世纪中叶，一直以重振罗马教会、恢复其神权统治的权威为己任的耶稣会遭遇厄运。对其首先发起冲击的是葡萄牙。起因是："1750 年，西班牙和葡萄牙签订了关于划分在美洲的边界的条约。依据该条约，乌拉圭河东岸的大片土地划归葡萄牙，而耶稣会的神权国家正在那里。这样，神父们不得不同他们使之皈依的人们一起撤到新边界划定属于西班牙的土地上去。于是，他们将爪拉尼人武装起来，开展了长时间的游击战，最后保住了那块土地，使之重新归西班牙管辖。"① 加之，1758 年，葡萄牙国内发生了刺伤国王若泽一世的严重政治事件，有人怀疑是耶稣会所为。次年，一向仇视耶稣会的葡萄牙首相庞巴尔决定为上述事件"复仇"，铲除该会及其传教士，遂颁布法令宣布耶稣会及其传教士为非法，被视为葡萄牙国王和王国的敌人与侵略者，1759 年，他将耶稣会士赶出王室，禁止耶稣会士讲道。1760 年，葡国王颁令没收耶稣会在全国各地的财产（包括教堂、学校和其他布道场所）。由于交通阻隔，1762 年 4 月 2 日，印度总督埃加伯爵方才接到取缔耶稣会的命令，决定将耶稣会在澳门的全部财产充公并交予教区。同年 7 月 5 日凌晨 3 点，澳葡当局查封了圣保禄学院，并将逮捕的 11 名圣保禄学院耶稣会士交由澳门市政厅管理，之后将院址变成兵营驻军，一些无法搬离的物产则被弃置于校舍里，直至 1788 年，圣保禄学院的"校舍和毗邻的书店已成废墟"②。1835 年的大火将其全部烧毁。圣保禄学院的兴亡与耶稣会命运紧密相连。耶稣会命运坎坷，在历史上屡经取缔和恢复。③ 有人曾描绘了圣保禄学院被关闭后的景况，文德泉神父称："赶走了传教士，这里（澳门）的学校随之而关闭。不再有拉丁语课，道德教育课和神学课。想学的人则去了马尼拉，有些人去果阿，那些没有钱的人留在这里听神父（指安东尼奥·若瑟·德·萨勒斯）的讲课……教堂不上课，修院（圣奥斯定会的，

---

①　[法] 埃德蒙·帕里斯著，张茹萍、勾永东译：《耶稣会士秘史》，中国社会科学出版社，1990 年，第 81 页。

②　[葡] 施白蒂：《澳门编年史》（16—18 世纪），澳门基金会，1994 年，第 189 - 190 页。

③　1773 年教皇克莱芒十四世签署《我们的救世主》，将耶稣会解散，乾隆四十年（1775）此命令传至中国，乾隆五十年（1785）中国耶稣会的工作由法国遣使接替。1814 年教皇庇护七世又下令恢复耶稣会。1842 年耶稣再度来华。有论者还对耶稣会被取缔的历史背景进行了深入探讨："从十八世纪下半期开始，耶稣会就长处在人们的普遍愤懑和不断打击下，因此，罗马教廷已无法拯救它。西欧几乎所有国王和王公都出来反对它，在报刊上纷纷发表意见，要求无条件解散和关闭耶稣会。所有那些反对罗马教廷专制政体的力量都集中自己的火力指向耶稣会士，认为他们是罗马教廷最强大和最反对的武装力量。就连那些商人伙伴们也出来反对他们，因为耶稣会对他们在国际贸易中，特别是与海外国家的贸易中造成竞争威胁。"详见 [苏] 约·阿·克雷维列夫著，乐峰等译：《宗教史》（下卷），中国社会科学出版社，1984 年，第 4 页。

圣道明会的和圣加布会的）没有老师。"①

对于圣保禄学院实际办校多长时间，主要存在两种观点。对于 1594 年 12 月 1 日开办，中外学术界皆有定论。但对于学院何时停办，中外学界意见不一。一些中国学者认为，学院关闭于 1835 年，代表人物与论著是：吴志良、杨允中主编的《澳门百科全书》；张春申的《圣保禄大学为我们的启示》（澳门《文化杂志》第 30 期）；刘羡冰的《双语精英与文化交流》；黄启臣的《澳门第一所大学：圣保禄学院》（澳门《文化杂志》第 30 期）；朱维铮主编的《基督教与近代文化》；林家骏亦持此说（《澳门教区历史掌故文摘》第 19 页）。② 一些外国学者则认为关闭于 1762 年，代表人物与论著是：葡萄牙桑托斯的《澳门：远东第一所西方大学》；马拉特斯塔（马爱德）的《圣保禄学院：宗教与文化的研究院》（澳门《文化杂志》第 30 期）；荣振华的《在华耶稣会士列传及书目补编》（下）；龙思泰的《早期澳门史》；另外澳门学者李向玉的博士学位论文《澳门圣保禄学院研究》及《圣保禄学院在中西文化交流中的作用及其对我国近代教育的影响》亦持 1762 年说。笔者在详细考察后认为，圣保禄学院前后只存在了 168 年（1594—1762），由于耶稣会被葡萄牙国王取缔，1762 年，耶稣会士遭驱逐，圣保禄学院被肢解，不再具备办学功能。作为一所高等学府，圣保禄学院于 1762 年后已不复存在。

三、耶稣会将西方高等教育体制移植到澳门

耶稣会士是中西文化的沟通者，是他们将西方高等教育制度引入澳门。③ 在 1594—1762 年间，圣保禄学院是澳门最重要的教育中心，它不仅为澳门当地的居民服务，而且对基督教在日本、中国内地和其他东南亚国家的传播产生了重要影响。美国历史学家威利斯·鲁迪认为，高等教育的传播是一种文化迁徙现象，欧洲高等教育的传播是世界近代史上最重要的事件之一。欧洲高等教育的体制、课程、教学方式与方法以及办学思想，对中国近代高等教育的形成起到过促进作用。④ 圣保禄学院遵循着欧洲大学的教学大纲。下面拟就圣保禄学院的办学体

---

① ［葡］潘日明神父著，苏勤译：《殊途同归——澳门的文化交融》，澳门文化司署，1992 年，第 59 - 60 页。

② 林家骏在书中认为："1835 年圣保禄学院遭火禁毁而停办。"

③ 关于西方高等教育在中国传播情况，参见夏泉：《试论西方高等教育明清时期在中国的传播》，《江苏高教》2004 年第 2 期。

④ 朱国仁：《西方高等教育的传播与中国近代高等教育的形成》，《高等教育研究》1997 年第 4 期。

制、课程设置与特点、师资与生源等进行简要分析。①

（一）学院的办学体制

范礼安对圣保禄学院的创建与发展作出了重要贡献。他"具有组织天才，又熟知各种条例和仪式，这一革新自然要以 1591 年耶稣会总会长阿奎维瓦在罗马刚刚试用的学业规章 Ratio Studiorum 为基础，同时又明显地参考了 1559 和 1565 年哥英布拉艺术学院制定的章程。为了取得好的效果，他又进行了合理的修改，以适应东方人与此不同的思想观念或是当地的气候、人种和文明状况"。② 学院创建后，其课程设置与师资均具备大学水平，此点将在下文详述。在这里拟着重探讨学院的学制、考试与学位授予情况。圣保禄学院学制分为初修院（预科教育）、神学院（六年制，可授博士学位）两种。由于学院主要是以日本传教为主旨，1623 年，日本神父保罗·克里斯托翁（Paulo Cristóvào）出资白银 3 000 两在学院内另建圣依纳爵神学院，重点培养在澳门的日本天主教徒。这样，圣保禄学院实际上包括两所学校，一是专为澳门本地人、葡萄牙人子女开办的初修院，二是为日本传教士开办的圣依纳爵神学院，而培养中国传教士只是在初修院和神学院中兼而为之。自 1597 年始，学院正式设置了可以授予学位的艺术和神学高等课程。据资料记载，要获得相应的学位，需经过严格的程序。如攻读神学课程的学生，在学习期间要用 45 分钟的时间进行答辩，答辩于下午 1 点正式开始。另外，每月有 3 ~ 9 篇论文在课堂进行答辩，而在此前应将有关论文张贴在学院的大门口和学院内的张贴栏内。答辩由各任课教师轮流主持，院长、学监和其他老师应邀出席辩论，学生亦可发言反驳，但要脱帽进行。由于学院的课程设置与师资具有欧洲大学水平，且能授予相应学位，因之，该院成为一所名副其实的高等学府。圣保禄学院"不是一所完全的宗教大学，因为显然它没有设置天主教法典的课程。它更不是一所像哥英布拉大学那类开设有全部课程的常规大学，例如它未设置民法和医学专业。但毋庸置疑，它确实是一个真正的高等教育机构，因为它可以授予学位"③。曾于 1632—1636 任该院院长的卡尔丁（Cardim）于 1644 年在《耶稣会之战斗》一书中亦认为："澳门的耶稣会学院……乃是一所大学，从最初级课程直至神学院课程均有所设置，并把博士称号授予在那所大学里学有

① 《澳门记略》的作者对此有亲身感受："澳夷技艺莫先于历学，今之所谓西学也。其国有小学、中学、大学，分四种：曰医，曰治，曰教，曰道。"
② ［葡］桑托斯著，孙成敖译：《澳门：远东第一所西方大学》，澳门基金会，1994 年，第 46 页。
③ ［葡］桑托斯著，孙成敖译：《澳门：远东第一所西方大学》，澳门基金会，1994 年，第 53 页；汤开建：《明清之际澳门与中国内地天主教传播之关系》，（台湾）《汉学研究》2002 年第 20 卷第 2 期。

所成之士。"① 他还在次年致教皇的报告中称："耶稣会于澳门高处，建此修院，经常可容六十人。其所授科学，由文法以至神学，皆有可得博士学位之程度者云。"②

（二）课程设置与特点

圣保禄学院以创建于 1290 年的葡萄牙哥英布拉（Coimbra）大学③为样板，考虑到远东尤其是中国社会的实际情况，制定了《圣保禄学院十三条规定》（原件藏葡萄牙阿儒达王室图书馆），其课程设置最大的特点是兼顾东西方的需求，并突出西方的科技、古典学科与东方的语言以及宗教课程。学院初期共有四个班级——读写班、语法班、人文学班、艺术课程班，开设有人文、哲学、神学和语言学等系列课程，如中文、拉丁文、哲学、神学、数学、天文学、物理学、医学、音乐和修辞等课程。1620 年又开设日语班，"以便赴日本国时更具能力应付新的情况，更好地开展传播天主教的工作，无需再费时间找人教学日语"④。清人陆希言对学院的学习生活有过描述：学院中的修士"衣服翩翩，吟哦不辍，从天主堂而出入，读书谈道，习格物、穷理而学超性者"⑤。此处所言"格物"即指自然科学，"穷理"指哲学，"超性"指神学。正如有论者所指出的：圣保禄学院"以非常广泛的方式遵循着欧洲的教学大纲，人们在那儿学习语言、文学、科学、美术、哲学和技术，但圣保禄学院还包括了日本和中国文化、语言的学习……文化的融合、交流始终在进行，这对耶稣会教士为适应环境在日本和中国改进其传教方式有着决定性的重要意义"⑥。圣保禄学院在教育过程中还注重学生的整体素质的提升，使其体能、智力、感情和精神能均衡发展，同时保证学生有充足时间参加文娱、体育和宗教活动。清人吴历（吴渔山）在《三巴集》中对圣保禄学院的学习情况有形象的描绘："性学难逢海外师，远来从者尽童儿。何当日课分卯酉，静听摇铃读二时。"又云："门前乡语各西东，未解还教笔可

---

① ［葡］桑托斯著，孙成敖译：《澳门：远东第一所西方大学》，澳门基金会，1994 年，第 53 页；汤开建：《明清之际澳门与中国内地天主教传播之关系》，（台湾）《汉学研究》2002 年第 20 卷第 2 期。

② 引自王文达：《澳门掌故》，澳门教育出版社，1999 年，第 94 页；文德泉：《澳门及其教区》。

③ 该校是 1290 年成立的葡萄牙第一所中世纪大学，罗马教皇授权该校设立艺术学院、法学院、医学院和宗教法规学院，1377 年又成立神学院。早期来华的耶稣会士孟三德等人曾在校任教。该校对澳门圣保禄学院的创办具有示范作用。

④ 《澳门圣保禄学院年报》（1620 年，原件藏葡萄牙阿儒达王室图书馆），引自李向玉：《澳门圣保禄学院研究》，澳门日报出版社，2001 年，第 81 页。

⑤ （清）陆希言：《澳门记》，中国第一历史档案馆、澳门基金会、暨南大学古籍研究所合编：《明清时期澳门问题档案文献汇编》（六），人民出版社，1999 年，第 595 页。

⑥ 《百年庆典的意义——对马爱德神父的采访》，（澳门）《教育暨青年报》1995 年第 2 期。

通。我写蝇头君鸟爪，横看直视更难穷。"① 据作者注释：是时"书馆有大学、小学课读，只卯酉二时，摇铜铃上学"。由此可见，学院成为东方文化训练的重要场所，这就为传教士进入东方社会提供了前提条件。

（三）师资

学院的师资主要以耶稣会士为主，大都受过正规的西方高等教育。学院由孟三德（Eduardo Sande，1547—1599）神父担任首任院长，任期为 1594—1596 年；② 第二任院长为李玛诺（Emannele Dias）神父，曾于 1596—1601 年、1609—1615 年两度任职；第三任院长为卡尔瓦罗（Valentine Carvalho）。学院院长在初期还负有监督中国教区活动的职责。据统计，直至 1762 年，学院共有 79 任院长（人次）。

在学院任教者均系知名学者，如有讲授数学被誉为"西来孔子"的艾儒略、毕方济和邬若望，教哲学的孟儒望和安文思，教神学的王丰肃、李若望、高一志以及部分教授中文的中国教师。

（四）生源

学院的招生对象主要是来自欧洲或果阿尚未完成学业的耶稣会士，③ 其次是中国、日本的修生。生源既有欧洲的耶稣会士和其他传教士，又有中国、日本、越南、泰国和柬埔寨等远东国家的学生。时人有诗云："相逢十字街头客，尽是三巴寺里人。"④ 如日本青年安治郎曾在该院学习葡文和拉丁文，郭永亮先生称："自从日本政府下令驱逐教士之后，澳门三巴学院也就变成教士的聚集地了……日籍耶稣会士，居住在此学院里，安心工作，潜心学习。"⑤ 陆希言、龚尚时、钟鸣仁、黄明沙、郑玛诺等中国学生曾在此学习，其中画家吴历在该院逗留进修，留有百多首诗，有些诗还涉及学院的学习生活。关于学院在校师生情况，有论者曾根据葡文档案资料进行过整理，详见表 1。

---

① 中国第一历史档案馆、澳门基金会、暨南大学古籍研究所合编：《明清时期澳门问题档案文献汇编》（六），人民出版社，1999 年，第 747 页。
② 孟三德在耶稣会于印度开办的神学院从事教学与主要负责人的经历，加之他为葡萄牙人，成为其于 1585 年被范礼安任命为中国传教团第一任团长并于 1594 年担任圣保禄学院首任院长的重要条件。详见崔维孝：《孟三德与澳门》，澳门理工学院《中西文化研究》创刊号，2002 年。
③ 如冯若翰（Fonseca，João，da，1572—1620），生于葡萄牙里斯本，1604 年在圣保禄学院三年级学习。见［法］荣振华著，耿昇译：《在华耶稣会士列传及书目补编》，中华书局，1995 年，第 234 页。
④ （清）印光任、张汝霖著，赵春晨点校：《澳门记略》，广东高等教育出版社，1988 年，第 63 页。
⑤ 郭永亮：《澳门香港之早期关系》，台湾"中央"研究院近代史研究所，1990 年，第 55 页。

表 1　1594—1692 年圣保禄学院师生统计表

年份	住校总人数	其中		备注
		神父	修士	
1594	19			还有 8～10 名日本修士和几名欧洲修士正在来澳途中
1596	33			
1598	65	22	43	
1600	55	29	26	
1603	55	22	32	
1604	62	31	31	
1608	41	19	22	
1611	45	25	30	
1616	96	44	52	
1617	92	51	41	
1618	84	46	38	
1619 年初	78	39	39	
1619 年底	80	47	39	
1620 年底	80	45	35	
1692	27	11	16	

资料来源：此表根据现藏葡萄牙阿儒达王室图书馆的 1594—1692 年的第 20 期《澳门圣保禄学院年报》整理而成，转引自李向玉：《澳门圣保禄学院研究》，澳门日报出版社，2001 年，第 23－24、123－124 页。

注：①第 20 期年报中有数期未提及师生人数；②不含走读学生人数，例如圣保禄学院小学部的约 250 名学生；③神父中有一部分是管理人员和教员，余下是学生；修士中大部分是各专业之学生。

1594—1728 年，学院所属的澳门初修院培养了巴若翰等 18 名修士，所属的澳门修道院（含神学院），培养了黎甯石、闵明我等 23 人，神学毕业者另有 9 人。也就是说，在 134 年里，培养了约 50 名传教士进入中国内地，"该院培养的更多学生是去了日本和东南亚诸国，进入中国只是其中较小的一部分"①。由于学院注重日语和汉语知识的学习，教士们掌握东方语言知识的学习后有利于在远东儒家文化圈传教，吸引了其他教会团体的传教士前来研习日语、汉语。清初甚

---

① 前揭汤开建刊于（台湾）《汉学研究》上的论文。

至规定：凡拟入华传教者必须先"赴广东澳门天主堂住二年余……学习中国语言"①，圣保禄学院成为培养东方传教士的重要基地。

（五）经费

学院的经费主要有四个来源：一是葡萄牙国王的津贴；二是澳门市议会的拨款；三是耶稣会自己的商业活动所获利润；四是教友与商人等人士的捐赠。由于保教权的关系，葡萄牙国王为耶稣会在远东的活动提供资助，如自 1574 年起，每年从马六甲的税收中拨出 1 000 块金币资助澳门圣保禄公学。但由于经费困难，"葡萄牙国王原先命令付给教团的津贴，常常由于国家的需要而挪作他用……"② 在孟三德神父请求下，澳门市议会"从当年运往日本的丝绸的资金和收益中提取二百两白银予以赞助"③。另外还有一些教友与商人的捐款。不过，学院开办初期主要经费来源还是自筹。为此，范礼安在澳门设立了日本教会管区代表，负责从澳门至日本的葡萄牙定期航船所载运的中国生丝贸易。由于圣保禄学院"仍无固定基金与维持经费……一年中的大部分时间是用日本的钱来维持的"，"此外，还有日本（管区）在澳门本市的房屋租金和店铺固定收入充实它们。神学院将这些钱据为己有，这里的管区代表亦将它视为（该神学院收的）固定收入，并经营它们，通过交易增大它们"。④

四、圣保禄学院是否远东第一所西式大学辨析

研究澳门圣保禄学院的中外学者，大都认为该学院是中国乃至远东第一所西式大学。如刘羡冰认为："圣保禄学院（Colégio de SãoPaulo，1594—1835）是澳门最早也是远东最早的欧洲中世纪式的高等教育机构。"⑤

冯增俊认为："自澳门开埠不久，葡人就开办教育，并于 1594 年在澳门创办

①　陈垣辑录：《康熙与罗马使节关系文书》，故宫博物院，1932 年；参见刘羡冰：《澳门圣保禄学院历史价值初探》，澳门文化司署，1994 年。业师汤开建则认为，学院虽开设汉语课，但不是必修课，更不是人人都要学，入华西教士的汉语大都是到达传教地后才开始学的。详见前揭汤开建刊于（台湾）《汉学研究》上的论文。

②　［意］利玛窦、［比］金尼阁著，何高济等译，何兆武校：《利玛窦中国札记》，中华书局，1983 年，第 478 页。

③　［葡］桑托斯著，孙成敖译：《澳门：远东第一所西方大学》，澳门基金会，1994 年，第 43 页。

④　戚印平：《〈驻中国（澳门）日本管区代表规则〉以及若干相关问题的说明》，《澳门研究》2003 年第 16 期。

⑤　刘羡冰：《澳门圣保禄学院历史价值初探》，澳门文化司署，1994 年。

了亚洲第一所欧式高等学校——澳门圣保禄学院。"① 圣保禄学院能在中国乃至远东这一时期出现，比中国最早设立的上海圣约翰大学（1879 年），日本的东方大学（1677 年）都早。②

李向玉认为："澳门圣保禄学院于 1594 年 12 月 1 日正式成立，它标志着澳门第一所高等学校的诞生，从此揭开了澳门高等教育史的第一页。它也是远东地区，包括中国土地上的第一所西式大学。它比日本东京大学的创立（1877 年）早 283 年，比中国大陆最早于 1879 年创立的近代西式大学——上海圣约翰大学早 285 年。"③

葡萄牙历史学会会员桑托斯认为："1594 年 12 月 1 日，范礼安赋予圣保禄学院以组织上的自主权。1597 年，该学院正式设置了可以授予学位的艺术和神学高等课程。由此可见，它在实际上已具有大学性质，从历史角度上讲，也可以说它是远东第一所西方大学，这是毫无疑义的。……历史不会忘却远东第一所西方大学所经历过的光荣时刻，不会忘却它在参与基督教与葡萄牙文明向世界扩张中所起过的可贵的作用。"④

美国三藩市大学的马爱德教授亦称："它（指圣保禄学院——引者）是出现在远东的第一所欧洲式大学，它为各种文化之间的对话培养了数以百计的传教士，它教授各种复杂的当地语言，它的光辉闪耀在 16、17、18 世纪的文化领域。"⑤

由此可见，上述学者均认为圣保禄学院是远东第一所西式大学，冯增俊甚至认为它是亚洲第一所欧式高等学府。但实际上，上述观点均与事实相背。一是，果阿圣保禄学院创办于耶稣会士东来之始的 16 世纪中叶（1542 年），这样一来，创办于 16 世纪末的澳门圣保禄学院自然就不是亚洲第一所高校了。二是，澳门圣保禄学院也不是远东第一所西式大学，1581 年创办的日本府内神学院才是最早创办的教会大学。

无疑，这与耶稣会士前来远东布道密不可分。

实际上，耶稣会士在远东最早到达的是日本。1549 年，耶稣会士沙勿略首抵日本鹿儿岛，揭开了天主教在日本布道之帷幕。耶稣会士在日本采取文化适应

① 冯增俊主编：《澳门教育概论》，广东教育出版社，1999 年，第 57、185 页。

② 刘羡冰：《澳门圣保禄学院历史价值初探》，澳门文化司署，1994 年。

③ 李向玉：《澳门圣保禄学院研究》，澳门日报出版社，2001 年，第 44 页。

④ ［葡］桑托斯著，孙成敖译：《澳门：远东第一所西方大学》，澳门基金会，1994 年，第 54、57 页。

⑤ 引自《百年庆典的意义——对马爱德神父的采访》，（澳门）《教育暨青年报》1995 年第 2 期。这段话是 1994 年澳门文化司署为纪念圣保禄学院成立 400 周年（1594—1994）而举行的名为"宗教与文化"国际学术研讨会上得出的结论。

主义的传教策略，很快打开了传教局面。曾于 1579—1603 年间先后三度滞留日本达 9 年之久的范礼安，在呈耶稣会总会会长的报告中称："能够使天主教逐渐传播的唯一有效方法，就是要采取与以前的传教士完全不同的方式，即否定以强行传教而使当地文化殖民地化的做法。在日本，必须适应日本人的习俗，尽量采用日本固有文化的形式来表现教义，绝不能为传教而使日本人葡萄牙化。"① 在 1587 年丰臣秀吉颁发"驱逐传教士令"前，天主教已在日本拥有教堂近两百所，信徒十数万。史料记载，为辅助传教，耶稣会士创办了一些教会学校。耶稣巡察使范礼安在来日本巡察途中，在澳门收到了耶稣会士弗洛伊斯、奥尔甘迪诺请求在日本开设神学院的报告。一俟抵达日本，范礼安即在口之津召开了第一届协议会，决定着手创办各级教会教育机构，以培养日本本土的神职人员。"1581 年，有马神学校、府内神学院、臼杵培训院、安土神学校等先后成立。1584 年，府内又建成神学校。"② 其中，1581 年创办的府内神学院已基本具备了一所早期教会大学的雏形，原因有二：一是在课程设置上，开设有哲学、神学、自然科学、古典拉丁文学、日本文法、佛法等学科，大致相当于欧洲耶稣会大学的教学内容，并兼顾了日本社会的需求；二是神学院的学生年龄较大、数量较少，耶稣会还在府内神学院为培训日本和外国传教士编撰了文典、辞典和传教教科书，在 24 年间共出版了 100 多种书籍，对后世产生重要影响。日本学者指出：府内神学院是"相当于大学程度的教育机构……这是日本史上最早的西方思想和学问的移植，给后来的兰学影响很大"③。亦诚如戚印平指出的："位于金字塔顶塔的是由设在府内的神学院（Colégio）所完成的高等教育。主要的教育对象是在修炼期满后的耶稣会士。"④ 上述教会学校的创办，积极促进了天主教在日本的传播。至 1606 年时，"在日本有两所修道院，一所耶稣会新会友讲习所，约 200 处神职人员寓所，约 300 座教堂。除澳门神学院外，长崎和阿里玛也各有一所神学院；在大村和宫古也在筹办学院"⑤。故笔者认为，称澳门圣保禄学院是远东第一所西式大学是缺乏丰富史料基础的臆测性结论。

---

① ［日］井手胜美：《东印度巡察使范礼安的日本人观》，吉利支丹文化研究会编：《吉利支丹研究》第 12 辑，吉川弘文馆，1967 年。

② 李小白：《信仰·利益·权力——基督教布教与日本的选择》，东北师范大学出版社，1999 年，第 105 页。

③ ［日］田村忠次：《天主教日本中世传播史》。

④ 戚印平：《日本早期耶稣会史研究》，商务印书馆，2003 年，第 282－283 页。

⑤ 前揭马爱德论文。

五、历史地位及其影响

圣保禄学院的创建、发展与 16—18 世纪天主教在远东的传播相始终。学院主要培养日本传教士，亦兼顾中国及印度支那地区传教之需，可以说是向远东（中国、日本、越南等地）输送传教人才的摇篮。圣保禄学院是我国第一所西式大学，是前往远东传教的耶稣会士进入日本、中国等地的中转站。实事求是地评估学院的历史地位及其影响，对于探讨明清之际基督教及其传教士对远东社会尤其是教育领域所产生的特殊影响，以及澳门在东西文化交流史上之枢纽地位，无疑具有重要意义。

（一）圣保禄学院开启了中国教会教育之帷幕

与远东其他国家相比，在建校时间上，学院比创办于 1581 年的日本府内神学院稍晚，但比菲律宾马尼拉的两所教会大学都要早。据《耶稣会教士在菲律宾》一书记载，西班牙耶稣会士开办的圣约瑟修道学院最初的办学尝试始于 1590—1595 年，但直至 1595 年 9 月后开设了文法课和伦理神学课之后，学院才开始稳定下来。1601 年它又开设了哲学课程，1623 年开始在艺术和神学课程方面授予学位。而成立于 1611 年的由多明我会士开办的圣多马斯学院，迟至 1645 年才升格为大学。[1] 与国内其他教会学校相比，圣保禄学院要比 1818 年创办的英华书院早 224 年，比 1839 年创办的马礼逊学校早 245 年。可以说，圣保禄学院是远东早期创办的西式大学之一，它的创办使中国建立西式高等学校的历史明显延长，而且开启了中国教会教育的帷幕。它理应载入中国教育史册，成为近代新式教育和明清高等教育发展进程中的一座重要里程碑。学院的教学体制、教学内容与方法、教学管理以及对近代教育的影响仍值得后人借鉴。[2]

（二）圣保禄学院是明清东西方文化交流的纽带

鸦片战争前，澳门一直是东西方文化交流的重要桥梁，"教育和培养了许多不仅在中国和日本，也在邻近其他国家传播基督教的耕耘者"[3]。而在这座桥梁

---

① ［葡］桑托斯著，孙成敖译：《澳门：远东第一所西方大学》，澳门基金会，1994 年，第 54 页。

② 金耀基先生认为："中国自古以来自有一套教育制度，汉代的'太学'是当时最高的学府，直到清代仍有国子监之设，它是与汉代太学一脉相承的。"这是指中国古代自有的高等教育，至于近现代意义上的高等教育，他认为中国现代型大学之开端，实是借鉴西方大学的，是从西方"横向的移植"，而非"纵向的继承"。详见金耀基：《大学之理念》，生活·读书·新知三联书店，2001 年牛津版序。

③ ［葡］曾德昭著，何高济译，李申校：《大中国志》，上海古籍出版社，1998 年，第 210 页。

中，"圣保禄学院是决定性的纽带"①。圣保禄学院的这种纽带作用，主要表现在以下两方面。

其一，学院是培养远东传教士和双语精英的摇篮。首先，学院的"辐射范围不断扩张到交趾支那、暹罗和柬埔寨等国家"，不少毕业生或耶稣会士前往上述地区布道。1615 年、1616 年 1 月的《圣保禄学院年报》和 1618 年的年报，分别记载了"圣保禄神父"前往传教的情况。② 其次，学院培养了不少早期的汉学家和日本学家，使许多天主教士能顺利进入日本、中国内地和东南亚国家布道，并通过翻译西书等途径传播西方的科学文化知识，对远东社会产生了极其重要的影响。"圣保禄学院对发展与中国的关系和加强在那里所进行的宗教与科学传播也提供了大量的服务。几代传教士……他们在北京皇宫均致力于这一工作。"③ 据潘日明神父统计，曾经到达过学院的著名主教、学者和传教士达 137 人。学院所培养的这批学者，如金尼阁、郭纳爵、庞迪我④等，由于熟谙中国文化，把大量的中国典籍，如四书五经等译介到欧洲，而且还根据其在华的所见所闻所思，著书立说，初步形成了一支研究汉学的队伍，出现了欧洲第一次"中国汉学"（Sinology）热。这些中国古籍西传欧洲，以其丰富的养料催促着近代欧洲文明的诞生与成长。如果说耶稣会士是 16—19 世纪中叶东西文化交流的沟通者，那么，圣保禄学院则是培养这批双语精英的摇篮。

其二，学院是多民族文化交融的典范。学院的生源具有国际性，来自不同的国家和民族；学生毕业后又分布在远东社会不同的国家和地区。身为耶稣会士的马爱德教授对此感触尤深，他认为，现今的人们仍能从圣保禄学院学到："当今各个国家之间的合作和融合无时无刻都在进行之际，多种文化的教育乃是一种需要，而绝不是一种奢侈……宗教信仰为人类的发展作出了独特的贡献，以传教士为例，正是宗教的原因，才使他们离乡背井，冲破艰难险阻，贡献了他们的余生，和其他文化背景的人民生活、工作在一起。"⑤ 李向玉也认为，学院的生源构成"充分体现了不分种族、出身及文化背景，来自五湖四海，聚集学院犹如一

---

① 王文达：《澳门掌故》，澳门教育出版社，1999 年，第 94 页；胡兆量：《我国第一所西式大学——论澳门圣保禄学院的历史地位》，《深圳大学学报》1999 年第 4 期。

② 前揭李向玉书，第 179 - 193 页。

③ ［葡］桑托斯著，孙成敖译：《澳门：远东第一所西方大学》，澳门基金会，1994 年，第 56 页。

④ 庞迪我（1571—1618），西班牙耶稣会士，于 1597 年来华，历时 21 载，主要协助利玛窦在华的传教工作。他于 1597 年 7 月始在圣保禄学院学习，"继承他的神学第二阶段的学习，并于 1598 年 7 月 1 日前完成了神学最后一门课程的考试。其后又于 1598—1599 年间完成了第三阶段的神学学习"。"庞迪我在校时，学员约在 150 ~ 200 人。"详见张铠：《庞迪我与中国——耶稣会"适应"策略研究》，北京图书馆出版社，1997 年，第 23、36、169 页。

⑤ 《百年庆典的意义——对马爱德神父的采访》，（澳门）《教育暨青年报》1995 年第 2 期。

家的国际交流与合作精神"。① 早在几百年前，圣保禄学院即开创了多元文化相互对话、沟通与交融的范例，这对于当今东西文化的交流及其走向仍具有借鉴作用。

综上所述，"澳门通过圣保禄修道院（指圣保禄学院——引者）和在那里聚集的精英而成为本澳及其所影响地区主要是 16 世纪末和 17 世纪期间发生演变的强有力的策源地。"② 圣保禄学院是中国第一所教会学校和第一所西式高等学府，在天主教入华布道史、明清教育史以及西学东渐和东学西渐的文化交流史上，均占有不可替代的重要地位，它"将永远值得记忆，在世界文化进展史上，只有少数西方教学机构可以与它并肩而立"。③

（刊《澳门研究》总第 26 期，2005 年 2 月）

---

① 李向玉：《澳门圣保禄学院给予我们的启迪》，澳门理工学院《中西文化研究》创刊号，2002 年。
② 澳门政务司高树维 1994 年为《澳门——大三巴牌坊——面向未来的丰碑》一书所撰写的前言。
③ ［葡］桑托斯著，孙成敖译：《澳门：远东第一所西方大学》，澳门基金会，1994 年，第 56 – 57 页。

清代中国传教士培训基地：澳门圣若瑟修院

圣若瑟修院（St. Joseph's College，亦可译为"圣若瑟神学院""圣若瑟学院""圣约瑟修院"或"三巴仔修院"）"是澳门历史上最主要的教育中心之一，并于 1800 年被授予'皇家修道院'的称号"①。如果说澳门圣保禄学院的创办主要是为日本培养传教士，那么该修院则主要负责培养派往中国的传教士，是继圣保禄学院之后澳门第二所早期知名的高等学府（在圣保禄学院于 1762 年停办之后成为澳门唯一的高等学府），在天主教对华传播史、中西文化交流史以及澳门教育史上均占有重要地位。本文拟从圣若瑟修院的创办动机和始末、办学情况及其主要贡献等方面进行初步的探讨。

一、办学动机

圣若瑟修院的创办主要是为中国副省培养传教士，② 这在当时的文件和后来一些学者的论著中均有提及，可作为佐证。

如荣振华《在华耶稣会士列传及书目补编》之《胥孟德传》中称："他于 1728 年至 1731 年在澳门为中国副省专设的圣若瑟神学院的创始人。"③

又如 1783 年葡萄牙内阁大臣在给印度总督索萨的指示中称："陛下希望在中国稳固建立传教团，以便为其传教士提供援助，传播基督教，使重要的澳门受益……同时还应委派敏锐之士协助主教，在那里的圣约瑟修院中设立一个教会学校，如同《给北京主教》中的旨意一样。"④

---

① 详见《文化司署耗资八百万重修，后日对外开放，圣若瑟修院教堂焕然一新》，《澳门日报》，1999 年 12 月 1 日。

② 1604 年中国耶稣会传教区成立，1618 年成立副省。详见［法］荣振华著，耿昇译：《在华耶稣会士列传及书目补编》（下册），中华书局，1995 年，第 794、799 页。

③ 见 1604 年中国耶稣会传教区成立，1618 年成立副省。详见［法］荣振华著，耿昇译：《在华耶稣会士列传及书目补编》（下册），中华书局，1995 年，第 341 页。

④ 《〈王室制诰〉——内阁大臣给印度总督索萨（Dom Federico Guilherme de Souza）之指示》，转引自吴志良：《澳门政治发展史》，上海社会科学院出版社，1999 年，第 351 页。

文德泉神父亦称："于是，就有了两个神学院：圣保禄学院和圣若瑟修院，两者都是耶稣会建立的。前者属于日本大教区，后者属于中国教区。"①

林家骏亦称："圣若瑟修院创办之初，只可算是圣保禄书院的分院，专为培植中国传教士用，因此华人便俗称它为'三巴仔'，而称前者为'大三巴'。"②

二、创办始末

耶稣会士对教育非常重视，"为了达到以绝对忠于天主教会的精神教育成长中的一代人之目的，耶稣会士决意把学校教育控制在自己手中。他们为所辖学校制定了一套精致而巧妙的、往往十分奏效的天主教式的教育方法"③。澳门圣保禄学院④、澳门圣若瑟修院的创办都是为了满足天主教在远东布道之需；而为达此目的，一方面任命葡萄牙主教，另一方面派遣耶稣会士前往办学。由于中文资料的零散和匮乏，加之大多数中方学者不谙葡文，学者们对圣若瑟修院知之甚少。对于修院的创办时间也是众说纷纭，有1672年说、1732年说、1749年说、1762年说和1657年说。如《澳门编年史》一书就记载：1657年2月26日，"耶稣会员们创立圣若瑟神学院。同名教堂于1750年创建"⑤。但实际上，1657年开始筹办的是圣若瑟教堂，又称"小三巴"或"三巴仔"（圣保禄教堂俗名"大三巴"），而圣若瑟修院则创办于18世纪初叶。同时代的龙思泰的记载较为准确：圣若瑟教堂"在奠基石埋下许多年后，直到1758年，耶稣会士还是不能在圣若瑟教堂听弥撒"⑥。可见，直至1758年，圣若瑟教堂经过多年的建设后才告竣工。而圣若瑟修院作为圣保禄学院的分院，早于1728年即开始招生。下述六则史料可以佐证该修院1728年成立的情况：一是《澳门编年史》载："1728年2月28日，根据省区副主教若奥·德·萨神父省区总务长塞格依拉命令，（中国）副教区各神父从圣保禄教堂迁往圣若瑟新堂。"1730年，"有记载说建立不久的

① 文德泉（M. Teixeira），"The Church in Macau"，R. D. Cremer：*Macau*，*City of Commerce and Culture*，Hong Kong UEA Press Ltd.，1987，p.42.

② 《澳门圣若瑟修院简史》，林家骏：《澳门教区历史掌故文摘》，澳门主教公署，1982年，第19页。

③ ［苏］约·阿·克雷维列夫著，乐峰等译：《宗教史》（上卷），中国社会科学出版社，1984年，第284页。

④ 关于圣保禄学院与澳门教会教育的研究，可参见：夏泉：《明清基督教教育与粤港澳社会》，广东人民出版社，2005年；夏泉：《澳门圣保禄学院研究》，章开沅、马敏主编：《基督教与中国文化丛刊》（五），湖北教育出版社，2003年。

⑤ ［葡］施白蒂：《澳门编年史》（16—18世纪），澳门基金会，1995年，第54页。

⑥ ［瑞典］龙思泰著，吴义雄等译，章文钦校注：《早期澳门史》，东方出版社，1997年，第24页。

圣若瑟神学院的学生们穿上欧洲服装，以此嘲弄中国官吏的迫害"。① 二是《在华耶稣会士列传及书目补编》之《秉多传》载：秉多于"1728 年 2 月 23 日成为澳门圣若瑟新传教区的第一任会长，中国副省的耶稣会士们于是便离开了澳门的圣保禄学院（当时该学院属于日本省）前往该副省的这一住院"②。三是文德泉神父所言："圣若瑟神学院于 1728 年的建立是一突出事件，它的目的是为中国培养传教士。"③ 四是潘日明神父所言："1728 年 2 月 22 日，澳门的葡萄牙传教士终于按照北京的圣若瑟教堂模式盖建了圣若瑟修院教堂和圣若瑟修院。"④ 五是翟木在《圣若瑟修院风采重现》一文中指出："耶稣会士在 1728 年之后经已在该区居住，并建立修院教育本地及外来的青年学子。"⑤ 六是林家骏根据耶稣会院现存文献考证后认为："1722 年乔治先生在岗顶建造两所房舍。他死后，把房子送给耶稣会士，改为圣若瑟会院。1732 年再命名为圣若瑟修院，后来逐渐加添楼舍，于 1758 年建成美轮美奂的修院圣堂，便成为今天的圣若瑟修院。" 又称："澳门圣若瑟修院，俗称三巴仔，始建于 1727 年，是耶稣会士首创的，修院则建于 1758 年。"⑥ 以上六则史料表明，圣若瑟修院最早房舍建于 1722 年，1728年正式创办，修院的命名在 1732 年；圣若瑟教堂（见图 1）兴建于 1746 年，落成于 1758 年。

图 1　澳门圣若瑟修院教堂（20 世纪初）（澳门历史档案馆提供）

---

① ［葡］施白蒂：《澳门编年史》（16—18 世纪），澳门基金会，1995 年，第 54 页。

② ［法］荣振华著，耿昇译：《在华耶稣会士列传及书目补编》，中华书局，1995 年，第 509 - 510页。秉多（Manuel Pinto, 1690—1743）为葡萄牙神父，于 1719 年抵华。

③ 文德泉（M. Teixeira），"The Church in Macau", R. D. Cremer：*Macau, City of Commerce and Culture*, Hong Kong UEA Press Ltd., 1987, p. 42.

④ ［葡］潘日明神父著，苏勤译：《殊途同归——澳门的文化交融》，澳门文化司署，1992 年，第 38 页。

⑤ 载《澳门杂志》1999 年第 13 期，第 54 页。

⑥ 《澳门圣若瑟修院简史》和《澳门圣堂史略》，林家骏：《澳门教区历史掌故文献》，澳门主教公署，1982 年，第 21、15 页。

澳门圣若瑟修院自 1728 年成立以来历经了不同的发展时期。林家骏在《澳门圣若瑟修院简史》中将其划分为八个发展阶段，即：1728—1762 年，由耶稣会会士管理时期；1762—1784 年，由教区司铎管理时期；1784—1856 年，由遣使会会士管理时期；1857—1893 年，由教区司铎管理时期；1893—1910 年，由耶稣会士管理时期；1910—1930 年，由教区司铎管理时期；1930—1940 年，由耶稣会士管理时期；1940 年至今，由教区司铎管理时期。[①]

由于耶稣会被解散，1762 年，澳门圣保禄学院与圣若瑟修院同时被关闭，该院十三名耶稣会士被逮捕。1774 年，敌视耶稣会士的祁主教来澳时，修院业已因无修生而沦为孤儿院。这时，罗马传信部应法王路易十六请求，委派遣使会来华接替耶稣会传教与办学事务。关于 1762—1784 年圣若瑟修院教学活动停止的情况，大法官拉撒路·达·席尔瓦·费雷依拉在致印度总督的函中有所提及："耶稣会教士被驱逐后，这里的学校全部关闭，也不再开设拉丁语、哲学或神学课程。希望学习这些课程的人只好去马尼拉、果阿，而川资不足的人只能留在这里，去听年迈的牧师们授课……薪金五百两的皇室教师连一个学生也没有培养出来。女教徒们是不授课的，而且这些修道院里也没有教师……"《澳门编年史》（16—18 世纪）亦称："自 1762 年至 1775 年即巴蒂斯达·利马到达澳门的那一年，连一个教师也没有。从 1775 年至 1784 年，这位薪金丰厚的教师仍然未能培养一个优秀学生。"[②] 1784 年北京教区主教汤士选（D. Alexandrede Gouveia）重新创办圣若瑟修院为遣使会培养中国传教士，遣使会代替耶稣会主持修院工作。施白蒂称："1784 年，同日（指 9 月 9 日），遂由圣若瑟学院设立北京主教神学院……1784 年 10 月 1 日，重开神学院，有学生八名；神学院由拉撒路教士负责管理，自果阿拉撒路率来的曼努埃尔·科雷亚·瓦伦特（Manuel Correia Valente）神父担任神学院院长。"[③] 在 1783 年 4 月 4 日，葡萄牙《〈王室制诰〉——内阁大臣给印度总督索萨（Dom Federico Guilherme de Souza）之指示》一文中对此事有明确记载："北京主教滞留澳门期间，将入住圣约瑟修院。如果有些学生希望入读该教会学校，主教可将其作为随身仆人收留，以便在前往中国后将其交予该教区枢理，后者在主教离开后，亦可入住圣约瑟修院。"[④] 这是葡萄牙海事暨海外部部长卡斯楚以葡萄牙女王唐·玛丽亚一世（Dona Maria I）名义向印度总督发布的圣谕（当时澳门为其管辖）。之后圣若瑟修院又几经坎坷，"到了 1823

① 《澳门圣若瑟修院简史》和《澳门圣堂史略》，林家骏：《澳门教区历史掌故文献》，澳门主教公署，1982 年，第 21、15 页。
② ［葡］施白蒂：《澳门编年史》（16—18 世纪），澳门基金会，1995 年，第 187、183 页。
③ ［葡］施白蒂：《澳门编年史》（16—18 世纪），澳门基金会，1995 年，第 187、183 页。
④ 转引自吴志良：《澳门政治发展史》，上海社会科学院出版社，1999 年，第 356－357 页。

年，因为彼此意见不合，查主教迫走遣
使会会士，因此修院的教授又逐渐星
散。到了 1850 年，只余下一位年近九
十岁的老神父教授拉丁文，修院又再名
存实亡了"①。1857 年 1 月 6 日，马塔
主教主持圣若瑟修院重新启用仪式，准
许耶稣会士回修院任职，修院人数一度
达 377 人；1870 年 9 月 20 日，葡萄
牙颁令禁止外籍人士在澳门任职，在该院
任职的所有外国教师被勒令离去；1881
年 12 月 22 日，澳葡政府以法令形式重
建圣若瑟修院。② 总之，圣若瑟修院
"从 1784 年起，曾数度易名，包括有
'北京主教管辖御修院''修士团体之
家''皇家教育进修所''澳门圣若瑟
利宵修院'等，这一系列的名称，都可
见它在天主教和政府培训人材中占有重
要地位"。直至 19 世纪末和 20 世纪上
半叶，圣若瑟修院（见图 2）仍办学不

图 2　澳门圣若瑟修院及院内花园一隅
（20 世纪初）（澳门历史档案馆提供）

辍。1893 年 12 月 19 日《镜海丛报》报道，圣若瑟修院当时仍有西洋学生十余
人。③ 1951 年后圣若瑟修院最终演变为圣若瑟教区中学。

　　圣若瑟修院位于澳门三巴仔街的圣若瑟修院教堂内，与东西望洋山遥遥相
对，占地广阔，在高处可以看到东望洋山与西望洋山。修院按照北京圣若瑟教堂
模式盖建，设计独特，建筑恢宏。教堂中央是一巨型圆顶，光线透过玻璃射入。
最特别之处是其平面布局为一个拉丁"十"字形，纵轴长 22 米，横臂长 13.5
米，由地面至穹顶的高度为 19 米。修院气派不凡，浮雕栩栩如生，是澳门巴洛
克建筑风格的典范。从 1828 年起，修院成为澳门青洲岛的所有者，"教员们可以
在这村野之地度过从 8 月中旬到 10 月 1 日的假期"④。

---

　　① 《澳门圣若瑟修院简史》，林家骏：《澳门教区历史掌故文献》，澳门主教公署，1982 年，第 21 页。
　　② ［葡］施白蒂：《澳门编年史》（19 世纪），澳门基金会，1998 年，第 129、179、224 页。
　　③ 载汤开建、陈文源、叶农主编：《鸦片战争后澳门社会生活记实——近代报刊澳门资料选粹》，花
城出版社，2001 年，第 398 页。
　　④ ［瑞典］龙思泰著，吴义雄等译，章文钦校注：《早期澳门史》，东方出版社，1997 年，第 165 -
166 页；金国平、吴志良：《东西望洋》，澳门成人教育学会，2002 年，第 317 -319 页。

三、师资、生源和办学情况

（一）师资和修院院长

龙思泰《在华罗马天主教会及其布道团简史》中的《澳门的罗马天主教会》一文称："王家圣若瑟修院的院长，由里斯本选派。"① 具体选派了多少名院长与教师，所留下的资料十分零散。据费赖之著《在华耶稣会士列传及书目》、荣振华著《在华耶稣会士列传及书目补编》、施白蒂著《澳门编年史》、林家骏著《澳门教区历史掌故文摘》及潘日明神父著《殊途同归——澳门的文化交融》等资料，1728—1762 年，至少有二十三名传教士和教师在圣若瑟修院工作和任教（见表1）。

表1　1728—1762 年圣若瑟修院传教士和教师一览表

序号	姓名	国籍	在院时间	备注
1	杨若翰	葡萄牙	1728	创办人
2	塞格依拉（Sequeira）		1728	创办人
3	秉多（Manuel Pinto）	葡萄牙	1728、1737	创办人
4	胥孟德（Joseph Labbe）	法国	1728—1731	创办人
5	骆保禄（Giampaolo Gozani）	意大利	1732	于此死亡
6	游玛诺（Manuel Pereira）	澳门	1739	于此死亡
7	麦西蒙（Simão d'Almeida*）	葡萄牙	1751—1762	副司铎，1762 年下狱，被放逐至里斯本
8	路易士·德·塞盖拉		1757	院长
9	孔斐理（Philippe Gonzaga）	交洲	1758	于此发愿
10	陈方济（Francisco da Silva）	葡萄牙	1759	于此发愿
11	李若瑟（José da Silva）	葡萄牙	1761	于此发愿
12	纪类思（Luis de Sequeira）	葡萄牙	1762	耶稣会团长，于此被捕

---

① ［瑞典］龙思泰著，吴义雄等译，章文钦校注：《早期澳门史》，东方出版社，1997 年，第 178 页。

（续上表）

序号	姓名	国籍	在院时间	备注
13	费德尼（Devis Ferreira）	葡萄牙	1762	圣堂牧师，于此被捕
14	归玛诺（Manuel de Aguiar）	葡萄牙	1762	于此被捕
15	西方济（Francisco da Silva）	葡萄牙	1762	于此被捕
16	西若瑟（José da Silva）	葡萄牙	1762	于此被捕
17	法安东（António Falcão）	葡萄牙	1762	于此被捕
18	习安东（António Simões）	葡萄牙	1762	于此被捕
19	甘玛诺（Manuel de Carvalho）	葡萄牙	1762	于此被捕
20	穆安东（António Saverio Morabito）	意大利	1762	于此被捕
21	法方济各（Francisco Folleri）	意大利	1751—1762	学院司库，于此被捕
22	许方济（François da Cunha）	中国	1762	于此被捕
23	杜兴福（Symphorien Duarte＊＊）	中国	1762	于此被捕

资料来源：根据费赖之、荣振华、施白蒂和潘日明前揭书整理而成。

注：＊据［法］荣振华著，耿昇译：《在华耶稣会士列传及书目补编》，中华书局，1995年，第20－21页。麦西蒙于1718年生，1765年在葡萄牙圣·儒莲堡去世。

＊＊杜兴福于1708年11月12日生于杭州，为助理修士，1767年从葡萄牙圣·儒莲堡获释后被流放至意大利。见［法］荣振华著，耿昇译：《在华耶稣会士列传及书目补编》，中华书局，1995年，第196页。

1762年至19世纪中叶，修院尽管三次变更主办修会，但仍有不少欧籍人士在此任教。如1784年汤士选主教聘请了曼努埃尔·科雷亚·瓦伦特（Manuel Correia Valente）神父、若昂·奥古斯蒂努·维拉和果阿硕朗（Chorão）修院的两名学生来校任教，① 修院由果阿拉撒路教士曼努埃尔·科雷亚·瓦伦特担任院长。② 又如1823年，讲授葡萄牙文、拉丁文的教师若瑟、巴蒂斯塔·德·米兰达、利马因被指控为迈卡主义者而被撤职。③ 另外，陈神父（Raymond Aubin）、韩纳庆（Robert Hanna）、福文高（Domingos Joaquim Ferreira）、李拱振（José Nunes Robeiro）、明诺（Pierre Vincent Marie Minguet）、马尔记诺、雷特（Joaquim

① ［葡］文德泉：《澳门及其教区》第3卷，第668页。
② ［葡］施白蒂：《澳门编年史》（16—18世纪），澳门基金会，1995年，第183页。
③ ［葡］潘日明神父著，苏勤译：《殊途同归——澳门的文化交融》，澳门文化司署，1992年，第154页。

JoséLeite）①、米兰达（D. José Joaquim Pereira de Miranda）、博尔雅、若阿金·德·索萨·萨赖瓦、江沙维（Joaquim Afonso Gonçalves）、毕学源（Caetano Pires Pereira）、赵若望（João Castro Moura）、南弥德（Louis François Marie Lamiot）、陶若翰（Jean – Baptiste Torrette，C. M.）、顾神父（Danicourt）、孔神父（Daguin）、李若瑟等先后在校任教。② 上述教师中主要是法国和葡国遣使会士。上文所提及的萨赖瓦在任职修院期间，搜集了大批早期澳门史资料，为龙思泰撰写《在华葡萄牙居留地简史》积累了丰富史料。龙思泰在该书 1832 年自序中称："耶稣基督的北京主教萨赖瓦阁下（Dom Joaquim Saraiva），在居留澳门期间，供职于王家圣若瑟修院（Royal College of St. Joseph）。他直到 1818 年临终以前，一直进行令人难以置信的坚持不懈的努力，苦心孤诣地抢救了大量与澳门有关的濒于毁灭的资料。"③

作为远东的天主教中心，在 18—19 世纪，澳门教区的几任主教与圣若瑟修院亦关系密切。如第六任孟主教于 1752—1772 年在位，因葡"政府下令驱逐耶稣会士，没收教产，关闭圣若瑟修院，乃愤然于 1765 年离澳回葡"④。第七任祁主教，1772—1789 年在位，"一生敌视耶稣会士，曾上书清乾隆帝，极尽诋毁耶稣会士之能事"⑤。他于 1780 年回葡国述职后未返澳。第十一位柏主教，1841—1845 年在位，"早于 1802 年来澳传教，曾任圣若瑟修院院长"⑥。第十二任马主教，1845—1862 年在位，"1825 年来澳，就读于圣若瑟大修院，晋铎后，留澳工作"⑦。第十四任明德禄主教，1884—1894 年在位，"早于 1872 年来澳工作，曾任修院院长及副主教……1890 年，获政府批准，重新聘请耶稣会士来澳，掌理圣若瑟修院，起草政教协定"⑧。

（二）生源

根据不完全统计，1728—1762 年，在圣若瑟修院学习过的学生至少有 12 人（见表 2）。

---

① 雷特于 1801 年 5 月 20 日抵澳门，1852 年 6 月 25 日逝世，在澳门生活了 51 年，"在他担任修道院长时期，教会司铎团活动频繁，并向澳门的青年人开放"。详见［葡］施白蒂：《澳门编年史》（19 世纪），澳门基金会，1998 年，第 3 页。

② 参见刘芳辑、章文钦校：《清代澳门中文档案汇编》（下册），澳门基金会，1999 年，第 535、538、599 页；叶农：《遣使会管理时期的澳门圣若瑟修院：1784—1856》，《澳门历史研究》（第一辑），澳门历史文化研究会，2002 年。

③ ［瑞典］龙思泰著，吴义雄等译，章文钦校注：《早期澳门史》，东方出版社，1997 年，第 6 页。

④ 林家骏：《澳门教区历史掌故文献》，澳门主教公署，1982 年。

⑤ 林家骏：《澳门教区历史掌故文献》，澳门主教公署，1982 年。

⑥ 林家骏：《澳门教区历史掌故文献》，澳门主教公署，1982 年。

⑦ 林家骏：《澳门教区历史掌故文献》，澳门主教公署，1982 年。

⑧ 林家骏：《澳门教区历史掌故文献》，澳门主教公署，1982 年。

表2　1728—1762 年圣若瑟修院学生表

序号	姓名	籍里	入院时间	学制
1	邹若瑟	澳门	1749	初修
2	艾若望（球三）	中国	1743	初修
3	崔保禄	中国	1749	初修
4	杨方济	中国	1737	初修
5	李玛窦	中国	1733、1737	初修院、神学院
6	卜文气	法国	1732	学院
7	聂若望	美国	1737	学院
8	马约瑟	葡萄牙	1737	神学院
9	孟由义	葡萄牙	1737	神学院
10	傅作霖	葡萄牙	1737	神学院
11	穆若瑟	葡萄牙	1751	神学院
12	骆尼阁	法国	1754—1756	神学院

资料来源：参见前揭费赖之、荣振华书之各人物传。因为很多学生名单未列入传记，故这一统计是不完整的。本表参考了汤开建刊于（台湾）《汉学研究》2002 年第 2 期的论文《明清之际澳门与中国内地天主教传播之关系》。

　　1784 年 10 月修院重新开学后，有中国学生 12 名；1815 年有中国学生 26 名；1831 年有中国学生 20 名。这是《早期澳门史》的作者龙思泰于 1832 年留下的记载。龙思泰为同时代人，于 1797—1835 年长期侨居穗澳两地，应该说他的叙述可信度是较高的。他在谈及 1784—1831 年间圣若瑟修院的生源情况时称："年轻的中国人，数量不超过十二名，被接纳进入修院，获取必须的知识。如果他们真诚地表示想要成为神甫的愿望，那么对他们的实施的教育将他们领上这条道路。但候选人得到第一个圣职一般需要十年的时间……教师讲解葡文和拉丁文语法、算术、修辞学、哲学、神学等等。很多居民的孩子进入该校，尽管其中很少有人会成为神甫。这里有时还教中文、英文和法文。每月能为其子女支付一小笔膳宿费用的父母，将自己的孩子送进修院，学习真正的葡萄牙语，有时还能体验到心灵的升华。有的学生在修院就餐，晚上回家与家人团聚。有的在特定的时间前来听讲，由教师'免费授课'。1815 年，有八名年轻的中国人，两名马来人，十六名在中国澳门出生的男童，住在该院。1831 年，修院中有七名年轻的中国人，两名来自马尼拉的男童，其父为葡萄牙人，以及十三名在中国澳门出生的学生。"①

到道光初年，修院共为遣使会培养 33 名中国籍神父。② 上述表明，修院的生源，除澳门本地外，既有中国内地，又有葡萄牙、意大利、马来西亚、法国、菲律宾等国家的学生，修院成为向中国教区培养、输送传教人才的重要培训基地。

（三）办学情况

关于修院的办学情况，首先是重视神学教育，修院"研究神学，教授葡文、英文、拉丁文等"③，"神学仍然是一门重要课程"④，在澳门各修院中（含圣若瑟修院），"有不少来自中国北方的青年学生，他们在那里的任务是学习拉丁文和神学，认为将来返回故乡从事宗教活动"⑤。其次是重视汉学研究，修院成为澳门汉学研究的基地。再次是重视科技与世俗教育，这在 19 世纪末 20 世纪初叶的一些史料中已露端倪。如汪兆镛在《澳门杂诗》的《小三巴寺》云："西洋测天象，学徒出三巴。"又称："今小三巴寺内有学堂，斋舍严整，学徒犹众。"梁乔汉在《港澳旅游草》的《风土杂诗二十五》中亦言及："蒙养修义尚恤贫，善门教泽溥如春。地名义塾三巴仔，就学年来过百人。"反映了修院注重实用科技的学习和学生人数较多的实际情况。⑥ 长期居住于澳门的龙思泰，在研究早期中葡关系与澳门史时，留意到圣若瑟修院的办学情况，在其著述中对此着墨较多，留下了极为珍贵的记载。⑦ 他谈到修院的办学情况时指出："现在进而述主要学府，那些跻身社会上层者的子女，在其中一如既往地在良师的引导下处身智力发展的源泉之地。——我们指的是王家圣若瑟修院。它的创办者是耶稣会士，但当他们 1762 年被驱逐之后，修院的活动也告中断，直至二十多年后他们放逐期满，才告恢复。里斯本的宫廷于 1782 年将这一机构改变为'布道团修院'（Congregation of Missions）。1800 年，才最后确定由议事会支付其费用。""修院所属的教士全是生于欧洲的葡萄牙人，一般有六个，其负责人由欧洲派遣。这一学术机构的

---

① 《公共教育》，［瑞典］龙思泰著，吴义雄等译，章文钦校注：《早期澳门史》，东方出版社，1997年，第 51 页。

② ［葡］施白蒂：《澳门编年史》（19 世纪），澳门基金会，1998 年，第 24 页；张泽：《清代禁教期的天主教》，台湾光启出版社，1992 年，第 214 页。

③ 王文达：《澳门掌故》，澳门教育出版社，1999 年，第 116 页。

④ 冯增俊主编：《澳门教育概论》，广东教育出版社，1999 年，第 61 页。

⑤ 耿昇：《法国遣使会士古伯察的入华之行与中法外交交涉》，纪宗安、汤开建主编：《暨南史学》第 1 辑，暨南大学出版社，2002 年。

⑥ 中国第一历史档案馆、澳门基金会、暨南大学古籍研究所合编：《明清时期澳门问题档案文献汇编》（六），人民出版社，1999 年，第 859、846 页。

⑦ ［瑞典］龙思泰著，吴义雄等译，章文钦校注：《早期澳门史》，东方出版社，1997 年，第 6 页。作者还言及修院的生源数量、来源地及课程设置情况。

首要目的是向中国提供热心传道的教师。"①

　　另据 1834 年 5 月《中国丛报》报道，圣若瑟修院拥有一所葡文印刷厂，并装备了一套汉字活字。次年 8 月有西人从广州前往澳门访问，看见澳门教堂和传教士数量很多，称"圣若瑟学院正处于其鼎盛期"②。1861 年马塔主教招聘了两名耶稣会士主持修院工作，当时"修院有 100 名寄宿学生"。③

四、评价

　　澳门圣若瑟修院作为中国一所早期创办的知名教会学校，在中国教育史、西学东渐史尤其是天主教入华传播史上，主要贡献有下面三点：

　　第一，该修院以培训中国籍修士为重要职责，成为向中国内地传播天主教的重要的人才培训基地，来华天主教会士依靠澳门的天主教教育和中国内地的传教实践相结合的办法培养中国修士。如上引龙思泰所述，1815 年共有 28 名学生在修院学习，其中来自中国内地及澳门的占 26 名；1831 年有 22 名学生在修院学习，来自中国内地及澳门的有 20 名。耶稣会被取缔后，遣使会士接管了原属耶稣会的澳门圣若瑟修院，为了培养华籍会士，他们从中国内地挑选少年修士前往澳门圣若瑟修院培养。汤开建教授在经过考证后指出："到道光初年，该院共为遣使会培养了三十三名中国籍神父。这一时期明确在澳门学习中文而又进入中国内地传教的西教士还有骆尼阁、孟振生、董文学、秦神父及苏神父等五位法国人，其中四位为遣使会士。1784 年，圣若瑟修院重新开办后，澳门培养中国教士事业获得很大的发展，再一次成为中国教区输送人才的重要基地。"④ 兹举三例佐证此事：1820 年，四名在华出生的神父——Simao Tchang Pires、Mateus Chende Sequeira、Marcos Li 和 Bartolo Meu，被派到澳门圣若瑟修院继续学习神学。⑤ 1835 年，法籍会士孟振生（Joseph – Martial Mouly）接替薛玛窦主持蒙古

---

　　① ［瑞典］龙思泰著，吴义雄等译，章文钦校注：《早期澳门史》，东方出版社，1997 年，第 50 – 51 页。萨赖瓦（1765—1818），生于葡萄牙，1787 年 12 月加入遣使会布道团，1804 年成为北京主教汤士选的副手。由于清廷"禁教"，他一直未能前往北京，留在澳门担任圣若瑟修院的教职达 14 年之久。

　　② *Chinese Repository*，Vol. 3，第 43 – 44 页；*Chinese Repository*，Vol. 4，第 292 – 293 页；汤开建、陈文源、叶农主编：《鸦片战争后澳门社会生活记实——近代报刊澳门资料选粹》，花城出版社，2001 年，第 14、36 页。

　　③ ［葡］施白蒂：《澳门编年史》（19 世纪），澳门基金会，1998 年，第 146 页。

　　④ 参考汤开建刊于（台湾）《汉学研究》2002 年第 2 期的论文《明清之际澳门与中国内地天主教传播之关系》。

　　⑤ ［葡］施白蒂：《澳门编年史》（19 世纪），澳门基金会，1998 年，第 23 – 24 页。

西湾子教务后，仍积极为澳门圣若瑟修院准备修士。① 在江南方面，亦有五名华籍司铎为圣若瑟修院所培养。修院还"有一笔专供江南教区司铎生活的基金及其利息"②。因此，圣若瑟修院在基督教入华传播史上占有举足轻重的地位。

第二，修院的创立极大地促进了澳门科技教育与世俗教育的发展。一方面，圣若瑟修院尤为注重拉丁语、神学、科技和数理科目的学习，重视科技教育，以便教士凭借先进的科技知识，赢得清朝统治者的好感与重用，有效地开展传教活动。林家骏称圣若瑟修院"兼授数理及科学，有时为适应本地的需求，另设商科、海员训练班和其他学科"。1862 年，新设立澳门航海学校，开设贸易课程，该校附设于圣若瑟修院。根据葡萄牙国王命令，1881 年圣若瑟神学院进行改组，仍保留航海和商科课程。③ 因之，有论者认为："该修院的创办，是澳门科技教育的重要开端。"④ 另一方面，圣若瑟修院倡导平民教育，除了培养教徒外，修院也招收世俗青年进校学习，以因应澳门社会经济发展对人才的需求。刘羡冰称："还有一点不相同的，就是圣若瑟修院还兼收外读生。就是说，没有修道志愿的世俗人家的男童，可以来读书。二百多年来，它的外读生几度有较大的发展。"⑤ 可以说，圣若瑟修院"开启了澳门世俗教育的历史，为培养澳门政界和商贸人才做出了积极的贡献"，并"播下了科技教育的种子，对促进中国科技教育的发展起了重要的启蒙作用"。⑥

第三，澳门圣若瑟修院在中西文化交流史上占有重要地位。修院培养了一批有影响的双语精英。如江沙维神父（1781—1841），是一位 19 世纪上半叶以其卓越的学术成就（主要集中于语言学和辞典编纂方面）而闻名欧洲的葡萄牙学者，他于 1814 年始在圣若瑟修院主讲拉丁语、英语、汉语和音乐等课程，为澳门培养了一批杰出的双语人才。他编写的汉语教材、创新的教学方法、主编的多种权威性的中外大字典如《拉丁语法》《葡汉字典》《汉葡字典》《洋汉合字汇》《拉汉小字典》《拉汉大字典》《汉字文法》等，以及撰写的《中国艺术》，对后世产生了深远影响。《中国丛报》认为他于 1828 年编印的《拉丁语法》"是为圣若瑟学院的学生学习拉丁文而编的"，他工作非常投入，"每天辛勤工作十六至十八

---

① ［法］樊国阴著，吴宗文译：《北京传教事业衰败》，《遣使会在华传教史》，台北华明书局，1977年，第 146、160、166 页。

② ［法］史式徽著，天主教上海教区史料译写组译：《江南传教史》（第一卷），上海译文出版社，1983 年，第 93 – 95、109 页。

③ 《澳门天主教教育事业的发展》，林家骏：《澳门教区历史掌故文献》，澳门主教公署，1982 年，第 19 页；［葡］潘日明神父著，苏勤译：《殊途同归——澳门的文化交融》，澳门文化司署，1992 年，第181 页；［葡］施白蒂：《澳门编年史》（19 世纪），澳门基金会，1998 年，第 147 – 148、224 页。

④ 冯增俊主编：《澳门教育概论》，广东教育出版社，1999 年，第 61 – 63 页。

⑤ 冯增俊主编：《澳门教育概论》，广东教育出版社，1999 年，第 61 – 63 页。

⑥ 刘羡冰：《双语精英与文化交流》，澳门基金会，1994 年，第 36 页。

个小时"。作为当时最伟大的汉学家之一，1841 年 9 月江沙维神父的去世，使"汉学研究少了一位主要的支持者，葡萄牙失去了一道最灿烂的光芒"①。又如第一位澳门土生葡人汉学家玛吉士（José Martinho Marques，1810—1867），少年时期就读于圣若瑟修院，其最大贡献就是用中文编著了《外国地理备考》一书。② 曾就读于圣若瑟修院的学生后来前往欧洲和印度留学，不少人成就卓著。如：1814—1820 年在修院学习的土生葡人吉列梅·若泽·安东尼奥·迪亚斯·彼加多，前往哥英布拉大学深造，后来成长为著名学者；名医莱奥卡迪早年就读于修院，后到果阿潜心攻读医学，成为一代名医；洛雷罗有十六个子女，其中路易斯、彼得罗、弗朗西斯科、爱德华多四人曾于 1840 年进入圣若瑟修院学习。③ 综上所述，我们不难发现，圣若瑟修院以其培养的一批双语精英，在清代中西文化交流史上产生了极为重要的影响。

据《澳门的教堂》一书，为了彰显澳门圣若瑟修院的"高度文化和极其优秀的教师，专门为这个机构发行了一枚单独的硬币，同时也因它达到了大学水平，而再度出现了圣保禄书院的黄金时代"④。圣若瑟修院作为澳门的第二所高等学府、早期创办的著名的教会学校和培训中国传教士的基地，尽管从 1728 年创办后就屡遭停办，历尽坎坷，但它仍以顽强的生命力不断发展壮大，为澳门社会乃至中西文化交流培养了一批双语人才，对天主教在华的传播和 18—20 世纪澳门经济的发展起了积极的推动作用。

（刊澳门《文化杂志》2005 年春卷）

---

① 详见 Chinese Repository 1838、1844、1846、1849 年有关江沙维神父的报道；参见汤开建、陈文源、叶农主编：《鸦片战争后澳门社会生活记实——近代报刊澳门资料选粹》，花城出版社，2001 年，第 58、162 – 163、172 – 177、188 – 191 页。叶农：《十九世纪上半叶活跃在澳门的葡籍汉学家——江沙维神父》，范立舟主编：《历史文献与传统文化》（第九集），南方出版社，2002 年。

② 刘羡冰：《双语精英与文化交流》，澳门基金会，1994 年，第 38 – 45 页。

③ ［葡］施白蒂：《澳门编年史》（19 世纪），澳门基金会，1998 年，第 23 – 24、122 – 123、179 页。

④ 《澳门的教堂》，澳门文化司署，1993 年，第 80 页。

传教士本土化的尝试：
试论意大利传教士马国贤与清中叶中国学院的创办

马国贤（Matteo Ripa，1682 年 3 月 29 日—1746 年 3 月 29 日），意大利那不勒斯人，罗马传信部直属在华传教士。1710—1724 年在华传教 14 载，其中 13 年在北京宫廷以画师、翻译等身份为康熙皇帝服务。与其他传教士不同，马氏始终以传教为职责，他深谙天主教在华传播之现状与困境，大胆尝试培养本土化传教士。他在北京办学失利后返回意大利，经过 7 年努力，终于在其故乡那不勒斯创办了一所专门培养中国本土化传教士的中国学院（又名"圣家学院""圣家修院""中华书院"）。中国学院成为欧洲培养中国本土传教士及早期汉学研究中心。马氏晚年著有多卷回忆录①，详细记述了创办中国学院的初衷与经过。

近年来我国学界对在传教史上占有重要地位的马国贤，从早期留学史、西方汉学研究史、美术史、中西文化交流史、基督教入华传播史等视角进行研究。如在中国早期留学史研究方面，认为他所创办的中国学院培养的本土化传教士是明清最大规模的神学留学生群体，中国学院是当时西方唯一一所培养中国学生的学院；② 在早期西方汉学研究方面，认为马国贤创建的中国学院后期偏重于汉学研究，出版的字典、教材是欧洲最早的中文教材，该学院一度成为欧洲汉学研究中

---

① 据方豪神父考证以及从相关资料获悉：马国贤所撰回忆录系一部三大卷著作，其中记述了创办中国学院经过，名为 "Storia della Fondazione della Congregazione edel Collegio de' Cinesiy"（《中国学院史》），1832 年在那不勒斯以意大利文出版。1861 年伦敦出版英文节译本，英文节译本作者 Fortunato Prandi 选取其中与中国有关的内容编为单行本的 *Memoirs of Father Ripa*, *during Thirteen Years Residence at the Court of Peking in the Service of the Emperor of China*。1917 年，上海土心海曾出版一本拉丁文的那不勒斯圣家学院名录，其中有 1732 年 4 月 7 日教宗格勒门十二世批准成立圣家修会和圣家书院的谕文、书院成立纪念碑、马国贤传略、马国贤墓碑以及 1735 年 7 月 6 日教宗颁赐基金谕文，1736 年 3 月 22 日教宗批准圣家修会及书院规章之谕文，以及 1736 年 3 月 14 日教宗为中国学生晋升司铎之谕文等。

② 主要论文有：刘亚轩：《那不勒斯中国学院与早期中国留学生》，《社会科学战线》2009 年第 2 期；肖朗：《清代初期至中期的留欧学生及其教育》，《西北师大学报》2005 年第 2 期；谭树林：《清初在华欧洲传教士与中国早期的海外留学生》，《历史教学》2002 年第 6 期；杨涛、郭健：《清朝前期的中国赴欧学生状况概述》，《河北大学成人教育学院学报》2004 年第 1 期；沈弘：《最早留学海外的中国人》，《中华读书报》，2003 年 11 月 19 日；等。

心，马国贤亦被誉为欧洲汉学研究的先驱①；在美术史研究方面，认为他是将西方铜版画艺术传入中国的第一人，也是通过铜版画将中国园林艺术传入西方的先驱者；② 在中西文化交流史研究方面，认为他晚年撰写的回忆录是 18 世纪中西关系和中西文化交流史的重要记录，特别是关于俄罗斯使节访华及罗马教皇特使嘉乐访华的记载，保留了第三者的见证③；在基督教入华传播史方面，认为马国贤所创办的中国学院及其所撰回忆录，为学界对这一时期基督教在华传播研究提供了珍贵史料。不论作为传教士、画家，还是翻译家、学者，马国贤在中西文化间所做的工作都是为了在华传播基督教，而其立足点则是培养中国本土化传教士，实现基督教的中国化，马国贤的最大贡献即是创办了中国学院。④ 笔者拟以培养本土化传教士为视角，进一步探讨马国贤创办中国学院的动因、始末及影响，以求教于方家。

一、创办动因：中国礼仪之争与禁教
——在华传教事业的顿挫

　　明清之际，宗教政策一度比较宽容，中西文化交流频繁，在遵循"利玛窦规矩"的前提下，传教士陆续来华布道，积极融入中国社会，传教事业在这一时期取得了很大进展。但明末和康熙时期的一些教案亦使传教事业陷入困境，教务只能依赖中国籍司铎和一些奉教的士大夫如徐光启、李之藻、杨廷筠等的保护进

---

　　① 论文主要有：武柏索：《欧洲第一个汉语研究中心——古老而年轻的那不勒斯东方大学》，《汉语教学与研究》1988 年第 4 期；陈友冰：《意大利汉学的演进历程及特征——以中国文学研究为主要例举》，《华文文学》2008 年第 6 期；［意］图莉著，蔡雅菁译：《意大利汉学研究的现状——从历史观点》，《汉学研究通讯》2004 年总第 99 期；等。

　　② 主要研究论文有：莫小也：《马国贤与〈避暑山庄三十六景图〉》，《新美术》1997 年第 3 期；沈定平：《传教士马国贤在清廷的绘画活动及其与康熙皇帝关系论述》，《清史研究》1998 年第 1 期；李晓丹、王其亨：《清康熙年间意大利传教士马国贤及避暑山庄铜版画》，《故宫博物院院刊》2006 年第 3 期；等。

　　③ 主要论著有：万明：《意大利传教士马国贤与中西文化交流》，黄时鉴主编：《东西交流论谭》（第二集），上海文艺出版社，2001 年；万明：《意大利与中国学术交流新动向》，《中国史研究动态》2007 年第 2 期；许秀萍：《中国神学留学生在中西文化交流的作用》，《吕梁教育学院学报》2005 年第 3 期；等。

　　④ 李天纲译注的《清廷十三年——马国贤在华回忆录》（上海古籍出版社，2004 年），以第一手的资料真实呈现了马国贤在华经历及中国学院创办过程。刘亚轩的《意大利那不勒斯中国学院与中国近代教会学校》（《长春师范学院学报》2009 年第 1 期）以本土化为视角初步论述了马国贤与那不勒斯中国学院、英华书院与近代教会大学的关系。方豪神父著的《中国天主教史人物传·马国贤传》（中华书局，1988 年），郭永亮著的《那不勒斯中国学院创办人马国贤在华简史》（台湾《大陆杂志史学丛书》第四集第五册），刘晓明著的《清代人物传稿·马国贤传》（中华书局，1994 年）等书对马国贤与中国学院有一定的论述。此外，李天纲著的《中国礼仪之争——历史·文献与意义》（上海古籍出版社，1998 年），斯当东著、叶笃义译的《英使谒见乾隆纪实》（上海书店出版社，1997 年），吴伯娅著的《康雍乾三帝与西学东渐》（宗教文化出版社，2002 年），张芝联主编的《中英通使二百周年学术讨论会论文集》（中国社会科学出版社，1996 年），黄一农著的《两头蛇——明末清初的第一代天主教徒》（上海古籍出版社，2008 年）等书均有涉及马国贤与中国学院的内容。

行。因"中国礼仪之争",康熙后期至雍、乾时期,清廷实行了严厉的禁教政策。康熙五十九年(1720),康熙看到教宗克莱芒十一世的通谕《禁约》后大为震怒:"览此告示,只可说得西洋人等小人,如何言得中国之大理。况西洋人等,无一人同汉书者。说言议论,令人可笑者多。今见来臣告示,竟是和尚道士,异端小教相同。此乱言者莫过如此。以后不必西洋人在中国行教,禁止可也。免得多事。"① 长达百年的"禁教"局面遂告形成。在华传教士(除少数领取"红票"继续留京为朝廷服务外)被驱逐至澳门或是回国,传教事业难以开展,"马国贤神父目睹中国教难,深信唯有培植多数中国神父,才能够使中国公教继续存在"②,培养本土化传教士的愿望愈显迫切。

马国贤创办中国学院,原因应该说是多方面的。"中国礼仪之争"与禁教政策以及马国贤主观上对于培养本土化传教士意义的深刻认识是其创办中国学院的主要动因;加之传教事业中长期存在的本土化神职人员匮乏、中国士大夫的敌视破坏、罗马教廷的首肯、之前在京办学积累的经验等因素,也在很大程度上最终促成了马国贤创办中国学院。简言之,马国贤创办中国学院的原因主要有下述五端。

其一,"中国礼仪之争"与禁教政策以及马国贤主观上对于培养本土化传教士意义的深刻认识是其创办中国学院的主要原因。"马国贤的中国之行跨了康熙朝的后十二年,雍正朝的前二年"③,在宫廷经历并不自觉参与"中国礼仪之争",他深刻体会到传教事业的窘困所在。对此,耶稣会首位中国司铎郑玛诺亦有同感:"目前欲使当地教友能够继续获领圣事,除派遣本国神父以外,别无它途可循,他们极易化装潜往各处,而欧洲人绝无可能。本会省会长对此事已有了解,但无人可遣,因过去不愿录用中国司铎,在此紧急关头,非本国司铎,不足以挽救危局。"④ 身临其境,目睹禁教形势下天主教传教事业的现状,马国贤体认到培养本土化传教士对于天主教传教事业的重大意义:"因为这个原因,加上其他一些我想不必再说的原因,我坚定地相信在天主教的教会里,应该责无旁贷地建立一个宗教团体,专门的目的就是使本地人有能力来行使传教使命。"⑤

其二,是为了解决传教事业中长期存在的本土化传教士缺乏问题。在华传教

① 《教王禁约译文并康熙朱批》,〔意〕马国贤著,李天纲译:《清廷十三年——马国贤在华回忆录》,上海古籍出版社,2004年,第171页。
② 罗光:《教廷与中国使节》,台湾传记文学出版社,1983年,第171页。
③ 〔意〕马国贤著,李天纲译:《清廷十三年——马国贤在华回忆录》,上海古籍出版社,2004年,导言第1页。
④ 方豪:《中国天主教史人物传》(中册),中华书局,1988年,第197页。
⑤ 〔意〕马国贤著,李天纲译:《清廷十三年——马国贤在华回忆录》,上海古籍出版社,2004年,第83页。

过程中，马国贤看到传教人员缺乏、语言障碍、文化隔阂等问题长期无法解决，严重影响传教事业拓展。"我很清楚这个辽阔的国度是多么地缺乏人手，而欧洲又不能提供。从 1580 年到 1724 年，欧洲送到这里来的传教士数量不足 500 人。"① 而且"由于人手不够，他们往往在一年内并不能巡视完所有的会口。这样，传教士除了做小的弥撒外，没时间公开做大的礼拜仪式。中国人一向喜欢盛大壮观的场面，传教士不举行大的礼拜仪式，天主教就不会给中国人留下深刻的印象，因而所能归化的人数也就有限"②。语言障碍问题令他更为忧心："无论欧洲传教士是多么多，多么热情，但因为语言上难以克服的障碍，不能产生令人满意的结果。"③ 即使曾接受过汉语培训者，传教效果也不甚理想，他们"只是非常不完善地掌握了这种语言，永远不能在大庭广众之下演讲，始终在手头保留几个能充任其翻译的基督徒……永远不了解他们生活于其中的民众，也不能够了解在异教徒中盛行一时的荒谬与迷信，甚至也不能以任何方式与他们交往"④。他认为："在这一时期，事实上我除了想组建一个学校外，没有更高的目标。"⑤ 鉴此，他深刻认识到培养本土化传教士"如不迅即付诸实施，以往传教事业将尽成泡影"⑥。

其三，在华培养本土化传教士的尝试为马国贤累积了办学经验。当时澳门圣若瑟修院业已培养中国本土化传教士，只是规模小、人数不多。马国贤回国前曾在华尝试创办一所学校，他将四名男孩和一名中文教师从热河带到北京，⑦ 形式上组建了一所"学校"，由他教授基督教义，中文教师教授中国语言和知识，每天主要从事祈祷、谈心、学习和其他事情。马国贤"对于培植中国本籍圣职人员，较其他任何西洋教士尤为致力"。⑧ 尽管"刚建立的机构看上去与其说是我

---

① ［意］马国贤著，李天纲译：《清廷十三年——马国贤在华回忆录》，上海古籍出版社，2004 年，第 83 页。

② 刘亚轩：《意大利那不勒斯中国学院与中国近代教会》，《长春师范学院学报》2009 年第 1 期。

③ ［意］马国贤著，李天纲译：《清廷十三年——马国贤在华回忆录》，上海古籍出版社，2004 年，第 83 页。

④ ［法］雅克玲·泰夫奈著，耿昇译：《西来的喇嘛》，济南：山东画报出版社，2003 年，第 236 页。

⑤ ［意］马国贤著，李天纲译：《清廷十三年——马国贤在华回忆录》，上海古籍出版社，2004 年，第 83 页。

⑥ 方豪：《中国天主教史人物传》（中册），中华书局，1988 年，第 197 页。

⑦ 根据方豪神父考证，这四名男孩分别是：谷文耀（1701—1763），字若翰，古北口人；殷若望（1705—1735），河北固安人；黄巴桐（1712—1776），河北固安人；吴露爵（1713—1763），江苏金山人。李天纲在译注《清廷十三年——马国贤在华回忆录》时提及这四名男孩：殷若望、顾若望、尤路西奥，还有一个没有提及名字。本文大量引用的是《清廷十三年——马国贤在华回忆录》的资料，而在人名上则以方豪神父的考证为准。根据方豪神父考证，这名中文教师是王雅敬，江苏川沙人，回国后 1738 年卒于北京。据马国贤记载，王雅敬在其离开中国前几个月受洗，留下母亲、妻子与四个孩子，跟随马氏前往欧洲。

⑧ 方豪：《中国天主教史人物传》（中册），中华书局，1988 年，第 334 页。

所称为的'学校'，不如说更像是一个'修道院'"①，学校条件是如此简陋，但仍给马国贤以莫大的鼓舞与精神慰藉，也为日后他创办中国学院累积了办学经验。

其四，中国士大夫对在本土传教办学的敌视与耶稣会士的排挤，导致马国贤在华办学举步维艰。在其回忆录中，他记载了一位赵姓官员对他的仇视，② 指称他是传教士的"死敌"，这位"赵大人对我要建立一个中国本土教士团体的努力十分憎恶，因此用尽他的权力来阻扰压制，还有其他多个朝官，其中甚至还有一些欧洲人（耶稣会士），帮着他一起做这件邪恶的事情"③。他们伪造家长信件逼迫他将男孩送回去，其中一个孩子殷若望就曾一度回家，不过后来又重返学校。"在其他场合，他们还散布了大量有关我人格的污蔑不实之词，用各种各样的方式暗示说：皇帝即刻就要给我一些严厉的手段来表示陛下的不悦——他们试图以此来动摇我的决心。"④"所有这些做法的目的就是一种暗示，即让我放弃学校，继续在天主的大葡萄园里无所事事。"⑤ 马国贤的努力"受到了亚洲人和欧洲人的共同反对，这种敌意很快让我觉得天主显示的别的意思，并且中国并不是我想要建立一所成功而繁荣的学校的地方"⑥。面对如此强烈的敌意氛围，马国贤认为在中国建立学校培养本土传教士是不现实，也是不可行的，他只得另觅他处，从长计议。

最后，罗马教廷的首肯与欧洲朋友们的资助与鼓励，以及回国后那不勒斯地方政府的支持，直接促成了中国学院的创办。"我的兄弟们和其他欧洲朋友们听说了我想从事中国年轻人教育事业的意图后，赠给了我一大笔钱"⑦，解决了迫

---

① ［意］马国贤著，李天纲译：《清廷十三年——马国贤在华回忆录》，上海古籍出版社，2004 年，第 83 页。

② 根据马国贤回忆录，这名赵姓官员是赵昌，他与勒什亨对马氏一直不利，在雍正即位后他以傲慢及滥用职权迫害欧洲人为由被宣判以枷刑处死。但据黄一农考证：雍正即位旋即将勒什亨和赵昌下狱，此二人对西学、西教十分景仰，并先后在狱中受洗，他们或均因与卷入先前夺嗣事件的耶稣会士穆经达友善而定罪。马国贤对此二人的遭遇毫不同情，并指赵昌是"多罗枢机主教和所有天主教的公敌"，此或与传信部与耶稣会因"中国礼仪问题"交恶相关。（黄一农：《两头蛇——明末清初的第一代天主教徒》，上海古籍出版社，2008 年，第 475 页。）从以上两种判断我们可以得知：赵昌或许并非敌视西人、西教，但他对马国贤布道与办学构成威胁与压力，是促成马国贤回国办学的重要因素。

③ ［意］马国贤著，李天纲译：《清廷十三年——马国贤在华回忆录》，上海古籍出版社，2004 年，第 85 页。

④ ［意］马国贤著，李天纲译：《清廷十三年——马国贤在华回忆录》，上海古籍出版社，2004 年，第 85 页。

⑤ ［意］马国贤著，李天纲译：《清廷十三年——马国贤在华回忆录》，上海古籍出版社，2004 年，第 85 页。

⑥ ［意］马国贤著，李天纲译：《清廷十三年——马国贤在华回忆录》，上海古籍出版社，2004 年，第 83 页。

⑦ ［意］马国贤著，李天纲译：《清廷十三年——马国贤在华回忆录》，上海古籍出版社，2004 年，第 83 页。

在眉睫的资金难题。此外，他"还收到了罗马的两个文件。教宗在文件中向我授予了'教廷学院院士'（Apostolical Prothonotary）的头衔，还有米雷托教区亚勒纳城圣老椤佐堂的奉金，还给了我佩戴主教桂冠和使用权杖的特权。在这么众多而尊显的天主恩宠鼓舞下，我现在竭力想扩充我的学校专门从事于培养本地神职人员工作"①。那不勒斯地方政府也对马国贤的事业给予高度关注与经济支持，最终促成中国学院的诞生。

马国贤认为要在中国传播天主教成功，就应在中国本土之外建立一所学校，"招收贫苦人家的子弟，把他们培养成合格的传教士，然后让他们在中国的下层民众之中传教，以便造成一个广大的群众基础，进而影响作为统治阶层的官员士大夫"②。雍正即位后，马国贤以亲人相继过世为由请求回国获准，遂带领他所招收的四名中国学生与他们的中国老师，踏上了前往那不勒斯创办中国学院的艰难历程。

二、创办始末：中国学院——7年艰辛耕耘

"克服了不用细说的种种障碍之后，1723年的11月15日，马国贤终于带着他的四个学生和他们的老师，离开了这座'巴比伦'——北京。"③ 行前，雍正赐予他一批礼物以示优待。"怡亲王奉旨，着赏给马国贤暗龙白磁碗一百件，五彩龙凤磁碗四十件，五彩龙凤磁杯六十件，上用缎四匹。"④ 1724年初，马国贤一行从广州乘船前往伦敦，一路上历尽磨难，9月5日，抵达伦敦，引起轰动，受到英国国王乔治一世（George Ⅰ）以及撒丁尼亚公使接见，英王还赠予他50英镑。其带领五名中国人参观了伦敦圣保罗教堂、皇家海员医院。10月5日，一行离开伦敦前往意大利西部港口城市利伏诺（Leghorn），最后抵达那不勒斯。

然而，马国贤刚抵那不勒斯即遭罗马传信部非难。据他回忆："他们对我擅自离开岗位很不高兴，他们也反对养育五个中国人，理由是他们现在的花费都没有着落。"⑤ 他只得寻求罗马教廷帮助，"受到教宗本笃十三的召唤，向他提交了

---

① ［意］马国贤著，李天纲译：《清廷十三年——马国贤在华回忆录》，上海古籍出版社，2004年，第83页。

② 刘亚轩：《意大利那不勒斯中国学院与中国近代教会》，《长春师范学院学报》2009年第1期。

③ ［意］马国贤著，李天纲译：《清廷十三年——马国贤在华回忆录》，上海古籍出版社，2004年，第116页。

④ 中国第一历史档案馆藏《内务府活计档》，胶片号61。转引自万明：《意大利传教士马国贤与中西文化交流》，黄时鉴主编：《东西交流论谭》（第二集），上海文艺出版社，2001年，第62页。

⑤ ［意］马国贤著，李天纲译：《清廷十三年——马国贤在华回忆录》，上海古籍出版社，2004年，第129页。

一份沉思很久的宗教群体的计划。听说我没有传信部的帮助，靠自己在从事必要的经费筹集之后①，教宗立即批准，把我的请求提交给正当渠道"。② 而当马国贤建议把学校建在那不勒斯而不是罗马时，又遭到传信部主任和几名枢机主教反对，他们不允许马"建一座神坛来反对另一座神坛"，"经过了大量的艰苦谈判，其目的是为了不得罪教宗，并允许我在那不勒斯开始。最后达成的默契是：保留教宗的批复，直到我想建立的学校有了一定的基础以后。教宗指示传信部秘书把我推荐给那不勒斯的红衣主教，还有当地政府。他还答应了一旦财政状况允许，就拨出 1 000 英镑"③。

　　为创办中国学院，马国贤付出了不同寻常的努力，以致身心俱疲，健康一度受损，他常常陷入不安和沮丧状态，甚至后悔当初未接受传信部给出的条件。"我在那不勒斯建立一个宗教群体的证书申请，经过教宗的特别推荐，被努西奥（Nucio）送到了总督即枢机主教奥尔坦（Altan）那里。7 个月以后他被批准了，条件是除了中国本地人，还有发了誓言要到中国去当传教士的人，其他人一律不得入学，入学的权力应该属于那不勒斯行政当局。"④ 但是这个规定与他的计划不合，罗马教廷也反对这个庇护计划，后来他前往维也纳，从查理六世⑤处获得大力支持："不但授予了我所恳求的豁免，还答应每年分配给我 800 个达克特金币，给学院打基础，还有我们所有的学生，都可以免费搭乘奥斯坦德公司（Ostend Company）的船只。"⑥

　　但在获得查理六世支持的同时，罗马传信部又声称要拥有将来学校教师任命前的考试权。此后三年，马国贤斡旋于罗马传信部、那不勒斯地方政府、查理六世三方之间，"在这种讨厌的谈判中，三年多的时间就这么浪费掉了。权力三方最终达成了一个谅解，1732 年 4 月，在经过 7 年的忧虑与苦恼之后，我的努力终于在最幸福的成功之中，修成正果"⑦。该年 7 月 5 日，中国学院正式创办。

---

　　① 据薛福成日记记载："马国贤初造书院时，仅集资三万弗郎（约合银五千两），大抵在中国所有积存者。"详见薛福成：《出使四国日记》，湖南人民出版社，1981 年，第 264 页。

　　② ［意］马国贤著，李天纲译：《清廷十三年——马国贤在华回忆录》，上海古籍出版社，2004 年，第 129 页。

　　③ ［意］马国贤著，李天纲译：《清廷十三年——马国贤在华回忆录》，上海古籍出版社，2004 年，第 129 页。

　　④ ［意］马国贤著，李天纲译：《清廷十三年——马国贤在华回忆录》，上海古籍出版社，2004 年，第 130 页

　　⑤ 查理六世于 1711—1740 年在位。作为西班牙王位继承战争的结果，自 1714 年始，查理六世从维也纳委派总督管理那不勒斯。

　　⑥ ［意］马国贤著，李天纲译：《清廷十三年——马国贤在华回忆录》，上海古籍出版社，2004 年，第 131 页。

　　⑦ ［意］马国贤著，李天纲译：《清廷十三年——马国贤在华回忆录》，上海古籍出版社，2004 年，第 131 页。

创办伊始，学校办学资金匮乏，马国贤积极奔走筹措，得到罗马传信部、那不勒斯地方政府、查理六世的支持与资助。此外，学院还得到那不勒斯一些贵族的捐款，资金问题渐渐得到解决。"自教王以下，迭有所输，院产之本，至植二百万弗郎，每年入款约十二万弗郎，用款约五万弗郎。每一华生在院肄业，岁给千二百弗郎。皆由教王所属官员，致书中国各省主教招致资送。"中国学院的资金来源日渐多元，办学也愈来愈受到重视。

最初，中国学院由一个学院和一个教团组成，学生主要是年轻的中国人和印度人，学校出钱培养他们成为合格的职业传教士。按规定，学院学生要发五次愿，即：第一，安贫；第二，服从尊长；第三，加入圣会；第四，参加东方教会，听从传信部的调遣；第五，毕生为罗马天主教会服务，不得进入任何其他社群。而教团由教士组成，自愿为学生提供必要的指导，没有任何金钱上的报酬。教团成员不必发愿，但除参加学院学生的教育外，还要和团体住在一起，履行属于本机构教会之职责。①

学院的第一批学生是马国贤带到那不勒斯的四名中国学生，一段时间以后，罗马传信部又送来了两名学生，后来"凡有志来远东传教的西人与土耳其人，均可入院。学生由传信部赡养，毕业后授予学位"②。学院规模一直不大，特别是"雍正、乾隆时期执行更严格的禁教政策，招生更困难，这个学院在中国内地找不到学生，不得不在暹罗、马六甲和澳门等海外地区寻找中国学生。以后生源更少，学校不得不扩大招收印度等地的学生，并且为此更名为'东方学院'（Oriental Institute）"③。学院陆续有中国人、欧洲人等前来学习。学生一般要学习10年左右的拉丁文、神学、西方哲学等课程，为了便于传教，他们还学习一些西方科学技术。"所招中国学生，专以习天主教为本业，其于格致星算之学，不过兼涉"④，学业届满，通过传信部的考试以后即可晋升为司铎，并分派到中国布道。

道光年间，卡尔奥古斯特梅叶尔博士（Dr. Karl August Mayer）在《那不勒斯和那不勒斯人》（*Neapel und die Neapelitaner*）中记载了他参观中国学院的情景："中国学院是建立在那不勒斯的 Ponte Della Sanita 地方的一个山坡上面，风景很是美丽，学院外面有道高墙环绕着，但是外来的客人可以自由入内参观，而院内的教士也在里面的教堂举行公开的宗教仪式。院内的厅堂中悬有利拔神甫

① ［意］马国贤著，李天纲译：《清廷十三年——马国贤在华回忆录》，上海古籍出版社，2004年，第131页。

② 方豪：《中国天主教史人物传》（中册），中华书局，1988年，第347页。

③ ［意］马国贤著，李天纲译：《清廷十三年——马国贤在华回忆录》，上海古籍出版社，2004年，导言，第32页。

④ （清）薛福成：《出使四国日记》，第264页。

（马国贤）、各位去世的教师以及中国学生的照片，照片下面注明着各人生死的年月。每个中国学生学业稍有成就，当即派回中国服务，临行时每人都留下一张照片，其死在那不勒斯的学生，也各于临死时照下一张照片。"① 当时"学院有 8 个学生，6 个中国人，其他 2 个是希腊人。授课用拉丁文，但是学生们通过和仆人们的交往，学会了意大利文。校长本人不懂中文，新生们只能从同胞那里学了些拉丁文后，才能跟上他的课程"②。那 6 个中国学生是从北京附近去的，他们还带去了中国的地图、盛饭的木碗、磁塔的模型等东西。

中国学院（College of China）在创办初期，主要以培养中国本土传教士及致力于东方传教事业的罗马正统传教士为主。随着学生来源的多元化以及研究领域的日渐扩展，更名为东方学院，并逐渐向专业汉学偏离。第二次鸦片战争期间，意大利政府为了扩大在中国的影响，于 1868 年将东方学院接收合并，更名为皇家亚洲学院，成为那不勒斯大学的重要组成部分。"学院发展了许多非宗教部门，并由非神职人员所掌控，增加了商业方面的教学内容，被称为'活的东方语言'。"③ 意大利与清政府建立外交关系初期所雇用的翻译、清海关的意籍雇员、意大利在中国的外交官等多数皆毕业于该学院。自此以后，中国学院成为世俗性大学，主要以研究东方语言、文化而著称，历经沧桑发展成为闻名于世的那不勒斯东方大学。直至今天，那不勒斯东方大学仍然以一幅 18 世纪的油画为学校简介的封面，画面上是学校创办人马国贤和他的两位中国弟子，远景中依稀可见中国学院当年的风景。

三、影响：欧洲中国之窗——培养中国本土传教士的大本营

中国学院的创办为处于禁教低谷中的在华天主教传教事业带来某种转机，促使其在华传教事业开始向本土化转变。此举不仅培养了一批本土传教士，维持了禁教政策下天主教事业的发展，而且还在早期中西文化交流、早期欧洲外交诸方面产生深远影响。概言之，其积极影响主要表现在以下五方面。

其一，培养了一批中国本土化传教士，为在华天主教事业输送了一批中国籍司铎，中国学院成为欧洲培养本土化传教士的大本营。在严峻的禁教形势下，原先在华存在分歧的耶稣会、多明我会、方济各会、遣使会等天主教团体在培养本

---

① 傅任敢：《雍正年间意大利的中国学院》，《中华教育界》1936 年第 9 期。
② 《清廷十三年——马国贤在华回忆录》结语部分系译者补充内容，第 138 页。
③ 陈友冰：《意大利汉学的演进历程及特征——以中国文学研究为主要例举》，《华文文学》2008 年第 5 期。

土传教士方面终于达成谅解，开始选派合适的中国人或是欧洲人前往那不勒斯中国学院学习，毕业后派到中国传教。欧洲基督教界密切关注那不勒斯中国学院的中国本土传教士培养工作。据方豪神父考证，中国学院在 136 年办学活动中共培养中国本土传教士学生 106 人，[①] 这些中国学生来自直隶、顺天、江苏、四川、湖北、广东、陕西、福建、山西、甘肃、山东、湖南、河南等十余省，大部分通过考试后升为司铎并回国传教，足迹遍布中国内地，实现了马国贤神父对于中国本土传教士们的殷殷期望。

其二，马国贤是天主教中国本土化传教士培养这一理论的成功实践者，他的这一成功尝试为欧洲天主教传教事业带来新的希望。在其苦心经营下，1733 年，他的首批学生殷若望、顾若望结业，在罗马传信部的结业考试中获得认可。当佩哈德枢机主教提出希望把他们培养成主教时，殷若望回答："还不如让我当红衣主教吧。"这令枢机主教大吃一惊，殷若望进一步解释道："我说不如当个红衣主教，并不是指穿上像大人您这样的一套外衣，而是为基督的事业，流出我的鲜血，把我自己的黑袍染红。"[②] 此事马上传遍罗马一时成为佳话。据《那不勒斯公报》报道："我们满意地获悉：就在天主的葡萄园——中国传教领域内的神工们被剥夺的关键时刻，我们新办学院里的两个中国学生已经作为传教使徒开赴中国去了。因为是中国人，他们不是这么容易就被捉住。我们可以指望他们在为当地同胞的良善与福祉等广大方面取得成功。"[③] 两人随即返华，履行传教职责。马国贤播下的培养本土传教士的种子终于结出第一批果实，他的本土化理论得以初步实现，禁教政策下天主教在华传教事业的延续有了新的希望。

其三，本土化传教士的源源输入维持了在华天主教事业的运作。就在马国贤精心培养中国本土传教士时，雍正皇帝实施了更加严厉的禁教政策，欧洲传教士纷纷被驱逐，少数潜伏下来者也因容貌与语言差异被官府识别而遭逮捕，传教事业在中国面临破产境地。而中国学院所培养的本土化传教士的输入，部分挽救了这一危机。对此，法国学者沙百里（Charbonnier）明确指出，那不勒斯中国学院培养的中国传教士"后来实际上在 63 年间承担中国腹地基督教徒的生活，也就是说自 1775 年撤耶稣会始，直到 1838 年建立一个委托给意大利方济各会士们的新的宗座代牧区为止"[④]。另据黄一农、刘亚轩考证，湖北磨盘山天主教社区的

---

① 方豪：《中国天主教史人物传》（中册），中华书局，1988 年，第 347 页。
② ［意］马国贤著，李天纲译：《清廷十三年——马国贤在华回忆录》，上海古籍出版社，2004 年，第 133 页。
③ ［意］马国贤著，李天纲译：《清廷十三年——马国贤在华回忆录》，上海古籍出版社，2004 年，第 133 页。
④ ［法］沙百里著，耿昇、郑德弟译：《中国基督徒史》，中国社会科学出版社，1998 年，第 182 页。

发展与中国学院培养的本土传教士也息息相关，雍正禁教后，湖北襄阳一带的天主教徒逃至偏僻的磨盘山买下了一片山谷作为隐居地，时任法国耶稣会会长的巴多明让教徒们又买下了另外两个相连的山谷，并设立机构收容教徒。1775 年耶稣会解散后，在中国籍传教士的帮助下，磨盘山天主教区一直延续发展。"19 世纪 80 年代末，在该学院学习的中国留学生大部分是湖北人，湖北省恰好位于中国的腹地……根据地缘关系和时间因素，再加上中外文资料的相互印证，可知磨盘山天主教社区膨胀发展的秘密在于那不勒斯中国学院为它输送了大量的湖北籍的留学生。"① "1888 年，清朝的游历使洪勋抵达那不勒斯，他曾见到该书院的郭姓老师②和六七名弱冠之中国人，发现入学者多来自湖北。"③ 磨盘山天主教社区得以繁衍，至今该地仍有 3 000 名天主教徒。

其四，中国学院培养的传教士成为早期中西文化交流的使者，为中西文化交流作出积极贡献。自殷若望、顾若望返华传教后，中国学院本土传教士培养规模逐渐增大。"这些学生学成回国后，仍经常地向马国贤写信汇报在中国的宗教生活和当地情况。这些至今仍保存完好的数百封寄自中国各地的学生来信，与流传下来五大卷马国贤的日记和回忆录一样，都是研究中西文化交流乃至清朝地方历史的重要资料。"④ 学院不仅集中培养由中国选送来的学生，同时也培养有志于去中国传教的欧洲人、土耳其人、印度人，一些对中国感兴趣、研究中国问题的传教士也长期在此进修。一百多年来"中国的宗教人士纷纷来到那不勒斯进修和深造，有时多达数百十人，而且一些印度、朝鲜等亚洲国家的学生也慕名来此地访经问道。在众多的中国学生中，大部分学成归国，分赴四川、江苏和江西等地从事宗教事业，一部分则流散到英、法、美国等地，有的已成为著名的学者"⑤。诚如方豪神父所指出的："马国贤是该院的功臣，也是早期留欧中国教士的功臣，对中国天主教会贡献之大是可想而知。"⑥ 中国学院为促进中西文化交流作出了

---

① 刘亚轩：《那不勒斯中国学院与早期中国留学生》，《社会科学战线》2009 年第 2 期，第 270 页。
② 该郭姓老师即是郭栋臣（1846—1923），字松柏，教名若瑟，湖北潜江县人，从小笃信天主教，1861 年与一批湖北籍中国学生入学那不勒斯中国学院，12 年后晋升司铎回国传教。1886 年被传信部召回母校执教中文并主持院务。他前往中国学院时带去了陈国章、高作霖、周昌琅、钟思德、张道贤等湖北籍学生。他出任院务 20 年，不仅培养了优秀的本土传教士，撰写了《华学进境》一书作为学习中文的教材，还用拉丁文和意大利文翻译了《三字经》，并将鄂多亚克的《真福与德理》翻译为中文。他向西方传播中国文化，促进了中西文化交流，郭栋臣是那不勒斯中国学院培养出来的最杰出的中国传教士。参见刘亚轩：《那不勒斯中国学院与早期中国留学生》，《社会科学战线》2009 年第 2 期，第 270 页。
③ 黄一农：《两头蛇——明末清初的第一代天主教徒》，上海古籍出版社，2008 年，第 475 页。
④ 沈定平：《传教士马国贤在清宫廷的绘画活动及其与康熙皇帝关系述论》，《清史研究》1998 年第 1 期。
⑤ 武柏索：《欧洲第一个汉学研究中心——古老而年轻的那不勒斯东方大学》，《汉语教学与研究》1988 年第 4 期。
⑥ 方豪：《中国天主教史人物传》（中册），中华书局，1988 年，第 343 页。

积极贡献。

其五，在欧洲早期对华外交事务上，中国学院的学生也作出了一定贡献。如乾隆时期，英国马嘎尔尼使团访华拟与中国谈判通商事宜，在欧洲寻觅合适的中文翻译未果，使团秘书斯当东遂慕名前往中国学院求助，得到两名正准备返华传教的学生李自标和柯宗孝的鼎力相助。据斯当东所著《英使谒见乾隆纪实》记载："这两个中国人，根据他们对本国事务的了解，对使节团的准备工作做了有益的建议。首先是在按照东方方式选定赠送中国皇帝及其大臣们的礼品上，他们提出了宝贵的意见。另外他们也提出了在广州需要最大、获利最高的货品种类。"① 在抵达澳门时，柯宗孝因害怕遭到官方惩罚离开使团独自前往山东与直隶传教，李自标则一直为使节团服务直至完成使命。马嘎尔尼使团成员特赫纳在其书中对李自标亦大加赞叹："这位品德高尚的教士为使团帮了许多大忙，从而也为那不勒斯圣家学院争得了荣誉；无论是从他那颗善良的心，还是从他的才能来看，他都是值得尊重的。"② 此外，意大利与清政府建立外交初期的翻译、海关职员、外交官也大部分来自中国学院。可见，中国学院在早期欧洲对华外交事务中也发挥了积极作用。

总之，中国学院为清中叶在禁教政策下陷于低谷的中国天主教在华传播事业培养了一批本土司铎，使天主教在中国得以维持发展。中国教会也开始探索本土化发展路径，建立本土化中国教会的理念得以萌芽。对此，张泽神父曾予以高度评价，他认为马国贤及其中国学院"培养中国本土神职人员，实在是一种目光远大的宏伟目标。当教难危急之时，扶持教友信德，维持教统之不坠，中国神父之力居多"③。此外，中国学院在早期中西文化交流、欧洲早期对华外交事务、欧洲汉学、东方学研究诸方面亦产生积极影响。

（刊《世界宗教研究》2010 年第 3 期，与冯翠合作）

---

① ［英］斯当东著，叶笃义译：《英使谒见乾隆纪实》，上海书店出版社，1997 年，第 37 页。

② ［法］卫青心著，黄庆华译：《法国对华传教政策——清末五口通商和传教自由（1842—1856）》（上册），中国社会科学出版社，1991 年，第 56 页。

③ 张泽：《清代禁教期的天主教》，台湾光启出版社，1992 年，第 42 页。

清嘉道年间基督教教会教育初探

清嘉道年间①，最早一批来到中国内地布道的英美基督教新教传教士，为了传播福音，相继在南洋华侨小区和粤澳等地开办了一批早期新教教会学校。但学术界对这批新教学校的关注，大都集中于英华书院和马礼逊学校上，对这一时期新教教会教育创办的整体情况及其与清朝"禁教"政策的关系，尚缺乏专题研究。笔者拟对此进行初步探讨，以求教于方家。

一、新教教育创办的背景：清朝的"禁教"政策

晚明时期，耶稣会为了打开"海禁"甚严的中国传教局面，以利玛窦为代表的传教士采用了"科学传教""学问传教"的策略。利玛窦站在认同和适应的立场上看待中国文化（"合儒""补儒"），他利用来自西洋的科学知识和器具以及崇敬儒学的言论，加上自身良好的道德修养，广泛结交士大夫乃至皇帝，以求上层社会的好感和支持，这一策略后来被康熙帝称之为"利玛窦规矩"②。

当时，天主教能否在中国得到广泛传播，在相当程度上取决于对中国社会习俗的适应性，以及对于儒家学说和传统礼仪采取的态度。在这一问题上，中国天主教会内部一直存在着"利玛窦路线"与"龙华民路线"的纷争，争论的核心问题主要有：能否用中文"天"或"上帝"来称呼天主教所崇奉的宇宙最高主宰宙斯（Deus）；祭祖祀孔是否涉及偶像崇拜，是否违背了天主教基本教义。教会史家把它概括为"中国礼仪之争"，这场争论起初仅限于中国耶稣会内部展开，"意见虽分，而未形于外，于传教事业尚未感何种障碍也"③。这时尚属于中西文化如何沟通、融合的问题，但随着罗马教廷和康熙皇帝的先后介入，争论逐渐从文化层面转向政治层面。本来，康熙帝对天主教甚感兴趣，并想利用天主教

---

① 清嘉庆帝于1796—1820年在位，道光帝于1821—1850年在位。本文所指的清嘉道年间特指鸦片战争前的19世纪上半叶。
② 郑天挺主编：《明清史资料》（下册），天津人民出版社，1981年，第363页。
③ ［法］费赖之著，冯承钧译：《在华耶稣会士列传及书目》，中华书局，1995年，第65页。

为其统治服务。1675 年，他先后两次视察北京天主教教堂，并亲笔题写了"敬天"匾额。1692 年，他还听从索额图的进言，下令完全解除了对天主教的禁令，"准许传教合法化，在全国保护传教"①。清初，天主教在华得到了迅猛发展，据统计，1700 年时，在华天主教徒达 30 万人。② 但由于教皇特使多罗于 1707 年在南京宣布教皇禁令（"七条禁约"），禁止中国教民敬天祭祖，此举激怒康熙，遂下令在华传教士必须声明遵守"利玛窦规矩"，领取内务府"印票"。1715 年教皇克莱芒十一世再次发布严厉禁令，并于 1720 年派嘉乐使团赴京，康熙为此大怒："以后不必西洋人在中国传教。禁止可也。免得多事。"③ "中国礼仪之争"最终导致了康熙对基督教由优容礼遇到严厉禁止，从而使天主教在华活动处于非法状态达百年之久，清中叶的"禁教"政策遂告初步形成。

雍正于 1723 年即位后采取了严厉的禁教手段，在全国范围内大规模驱赶西方传教士。他下令将传教士遣送至澳门或广州天主堂，禁止其潜往内地传教。当时从各地押至广东的传教士计有耶稣会士 37 人、方济各会士 13 人及多明我会士数人。④ 1732 年再次对潜藏于内地的传教士进行清查，将德玛诺等逐至澳门。雍正朝严厉的禁教政策，自此成为清王朝的基本国策，为乾隆、嘉庆和道光三朝所遵循。1746 年，乾隆颁旨将费若用等 4 名自澳门潜至福建福安县的耶稣会士处死，史记：耶稣会士在福安县"以其邪教招收男妇至有二千余人之多，而且书吏衙役俱从其教。蛊惑民心，诚为可恶"⑤。1784 年初，澳门主教区先后派出 19 名传教士潜往直隶、山东、山西、湖广、川、陕等地布道，其中有 4 名在湖北襄城被拿获，乾隆获悉此事后遂颁旨："即向现获之西洋人详细审讯，伊等由粤至楚，系由何处行走，即将失察之各地官查明参奏。"⑥ 两广总督舒常为、广东巡抚孙士毅、湖广总督特成额等即刻奏明此事。⑦ 此事酿成了 1784—1785 年的全国性大教案，共抓获传教士数十名，将他们或交京城天主堂，令其"安全居住"，或派员押解出境，"以示柔远至意"⑧。嘉道年间，继续实行"禁教"政策。1805 年，

① ［美］A. W. 恒慕义主编：《清代名人传略》之《玄烨》，杜文凯编：《清代西人见闻录》，中国人民大学出版社，1985 年，第 292 页。
② 德礼贤：《中国天主教传教史》，商务印书馆，1934 年，第 82 页。
③ 陈垣辑录：《康熙与罗马使节关系文书》（十四），故宫博物院，1932 年，第 70 - 71 页。
④ 沈福伟：《中西文化交流史》，上海人民出版社，1985 年，第 383 页。
⑤ 《福建巡抚周学健奏陈洋教之害请将西洋教士白多禄等按律治罪缘由折》，中国第一历史档案馆、澳门基金会、暨南大学古籍研究所合编：《明清时期澳门问题档案文献汇编》（一），人民出版社，1999 年，第 220 - 223 页。
⑥ 详见上述三位督抚的有关奏折，《明清时期澳门问题档案文献汇编》（一），人民出版社，1999 年，第 423 - 443 页。
⑦ 详见上述三位督抚的有关奏折，《明清时期澳门问题档案文献汇编》（一），人民出版社，1999 年，第 423 - 443 页。
⑧ （清）王之春著，赵春晨点校：《清朝柔远记》，中华书局，1989 年，第 134 页。

嘉庆帝开始严厉禁教，发布上谕禁止西洋人刻书传教，禁旗人习天主教，并严令地方官员严查西洋人。道光帝即位后，其对天主教的态度比其父要宽容得多，但他没有解除前朝皇帝的禁教谕旨，地方官员仍严禁天主教的传播。总之，嘉道年间推行的"禁教"政策，使基督教在华传播失去合法地位，基督教在华传播与办学事业亦长期陷入停滞状态。

因"中国礼仪之争"导致的长达百余年的"禁教"，不仅是清中叶基督教政策的重大转变，也是基督教在华传播史上遭遇的顿挫。"禁教"期间，公开合法的布道已不可能，只能以隐蔽的形式进行。当19世纪初叶的帷幕刚刚揭开，1807年，以新教为主力的基督教第四次入华传播业已开始。尽管当时仍处于"禁教"政策下的嘉道年间，传教士布道、办学依然困难重重，举步维艰，但这批早期新教传教士还是想方设法在南洋和澳门、广州等地创办了一批早期的新教教会学校。

二、嘉道年间新教教会教育的兴办

在鸦片战争前的嘉道年间，由于海禁未开和广州贸易体制的限制，清政府禁止西洋人传教，加之19世纪初的中国，儒、释、道三教在知识界和民间影响深远，因此，马礼逊等人的传教活动收效甚微。马礼逊本人甚至无法以公开身份宣教，只能以东印度公司正式雇员的身份为掩护，从事传教译经的活动。早在1807年，伦敦会在指派马礼逊前往中国传教时即指出："我们有必要完全授权给你，可根据你的机智和判断在各个场合方便行事……我们希望你能找到一个机会担任数学家的职务，对数学各个分门进行讲学，也可以教授英语……我们坚信你能住在广州而不致遭到反对，一直等到你能达到学会汉语的大目标……你也许有幸可以编一本汉语字典，……或更有幸地能翻译圣经。"[①] 1807—1834年在华的20余年里，马礼逊为新教在华传播做了大量工作：一是翻译了《圣经》，编纂了《华英字典》；二是在南洋华侨小区建立宣教基地，与米怜在马六甲设立英华书院，并创办了《察世俗每月统计传》等报刊。除了伦敦会以外，在早期对华传教方面，美部会也是一个重要的宗教团体。[②] 该会资助派遣的传教士裨治文（Elijah Coleman Bridgeman，1801—1861），被视为美国基督教入华传教的第一人，他于

① 《马礼逊回忆录》第1卷，第95-97页，"伦敦会给马礼逊的指示"，1807年1月20日，转引自顾长声：《传教士与近代中国》，上海人民出版社，1981年，第23页。
② 美部会（亦称公理会），美国新教最早来华传教的差会。成立于1810年，至19世纪30年代业已发展成为新教传教活动中的主要差会之一。马礼逊和美国商人奥立芬（D. W. C. Olyphant）是促使该会作出对华传教活动的关键人物。

1830 年初经由澳门抵广州后，随马礼逊学习中文，并于 1832—1847 年担任
Chinese Repository 主笔。另外，雅裨理（David Abeel，1804—1846）、卫三畏
（Wells Williams，1812—1884）和伯驾（Peter Parker，1804—1889）等人也是美
国早期来华的新教传教士。

　　鸦片战争前来华的新教传教士有 50 余人，但因清廷禁教，在中国本土传教
的仅有 20 人。这批早期来华传教士的宣教活动，主要在澳门、广州、南洋华侨
小区开展。他们目睹了中国社会缺乏近代医药和教育，亲自感受到官绅士民对基
督教的冷漠态度。为了传教工作的需要，他们设立医院，开办学校，翻译、编
纂、印刷传教书籍，为鸦片战争后新教在华的大规模传播准备了条件。《剑桥中
国晚清史》的作者对此给予充分肯定："评价新教早期成就的真正标准，不在于
它收到了多少信徒，而在于它为后来的工作所奠定的基础。最重要的是准备了初
步的、但却是大批的中文基督教书籍。"① 然而，长期以来，学术界对嘉道年间
新教在华传布与办学的研究相当薄弱。主要是下述因素所致："一是年深月久，
可以寻觅的数据不多；二是从梁启超《西学书目表》以来的西学目录书，包括
徐维则《东西学书录》、顾燮光《译书经眼录》，对这一段西书出版情况，基本
没有述及；三是因为这段时间，在历史研究中，正好处于时代分割在线，治古代
史或中世纪史者，述及这一时段，已是正剧尾声，一笔带过，治近代史者，则因
瞩目于鸦片战争以后的史实，对这一时段无心细究。"② 从而在基督教和教会教
育研究领域留下了一段空白。

　　在"禁教"政策这一大背景下，为了冲破"禁教"政策的束缚，为日后进
入中国内地布道做准备，早期新教传教士开始意识到开办学校，将西方教育制度
和方法引入中国的重要性，认为这是亟需着力从事的一项重要的文化教育工作。
因为在传教士眼中，宗教是欧洲文化的核心，而教育则是传播文化的主要载体。
新教"一开始就显示出与天主教不同的特点，它更重视学校、医疗和文字工
作"。③ 尽管开办学校的主要动机是宣教，通过扩大新教的势力与影响拓展传教
的渠道，但在客观上，这批新教教会学校的创办，对 19 世纪上半叶中国社会经
济的发展还是具有促进作用。对此，台湾学者王尔敏给予了积极的评价："西洋
教士来华传教，对中国最大贡献，实在于知识之传播，思想之启发，两者表现于
兴办教育与译印书籍，发行报刊。自 19 世纪以来，凡承西洋教士之直接熏陶与

---

　　① ［美］费正清编，中国社会科学院历史研究所编译室译：《剑桥中国晚清史》（上卷），中国社会
科学出版社，1985 年，第 589 页。
　　② 熊月之：《近代西学东渐的序幕——早期传教士在南洋等地活动史料钩沉》，《史林》1992 年第 4 期。
　　③ 胡卫清：《普遍主义的挑战——近代中国基督教教育研究（1877—1927）》，上海人民出版社，
2000 年，第 49 页。

文字启示之中国官绅，多能感悟领会而酝酿醒觉思想。同时举凡世界地理、万国史志，科学发明、工艺技术，亦多因西洋教士的介绍而在中国推广。"①

据粗略统计，嘉道年间创办的早期新教教会学校在地域布局上主要分布在南洋华侨小区和粤澳地区。第一，创办于中国本土之外华侨小区的新教学校主要有：1818 年，分别由伦敦会传教士麦都思（Medhurst WalterHenry，1796—1857）在马六甲开办的三间华童学校，米怜开办的一所福建话学校以及英华书院，一所广东话学校；1825 年，英国妇女格兰在新加坡建立的首间为中国女童而设的学校；1827 年，郭士腊之妻温施黛（Wanstall）在马六甲为华童开办的 5 间女校；②1834 年在新加坡还开办了新加坡学院，该校学生一度达 239 人，设有中文部，有5 名中文教师讲授 3 种中国方言，在册学生 95 人。麦都思另在印度尼西亚巴达维亚开办过一些中文学校，在马来西亚、泰国、菲律宾的华侨小区，都有传教士举办中文学校。第二，创办于中国本土的新教学校主要有：梁发于 1828 年初在其家乡广东高明，与古天青合办了一所教会学校，"他们两人在他们那区合办了一所为男童而设的基督教学校。那学校是在中国设立的第一项新教的教育事业"③，但不久即遭到士人和村民的反对而遭停办。另外还有 1831 年裨治文在广州开办的一所学校，1837 年马礼逊教育会在广州开办的一所学校；1835 年温施黛在澳门开办的女塾，1836 年创办的叔未士夫人学校和 1839 年创办的马礼逊学校（见表1）。

表 1 鸦片战争前粤澳新教学校一览

校名	创校年份	主要教育活动及举办者	生源	备注
梁发在高明所办学校（具体校名不详）	1828	梁发与古天青在广东高明创办。麦沾恩称之为中国最早的新教教育事业	男童	
贝满学校	1831	裨治文在广州创办，招收了几名学生，包括梁发之子梁进德，学习内容有英文、圣经等。1834 年因学生离去而解散	男童	

① 王尔敏：序言，林治平：《近代中国与基督教论文集》，台湾宇宙光出版社，1985 年，第 3 页。
② 梁家麟：《广东基督教教育（1807—1953）》，香港建道神学院，1993 年，第 29 - 31 页。
③ 麦沾恩著，朱心然译：《梁发——中国最早的宣教师》，台湾基督教文艺出版社，1998 年，第73 -74 页。

（续上表）

校名	创校年份	主要教育活动及举办者	生源	备注
温施黛女学塾	1835	同年 9 月 30 日，德国新教传教士郭士腊的夫人温施黛在澳门设女塾，初只收女生，后兼收男生。1835 年，容闳入该校学习。学校得到了"印度与东方女性教育促进会"与"马礼逊教育会"资助。马礼逊教育会每月资助学校 15 英镑。容闳回忆，温施黛"初设一塾，传授女生。未几复设附塾，兼收男生。其司事某君，予同里而父执也，常为予父母道古夫人（指温施黛——引者）设塾授徒事。……1835 年，随父至澳门，入古夫人所设西塾，……予于学生中齿最稚，乃益邀夫人怜悯，入塾后即命居女院中，不与男童杂处，盖特别优特也"	中国女生，后兼收男生	该校为新教在澳门办举之始，容闳在《西学东渐记》中有详细记载，1839 年林则徐禁烟，中英关系紧张，该校遂停办
叔未士夫人学校	1836	美国浸礼会传教士叔未士的夫人何显理（Henrietta Hall）在澳门所办女子学校。1839 年 2 月所收学生为 15 名。在经费上接受旅居穗澳外商资助	中国女生	香港开埠后，何显理女士携该校女生前往香港，于 1844 年开办了香港浸信会书馆
马礼逊教育会在广州所办学校（具体校名不详）	1837	生源均来自贫苦家庭，共有 6 名学生。1839 年 3 月学校由马礼逊教育会解散	男童	详见梁家麟：《广东基督教教育（1807—1953）》，第 31－32 页
马礼逊学校	1839	由马礼逊教育会创办，美国人布朗任校长。招收了容闳、黄胜、黄宽、周文、唐廷枢等学生	中国男童	1842 年迁香港，1849 年停办

结　语

　　上述无论是在南洋还是粤澳地区开办的新教学校，主要目的均是方便传教士向本地教师学习汉语（包括方言）以及培养本地布道人员，为开放"禁教"后进入中国内地布道打下基础。学生多来自下层社会，学习课程浅易，除个别学校外，这批教会学校因处于草创阶段，既不正规，也没有多少知名度，因人而设，也因人而废。不过，分别于 1818 年和 1839 年创办的英华书院和马礼逊学校，①则是在"禁教"政策下创办的影响最大且最具知名度的两所教会学校，并且，这两所学校都与马礼逊有着直接、间接的密切联系，马礼逊对在"禁教"政策下新教教会教育在华的兴办与发展作出了历史性贡献。

　　可以说，清嘉道年间新教教会教育在中国本土之外南洋华侨小区和广州、澳门的创办，在一定程度上是对清朝严厉的"禁教"政策的一个重大冲击。当然，创校域外乃被迫之举。正如熊月之先生所言，南洋"水路迢迢，极不方便。他们并非自愿如此，实在迫于形势，不得不尔"②。事实表明，这一时期新教教会教育的发展已逐渐从中国本土周边推进至广东、澳门，再至沿海和内陆，新教教会教育的发展演变历程，亦呈现出从域外向中国本土扩张的态势，这是与清朝的"禁教"政策逐渐转变为鸦片战争后的"驰禁"政策乃至完全取消教禁相伴随的。

（刊《澳门研究》总第 21 期，2004 年 4 月）

---

　　① 关于两校的研究，详见：夏泉：《英华书院研究》，范立舟主编：《历史文献与传统文化》（第九集），南方出版社，2002 年；夏泉：《马礼逊学校考实》，《澳门研究》2003 年第 16 期。
　　② 熊月之：《西学东渐与晚清社会》，上海人民出版社，1994 年，第 142 页。

马礼逊学校考实

从某种意义上说，早期教会学校即是一个传教中心。19 世纪初叶新教对华的传教中心先是在南洋、中国澳门等地，之后渐次推进至香港、广州及中国其他沿海城市。如果说因为清廷禁教等，1818 年英华书院还只能设在中国的外围——南洋马六甲，那么，21 年后在澳门开办的马礼逊学校则是设在中国境内的第一所较为正规的新教教会学校。学术界对马礼逊学校曾进行过一些研究，但仍不够系统与全面，为此，笔者拟对该校的创办背景、始末及其影响，作些进一步的探讨。

一、创办背景

马礼逊学校的创办背景有二：一是新教在华的进一步传布；二是马礼逊去世后成立的马礼逊教育会（The Morrison Education Society），以成立马礼逊学校为己任，希望凭借基督教教育这一途径，推进新教在华的传播。

1. 新教在华的进一步传布

1807 年马礼逊抵华，揭开了新教近 200 年来在华布道的序幕。尽管马礼逊无法在中国本土开展公开的传教工作，但他为新教在华的推进做了大量开创性工作。在他之后，一批英美籍新教传教士次第来华布道。其中，美国新教传教士裨治文于 1830 年来华后，继承了马礼逊的传教事业，策划或参与组织成立了四个传教组织：一是"广州基督教联合会"，他与马礼逊、雅裨理①联合发起成立，以整合欧美基督教在广州之力量，设立数据库与图书馆，出版中文版《圣经》，并筹措编印 *Chinese Repository*（《中国丛报》）的经费；二是"中国益智会"（又名"在华实用知识传播会"，Society for the Diffusion of Useful Knowledge in China），由英商马地臣任会长，美商奥立芬（David W. C. Olyphant）为司库，裨治

---

① 雅裨理，美国早期来华传教士，1830 年来华。1842 年前往厦门传教，著有《1830—1833 年居留中国和邻近国家日记》。

文任秘书，旨在刊行中文书籍，推广实用知识，启迪中国人的思维；三是"马礼逊教育会"；四是"中华医药传教会"（Medical Missionary Society），以施医赠药的方式推进传教事业，其主要代表人物是伯驾医生。此外，裨治文还于1831—1834年在广州开办了一间教会学校——贝满学校，招收了四五名学生，包括梁发的儿子梁进德。这批新教传教士通过各种途径传播新教：一是文字布道，如马礼逊将《圣经》译成中文，并在广州秘密印刷2 000部；二是医药布道；三是个人布道，即借传教士与华人交往之关系、人情之建立，作为宣教的媒介；四是教育布道，如成立英华书院等教会学校。总之，从19世纪初叶至1842年《南京条约》签订前，新教在积极向前推进过程中，其在华的影响逐渐扩大。这就为马礼逊学校的创办提供了社会舆论、师资和生源诸方面的准备。

2. 马礼逊教育会的成立

1834年8月1日晚，马礼逊在广州病逝，次日其子马儒翰即将其遗体运至澳门安葬。为了纪念马礼逊在华传播基督教方面的功绩，1835年1月26日，旅居澳门的英美籍新教传教士和商人共22人，发出通告倡议成立马礼逊教育会，很快即募集到4 860元开办经费。为了进一步推动马礼逊教育会的早日成立，不久组成了由英国商务监督罗宾臣（Sir George Best Robinson）、英商查顿（William Jardine）、美商奥立芬、英商颠地（Lancelot Dent）、马儒翰及裨治文等6人为成员，颠地为主席的临时委员会。1835年2月25日，临时委员会在广州就马礼逊教育会之缘起发出了第二份通告，阐述了设立该会之宗旨：

本教育会的宗旨将是在中国开办和资助学校，在这些学校里除教授中国少年读中文外，还要教授他们读写英文，并通过这个媒介，把西方世界的各种知识送到他们手里。这些学校要读《圣经》和有关基督教的书籍……如果不是我们自己，那末，我们的后世将在不远的日子里，看到中国人不但为了商业、知识和政治的目的正在访问欧洲和美国，而且在抛弃了他们的反感、迷信和偶像之后，同基督教国家的大众在一起，承认和崇拜真神上帝。①

经过积极筹备，1836年9月28日，由临时委员会主席颠地主持召开了马礼逊教育会的成立大会，通报筹备情况，讨论通过了由裨治文草拟的《马礼逊教育会章程》，选举产生了董事会。同年10月26日、11月9日又连续召开两次会议，推选颠地为主席、福克斯为副主席、查顿为司库、裨治文为秘书、马儒翰为文书，并由上述五人组成董事会。《马礼逊教育会章程》共有正式条款七条，对该

---

① 顾长声：《传教士与近代中国》，上海人民出版社，1981年，第40页。

会成立之目的、组织名称、会员资格、经费筹措、董事会职责及资助中国学生等方面，进行了详细规定：

第一条　本组织定名为马礼逊教育会。

第二条　本会是以学校或其他方法促进或改善在中国之教育为目的。

第三条　凡一次捐赠不少于二十五镑或每年认捐不少于十镑者得为会员，在常会有表决权，因事未能出席，须获会议准许方得委予他人代理表决事宜，如有特别事故，以书面提出者，须随会议公报一并提出，以便讨论。

第四条　基金以捐赠、赠予与其他方法筹措，惟须由董事会处理之。

第五条　会务由董事会全权处理。五人董事须居中国，董事选举得在每年九月最后星期三之大会，以无记名投票选出。

第六条　董事会议主席一人，副主席一人，财务一人，联络书记一人，文书一人。

第七条　董事会定二、四、六、八月之第三星期三，召开会议，商讨会务，惟须三人出席，方得开会。①

《马礼逊教育会章程》还有附则三款，对学校的学生与教师资格及课本进行了具体规定，这些补充条款与马礼逊学校创办的关系更为直接，兹录如下：

第一款、学生。1. 不分年龄、性别，在中国内地或海外之青年，并获协会赞助人接受者，得申请入学，惟仍须由董事会核准。2. 凡六岁、八岁或十岁之儿童，随时均表欢迎接受入学。3. 凡属马六甲海峡、印度、欧洲、美洲为达成学习目的之儿童，如获协会董事核准，及家长、监护人之保证，乃得申请入学。4. 如有需要，学生得从协会获得膳食、衣服、书籍、学费之供给，但不设赏金及奖金。倘捐款人另有说明或经协会通过者，则属例外。

第二款、教师。1. 校长及教师从欧洲、美国征聘，如属协会同意，得为长期聘任。2. 如有需要及有良好品格之教师，亦得聘任。

第三款、课本。1. 本校课本旨在教导学生学习阅读、写作、数学、地理及其他科学，并以英语及华语教授，以期获得最佳效果。2. 一如基督教国家之优良学校，借教师之教导及帮助，各学生必须完成《圣经》课程，惟其接受之教义信仰，实非作为学生资格认可之证明……②

---

①　陈学恂主编：《中国近代教育史教学参考资料》（下），人民教育出版社，1987 年，第 85 页。

②　*Chinese Repository*, Vol. 5，第 377 页，译文转引自李志刚：《基督教早期在华传教史》，（台湾）商务印书馆，1985 年，第 217 页。

3. 积极筹办马礼逊学校

马礼逊教育会既非传教团体，也不受任何差会指派，而以在华建立、资助学校为目的，其主要工作是开办与管理马礼逊学校。为了早日创办马礼逊学校，教育会主要做了以下四方面的筹备工作：

第一，筹建马礼逊教育会图书馆，为创办学校准备图书资料。《马礼逊教育会章程》"附则"第三款明确指出："3. 凡属教育协会之书籍，乃为建立一公共图书馆，其名称为'马礼逊教育协会'图书馆。4. 该图书馆由董事会直接管理，对于外籍居民及来宾，于使用尤有限制，为使图书获得良好保管。故图书馆实非绝对公开。在使用图书馆之外籍居民，亦应承担部分经费。5. 图书馆之管理规则，乃由董事会制度，其后出版图书目录，凡准予使用协会图书馆者，即获手抄副本一份。"① 东印度公司的郭雷枢（Thomas R. Colledge）先生对此尤为热心。到 1836 年 9 月，教育会共收到捐赠图书 1 500 册，成为马礼逊教育会图书馆的第一批藏书。次年藏书增加到 2 310 册。到 1845 年，藏书达 4 140 册。书目主要涉及以下内容：各国语言文学类、《圣经》及有关研究著作、政治与经济类、自然史与地理学类、历史传记类以及早期传教士汉学家的著述等。后来，布朗主持编印了一个书目，便于读者查阅。图书馆附属于马礼逊学校，先设于澳门圣保禄教堂附近的教育会会舍内，后随校迁至香港。

第二，调查、了解中国当时的初等教育状况，为举办教育活动提供借鉴。马礼逊教育会成立后，为了获取中国初等教育的大量原始资料，即由裨治文主持着手对广州附近的初等教育状况进行调研。调研的范围大致涵盖以下 18 个方面的内容：人口、社会阶层、男女比例、学校种类、男性识字率、女性识字率、儿童入学年龄、学习年限、教学内容、教学方法、每日学习时间、学校状况、学生人数、教师水平、教师待遇、考试、奖赏及惩处等。另外，他们还聘请在南洋等地的一些人士代为调查当地华侨社区的教育状况，并请他们对改进中国教育制度和教学方法提出意见和建议。②

第三，聘请校长与教师，为开办学校准备师资。马礼逊教育会甫一成立，即致函英美教育界，希望派遣教员来华办学，并表示所需经费由教育会负担。畏于路途遥远和时局险恶，英国与海外学校协会（British and Foreign School Society）对此毫无兴趣。相反，美国方面则反响积极，在耶鲁大学三位著名热心的教授的力荐下，该校毕业生布朗表示愿意来华办学。1838 年 10 月 17 日，布朗夫妇乘船驶离纽约，次年 2 月 23 日抵达澳门，不久即赴广州与教育会的各位董事磋商设

---

① *Chinese Repository*，Vol. 5，第 377 页，译文转引自李志刚：《基督教早期在华传教史》，（台湾）商务印书馆，1985 年，第 217 页。

② *Chinese Repository*，Vol. 6，第 232 – 241 页。

校办学事宜。有了师资，办学遂有了重要依托。

第四，马礼逊教育会资助传教士办学，并相继召开了 1837 年、1838 年年度会议，重点研讨成立马礼逊学校事宜。在教育会成立的初期，因条件尚不具备，并未正式成立学校，但教育会对开办学校仍非常热心，以下两份年度报告表露了其热衷办学的心迹。如 1837 年 9 月 27 日在广州召开的马礼逊教育会第一次年度会议上，公布了年度报告，称："首名入学的儿童是一名被其双亲及兄长所遗弃的乞儿，这名穷苦的孩子流落街头，无衣无食无住处……为了郭士腊先生在澳门收容的一小群儿童，马礼逊教育会的基金提供了一些资助，数额将列在司库的报告中。"[1] 又如 1838 年 10 月教育会的第二次年度报告，称该会每年资助郭士腊夫人创办的学校经费达 312 英镑（即每月拨款 15 英镑，又从私人处募集 12 英镑），该校有 16 名男童和 5 名女童。[2] 郭士腊夫人所办学校与马礼逊学校有一种传承关系，曾在两间学校学习过的容闳，在所著的《西学东渐记》一书中对此记载尤详："一八三四年，伦敦妇女会议在远东提倡女学。英教士古特拉富（指郭士腊——引者）之夫人（Mrs. Gutzlaff）遂于是时莅澳，初设一塾，传授女生。未几复设附塾，兼收男生……古夫人所设塾，本传授女生。其附设男塾，不过为玛礼逊学校（Morrison School）之预备耳。玛礼孙学校发起于一八三五年，至一八三九年成立。未成立时，以生徒附属古夫人塾中，酌拨该校经费，以资补助。"[3] 从上述三则史料中分析得知，马礼逊学校早在教育会成立伊始，即开始从事教育活动，一方面委托部分传教士招收少量学生，另一方面资助郭士腊夫人所办学校，将所招收之学生附设于该校培养。可以说，这是马礼逊学校正式办学之前奏。

二、创办始末

马礼逊学校在其办学的 10 年里（1839—1849），校址先后在澳门、香港。布朗校长对该校的发展作出了重要贡献。下面拟分别对该校在澳门与香港的办学情况、布朗其人、学校的课程体系与教学内容、生源、师资与毕业生诸方面情况进行探究。

1. 马礼逊学校创校澳门

布朗夫妇抵达澳门后，先与卫三畏住在一起，并致力于汉语学习，将其视为

① *Chinese Repository*，Vol. 6，第 244 页，译文见汤开建、陈文源、叶农主编：《鸦片战争后澳门社会生活记实——近代报刊澳门资料选粹》，花城出版社，2001 年，第 52 - 53 页。

② *Chinese Repository*，Vol. 6，第 306 - 307 页。

③ 容闳：《西学东渐记》，中州古籍出版社，1998 年，第 67 - 69 页。

教育中国青年的必备条件。1839 年 11 月 1 日，布朗搬至教育会购置的屋中。同年 11 月 4 日，布朗给学生开始上课，标志着马礼逊学校在澳门大三巴附近正式成立。① 学校第一批学生只有 5 名，即黄胜、李刚、周文、唐杰（唐廷枢）及黄宽。1840 年容闳加入。容闳回忆道："予等六人为开校之创始班，予年最幼。"② 学生均是贫苦人家子弟，年龄大者 15 岁，小者 11 岁。据布朗校长 1840 年 4 月提交的报告称：

> 我安排他们半天读汉语，半天读英语，早上六点钟开始，到晚上九点钟结束，其中读书八小时，其余三、四小时在露天场地上运动和娱乐……孩子们和我家庭混合在一起，我们勉力待他们如亲生儿子，鼓励他们对我们具有亲密无间的信任，做他们的最好朋友。他们可以自由地参加我们家庭的早晚礼拜。③

这是马礼逊学校开办初期教学情况的真实反映。因为风气未开，学校生源不足，加之师资缺乏，经费紧张，学校的办学规模一直较小。

2. 马礼逊学校迁校香港

鸦片战争对基督教在华的传播乃至教会学校的发展，产生了极为深远的影响。1842 年 8 月，中英签署《南京条约》，中国被迫开放通商口岸，割让香港岛予英国。考虑到香港开埠后逐渐取代澳门成为新的传教中心与商贸中心，为了拓展生源，并获得英国对办学的支援，1842 年 11 月 1 日，布朗校长将马礼逊学校迁至香港继续办学。

港督兼首任驻华公使璞鼎查（Pottinger, Sir Henry, 1789—1856, 又被称为"砵典乍"）对学校建校工作十分重视。早在 1842 年 2 月 21 日，颠地即以马礼逊教育会主席身份致函璞鼎查："教育会的朋友们认定扩大其活动的机会终于来临了，香港英国居留地为本会扩大活动的目标提供了特别合适的机会，只有在该地才能为本会顺利实现其设想提供保护和余地。"④ 4 月 3 日，教育会还派出了以裨治文为首的 3 人代表团赴港与其面谈。他决定给予教育会尽可能地帮助，并在经费方面每年予以 1 200 英镑的资助。璞鼎查下令划拨港岛东区的黄泥涌与快活谷邻近的一座小山作为校址。由于当时该地没有名称，暂命名为"马礼逊山"（Morrison Hill）。⑤ 容闳对新校址印象深刻，他说：学校"高出海平线几六百英

---

① 容闳《西学东渐记》一书认为学校成立于 1839 年 11 月 1 日，应是回忆有误。
② 容闳《西学东渐记》一书认为他本人年龄最小，应是记忆有误。详见该书第 73 页，中州古籍出版社，1998 年。
③ 顾长声：《传教士与近代中国》，上海人民出版社，1981 年，第 40 - 41 页。
④ *Chinese Repository*, Vol. 11, 第 541 - 557 页。
⑤ 李志刚：《香港教会掌故》，三联书店（香港）有限公司，1992 年，第 6 - 7 页。

尺。山在维多利亚殖民地（Victoria Colony）之东端。登山眺望，自东至西，港口全境毕现。玛礼孙学校既设于山顶，其后此山遂以玛礼孙等名云"。① 后来此地据此命名为"摩理臣山道"。新校舍包括有正座和两翼的平房建筑。正座前面长 63 英尺，深 55 英尺，分成 6 间房；两翼的长度各为 63 英尺，宽 24.5 英尺，分别是学生宿舍、贮物室、图书馆和教堂。②

学校迁港时，有 5 名学生因年幼不愿来港学习而退学。迁港后学校各方面工作有所发展，1843 年 4 月还开设了英文部。但由于马礼逊教育会在鸦片战争后未能因应时局拓展筹资渠道，经济上每况愈下。五口通商后，英美商人与传教士也迅速前往各地活动，使教育会失去了另一种支援。1846 年底，布朗夫妇返美；同年，教育会的第二任主席裨治文离开广州后不再负责教育会的会务。加之伦敦会以马礼逊教育会完全受美国传教士影响为由，对学校的办学不再支援。上述因素导致了马礼逊学校运作的举步维艰。1849 年春，学校宣告停办。

3. 布朗与马礼逊学校

布朗（Samuel R. Brown, 1810—1880）是第一位以教师身份来华的美国人。他于 1832 年从耶鲁大学毕业，后又在哥伦比亚神学院和纽约神学院研习神学，获神学博士学位，毕业后在纽约一家聋哑学校任教师。1839—1846 年，布朗任马礼逊学校校长，兼任教师，1846 年底携容闳等 3 位学生赴美留学。1859—1879 年在日本办学兼传教，其间于 1877 年来华旅游，在广州受到黄宽和原马礼逊学校校友的热烈欢迎，并资助他到北京、天津等地游览。

作为一名虔诚的长老会教徒，布朗并非受差会派遣来华宣教的传教士，而是应马礼逊教育会之邀前来从事教育工作的教师。他是一位学识渊博兼具布道热情的人士。耶鲁大学校长在推荐布朗到马礼逊学校任职时，对他予以高度评价："布朗先生在我们学校完成了四年的正规学习课程，一八三二年获得文科学士学位。在校期间，他的聪慧敏捷、多方面的才能和文雅的举止都是出类拔萃的。对学校开设的每一门课程，他都保持优良的水平。他平易近人，令人喜爱，那种高尚情操和作为一个虔诚的基督徒的坚韧的生活性格为人所尊重。"③ 容闳对布朗这位恩师亦赞赏有加：

勃先生（指布朗——引者），一望而知为自立之人，性情态度沉静自若，遇事调处秩序井然。其为人和蔼可亲，温然有礼；且常操乐观主义，不厌不倦，故与学生之感情甚佳。其讲授教课，殆别具天才，不须远征，而自能使学生明白了

---

① 容闳：《西学东渐记》，中州古籍出版社，1998 年，第 74 页。
② 王齐乐：《香港中文教育发展史》，三联书店（香港）有限公司，1996 年，第 88 – 89 页。
③ *Chinese Repository*, Vol. 10, 第 567 – 570 页。

解。此虽由于赋性聪敏,要亦阅历所致。盖当其未来中国、未入耶路大学之前,固已具有教育上之经验矣。故对于各种学业,无论其为华人、为日人、或为美人,均能审其心理而管束之。知师莫若弟,以才具论,实为一良好校长。①

布朗是马礼逊学校的灵魂人物,近代资产阶级的教育思想始终如一地体现在他的办学实践中。

4. 课程体系与教学内容

马礼逊学校旨在"让当地青少年受到中英两种语言的教育,以此为手段使他们接触到西学的各个领域"②,并"根据中国自身的特点,向中国学生教授英语的阅读和写作,使之能以英语为媒介,了解西方文化"③。学校的课程体系与教学内容可从布朗校长的教育思想与办学实践中初见端倪(详见表1)。

表 1　马礼逊学校英文科课程表

年度	所学课程与教科书				备注
1839—1840	英语:阅读和口语。为布朗编写的教材	地理:Parley编写的教材	算术:Gordon编写的教材		
1841—1842	英语:阅读 Gallaudet's child's book on the soul	地理:Guy's Geography	算术	历史:Peter Parley's method of telling stories about the world 《英国史》	历史课讲授英国与美国历史上的重要事件
1842—1843	英语:阅读和写作——书写练习	地理	算术、代数:Colbrn's intellectual arithmetic, Sequel	历史:Keightly's history of England(罗马人入侵至查理一世时期)	

---

① 容闳:《西学东渐记》,中州古籍出版社,1998年,第74-75页。

② George H. Danton, The Culture Contacts of the United States and China, Counmbia University Press, 1931, pp. 52-53。

③ 朱有瓛、高时良主编:《中国近代学制史料》(第四辑),华东师范大学出版社,1993年,第28页。

（续上表）

年度	所学课程与教科书				备注
1843—1844	英语：阅读和写作——英语书写	地理：欧洲、非洲、美洲及部分亚洲地区的自然地理	算术、代数和几何：Colbrn's Sequel	历史：教材同上年度（查理一世至维多利亚女王时期）	1844 年 5 月开始学习力学三大运动定律与引力定律
1844—1845	英语：阅读和写作——Goodrich's Third Reader	地理：各种地图	算术、代数和几何	力学（结束初等课程）	本年度开设声乐课程
1845—1846	英语：阅读和作文——以《圣经》为教材	地理	代数（Colbrn's algebra）和几何（Suclid's elements of geometry）	化学：由英国医生巴尔福尔讲授	

资料来源：马礼逊教会 1839—1846 年各年度报告，见 *Chinese Pepository*，Vol. 6 – 15；图表主要引自吴义雄：《马礼逊学校与容闳留美前受的教育》，《广东社会科学》1999 年第 3 期。

　　布朗来华后，经过一段时间对中国语言文化的学习与考察，洞察到了中国传统教育之弊端："仅仅是为了替政府培养一批勤勉而又保守成性的仆人。教育的目的不是使人的个性得到充分和自由的发展，学校的学习内容是一成不变的，自然科学知识被排斥在教学之外，独立思考的精神受到压抑。"① 基于此，他主张在马礼逊学校里，一方面要积极用英语讲授、传播西方文化，另一方面要强化汉语教学，同时开设宗教课程，鼓励学生从事宗教活动。

　　其一是汉语教学。布朗在马礼逊教育会 1840 年年度报告中对汉语的师资与教学情况进行了介绍："一位受尊敬的年长的中国人受雇当老师，他的习惯和行为举止与其教师身份相称，成为学生的榜样，他的汉语教学的模式非常值得信赖……学生花费这部分时间来记忆中国典籍。同时，他们理解中国书籍的能力增加了。"② 学生主要是学习"四书"、《易经》、《诗经》、《书经》等典籍。至于学生学习汉语的情况，布朗在 1842 年教育会的报告中亦透露："10 名孩子已经背完或将近背完'四书'，并复习了它们，而在高一年级的一名学生，则已经学习朱子评'四书'，并努力理解它。他们中的大部分人理解《孟子》，理解孔子著

① *Chinese Repository*，Vol. 13，第 631 页。
② 汤开建、陈文源、叶农主编：《鸦片战争后澳门社会生活记实——近代报刊澳门资料选粹》，花城出版社，2001 年，第 112 页。

作的人少了一些，而最困难的《诗经》则无人能懂。他们中，有些人能将《孟子》中的段落翻译成浅显的英语。他们同样在我的指导下，将中文版《新约》的段落翻译成英语……他们有时亦被要求用汉语写信等，这在同年级的中国人学校是过早的。"① 由上可知，马礼逊学校的汉语教育与当时的中国私塾教育大致类同，但布朗提倡班级教学，并在授课过程中增加讲解经典内容的做法，使学生能取得较好的学习效果，这也是对中国传统私塾填鸭式的教学方法的一次重大突破。

其二是英语及西方科技文化教学，包括英语及用英语讲授的天文、地理、历史、算术、代数、几何、初等机械学、生理学、化学、音乐、作文等课程。这是马礼逊学校的核心教学内容，在学校所举办的教育活动中占有优先地位。对学生在英语科学习方面的情况，布朗深感满意："在英语学习方面，自从 3 月 4 日理事们访问之后，他们取得了相当大的进步。他们中的两人，在学完一本较小的著作之后，已接近完成一部有 274 页的地理著作的学习。其余 4 人正在学习上面提出的那本小型著作及学习了伯雷的地理著作的一半。在算术方面，他们先学习心算，然后学习戈登的书，完成笔算的基本内容：约数、复合加法、减法、乘法和除法。每周他们要用上一天中的一些时间来学习写作。在阅读方面，包括讲英语，在过去 5 个月获得了显著的进步。美魏茶牧师及文惠廉太太在我因访问新加坡及马六甲而缺席期间，在他们的训练中大量地培养了他们的智力与诚实。我感觉到男孩们的品德有了决定性的进展。比起我所见到的他们的以前，他们更诚实，习惯更有纪律，更有良知，对他们所受的恩惠表达更多的谢意。"② 他还指出："马礼逊教育会采用的教育计划，弥补了中国教育系统所造成的每一个缺陷。我们为我们的学生打开了一个蕴藏在英语文化中的知识之源。"③ 在谈到学校高年级学生的学习进展情况时，他进而介绍道："有一名学生到 11 月在校时间将满三年。他们一次又一次就各种问题写下自己的想法。他们通常将此作为晚间作业。他们的作文在次日一整天的课程开始之前被检查与改正好……他们的写作进步的程度在本报告中收录的样文中得到最好的表现。"④ 另外，包括容闳和黄宽兄弟在内的第 1 班学生，写给裨治文的两封信及他们的六篇作文（均用英文），从一个侧面反映了学生熟练运用英文写作的情况及对西方文化的了解程度。两封信受到裨治文的赞扬，并登在《中国丛报》上。六篇英文作文则是 1845 年 9 月

① *Chinese Repository*，Vol. 13，第 131－132 页。
② *Chinese Repository*，Vol. 13，第 112－113 页。
③ 汤开建、陈文源、叶农主编：《鸦片战争后澳门社会生活记实——近代报刊澳门资料选粹》，花城出版社，2001 年，第 132 页。
④ *Chinese Repository*，Vol. 13，第 132－133 页。

24 日学校举行的公开考试内容，作文的题目依次是《人生是一座建筑，青年时代是基石》《中国政府》《劳动》《一次幻想之旅》《圣经》《中国人关于来世的观念》。而 1842 年 6 月举行的学校考试，不仅考试科目较多，而且非常严格。据史料记载，在这次考试中，年幼的学生要考英语阅读、朗读及口语翻译；年龄较大的学生考英文版《新约》、地理、心算与几何。上述信函、作文及考试，是对学生英文水平的一次检阅。事实表明，学校的英语课程不仅仅是纯语言性质，而且是将近代西方科学知识课程纳入教学范围，"这些西学课程，全部采用英文课本，用英语教学"①。布朗的这一办学实践，既帮助了学生较快掌握英语的听、说、读、写等基本技能，又有效扩展了学生的知识面。

其三是宗教教育。在传教士看来，"主张办学是想通过学校来争取众多的异教徒男女孩童，使他们在基督教真理的影响下能够皈依上帝，特别是成为福音的布道者"②。作为一所有着鲜明的宗教背景并由传教士执教与管理的学校，马礼逊学校在章程中明确规定，以是否信奉基督教作为招收学生的条件。学校还向每位学生发放《圣经》，在英语课程学习中以《圣经》作为教材，并在讲授其他课程中渗透宗教内容，把基督教精神融入各教学环节。学校要求学生参加祈祷、礼拜仪式，以培养"具有基督教人格的中国学生"。布朗还积极营造一个基督教的氛围，让学生住在其家里，与其一起参加早晚祷告，以"给予一个基督教家庭的教育"。学生尽管大都未正式受洗，但思想上对基督教普遍抱有明显好感。如一位学生写道："如果一个人对圣经一无所知，他就无法找到能引导他获得拯救的灵光。他就会永远处于黑暗之中，不知道自己会魂归何处……圣经教导我们救赎之路，真正的宗教将支撑我们渡过人生的种种磨难，迎接最后审判的到来。"③容闳后来在美国入教，与他早年在马礼逊学校所受的宗教熏陶是不无关系的。

5. 学校的生源与师资

马礼逊学校共设有 4 个班级。第 1 班有学生 6 人。1841 年 10 月 29 日，有 12 名新生入学，加上不久后增加的 2 名，成为第 2 班。迁港后，1843 年 4—9 月，学校又先后录取了 14 名学生，组成后来的第 3 班。1844 年下半年，有 10 名学生进入学校，被编为第 4 班。这 4 个班级一直维持到学校解散，再也没有增加新班级。据不完全统计，学校在办学的 10 年里，先后有 50 余名学生前来就读。不过，1844 年以后学校未成批招收新生，学生在校人数呈下降趋势。另外，学校教师人数一直较少，据统计先后有 10 名左右教师在校任教（详见表 2）。

---

① *Chinese Repository*，Vol. 10，第 569 页。
② 陈学恂主编：《中国近代教育史教学参考资料》（下），人民教育出版社，1987 年，第 2 页。
③ 史静寰、王立新：《基督教教育与中国知识分子》，福建教育出版社，1998 年，第 69 - 70 页。

表 2　马礼逊学校在校师生统计表

年度	在校学生人数	在校教师人数
1839	5	3
1840	18	3
1841	21	5
1842	16	3
1843	25	3
1844	32	4
1845	40 余	5
1846	40 余	6
1847	不足 40	3
1848	不足 40	3
1849	不足 40	3

资料来源：主要依据 *Chinese Repository*（*Vol.* 6 – 15）、马礼逊教育会年度报告及容闳《西学东渐记》等资料整理而成，因资料所限，难免存在错漏。

注：1839—1846 年，布朗夫妇是学校的教师。1839—1849 年每年至少有一名中国教师讲授中文，可惜没有留下有关详细资料。1841 年 3—9 月，布朗夫妇前往南洋休假时，文惠廉（William Boone）夫人及伦敦会传教士、半怜之子美魏茶（William C. Milne）一度负责学校的教学与管理工作。1844 年 11 月至 1845 年 3 月，美国传教士哈巴安德（Andrew Happer），1845 年 3 月—1846 年 3 月，美国传教士邦尼（Samuel William Bonney）曾受聘为学校教师。1846 年，威廉麦克（William Macy）抵港任学校教师，并在布朗夫妇返美后一直主持学校工作至 1849 年；1847 年，威廉麦克之母亦抵港，协助他负责管理学校第 4 班的教学与教务工作。

马礼逊学校的学生主要来自沿海开放口岸，如其早期学生，大多来自与澳门毗邻的广东香山县。后来又有来自广州、澳门、香港、南京、宁波和新加坡等地的学生。学生主要来自沿海口岸城市，原因是多方面的。其一是得风气之先。1840 年前后，西方势力尚只能在沿海部分地区立足。作为中西交往的前沿，沿海口岸城市的一些民众，最先接触和接纳了欧美文化，意识到送子女入教会学校就读日后可以谋到一个好职业。诚如容闳父母所希望的："通商而后，所谓洋务渐趋重要……冀儿子能出人头地，得一翻译或洋务委员之优缺乎？"① 其二是家贫。当时中国社会"仕进显达，赖八股为敲门砖"，一般民众都不大情愿将子女送入"西塾"（教会学校）学习，但教会学校不收学费，还免费供应食宿，对有些家庭还发放津贴，这对贫寒家庭的子女还是颇有吸引力的。

---

① 容闳：《西学东渐记》，中州古籍出版社，1998 年，第 67 – 76 页。

结　语

先后在马礼逊学校就读的学生尽管只有 50 余人，但处于中西文化交汇点的这所教会学校，在近代中西文化交流史乃至中国近代教育史上，仍占有极为重要的地位。

其一，马礼逊学校培养了一批初步了解西方世界、具有世界眼光的早期人才。这批毕业生对鸦片战争前后西方文化在粤港澳乃至中国的传播，作出了重要贡献，一些毕业生后来还成为晚清社会改革与中西文化交流史上的知名人物。早在鸦片战争期间和 19 世纪 40 年代初期，马礼逊学校的个别毕业生就参与了中西交往的工作。如 1839 年林则徐在广州禁烟时就曾聘请该校一学生任翻译，他"从当时的各种报纸、慕瑞的《地理大全》和其他外文著作摘录翻译了许多文章"给林则徐参考。又如英国驻上海领事馆曾雇用两名该校毕业生任翻译，因工作出色受到英国领事的肯定。当然，该校最优秀的毕业生还是来自第 1 班的容闳、唐杰、黄胜和黄宽 4 人。现将 4 人的简历及成就分述于此。容闳（1828—1912），1841—1846 年在马礼逊学校学习，1846 年底随布朗赴美留学。1854 年毕业于耶鲁大学，成为第一位毕业于美国大学并获学士学位的中国留学生。学成归国后他极力主张派遣幼童赴美留学，并于 1872 年成行，他也因之被誉为"中国留学生之父"和著名的改良思想家。其一生是教会教育对近代中国影响的一个缩影。唐廷枢（1832—1892），原名唐杰，1839—1848 年在马礼逊学校学习。后在海关及洋行任职，1873 年任轮船招商局总办，是洋务运动中的重要人物，也是李鸿章办理洋务的重要助手，在中国商界具有广泛的影响力。黄胜（1825—1902），1840—1846 年在马礼逊学校就读，1846 年底赴美留学，次年因病返香港任职。其一生从事出版、翻译和教学工作，被誉为"香港华人提倡洋务事业的先驱""近代中文报业的先驱"。黄宽（1829—1878），黄胜之弟，1840—1846 年在马礼逊学校学习，1846 年赴美留学，1850 年转入英国爱丁堡大学学习医学，1857 年获医学博士学位后回广州行医，成为中国人在华传播西医学的第一人，在中国近代医学史上占有独特地位，被誉为"中国西医学的奠基人"。

其二，马礼逊引进了西学，对中国旧的教学体系进行了有力冲击。马礼逊学校对西学的系统讲授为西学东渐开辟了一条新途径，打开了一扇了解世界的窗口。而且在教学方法上，布朗也一改传统私塾偏重背诵、不求甚解的陋习，采取讲解、启发与班级教学方法。无疑，这在客观上对中国人冲破封建思想文化的束缚，对开眼看世界思潮的兴起，均产生了积极的促进作用。这种成效还直接体现于学生的一些言行上，如 1842 年一位学生用英文这样写道："此前，我曾在中国学校读书，白白浪费了四年的光阴和金钱，除了知道几个人名外，一无所获。我在英国学校读书，已有两年半的时间，我感到此间的收获，较之漫长的四年，不啻万倍……英国的学校远胜于中国学校，这是因为他教人许多有用的知识，诸如天文、几何、代数、宗教真理……而中国学校从来不教这些。"①

其三，马礼逊学校间接推动了中国近代留学教育的开展。一方面，1846 年底容闳、黄胜、黄宽三人随布朗夫妇赴美留学，正式开启了中国近代留学教育之帷幕，三人均在中国近代留学教育史占有举足轻重的地位；另一方面，容闳学成后为实现"教育救国"的理念，立志于使中国日趋文明富强之路，努力促成清政府自 1872 年起，派遣 4 批共 120 名幼童赴美留学，并任中国赴美留学生副监督，为晚清乃至民初社会培养了一批杰出人才。

（刊《澳门研究》总第 16 期，2003 年 3 月）

---

① 顾卫星：《马礼逊学校的英语教学》，《苏州大学学报》2000 年第 1 期。

晚清澳门教会教育研究

一、澳门开埠后源远流长的教会教育传统

自 16 世纪中叶开埠后，澳门在明清中西关系史上就一直占有特殊而又重要的地位，它不仅是基督宗教在远东最早的传教基地，还是中国对外开放和中西文化、经济交流的前沿。葡萄牙人自来到澳门后，就积极办教传教，兴办教育事业。因为"葡萄牙是一个信奉耶稣和天主教的国家，所以宣扬耶稣基督的学说，实行基督的思想，亦为其民族的一贯作风"①。天主教素有重视教育的悠久传统，为布道而兴教，以兴教促布道。开埠以来，天主教在澳门教育发展史上担当了重要职责。施绮莲指出："天主教在漫长的四个世纪中为我们这座以天主圣名命名的城市兴办学校，培育青少年。众所周知，约有一半的青少年在教会学校学习，其中一些学校隶属于澳门教区，另外一些隶属于宗教组织或由其管理。"② 澳门的教会教育可追溯至开埠初期，早在 1572 年，耶稣会即创办了澳门圣保禄公学，1594 年创办了中国最早的教会学校和西式大学圣保禄学院，1728 年创办了澳门第二所高等学府圣若瑟修院。③ 及至 1807 年，马礼逊将新教传入澳门，之后新教差会在澳门开办了马礼逊学校等几所教会学校。④ 据不完全统计，1820 年，澳门开设的学校计有：一所由教区主教领导的小学；由一位元教师主持的葡萄牙文、拉丁文语法班，兼授修辞学和哲学；圣若瑟修院有教师六名；一所陆军和海军学堂等；1814 年为帝汶开设的讲授宗教的学校；一所公众学堂，讲授拉丁文阅读

---

① 郭永亮：《澳门香港之早期关系》，台湾"中央"研究院近代史研究所，1990 年，第 41 页。

② 澳门教育暨青年司司长施绮莲 1994 年在明爱幼儿园揭幕礼上的致辞，（澳门）《教育暨青年报》1994 年创刊号，第 8 页。

③ 详见：夏泉：《澳门圣保禄学院研究》，章开沅、马敏主编：《基督教与中国文化丛刊》（五），湖北教育出版社，2003 年；夏泉：《澳门圣若瑟修院研究》，《澳门研究》第 14 期，澳门基金会，2002 年。

④ 夏泉：《马礼逊学校研究》，《澳门研究》2002 年第 16 期。

与写作以及艺术课程等。而到 1825 年时只有船舶驾驶学校继续开办。[①] 鸦片战争前，因为中国内地"禁教"和香港尚未开埠，澳门凭借其独特地位，教会教育可以说是一枝独秀，它不仅开启了明清教会教育和中国西式高等教育之先河，而且最早将近代西方的教育制度与理念引入中国。但在 19 世纪中叶，这一情况发生了急剧逆转。因为鸦片战争的爆发与香港开埠，澳门的地位也迅速衰落。

近代以降，教会教育在中国内地和香港得到蓬勃发展，而澳门教会教育却进入了一个发展速度相对缓慢的阶段。原因有四：首先是香港和中国内地五口通商后，澳门地位持续衰落；其次是随着传教活动的合法化，澳门失去了传教的垄断地位，"禁教"期间，澳门不仅是本地教徒的进教之地，而且是潜入内地的传教士的接引和避难之所，[②] 而鸦片战争后，在华的传教重点业已从南洋、中国澳门渐次推展至中国东南沿海和内地，澳门不再是远东的主要传教基地；再次是澳葡政府长期不重视发展教会教育和华文教育事业，1849 年后更奉行独尊葡文、葡校的教育政策；四是澳门"处于旧日香山县区之南陲""全无文化可言者"，[③] 加之人口增幅不大，也影响到生源。

二、晚清澳门教会教育的兴办与发展

澳门教育的基础比较薄弱，"无论澳门的私立学校还是官办学校几乎都是从零开始"。据考证，到 1848 年时，澳门的公共教育只剩下一所初级学堂和一所由传教会若阿尔·若瑟·雷特神父义务授课长达 51 年的学堂，以及市政厅开设的一所"小型学校"，学生一度达 300 人，但不久即遭停办。[④] 进入 19 世纪特别是晚清以后，澳门的教育因应时势发生了显著变化：一方面澳门教育在逐步向近代演变，其重要标志是平民教育的发展，科技教育进入一般学校课程，神学教育逐渐退出主导地位；另一方面受到澳葡政府独特的政治体制制约，面向大众的华文教育举步维艰，葡文教育因有政府的政策与经济支援而发展较快。

在澳门教育的长期发展过程中，19 世纪逐渐形成了私立学校为主的教育体

---

① ［葡］潘日明神父著，苏勤译：《殊途同归——澳门的文化交融》，澳门文化司署，1992 年，第 153－154 页。

② 如 1747 年广东督抚在《严禁愚民私习天主教以安民夷以肃法纪示》中称："近闻在澳番人，尚俱遵守法纪。转有一等内地奸民，窜入澳内，改效番名，私习其教，……盘踞澳门之进教寺内，引诱内地愚民。……不特为害人心，亦且大干禁令，甚属不法。"见印光任、张汝霖著，赵春晨校：《澳门记略》，第 83－84 页。

③ 王文达：《澳门掌故》，澳门教育出版社，1999 年，第 315 页。

④ ［葡］潘日明神父著，苏勤译：《殊途同归——澳门的文化交融》，澳门文化司署，1992 年，第 81、154－155 页。

制多元化的格局，其教育制度可具体分为官立学校、官制学校和私立学校三大类。其中，官立学校由澳葡政府于 1849 年正式获得对澳门管制权后开办，实施澳葡的教育方针，如 1894 年，官立中学（Liceu De Macau）正式成立；官制学校由特定的实体开办，接受澳葡政府津贴，实施官立学校的教育计划；私立学校又可分为教会学校、个人或民间社团所办学校两类，办学经费自筹，教育模式自定，可自由发展，这类学校占了大多数。澳门传统的华文教育，因无法适应国门洞开后澳门社会经济急剧转型发展的需要而逐渐式微，新式教育（含教会学校、官立学校和上一个世纪之交由维新派人士所举办的新式华文学校）则顺应了澳门工商业社会的发展，代表了澳门教育新的发展方向。据澳门政府 1890 年编印的《澳门年鉴1890》第 36～40 页所载："当年政府承认的学校共 10 所：有教会办的书院、义学；有政府办的小学、幼儿学校、补习学校；有市政机构办的领航员学校、义塾，还有葡人社团办的商业学校。另外还有一所'华童学习西洋文义学'。一个近代化的教育体系初步形成。"① 晚清的澳门教会教育是澳门新式教育的重要组成部分，其发展情况详见表 1 和表 2。②

表 1　晚清澳门天主教学校一览

校名	创校年份	主要教育活动及举办者	生源	备注
澳门圣若瑟修院	1728	创办初期由耶稣会主办，主要为中国副省培养宗教人才，是澳门的第二所高等学府。修院的创立还极大地促进了澳门科技教育与世俗教育的发展，在明清中西文化交流史上亦占有重要地位	中西学生。据林家骏《日渐茁壮的澳门华人地方教会》（第 10 页）称，1872—1883 年有华籍修生 4 人，1883—1894 年有 61 人，1901 年有 27 人	1762 年被解散。1784—1856 年由遣使会主持修院工作。之后修院又几经坎坷，1951 年后演变为圣若瑟教区中学

① 转引自刘羡冰：《澳门教育史》，人民教育出版社，1999 年，第 10 页。
② 下述两表主要根据刘羡冰《澳门教育史》、冯增俊主编《澳门教育概论》、［葡］施白蒂《澳门编年史》（19 世纪）、容闳《西学东渐记》、［葡］潘日明神父《殊途同归——澳门的文化交融》及汤开建、吴志良主编《〈澳门宪报〉中文资料辑录（1850—1911）》、林家骏《澳门教区历史掌故文摘》等资料整理而成。

（续上表）

校名	创校年份	主要教育活动及举办者	生源	备注
圣罗撒学校	1792	该年由澳门教区主教施利华开办	葡籍女童和华人女童	原名"圣罗撒培幼院"，其后几经变更校名，其变迁情况将在下文详述
圣母孔塞桑学院	1863	据施白蒂《澳门编年史》（19世纪）："贝尔南迪诺·德·塞纳·费尔南德斯获准创建一所女子学校。该校将由圣保禄姐妹会的法国修女领导。"1868年1月7日获准继续开办	女童	同意建校的批示、章程一并公布在该年12月26日出版的省政府第42号法令上
华人葡语学校	1873	该年3月10日，澳门总督欧美德主持启用典礼，学校由教区修院出资兴建	华人	修院院长为总监学
大炮台山麓要理识字班	1873	由嘉诺撒修女会在大炮台山麓兴办	女童	
葡文女校	1886	由嘉诺撒修女会仁爱书院在白鸽巢开办，嘉惠劳主教任内曾扩建校舍	女童	
利宵中学	1893	据施白蒂《澳门编年史》（19世纪）："（7月27日）根据该日法令成立澳门利宵中学。1894年4月将经翻新的圣奥斯汀修道院院址移交给校长作为校舍使用，同时任命了教师团"		1909—1910年有18名学生就读普通中学课程，19名就读商科
氹仔要理识字班	1895	由嘉诺撒修女会在氹仔开办，教当地村民子女识字。1901年开办私塾，接受政府津贴	华人子女	
嘉诺撒恒毅书院	1903	创办于十六柱大屋，由嘉诺撒修女管理，教授女生刺绣、缝纫等	女子	1910年葡国革命，逐修女离澳，学校遂停办

（续上表）

校名	创校年份	主要教育活动及举办者	生源	备注
路环女生私塾	1903	嘉诺撒修女会在路环开办，因海盗横行于1905年停办	女童	
圣母无原罪工艺学校	1906	由天主教慈幼会创办于风顺堂街。开设有缝纫、木工、革履、印刷、装订等科目，授以高小与初中普通课程。办学宗旨是："教之以学艺，导之以修德，使诸生能养成工业之技能，处世之知识，优美之人格"	贫苦孤儿	其前身是收容男孤儿的"圣母无原罪孤儿院"，用中文教学，1939年易名为鲍斯高纪念中学，1952年改名为慈幼中学①
望厦圣方济各学校	1907	耶稣会高嘉士神父在望厦创办，旋交由嘉诺撒修女接办	华人女童	1910年被关闭
圣善学校	1911	鲍理诺主教遣嘉诺撒修女氹仔开办，收女生60人。在堂侧设有男校，学生10人。这是天主教在澳门氹仔兴办华文义学之始	华文义学之始	葡人称该校为鲍理诺主教纪念学校

另据1910年12月9日《澳门宪报》，属方济各女修会的黑巾姑娘（iramás canossianas）在澳门办有天主教学校数所，计有疯人庙侧之学堂、氹仔之学堂、望厦方济各·沙威学堂、过路湾学堂，以及三巴门善堂所属的"义学两间，其一是进教会者，有118名学童，不在堂住宿。氹仔亦有一间，有50名学童。今澳女学塾甚多，所以该堂之学生分散别学，自无妨碍"。至于其他教会学校学生人数，"花王庙之义学、望厦之义学，所有学生凡住堂早已搬出，内有18名不是华人。而三巴门善堂华学生30人，方济各·沙威学堂学生27人，均搬出澳外。另望厦义学有华学生3人，花王庙义学华学生21人迁往育婴堂……至于住宿善堂内之学生，查明有58名，不是华人，已回住家。另三巴门住堂之华学生33名及

---

① 据林家骏《澳门教区历史掌故文摘》（第32页）称："1906年，雷鸣道神父率五名慈幼会士来澳，其初以教育贫苦孤儿为主，在风顺堂上街一所两层木楼内，创立'圣母无原罪孤儿院'，这就是今日慈幼中学之前身。后来许多澳门居民子弟，纷纷申请入学，学生人数大增。1910年鲍主教拨出位于风顺堂街，俗称'十六柱'的两层木楼一座及屋后之小山坡，作为新校舍（即现在慈幼中学原址），于是添置工具，开设缝纫、革履、木工、印刷等科，并依照各生程度，授以普通学科，另设铜乐队及体育班，以培植专门人才。"

望厦住堂（华）学生 3 人，亦均回家"。上述史料表明，这几所天主教教会学校在生源上是中西兼收，"华人学生可以往就华人义学，其非华人，亦可往就公局所立之义学"①。

表 2   晚清澳门新教学校一览

校名	创校年份	主要教育活动及举办者	生源	备注
澳门男子寄宿学校	1845	该年 4 月中旬，由美国长老会传教士哈巴安德创办，招收了 30 多名学生，他向学生讲授科学文化知识和基督教教义	中国男生	1847 年 3 月，哈巴安德转至广州传教后，将该校迁至广州故衣街
澳门盲女学校	1885	由新教牧师黄煜初创办	中国女童	
岭南学堂	1900	因义和团运动爆发，同年 7 月将美国长老会创办的广州格致书院迁至澳门，改名岭南学堂，1904 年迁回广州。这是岭南大学的前身	主要是男生，兼招少量女生	
志道堂小学	1906	由新教传教士发起成立中华基督教会志道堂后，在澳门监牢斜巷设立		

从上述两表可知，晚清时期澳门教会教育得到了一定程度的发展，但与同时期的香港、内地（广东）相比，囿于澳门特殊的环境，其办学规模、发展速度和办学层次都是无法与之相比的，曾一度辉煌的澳门教会教育明显滞后于香港与内地。不过，新式华文教育与澳门葡文教育的兴起，逐步打破了教会对澳门教育的垄断权，开始走出单一的宗教教育体制，并在一定范围内弥补了澳门教会教育发展的不足。值得一提的是，这一时期，教会还兴办了一些义塾。关于教会义塾办学情况，据史料记载，1882 年分别在氹仔、过路湾设立两所义塾，旨在教化、开导、诱劝男童学习华文，"教以大西洋言语及训以大西洋史记"；次年又在三

① 汤开建、吴志良主编：《〈澳门宪报〉中文资料辑录（1850—1911）》，澳门基金会，2002 年，第 582 - 584 页。

巴仔街第一号开设义学一间，"教义大西洋文"；1909 年又设立查学章程，共 32 款，其中第 29 款云："凡民立书馆所有教习先生或管理人、或有校舍者，若未曾报知学务公会之委员，及领取澳门政府人情者，不得开设。"第 31 款又云："凡教神父书院，若不是单为教神父书，有兼教别项者，均须遵守本章所定，与各民立书馆无异。"① 这表明教会义塾在 19 世纪晚期有所发展，而且澳葡政府也逐渐建章立制规范教育活动的开展。"学僮禁读经，中土新建议。此邦老塾师，犹不旧学弃。弹丸一海区，黉校已鳞次。雅颂声琅琅，到耳良快意。礼失求诸野，宗风慨未坠。"② 这是民初汪兆慵游历澳门后，在《学塾》一诗中所描述的澳门开埠 300 多年来，尤其是经过 19 世纪以来的持续发展，澳门三类教育在清末民初所呈现出的一派崭新气象。

三、特　点

在晚清时期的澳门教会教育领域，既遵循着教会教育的共同发展趋势，又与香港、中国内地（广东）相比有着一些新的特点，择其要点有下述数端。

其一，澳门教会教育历史最为悠久，天主教教育影响较大，新教教育则较小。早在 16 世纪中叶澳门开埠后，天主教即开始兴校。在澳办学的天主教会主要有耶稣会、仁爱会、方济各会、嘉诺撒修女会和慈幼会等，尽管天主教、新教在澳门的境遇在不同的时期有所差异，但教会这种办学的传统得到很好的嗣承，在相当长时期，教会承担了澳门教育的主要职责。进入清末，澳门教会教育得到了持续发展。相对而言，在澳门具有肥沃土壤的天主教教育发展比较快一些，举办了一批新的天主教教会学校。但因为 1834 年、1857—1887 年，葡萄牙下令解散澳门天主教会，没收教产，放逐教士，或阻挠罗马教廷委派澳门主教，严重限制了澳门天主教教育的发展。在鸦片战争前因清廷"禁教"，新教教育在澳门曾一度举办三所学校，如著名的马礼逊学校和温施黛女学塾、叔未士夫人学校，但随着香港开埠和内地五口通商后，这种景象仅是昙花一现。澳门在晚清时期仅举办 4 所新教学校，新教教育长期处于徘徊停滞阶段，主要是因为澳门的外国宗教势力以葡萄牙人支援的罗马天主教为主，新教传教士只是在鸦片战争前迫于"禁教"形势在此暂时栖身。晚清时期新教在澳门一直影响不大，甚至连《1902 年

---

① 汤开建、吴志良主编：《〈澳门宪报〉中文资料辑录（1850—1911）》，澳门基金会，2002 年，第 78 - 79、99、529 - 530 页。

② 中国第一历史档案馆，澳门基金会、暨南大学古籍研究所合编：《明清时期澳门问题档案文献汇编》（六），人民出版社，1999 年，第 857 页。

至 1911 年拱北十年贸易报告》在论及澳门教育时亦称："还有一些新教学校，但只作育婴工作。"[1] 澳门天主教教育持续发展，新教教育发展缓慢，这与广东和中国内地新教教育得到蓬勃发展，且从整体上发展速度超过天主教教育恰好形成鲜明对比。

其二，晚清时期澳门女子教会教育比较发达，圣罗撒学校的兴办即是其重要标志。女子教会教育是整个教会教育不可或缺的组成部分，兴办女子教会教育的天主教修会主要有嘉诺撒修女会、仁爱会、慈幼会等；新教差会主要有伦敦会、浸礼会、长老会等。在中国封建社会，女性长期受到歧视，被剥夺了受教育的机会。澳门女性接受正规的学校教育是以教会女校为发端的，如新教的温施黛女学塾、叔未士夫人学校，天主教的圣罗撒学校等。这种有别于封建传统教育的教会教育向澳门女性传授了大量先进的科学知识和技能，倡导了男女平等、婚姻自由的新观念。与同时期的中国内地、香港比较，澳门的女子教会教育不仅创办时间较早，而且所办学校亦较多。如 1840—1911 年，天主教在澳办校约有 13 所，其中至少 9 所就专为女童所设。嘉诺撒修女会在这方面贡献尤卓，如它们曾参与管理的圣罗撒学校既是澳门第一所葡文女子学校，又是最早的西式女校，创校以来圣罗撒学校历经变迁。早在 1792 年，澳门教区施利华主教为收留无依可靠的葡裔女童，就创办了圣罗撒培幼院（又称"孤女院"）。1845 年，遣使会士出身的马主教"聘请圣云仙保禄会修女（云仙仁爱会——引者）来澳工作，管理圣罗撒孤儿院"，[2] "并建女生学校"。"1845 年迁往十六柱大屋开办"[3]，"负责女孩的教育"。[4] 次年又迁往岗顶圣奥斯定会院，"1857 年迁往圣嘉辣会院"，"原设于奥斯定会院的女校关闭"。[5] 随后葡政府发生仇教事件，下令没收澳门教会物业，驱逐教士、修女，教会活动陷于停滞，"1865 年修女被迫离澳，该院由女教友继续接办"。[6] 另据《澳门编年史》（第 205～206 页）称：1876 年 11 月 8 日，"刊载于 1877 年第 2 号政府公报上的该日法令批准了圣罗撒学校章程，并将已撤销的圣家辣修道院财产和资金用于该校维修"。该校兼收寄宿生和外读的葡国女生，由苏主教担任校董事会主席。课程包括"葡、法、英语文、历史、音乐、绘画、

① 莫世祥等编译：《近代拱北海关报告汇编》，澳门基金会，1998 年，第 84 页。

② 《马主教简介》，林家骏：《澳门教区历史掌故文献》，澳门主教公署，1982 年，第 53 页。

③ 林家骏：《澳门教区历史掌故文献》，澳门主教公署，1982 年，第 27 页。

④ ［葡］施白蒂：《澳门编年史》（19 世纪），澳门基金会，1998 年，第 97 页。

⑤ 林家骏：《澳门教区历史掌故文献》，澳门主教公署，1982 年，第 27、53 页。另据［葡］施白蒂《澳门编年史》（19 世纪）（第 127 页）称：该年 1 月 22 日，马培主教将收容贫穷女孩并施以教育的圣罗撒·利玛收容院划归圣·克拉拉修院；2 月 19 日，圣罗撒·利玛收容院并入圣·克拉拉修院后的行政、财务管理条例草案向政府呈交。

⑥ 林家骏：《澳门教区历史掌故文献》，澳门主教公署，1982 年，第 27 页。

钢琴、家政等科目"①。1889—1893 年，明主教委托嘉诺撒修女管理校务以取代云仙会仁爱会修女。1903 年，鲍主教又聘请玛利亚方济各会修女莅澳，接掌校务。"1910 年葡国政变，成立民国，仇教的执政者驱逐修女出境，该校再度交由女教友管理。次年，澳门政府透过教区再度邀请嘉诺撒修女来澳，管理寄宿孤女，校务仍由在俗教友主持。"② 从 1792—1911 年，圣罗撒学校曾分别由三个修女会主办，开初属于教育和慈善性事业，后来该校"从收容社会上被遗弃的孤女开始，到承担政府委托办葡女学校"，及至 20 世纪上半叶后，该校又"从葡文女子学校到中文、英文、葡文三部鼎立"③，这一演变发展正好适应了澳门多元化社会发展的需求。以上是知名的圣罗撒学校发展变迁的简要情况。在女子教会教育发展的同时，清末民初，澳门的华文女子教育在陈子褒等的大力推动下，亦呈现出良好的发展态势，并与教会女子教育相得益彰。

其三，晚清澳门的教会教育重视平民教育和世俗教育。这主要表现在以下两方面：一是在生源方面，教会学校从原先主要培养传教士，招收布道人员，变为主要招收华人、葡萄牙世俗子弟；二是在教学内容方面，从偏重宗教教育转变为重视世俗教育、科技教育。譬如圣若瑟修院重视科技教育，在 1881 年重建后，圣若瑟修院"仍保留航海和商业课程"④，又如嘉诺撒恒毅书院、慈幼中学非常注重职业教育⑤，嘉诺撒恒毅书院被誉为"澳门第一所女子职业学校"⑥。

（刊《澳门研究》总第 17 期，2003 年 6 月）

---

① 林家骏：《澳门教区历史掌故文献》，澳门主教公署，1982 年，第 27 页，笔者认为 1873 年该校正式注册，应是笔误，与事实不符。
② 《圣罗撒学校建校沿革简史》，林家骏：《澳门教区历史掌故文献》，澳门主教公署，1982 年，第 27 页。
③ 刘羡冰：《澳门教育史》，人民教育出版社，1999 年，第 11、63 – 64、224 – 225 页。
④ ［葡］施白蒂：《澳门编年史》（19 世纪），澳门基金会，1998 年，第 224 页。
⑤ 林家骏：《澳门教区历史掌故文献》，澳门主教公署，1982 年，第 32 页。
⑥ 刘羡冰：《澳门教育史》，人民教育出版社，1999 年，第 225 页。

附　编

粤港澳大湾区建设的三个维度

大力推进粤港澳大湾区建设，具有重要的现实意义与深远的理论价值。当前，湾区经济即将进入快速发展的新时期。我们可以从国家战略、区域协调深度融合、参与世界级竞争这三个维度，审视粤港澳大湾区建设。

一是国家战略维度。要以习近平新时代中国特色社会主义思想和党的十九大精神为指导，将粤港澳大湾区建设提升至国家战略维度，寄望大湾区建设为服务国家战略作出重要贡献。应在新时代推动形成全面开放新格局、服务决胜全面建成小康社会、实现中华民族伟大复兴的中国梦的大局中，谋划粤港澳协同推动大湾区建设。要以粤港澳大湾区建设辐射带动泛珠三角区域合作，同时加强与京津冀、长江经济带等国家区域战略的协同互动，形成新时代国家东西南北纵横联动发展的新格局，同时力争将粤港澳大湾区打造成为代表国家参与世界顶级竞争的重要支点。

二是区域协调深度融合的维度。粤港澳大湾区建设既是一个重要载体，也是粤港澳三地进一步提升合作发展水平、为港澳发展注入新动能的重大机遇。要完善创新合作机制，大力推动三地的基础设施互通互联、市场一体化、服务业合作、通关便利化；优化区域创新环境，建设宜居宜业宜游的优质生活圈，大力实施、完善好港澳居民在内地发展的系列便利措施；支持香港、澳门进一步融入国家发展的大局中，以互利合作共赢为契机，推动各种资源的有效聚集、有序流动和人心相通，最终提升三地人民的民族文化认同与家国情怀。这是全面准确贯彻"一国两制"方针、厚植"一国两制"根基、实现人心回归、保持港澳长期繁荣稳定的治本之策。

三是参与世界级竞争的维度。湾区经济是世界经济版图的新亮点，是新时代引领创新发展的新平台，要从建设成为世界经济重要增长极与国家创新发展重要引擎的维度来谋划粤港澳大湾区建设。一方面将粤港澳大湾区打造成更具活力的经济区、区域合作的示范区、世界一流湾区和世界级城市群，发挥其在国家经济发展和全方位开放中的引领作用；另一方面推进科技创新，发挥三地协同创新优势，以建设广州—深圳—香港—澳门科技创新走廊为重点，服务创新发展合作，将粤港澳湾区打造成国际科技创新中心和对接"一带一路"倡议的重要支撑区。

（刊《中国社会科学报》2018 年 9 月 26 日）

"一国两制"推动港澳更好发展

党的十八大以来，以习近平同志为核心的党中央高度重视香港、澳门繁荣稳定问题，立足于当代世情、国情、党情及港澳地区"一国两制"实践的新情况新问题，提出了一系列新内涵新理念，并在党的十九大报告中把坚持"一国两制"和推进祖国统一作为新时代坚持和发展中国特色社会主义的基本方略之一。2018 年 11 月 12 日，习近平总书记在会见香港澳门各界庆祝国家改革开放 40 周年访问团时发表的重要讲话，总结了改革开放以来港澳同胞和社会各界人士发挥的重要作用，对新时代香港、澳门发展提出了"四个更为积极主动"，鼓舞港澳同胞积极成为新一轮国家改革开放的参与者、推动者和贡献者。习近平总书记的系列讲话丰富了"一国两制"理论新内涵，开辟了"一国两制"事业新境界，对准确把握"一国两制"定位，全面贯彻"一国两制"方针，充分发挥"一国两制"优势，推动开创港澳繁荣稳定新局面和"一国两制"新实践指明了方向。

全面准确理解"一国两制"

对香港、澳门来说，"一国两制"是最大的优势。党的十八大以来，在以习近平同志为核心的党中央坚强领导下，在习近平新时代中国特色社会主义思想科学指引下，"一国两制"在香港、澳门的成功实践深入推进。当前，中国特色社会主义进入了新时代，意味着国家改革开放和"一国两制"事业也进入了新时代。更好贯彻"一国两制"方针，一是准确把握"一国"与"两制"的关系。习近平总书记在庆祝香港回归祖国 20 周年大会暨香港特别行政区第五届政府就职典礼上的讲话中强调，要"始终准确把握'一国'和'两制'的关系。'一国'是根，根深才能叶茂；'一国'是本，本固才能枝荣"。"一国两制"是一个完整的概念。"一国"是实行"两制"的前提和基础，"两制"从属和派生于"一国"，并统一于"一国"之内。准确把握"一国两制"，既做到坚持"一国"原则，又尊重"两制"差异，要把坚持"一国"原则和尊重"两制"差异有机结合起来，做到坚守"一国"之本，实现"两制"和谐相处、相互促进，把实行社会主义制度的内地建设好，把实行资本主义制度的香港、澳门建设好。只有这样，才能确保"一国两制"沿着正确轨道运行，充分发挥祖国内地强有力的后盾作用，积极推动港澳提高竞争力，促进其繁荣稳定发展。

二是准确把握全面管治权与高度自治权的关系。党的十九大报告指出，必须把维护中央对香港、澳门特别行政区全面管治权和保障特别行政区高度自治权有机结合起来，确保"一国两制"方针不会变、不动摇，确保"一国两制"实践不变形、不走样。这一要求是全面准确理解和贯彻"一国两制"方针的关键所在，体现了主权与治权的关系。我国是单一制国家，中央对包括香港、澳门特别行政区在内的所有地方行政区域拥有全面管治权。香港、澳门两个特别行政区的高度自治权不是固有的，其唯一来源是中央授权。高度自治不是完全自治，中央对高度自治权的行使具有监督的权力，绝不允许以"高度自治"为名对抗中央的权力。中央行使的全面管治权是宪法和基本法赋予中央的权力，是建立在我国恢复对香港和澳门行使主权基础上的。准确把握"一国两制"，要正确认识中央和特别行政区之间的关系，准确把握全面管治权和高度自治权的关系，在坚持中央全面管治权基础上，切实保障香港、澳门特别行政区行使高度自治权。同时，特别行政区要坚决维护国家宪制秩序和中央全面管治权，不断提高自治能力和自治水平。

三是牢牢把握"一国两制"的根本宗旨，共同维护国家主权、安全、发展利益。保持香港繁荣稳定，维护国家主权、安全和发展利益，这是"一国两制"根本宗旨有机统一的两个方面。习近平总书记指出，必须坚持依法治港、依法治澳，依法保障"一国两制"实践；要把坚持"一国"原则和尊重"两制"差异、维护中央权力和保障香港特别行政区高度自治权、发挥祖国内地坚强后盾作用和提高香港自身竞争力有机结合起来，任何时间都不能偏废。只有这样，"一国两制"这艘航船才能劈波斩浪、行稳致远。这就凸显了"一国两制"实践中对维护国家主权安全的高度重视，表明坚决遏制任何危害国家统一的行为和活动的决心。切实发挥港澳在维护国家安全和发展利益上的作用，既符合国家和民族根本利益，又符合香港、澳门整体和长远利益。

巩固"一国两制"实践基础

宪法是国家的根本大法，是全国各族人民共同意志的体现，是特别行政区法律制度的法律渊源。推进"一国两制"实践，要严格按照宪法和基本法办事。一是正确把握宪法与基本法的关系，夯实"一国两制"实践法治基础。就法律层面而言，宪法为港澳基本法提供了基础和来源，是基本法制定的根本依据。《"一国两制"在香港特别行政区的实践》白皮书指出，香港基本法是根据宪法制定的基本法律，规定了在香港特别行政区实行的制度和政策，是"一国两制"方针政策的法律化、制度化，为"一国两制"在香港特别行政区的实践提供了法律保障。全国人大及其常委会拥有对基本法的修改权和解释权。新时代推进"一国两制"事业，应夯实港澳"一国两制"实践的宪制基础，根据香港、澳门特别行政区的实际情况，不断适应改革开放的时代要求，适时完善相关制度，同时应大力加强宪法和基本法的宣传教育，促进港澳同胞增强对宪法和基本法的理解，推动"依法治港""依法治澳"不断发展。

二是加强特区政府治理能力建设，提高治理水平，巩固"一国两制"实践治理基础。党的十九大报告指出，要支持特别行政区政府和行政长官依法施政、积极作为，团结带领香港、澳门各界人士齐心协力谋发展、促和谐，保障和改善民生，有序推进民主，维护社会稳定，履行维护国家主权、安全、发展利益的宪制责任。切实发挥行政长官的作用，提高特区政府的治理能力和治理水平，建设一个以爱国者为主体的有作为、负责任的高效、服务型政府，是推进"一国两制"实践的关键，也是香港、澳门进一步提升治理体系的内在要求。

三是弘扬爱国爱港爱澳精神，促进人心回归，增强"一国两制"实践民众基础。"一国两制"作为一项前无古人的开创性事业，其在实践过程中也会面临一些新问题。这一方面是因为部分人士对"一国两制"内涵的认识不够全面深刻，另一方面则是对国家和民族的认同感和归属感不够强烈。党的十九大报告强调，我们坚持爱国者为主体的"港人治港""澳人治澳"，发展壮大爱国爱港爱澳力量，增强香港、澳门同胞的国家意识和爱国精神，让香港、澳门同胞同祖国人民共担民族复兴的历史责任、共享祖国繁荣富强的伟大荣光。促进人心回归事关"一国两制"实践深入发展，有助于增强港澳同胞对民族和国家的认同，保持港澳社会稳定发展。

开创港澳繁荣稳定新局面

事实证明，"一国两制"是解决历史遗留的香港、澳门问题的最佳方案，也是香港、澳门回归后保持长期繁荣稳定的最佳制度。我们要继续推进"一国两制"实践，深化内地和港澳地区交流合作，共同谱写中华民族伟大复兴的时代篇章。一是推进港澳融入国家发展大局。四十年改革开放，港澳同胞是见证者也是参与者，是受益者也是贡献者。国家改革开放的历程就是香港、澳门同内地优势互补、一起发展的历程，是港澳同胞和祖国人民同心协力、一起打拼的历程，也是香港、澳门日益融入国家发展大局、共享祖国繁荣富强伟大荣光的历程。祖国不断繁荣富强，必将为香港、澳门发展打开更加美好的前景。香港、澳门融入国家发展大局，是"一国两制"的应有之义，是改革开放的时代要求，也是香港、澳门探索发展新路向、开拓发展新空间、增添发展新动力的客观要求。开辟新时代港澳长期繁荣稳定新局面，要将港澳的发展融入新时代中国特色社会主义伟大事业中，充分发挥其特长与优势，使其与内地形成互利共赢的良好局面，与祖国实现共命运、同发展。

二是港澳积极融入"一带一路"和粤港澳大湾区建设，助力国家改革开放事业。在新时代国家改革开放进程中，香港、澳门仍然具有特殊地位和独特优势，仍然可以发挥不可替代的作用。实施粤港澳大湾区建设，是保持香港、澳门长期繁荣稳定的重大决策，也是沟通内地与港澳的重要桥梁，为粤港澳发展提供了新机遇。党的十九大报告强调，要以粤港澳大湾区建设、粤港澳合作、泛珠三角区域合作等为重点，全面推进内地同香港、澳门互利合作。粤港澳大湾区历史上是海上丝绸之路的起点之一，区位优势突出，是连接21世纪海上丝绸之路沿线国家的重要桥梁。建设粤港澳大湾区，有利于整合发挥其港口、金融、贸易、制造业等优势，推进"一带一路"倡议实施。大力推进粤港澳大湾区建设也有利于深化粤港澳合作与融合，带动泛珠三角区域发展，形成新的经济增长点，对于贯彻"一国两制"方针具有重要的战略意义。

三是加强港澳青少年历史文化教育，积极促进国际人文交流。港澳青少年是港澳的希望，也是祖国未来的希望，应着重加强对港澳青少年的中国历史文化教育，增进他们对国家的了解与认识，帮助他们树立正确的历史观，增强其对民族国家的认同，确保"一国两制"事业后继有人。同时，港澳应充分发挥独特的国际枢纽优势，积极传播中华优秀文化，传递中国声音，以人文交流与合作助力经济腾飞，为开创港澳发展新局面和"一国两制"新实践提供精神与文化支持。

（刊《中国社会科学报》2018年12月4日，与吴硕合作）

"一国两制"与"两个建设好"的现实意蕴

"一国两制"不仅是我国的一项基本国策，而且是新时代我党坚持和发展中国特色社会主义的一项基本方略，也是中国特色社会主义国家制度和治理体系的一项显著优势。2017年，习近平总书记在视察香港时提出"我们既要把实行社会主义制度的内地建设好，也要把实行资本主义制度的香港建设好"（以下简称"两个建设好"）的重要论述。这一重要论述对于新时代坚持和完善"一国两制"制度体系、推进祖国和平统一和保持港澳长期繁荣稳定具有重要意义。

党是"一国两制"实践的最高政治领导力量

邓小平在与英国首相撒切尔夫人会谈时，就提出"一九九七年中国接管（香港）以后还要管理得更好"的论述。邓小平认为，"香港过去的繁荣，主要是以中国人为主体的香港人干出来的"，因此"要相信香港的中国人能治理好香港"。关于"一国"之下"两制"的含义，大意是国家主体实行社会主义制度，在香港、台湾等地实行资本主义制度，这是对国家主体的社会主义制度的有益补充，既不会影响整个国家的社会主义制度的性质和地位，还有利于发展社会主义。

习近平总书记关于"两个建设好"的重要论述，进一步明确了党在"一国两制"实践当中的领导权问题。邓小平曾明确指出我们党在创立"一国两制"方针政策中的地位和作用。他说："我们对香港、澳门、台湾的政策，也是在国家主体坚持四项基本原则的基础上制定的，没有中国共产党，没有中国的社会主义，谁能够制定这样的政策？……没有一点胆略是不行的。这个胆略是要有基础的，这就是社会主义制度，是共产党领导下的社会主义中国。"

"两个建设好"表明，我们党不仅对"一国两制"拥有创立权和领导权，更对香港、澳门特别行政区拥有全面管治权。作为我国的最高政治领导力量，中国共产党不仅将"一国两制"确立为党在新时代坚持和发展中国特色社会主义的一项基本方略，还将其发展成为中国特色社会主义国家制度和治理体系的一项显著优势。在国家主体实行社会主义制度的问题上，中国共产党拥有毋庸置疑的领导权；而在实行资本主义制度的香港、澳门的建设问题上，中国共产党也拥有毋庸置疑的领导权。

"两个建设好"的目标旨归

"两个建设好"直接服务于全体中国人民的利益，最终目标是实现中华民族伟大复兴。习近平总书记阐明了"两个建设好"与中华民族伟大复兴的直接关系，并指出"当前，我国正处在全面建成小康社会决胜阶段，全国各族人民正在为实现'两个一百年'奋斗目标、实现中华民族伟大复兴的中国梦而团结奋斗。不断推进'一国两制'在香港的成功实践，是中国梦的重要组成部分"。

"两个建设好"直接服务于"一国两制"。中央政府对香港、澳门实行的各项方针政策，宗旨是维护国家主权、安全、发展利益，保持香港、澳门长期繁荣稳定。而"两个建设好"就直接服务于这一宗旨。习近平总书记强调，"一国两制"的提出首先就是为了实现和维护国家统一。在中英谈判时期，我们旗帜鲜明地提出主权问题不容讨论。香港回归后，我们更要坚定维护国家主权、安全、发展利益。党的十九届四中全会决定对香港、澳门特别行政区提出明确要求："坚定维护国家主权、安全、发展利益，维护香港、澳门长期繁荣稳定，绝不容忍任何挑战'一国两制'底线的行为，绝不容忍任何分裂国家的行为。"

"两个建设好"直接服务于香港、澳门社会各阶层利益。正如党的十九大报告所指出的，要支持特别行政区政府和行政长官依法施政、积极作为，团结带领香港、澳门各界人士齐心协力谋发展、促和谐，保障和改善民生，有序推进民主，维护社会稳定，履行维护国家主权、安全、发展利益的宪制责任。那么，"两个建设好"的依靠对象是谁？

中央政府将一如既往支持行政长官和特别行政区依法施政；支持香港发展经济、改善民生；支持香港、澳门在推进"一带一路"建设、粤港澳大湾区建设、人民币国际化等重大发展机遇中发挥优势和作用。中央有关部门还将积极研究出台便利香港、澳门同胞在内地学习、就业、生活的具体措施，为港澳同胞到广阔的祖国内地发展提供更多机会，使大家能够在服务国家的同时实现自身更好发展，创造更加美好的生活。

2017年7月1日，习近平总书记在会见香港特别行政区新任行政长官及特区政府各主要官员、行政会议成员、特区立法和司法机构负责人时指出，"大家都是贯彻落实'一国两制'方针和香港特别行政区基本法、管治香港的核心力量，属于关键少数"，并且要求"大家要有强烈的历史使命感和时代责任感，严格依法履行职责，提高工作水平，尽心尽力服务市民大众，交出一份无愧于国家、无愧于香港、无愧于自己的靓丽成绩单"。

邓小平早就指出，必须由以爱国者为主体的港人来治理香港，并进一步指出什么叫爱国者。爱国者的标准就是尊重自己的民族，诚心诚意拥护祖国恢复行使对香港的主权，不损害香港的繁荣和稳定。

实现"两个建设好"的路径

首先，必须全面准确贯彻"一国两制"方针。党的十九大报告指出，"保持香港、澳门长期繁荣稳定，必须全面准确贯彻'一国两制'、'港人治港'、'澳人治澳'、高度自治的方针，严格依照宪法和基本法办事，完善与基本法实施相关的制度和机制"。其中，尤其"要把坚持'一国'原则和尊重'两制'差异、维护中央权力和保障香港特别行政区高度自治权、发挥祖国内地坚强后盾作用和提高香港自身竞争力有机结合起来"。既要"完善特别行政区同宪法和基本法实施相关的制度和机制"，更要"健全中央依照宪法和基本法对特别行政区行使全面管治权的制度"，还要坚决防范和遏制外部势力干预港澳事务和进行分裂、颠覆、渗透、破坏活动，确保香港、澳门长治久安、行稳致远。

其次，始终聚焦发展这个第一要务。"发展是永恒的主题，是香港的立身之本，也是解决香港各种问题的金钥匙。"当前香港、澳门尤其要聚焦经济发展过程中所面临的一系列挑战：一方面要提前谋划和及时应对经济下行的压力问题；另一方面要充分利用当前危机和困境探索形成新的经济增长点，切实解决住房、青年发展等民生突出问题。

再次，利用"一国两制"最大优势和国家改革开放最大舞台，全面融入国家发展大局。对香港、澳门来说，"一国两制"是最大的优势，国家改革开放是最大的舞台，共建"一带一路"、粤港澳大湾区等是新的重大发展机遇。我们要充分认识和把握香港、澳门在新时代的定位，支持香港、澳门抓住机遇，培育新优势，发挥新作用，实现新发展，作出新贡献。为此，希望香港、澳门更加积极主动助力改革开放事业，更加积极主动融入国家发展大局，更加积极主动参与国家治理实践，更加积极主动促进国际人文交流。

最后，港澳同胞要树立"一国两制"必然成功的坚定信念。相信自己就是相信港澳同胞的能力与港澳特区的独特优势；相信国家就是认同和接受回归后港澳宪制基础所发生的重大变化，并认同和接受中国共产党作为最高政治领导力量对香港、澳门特别行政区的领导；感恩国家为港澳发展所提供的支持与机遇，同全体华夏儿女一道共担民族复兴的历史责任，进而共享祖国繁荣富强的伟大荣光。

（刊《中国社会科学报》2020 年 7 月 30 日，与常乐合作）

"爱国者治澳"：保障澳门长期繁荣稳定

党的十九届六中全会通过的《中共中央关于党的百年奋斗重大成就和历史经验的决议》提出，要坚定落实"爱国者治澳"，强调必须全面准确、坚定不移贯彻"一国两制"方针，坚持和完善"一国两制"制度体系，坚持依法治港治澳，维护《宪法》和基本法确定的特别行政区宪制秩序，落实中央对特别行政区全面管治权，坚定落实"爱国者治港""爱国者治澳"。"爱国者治澳"是对"一国两制"在澳门成功实践的经验总结，更是对澳门特区政府和人民的高度肯定。爱国传统在澳门有深厚土壤，坚持"爱国者治澳"对于"一国两制"在澳门行稳致远，尽早融入国家发展大局，保障澳门长期繁荣稳定具有重要意义。

一、爱国传统在澳门有深厚土壤

习近平总书记指出：广大澳门同胞素有爱国传统，有强烈的国家认同感、归属感和民族自豪感，这是"一国两制"在澳门成功实践的最重要原因。长期以来，澳门同胞与祖国同呼吸共命运，先后涌现出柯麟、马万祺、何贤等一大批著名的爱国人士。被称为"红色医生"的柯麟，潜伏澳门 15 年，积极营救文化界知名人士，升起澳门第一面五星红旗。马万祺被周恩来称为"我们党的忠实朋友"，为祖国的解放事业、社会主义建设和改革开放建设作出突出贡献。长期担任澳门中华总商会领导人的何贤，怀赤子之心报效祖国，多次受到毛泽东、周恩来、邓小平等党和国家领导人的接见。广大澳门同胞热爱中华传统文化，关心和支持祖国建设与发展，与祖国休戚与共，血浓于水。自回归以后，澳门特区政府着重培育青少年对国家以及民族的认同，学校举行升旗仪式，传授国歌、国旗、国徽的知识，传承弘扬爱国传统。

根据 2020 年 12 月公布的《澳门居民国家认同感问题研究》报告，澳门居民整体的国家认同度为 95.21%，这是历史上的最高水平。爱国爱澳成为澳门社会的主流价值观，为"一国两制"在澳门的成功实践打下坚实基础，也是"爱国者治澳"获得广泛认同的根基所在。

二、"爱国者治澳"使"一国两制"在澳门成功实践

习近平总书记指出：澳门的成功实践告诉我们，不断巩固和发展同"一国两制"实践相适应的社会政治基础，在爱国爱澳旗帜下实现最广泛的团结，是"一国两制"始终沿着正确轨道前进的根本保障。澳门地方虽小，但在"一国两制"实践中作用独特。澳门特别行政区始终高举爱国主义旗帜，不断建立健全特别行政区维护国家安全的法律制度和执行机制，"爱国者治澳"的治理体系日益完善。其一，从法律体制上，以《宪法》和澳门基本法为基础的宪制秩序牢固确立，2009 年，澳门制定《维护国家安全法》，率先履行基本法第 23 条规定的宪制责任。2016 年，根据全国人大常委会对香港基本法第 104 条释法，主动在立法会选举法修改法案中增加"防独"条款。2019 年，顺利完成对本地立法《国旗、国徽及国歌的使用及保护》的修改，切实维护国家象征和标志的尊严。其二，从执行机制上，澳门特别行政区坚决维护中央全面管治权，正确行使高度自治权。先是成立特别行政区维护国家安全委员会，接着又于 2021 年 11 月 30 日，在澳门特别行政区维护国家安全委员会设立国家安全事务顾问和国家安全技术顾问，使维护国家主权、安全、发展利益的宪制责任得到有效落实。

此外，特区政府还通过基本法推广协会、建立基本法纪念馆开展教育引导，国家意识和爱国精神在广大民众中生根发芽。"爱国者治澳"的原则保障了澳门社会的稳定发展，书写了具有澳门特色的"一国两制"成功实践的华彩篇章。

澳门经济实现跨越发展，居民生活持续改善，人均地区生产总值大幅增长，跃居世界第二。特区政府推行免费教育、免费基础医疗、双层式社会保障等一系列政策惠及全社会，民生福利水平显著提升，居民获得感、幸福感越来越强。澳门社会保持稳定和谐，成为世界最安全的城市之一。"一国两制"在澳门成功实践充分证明了坚持"爱国者治澳"的重要性和必要性。

三、"爱国者治澳"保障澳门的长期繁荣稳定

习近平总书记强调："一国两制"是澳门的最大优势，祖国是澳门强大的后盾。"祖国好，澳门会更好"已成为澳门同胞的普遍共识。面向未来，只有坚持"爱国者治澳"才能保障澳门长期繁荣稳定。其一，只有始终坚持"爱国者治澳"，才能确保澳门政治稳定，有利于澳门更好融入国家发展大局，推动澳门经

济转型升级。当前澳门仍面临经济结构过于单一的问题，实现经济的可持续发展和适度多元化任重道远。要抓住国家全面深化改革的重大机遇，通过参与"一带一路"、粤港澳大湾区建设尤其是横琴粤澳深度合作区建设，将"国家所需，澳门所长"和"澳门所需，国家所长"有机结合起来，充分发挥澳门自身特色和独特优势，大力发展中医药等澳门品牌工业，促进澳门经济适度多元发展。

其二，只有始终坚持"爱国者治澳"，才能让澳门社会有更多的时间精力解决社会深层次问题。当前澳门社会仍面临住房、医疗、养老等方面的突出问题，特区政府要积极回应居民关切，坚持发展的目的是为广大居民创造更加美好的生活，采取更加公正、合理、普惠的制度安排，进一步保障和改善民生，确保广大居民分享发展成果。通过横琴合作区建设，为澳门居民在学习、就业、创业、生活提供更加便利的条件，营造趋同澳门的宜居宜业生活环境。

其三，只有始终坚持"爱国者治澳"，才能将一代代澳门青少年教育培养成爱国者。十年树木、百年树人。澳门青少年是澳门的希望，也是国家的希望，关系到澳门和祖国的未来。要实现爱国爱澳光荣传统代代相传，保证"一国两制"事业后继有人，就要加强对青少年的爱国爱澳教育培养，建设与"一国两制"相适应的具有澳门特色的教育制度，构建澳门师生到内地定期参观实践的交流机制，推动粤澳高校更紧密的合作机制，使澳门青少年深入理解"一国两制"与坚持和发展中国特色社会主义、实现中华民族伟大复兴与中国梦的内在联系，从而牢牢把握澳门同祖国紧密相连的命运前程，加深民族自豪感与爱国爱澳情怀，增强投身"一国两制"事业的责任感与使命感，从而铸牢"爱国者治澳"的思想根基。

（刊《澳门日报》2021 年 12 月 22 日，与崔占龙合作）

后 记

澳门是咸淡水交汇之地，是海风吹来的城市。伴随着海风海味与西江的冲击，明清以降中西文化在澳门交流交往交融乃至交锋，孕育了独特的澳门华人社群与融汇中西的澳门文化。正如有论者所指出的：澳门"在国际贸易中所扮演的角色，是基督教世界的滩头堡，是西方观念的过滤器，是中国改革家的避难所，是战时的中立基地，也是中国沿海的文化前卫"。（杰弗里·C. 冈思《澳门史》，中央编译出版社，2009 年）

20 多年来，我一直热情关注着澳门的历史文化与"一国两制"的伟大实践，在《世界宗教研究》《高等教育研究》《民国档案》《中国史研究动态》《暨南学报》《东南亚研究》《澳门研究》《文化杂志》《紫荆论坛》《当代港澳研究》以及《中国社会科学报》《澳门日报》等报刊上，发表了涉澳论文四十余篇（有三篇获得国家民委、澳门基金会、中国高教学会奖励），以明清粤港澳基督教教会教育为主题撰写中国史博士学位论文，承担国家社会科学基金项目以及澳门基金会、澳门文化局、暨南大学相关课题多项，还指导博士生、硕士生以澳门华人与文化为研究对象，撰写博士或硕士学位论文多篇。

即将付梓的《文化教育与澳门华人论稿》，即是由我主持撰写的有关澳门研究的部分学术成果的阶段性总结（一些成果与指导的研究生或同事合作，已在文末注明，谨此致谢）。作为"暨南大学铸牢中华民族共同体意识研究系列丛书"之一，该书从粤港澳教育研究与实践、澳门华人社会文化研究/澳门文化研究、宗教文化在澳门的传播与融入三个维度，聚焦文化教育与澳门华人以及澳门"一国两制"的成功实践，进行个案探讨，折射出澳门中西文化交汇的历史文化特点与迷人魅力，展现了澳门同胞的深厚家国情怀。澳门是中华民族大家庭休戚与共、荣辱与共、生死与共、命运与共的重要成员，与内地是一个血脉相连、守望相助的命运共同体，而澳门文化是在中华文化血脉滋润下兼容中西而形成的区域文化。

本书的出版，承蒙国家社会科学基金项目"新时代'一国两制'理论与澳门成功实践研究"（19BKS039）及暨南大学铸牢中华民族共同体意识研究基地资助。在编纂过程中，所指导的硕士生康清越、博士生湛责义及暨南大学出版社华侨华人/岭南文化编辑室冯琳主任，为拙稿增色不少，特此一并致谢。

学无止境，澳门尽管是一座小城市，但有大文化，它神秘的面纱仍有待学者们孜孜矻矻探究。本书所提供给读者的澳门华人、澳门文化的学术成果，肯定存在一些错漏，尚祈方家不吝指正。

夏 泉

2022 年 7 月于暨南园